全国职业病诊疗康复人才培训系列教材

工作相关精神和行为障碍

国家卫生健康委职业健康司 组织编写

王 刚 主编

中国人口与健康出版社
China Population and Health Publishing House
全国百佳图书出版单位

图书在版编目（CIP）数据

工作相关精神和行为障碍 / 国家卫生健康委职业健康司组织编写 . -- 北京：中国人口与健康出版社，2025. 6. --（全国职业病诊疗康复人才培训系列教材）.

ISBN 978-7-5238-0402-5

Ⅰ. R749

中国国家版本馆 CIP 数据核字第 2025K0J571 号

全国职业病诊疗康复人才培训系列教材

工作相关精神和行为障碍

QUANGUO ZHIYEBING ZHENLIAO KANGFU RENCAI PEIXUN XILIE JIAOCAI

GONGZUO XIANGGUAN JINGSHEN HE XINGWEI ZHANG'AI

国家卫生健康委职业健康司　组织编写

责任编辑　李春荣
责任设计　刘海刚
责任印制　任伟英
出版发行　中国人口与健康出版社
印　　刷　天津中印联印务有限公司
开　　本　889 毫米 × 1194 毫米　1/16
印　　张　16
字　　数　418 千字
版　　次　2025 年 6 月第 1 版
印　　次　2025 年 6 月第 1 次印刷
书　　号　ISBN 978-7-5238-0402-5
定　　价　52.00 元

微信 ID　中国人口与健康出版社
图书订购　中国人口与健康出版社天猫旗舰店
新浪微博　@ 中国人口与健康出版社
电子信箱　rkcbs@126.com
总编室电话（010）83519392　　发行部电话（010）83557247
办公室电话（010）83519400　　网销部电话（010）83530809
传　　真（010）83519400
地　　址　北京市海淀区交大东路甲 36 号
邮　　编　100044

全国职业病诊疗康复人才培训系列教材
编写指导委员会

《工作相关精神和行为障碍》编委会

主　　编：王　刚　首都医科大学附属北京安定医院

副 主 编：刘登堂　上海交通大学医学院附属精神卫生中心
张　燕　中南大学湘雅二医院
石　川　北京大学第六医院
李先宾　首都医科大学附属北京安定医院

编写人员：（按姓氏笔画排序）
于　玲　北京大学第六医院
朱明霞　首都医科大学附属北京安定医院
刘　竞　首都医科大学附属北京安定医院
闫　芳　首都医科大学附属北京安定医院
吴　辉　河南省第三人民医院（河南省职业病医院）
余善法　河南省第三人民医院（河南省职业病医院）
沙　莎　首都医科大学附属北京安定医院
张　丽　中南大学湘雅二医院
张　玲　首都医科大学附属北京安定医院
卓恺明　上海交通大学医学院附属精神卫生中心
项　琼　上海交通大学医学院附属精神卫生中心
高文斌　中科院心理研究所
唐利荣　首都医科大学附属北京安定医院
程　嘉　北京大学第六医院

序 言

人民健康是民族昌盛和国家富强的重要标志，职业健康关系亿万劳动者身心健康和家庭幸福，党中央、国务院历来高度重视职业健康工作。党的十八大以来，以习近平同志为核心的党中央坚持以人民为中心的发展思想，把保障人民健康放在优先发展的战略地位，提出以治病为中心转变为以人民健康为中心，实施健康中国战略，将健康融入所有政策，为人民群众提供全方位全周期健康服务。党的二十届三中全会明确提出实施健康优先发展战略，健全公共卫生体系，促进社会共治、医防协同、医防融合，强化监测预警、风险评估、医疗救治等能力。

我国正处于工业化、城镇化快速发展阶段，广大劳动者在职业活动中接触的职业病危害因素日益复杂多样，职业性尘肺病、职业中毒等传统职业病防治形势仍然严峻，肌肉骨骼系统疾病和工作压力导致的生理、心理问题正成为亟待应对的职业健康新挑战。保障劳动者健康，做好职业病诊疗康复工作，需要大力加强专业技术人才培养，加强职业卫生放射卫生服务能力建设，以适应新时代职业健康工作需要。

按照《“健康中国 2030”规划纲要》《国家职业病防治规划（2021—2025 年）》等要求，国家卫生健康委将职业病诊疗康复人才培训纳入卫生健康人才培养项目。为加强人才培训培养工作的专业性、规范性和实效性，国家卫生健康委职业健康司组织编写了“全国职业病诊疗康复人才培训系列教材”，共 10 种，分别是《职业健康检查》《职业病诊断与鉴定》《职业性尘肺病》《职业性化学中毒》《职业性噪声聋》《职业性皮肤病及其他职业病》《放射工作人员职业健康检查》《职业性放射性疾病》《工作相关肌肉骨骼疾病》《工作相关精神和行为障碍》。

本套教材由 200 多位来自疾病预防控制机构、职业病防治院所、专科医院等职业病诊断、治疗和康复相关领域的专家学者共同编写，内容丰富、科学系统，具有较强的专业性、科学性、针对性、实用性，既可用于职业病诊疗康复人员的培训，也可供职业健康监管人员、用人单位职业卫生管理人员、职业健康技术服务人员以及大专院校相关专业师生学习参考。

因时间仓促，本套教材虽经多次讨论和修改，但难免会有不妥和错误之处，欢迎广大读者批评指正。

全国职业病诊疗康复人才培训系列教材

编写指导委员会

2025 年 6 月

前言

党中央和国务院高度重视精神心理健康问题，并出台一系列政策支持精神卫生事业发展。2018年12月，国家卫生健康委等10部门联合印发《全国社会心理服务体系建设试点工作方案》，明确了提升全民心理健康水平的目标，强调建立完善社会心理服务体系。2024年12月召开的2025年全国卫生健康工作会议上确定2025—2027年为“精神卫生服务年”，我国正加快健全“三位一体”的心理健康和精神卫生服务体系，一方面持续健全机关企事业单位心理服务网络，另一方面重点加强基层心理服务平台建设，为劳动者提供全周期心理健康管理，全面提升全民心理健康水平。

《工作相关精神和行为障碍》为全国职业病诊疗康复人才培训系列教材之一，立足于我国精神卫生服务模式从传统的“疾病治疗”向“健康促进”全面转型，着力提升精神卫生服务的可及性、专业性和社会参与度这一政策背景，系统阐述工作相关精神卫生领域的核心理论、临床实践与管理策略，旨在为精神科医务人员提供专业指导，推动精神卫生服务的高质量发展。本书共分为十三章，涵盖工作相关精神和行为障碍的概论、流行病学特征、影响因素、社会心理应激源、心理健康促进、筛查评估、常见精神和行为障碍及职业性精神和行为障碍的治疗和管理、突发应急事件处理、返岗复工检测和评估以及支持性就业、工作相关精神和行为障碍的预防等内容。同时，书中还阐述了生物学治疗、心理干预和康复治疗的最新进展，探讨了数字化等新兴领域对职场精神心理健康的影响，并提供了具体的案例分析和实用策略。

本书的主要特色和亮点在于其系统性、实用性和前瞻性。编者采用了多学科视角，整合精神医学、心理学、社会工作等领域的知识，形成一套综合性的框架。同时，通过丰富的案例分析和实操指导，使得理论知识得以落地应用。本书可作为基层职业病防治人员工作相关精神和行为障碍相关培训、诊治及康复的参考用书，也可供劳动者熟悉和掌握与精神心理健康相关知识参考。

本书是在国家卫生健康委职业健康司的具体指导下，由国内精神医学、心理学及职业病学等领域的知名专家学者共同执笔撰写，由王刚担任主编，刘登堂、张燕、石川和李先宾担任副主编。在此，谨向参与教材编写的各位专家、老师的辛勤付出，向来自各方面的支持帮助，一并表示衷心感谢。

由于编者经验、水平有限，书中难免存在不足甚或错误，敬请各位同行和读者批评、指正，以便再版时修订。

《工作相关精神和行为障碍》编委会

2025年6月

目录

01

第一章　总　论

第一节　概　述

精神心理健康问题包括精神障碍和社会心理残疾，以及与显著痛苦、功能障碍或自我伤害风险相关的其他精神状态，影响着全球数亿人。常见精神障碍包括抑郁障碍、焦虑障碍、精神分裂症等精神心理疾病。根据世界卫生组织（World Health Organization，WHO）的统计数据，全球每年因抑郁症和焦虑症损失 120 亿个工作日，每年生产力损失达 1 万亿美元。当劳动者在工作场所中出现精神心理健康问题时，不仅影响劳动者的幸福感和生产力，用人单位还会面临缺勤率增加、劳动者流失率增加和医疗成本增加等情况，因此，实施有效的工作相关精神和行为障碍的预防和干预措施可以提高劳动者的幸福感和用人单位的生产力，并改善社会的整体健康情况。

一、工作相关精神和行为障碍预防和干预的重要性

工作可以为劳动者提供谋生手段和融入社会的机会，帮助人们建立自信、达成目标、获得成就感、建立积极的人际关系，以及建立一个结构性的日常工作平台等，有助于劳动者保持良好的精神心理健康。同时，劳动者有权获得安全和健康的工作环境，在安全健康的工作环境中劳作不仅是一项基本权利，而且可以最大限度地帮助劳动者减少工作中的紧张和冲突，帮助用人单位提高劳动者工作绩效和生产率。相反，工作中缺乏有效支持，可能会影响劳动者享受工作和完成工作的能力。而对于有精神心理健康问题的人来说，恰当的工作有助于其恢复健康和融入社会，增强自信心并提高社交能力。

工作场所中的精神心理健康风险可能与工作内容、工作日程、工作场所特征或职业发展机会等有关。与以下 12 个因素关系最为密切，分别是：工作需求度高、工作控制感低、工作场所社会支持差、付出－回报失衡（effort–reward imbalance，ERI）、组织制度不公正、组织关系不公正、组织变革、工作不安全感、临时就业、反常的工作时间、工作场所冲突、欺凌和角色压力。工作需求－控制－支持模型（JDCS）提出，高需求（工作量增加或时间压力大）与低控制（缺乏决策权）相结合的工作会造成“高压力”情况，导致疾病风险增加、幸福感降低（如图 1–1 所示）。

虽然所有工作岗位都有可能面临社会心理风险，但由于工作内容、工作地点和工作方式的不同，一些劳动者比其他人更容易受到社会心理风险的影响。卫生、人道主义或应急工作人员的工作更容易接触到不良事件，从而对精神心理健康产生负面影响。另外，经济衰退、就业机会减少、失业、歧视等社会问题也会增加负面影响。

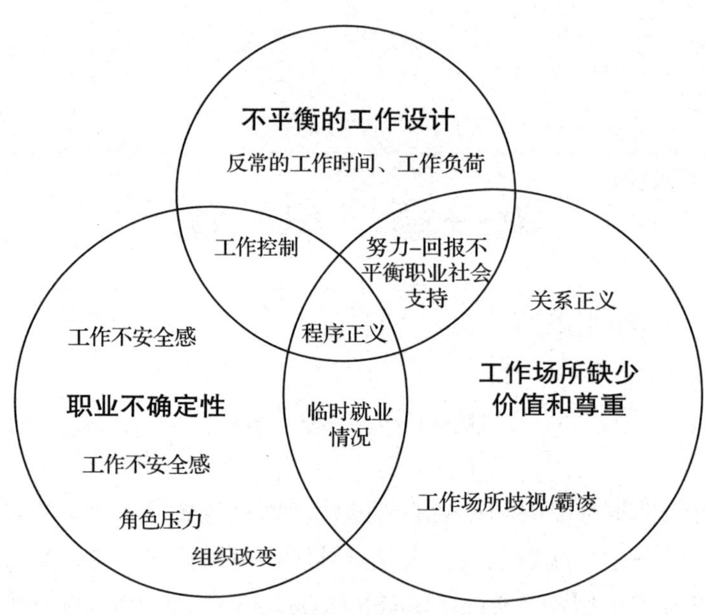

图 1–1 工作需求 – 控制 – 支持模型

精神心理健康问题可能源于“不健康”的工作条件、不良的工作组织和暴露于社会心理风险之中，但并非所有的精神心理健康问题都因工作所致，其成因是多方面的，还包括遗传因素、生理因素、成长养育过程及家庭因素等。有精神心理健康问题的劳动者可能面临就业困难、失业、在工作中遭遇歧视或不平等对待等情况。失业（包括近期失业）、工作不稳定、经济状况不稳定是自杀企图的风险因素。

工作相关精神和行为障碍是指与工作环境或压力等因素可能存在关联的精神障碍，但工作因素并非唯一或直接原因，可能由工作压力、人际关系、工作 – 家庭冲突等诱发，但也与个人心理素质、家庭环境等其他因素相关。而职业性精神和行为障碍是由职业暴露或工作直接导致的精神障碍，符合法定职业病认定标准，目前我国职业性精神和行为障碍包括职业性创伤后应激障碍，具体内容详见本书第六章。所以，用人单位及劳动者需要一个综合的精神卫生保健行动框架，以便能在工作场所中恰当、有效地处理精神心理健康问题。

工作相关精神和行为障碍预防和干预的关键组成部分包括以下几方面。

（一）预防策略

通过加强精神卫生知识的普及、宣教、培训，提供专业心理咨询服务，提高劳动者对精神心理健康的自我保健能力。对高危人群提供专业精神心理干预措施和支持，预防和减少精神障碍的出现，培训用人单位管理人员，及时发现问题并提供适当支持。

（二）工作场所健康促进

该策略注重维护和增进劳动者健康，致力于创造一种健康、安全和舒适的工作环境。通过构建工作场所健康模型，制定工作场所健康策略，提高用人单位和劳动者对精神心理健康问题的认识，减少精神疾病的污名化，鼓励开放沟通的组织文化，提供员工援助计划、工作场所适应性调整等服务，帮助单位和个人应对压力和挑战。

（三）筛查评估

定期对劳动者进行心理健康筛查，对用人单位进行职场调查和环境评估。通过临床评估和面谈，评估劳动者的心理健康状况，及时发现潜在的精神心理健康问题。通过职场心理评估和测试评估职场文化和职场工作环境。

（四）生物学治疗

对于一些精神心理健康问题，如抑郁症、焦虑症、精神分裂症等，提供适当的药物治疗和物理治疗方案。其中包括抗抑郁药、抗焦虑药或其他相关药物治疗，及经颅磁刺激、直流电刺激等相关物理治疗。生物学治疗需要医生专业的诊疗和处方。

（五）心理干预

提供专业心理干预、自我保健措施等多种方式帮助劳动者处理工作压力、改善情绪、调整睡眠、规范行为等，有效改善精神心理健康问题。

（六）康复治疗

通过提供心理健康教育、技能训练、艺术疗愈、园艺治疗、家庭干预、传统医学康复等方式，帮助劳动者改善社交功能，恢复健康并重新适应工作环境。

（七）危机干预

建立应急响应机制，提供应急救援人员的事前教育，制定应急干预策略，以便在劳动者出现严重精神心理健康危机时及时提供帮助。包括开通 24 小时心理援助热线、成立危机干预团队等。

（八）复工返岗

为因精神心理健康问题暂时无法工作的劳动者提供支持和指导，助其逐步恢复工作，其中包括工作适应性调整、组织辅导服务等，并在返岗复工时进行专业评估，判断是否恢复工作能力。

（九）支持性就业

为有精神心理健康问题的劳动者提供支持性的工作环境和职业发展机会，以减少他们在工作中的压力和挑战。其中包括灵活的工作安排、职业培训、职业咨询等。

通过以上措施，旨在创造一个支持性的工作环境，减少精神心理健康问题的发生，并帮助受到影响的劳动者恢复和保持其工作能力。这不仅有助于劳动者的个人发展，而且为用人单位带来了更高的工作满意度和生产效率。

良好的精神卫生保健措施能够提高劳动者的工作满意度，减少工作压力和职业倦怠，增强劳动者的幸福感和忠诚度。通过提供必要的支持和资源，劳动者能够更好地应对工作中的挑战，保持高效的生产力。通过预防和早期干预，可以减少劳动者频繁缺勤、休假、离职等问题，降低用人单位因劳动者缺勤和流失而产生的成本，并且用人单位可以更好地遵守劳动法规和健康安全标准，减少因忽视劳动者健康而可能产生的法律问题。用人单位通过关注劳动者精神心理健康，可以减少或避免因劳动者注意力、判断力下降而导致的事故风险发生的概率。

二、历史背景与发展历程

工作相关精神卫生问题的形成与发展是一个漫长而复杂的过程，它与人类对心理健康认知的进步和社会对工作环境要求的提高密切相关。

早期阶段，在工业革命之前，人们的工作与生活紧密相连，精神心理健康问题往往被视为个人或家庭的问题。随着工业化的推进，工业革命带来了工厂制度，劳动者由田野涌向城市，面临长时间劳动、恶劣工作条件和社会经济压力等问题。这一转变使工作与精神心理健康之间的联系更为明显。

19 世纪末至 20 世纪初，心理学和精神病学研究逐渐兴起，人们开始更加科学地探讨工作压力与心理健康的关系。例如，弗洛伊德和荣格的理论对理解工作相关的心理压力有重要影响。

20世纪50年代，认知行为理论的提出为理解工作压力提供了新的视角。它强调认知因素在调节压力反应中的核心作用，为后续的压力管理提供了理论基础。

20世纪70年代，职业健康心理学正式确立，标志着工作与精神心理健康研究进入了独立且系统的学科阶段。此时，对职场心理健康的研究更侧重于工作条件对劳动者心理健康的长期影响，用人单位开始引入员工援助计划（Employee Assistance Program，EAP）和心理健康福利。

20世纪80年代至今，随着经济快速发展，全球化和技术革命带来工作方式和工作环境的巨变，劳动者面临的心理压力前所未有地增加，工作相关的精神心理健康问题也因此变得更加突出。进入21世纪，WHO及各国政府将心理健康纳入公共卫生议程，推动政策和法规制定，这标志着工作相关精神和行为障碍已成为全球关注的议题。

近年来，随着社会对心理健康问题的关注度日益提高，用人单位越来越重视工作场所精神卫生保健。心理健康教育、筛查、干预和康复服务逐渐成为人力资源管理的重要组成部分。数字化和人工智能技术的应用为工作相关精神和行为障碍的预防和干预带来了新机遇，用人单位可以运用科技手段监测劳动者的心理状态，提供个性化的心理健康支持。

未来，工作相关精神卫生保健将更多地依赖于先进技术，如大数据分析、机器学习和移动健康。这些技术能够提供个性化及精准化的干预方案，但也可能引发新的隐私和伦理问题。远程工作和灵活工作时间将变得更为普遍，这可能有助于劳动者更好地平衡工作与生活，但同时也需关注孤立感、工作与生活界限模糊带来的心理问题。

工作相关精神卫生保健的历史背景与发展历程体现了社会对心理健康重要性认识的提升，以及工作环境对劳动者心理健康影响的深入理解。随着社会对心理健康的重视程度不断提高，工作相关精神和行为障碍将继续成为研究和实践的重要领域。

三、工作相关精神和行为障碍预防和干预的多学科视角

工作相关精神和行为障碍预防和干预的多学科视角是指从不同的学科角度研究和解决工作环境中的精神心理健康问题，以达到更好的治疗效果，提高劳动者工作生活质量。这种多学科的视角包括以下几个方面。

（一）医学视角

关注如何通过预防、诊断和治疗措施来维护和恢复劳动者的心理健康。劳动者的既往史、个人史、性格特征和应对策略都会影响其在工作中的精神心理健康状况。通过全面的健康评估、心理评估等以识别潜在的健康问题和风险因素，并采取多方面的干预策略，如心理支持、药物治疗、物理治疗等方式对个体劳动者进行治疗和康复，并推广预防措施和适应性调整，以增进劳动者心理健康，从而预防精神心理健康问题的发生。

（二）职业心理学的视角

职业发展、工作满意度、职场关系和文化，以及工作与个人生活的平衡等是影响精神心理健康的关键因素。通过心理学研究劳动者的心理需求、个性特征、应对策略等，以及其如何影响工作表现和精神心理健康，并通过提供心理健康教育、心理干预等服务来帮助劳动者应对工作压力，这包括创建支持性的职场环境、提供职业发展机会、增进工作满意度、促进健康的工作生活平衡。此外，定期心理健康评估和员工援助计划也是支持劳动者精神心理健康的有效方式。通过这些措施，可以建立一个既能满足用人单位目标，又能保障劳动者心理健康的职场环境。

（三）社会学的视角

个体的精神心理健康状态受到其所处社会环境、文化背景以及职场氛围的影响。在现代社会中，工作不仅是个体生存的必要手段，更是其实现自我价值、社会地位与身份的重要途径。工作与精神健康之间的联系是一个复杂的社会现象，需要从社会学的多维度进行深入分析和理解。通过改善工作环境、调整社会结构和改变文化认知，可以更好地改善工作场所的精神卫生，保障劳动者的全面健康。

（四）管理学视角

管理学提供了一种系统的方法探讨和解决工作场所的精神心理健康问题。从管理学的角度出发，关注点在于如何通过有效的用人单位管理策略、领导行为、用人单位文化建设以及人力资源政策预防和减少精神心理健康问题，同时提高劳动者的工作满意度和绩效。

（五）法律视角

维护劳动者的精神心理健康涉及遵守相关法律法规、减少法律风险及通过合法途径维护劳动者权益。通过遵守劳动法、职业病防治法、工伤保险条例等相关法律法规，企业可以有效预防劳动者精神心理健康问题的发生，保护劳动者的合法权益，同时减少潜在的法律风险。

（六）伦理学的视角

工作相关精神和行为障碍的预防和干预涉及对个体尊严的尊重、公平正义的实现、职业操守的维护、透明度与问责制的实践，以及企业社会责任的履行。其关注工作场所的道德和伦理问题，如权力滥用、利益冲突等。

工作相关精神和行为障碍的预防和干预的多学科视角强调了不同学科在解决工作场所精神心理健康问题中的重要作用和相互补充。通过跨学科合作，可以更全面地理解和应对工作场所的精神心理健康挑战，为劳动者提供更全面、有效的支持。综合运用多学科视角，可以全面地多层次了解精神心理健康问题的本质，为患者提供更有效的治疗方案，提高患者的生活质量。同时，多学科合作也有助于推动工作相关精神和行为障碍领域的研究和实践，促进其发展。

第二节 流行病学

一、全球工作相关精神和行为障碍发展现状

随着经济全球化以及科学技术快速发展，工作环境变得越来越复杂和动态化。这虽为劳动者带来了新的机遇，但也带来了前所未有的压力和挑战。全球范围内，工作相关精神和行为障碍问题逐渐成为职场中不可忽视的一部分。

WHO 于 2022 年 6 月发布的《世界精神卫生报告》显示，2019 年有 10 亿人患有精神障碍，成年劳动年龄人口中有 15% 的人患有精神障碍。根据 WHO 的数据，精神心理健康问题（包括抑郁症和焦虑症）已成为导致全球疾病负担的主要原因之一。

国际劳工组织（International Labour Organization，ILO）出版的《职业安全和卫生公约》（第 155 号）及建议书（第 164 号）为保护工作人员的健康和安全提供了法律框架。然而，WHO《精神卫生地图集》发现，只有 35% 的国家报告在国家层面制定了与工作相关的精神卫生促进和预防规划。

WHO 在《世卫组织全球健康、环境与气候变化全球战略》和《2013—2030 年精神卫生综合行动计划》中概述了实现工作场所精神心理健康的相关原则、目标和实施战略。这些内容包括涉及精神

卫生的社会决定因素，如：生活标准和工作条件；减少污名化和歧视；通过发展卫生服务（包括获得职业卫生服务），增加获得循证医疗的机会。2022 年，WHO 出版的《世界精神卫生报告：向所有人享有精神卫生服务转型》强调，工作场所是需要在精神卫生方面采取转型行动的一个重要例子。在《世卫组织关于职场精神卫生的指南》中，WHO 为促进精神卫生、预防精神卫生问题，使有精神卫生问题的人能够参加工作并茁壮成长提出了循证建议。这些建议包括组织干预、管理人员培训和劳动者培训、个人干预、重返工作岗位和获得就业机会。WHO 和 ILO 出版的政策简报——《工作场所精神卫生：政策简报》，为落实 WHO 提出的工作场所精神卫生的建议提供了一个务实的框架。它特别介绍了政府、用人单位、管理者和劳动者以及其他利益相关方可以为改善工作场所精神卫生做些什么。

在一些发达国家，越来越多的公司开始认识到精神心理健康的重要性，并采取了一系列措施来改善劳动者的工作环境和福利，如提供心理健康支持、灵活的工作安排和压力管理培训。然而，在许多发展中国家，由于资源有限和对精神心理健康问题的认识不足，劳动者往往缺乏必要的支持和帮助。不过，英国市场研究公司舆观（YouGov）的一份调查报告显示，在英国只有 24% 的管理人员接受过心理健康方面的培训；在接受调查的人中，15% 的英国用人单位没有关注劳动者的心理健康和福祉，31% 的劳动者认为他们的雇主没有积极促进工作场所中的精神心理健康。调查结果显示，只有 38% 的劳动者能够获得职业健康服务，而只有 13% 的劳动者能够获得专业医生的帮助。

2020 年，世界各国政府用于精神卫生的平均支出仅占卫生预算的 2%，而中等偏下收入国家在这方面的投资不到 1%。

总的来说，全球工作相关精神卫生的现状是复杂且多样的，需要国际社会的共同努力提高意识、改善政策和提供支持，以确保所有劳动者都能在健康和支持性的环境中工作。

二、工作相关精神和行为障碍的流行病学特征

（一）职业倦怠

职业倦怠（job burnout）指个体在工作压力下产生的身心疲劳与耗竭的状态。是一种厌恶工作、情绪低落、疲劳、个人成就感降低的综合征。陈红等人应用 Maslach 职业倦怠量表（Maslach Burnout Inventory，MBI）调查显示，我国从业人员职业倦怠检出率高达 28.85%，主要表现为低成就感。既往研究显示，我国医务人员、制造业、快递行业、化纤厂、石化企业的劳动者职业倦怠发生率分别为 58.0%、53.4%、66.2%、53.9%、36.4%。由于诊断标准模糊且缺乏客观性，全球报告的职业倦怠发生率差异显著。在欧盟国家，职业倦怠的发生率从芬兰的 4.3% 到斯洛文尼亚的 20.6% 不等；在非欧盟国家，职业倦怠的发生率从阿尔巴尼亚的 13% 到土耳其的 25% 不等。在职业类别方面，医疗和教育行业从业人员的职业倦怠尤为明显。2021 年一项荟萃分析（Meta-analysis）总结了 41 个欧洲国家的 56 项医生职业倦怠研究，发现职业倦怠的发生率从 2.5% 到 72.0% 不等。在加拿大，教师的情感耗竭、人格解体和个人成就感低的发生率分别为 76.9%、23.2% 和 30.8%。总体看来，尽管不同研究间职业倦怠判定方法不同，但国内外职业人群职业倦怠的发生率普遍处于较高水平。

（二）职业性紧张

职业性紧张（occupational stress）又称“职业压力”，指某种职业条件下，个体特征与职业（环境）因素相互作用，导致工作需求超过个体应对能力而发生的紧张反应。2018 年，申洋等人选取了我国 4 个城市中 5 类不同工作场所的劳动者，应用工作内容量表（Job Content Questionnaire，JCQ）调查发现，职业性紧张程度高者占 62.3%。不同职业类型人群的职业性紧张水平略有差异，应用付

出 - 回报失衡（ERI）量表调查发现，我国医务人员和互联网企业、电子制造服务业、工矿企业、供电企业的劳动者职业性紧张发生率分别为 34.7%、34.0%、26.6%、26.0%、22.7%。WHO 指出，职业性紧张已成为全球范围的流行病。日本和中国台湾地区已将职业性紧张导致的精神疾患纳入职业赔偿性疾病范围。在印度，60% 的中年劳动者感受到中等或较高的职业压力。在韩国，64.8% 的劳动者表示职业压力较大。医疗行业从业人员普遍面临较大的职业压力。研究显示，在 2010—2019 年，挪威全科医生的付出 - 回报失衡的发生率增加了 4 倍，提示职业压力有所增加。

（三）职业人群焦虑状况

应用焦虑自评量表（Self-Rating Anxiety Scale，SAS）调查显示，我国职业人群的焦虑检出率为 8.34%，其中职业生涯初期的焦虑状况较为严重。在职业类别方面，金融业、房地产业、文化传媒业等市场压力较大的行业劳动者焦虑较为突出，检出率约为 15%，而其他行业的检出率均低于 10%。经济收入并不能有效降低焦虑状况，研究显示，焦虑检出率随着月收入的增加而上升。在月收入低于 2000 元、2000~4000 元和高于 12000 元的从业人员中，焦虑检出率分别为 5.78%、8.04% 和 12.50%。不过，在高收入群体中，重度焦虑的比例较低。在全球范围内，职业人群的焦虑是一个普遍存在的问题。例如，意大利公共行政工作人员的焦虑检出率为 41.78%。对比不同行业，金融行业从业人员的焦虑水平尤为突出。2021 年，韩国人群的终生焦虑症患病率为 9.3%，而金融行业工作者的焦虑检出率则高达 42.2%。

（四）职业人群抑郁状况

应用抑郁自评量表（Beck Depression Inventory，BDI）调查显示，我国职业人群中轻度、中度、重度抑郁感知者占比分别为 14.21%、15.37%、9.54%。应用简版流调中心抑郁量表（The Center for Epidemiological Studies Depression Scale-9，CESD-9）调查显示，无业 / 失业人员、公司职员、公务员、专业技术人员、企业工人、管理人员的抑郁风险检出率分别为 31.0%、12.8%、9.5%、7.5%、7.0%、3.2%。由于诊断方式不统一，全球报告的职业人群抑郁检出率差异显著。在法国，女性职业人员抑郁症患病率为 5.70%，而男性则为 3.78%。在韩国，有研究发现服务人员的抑郁水平高于办公室劳动者和劳动工人。在非洲，高档餐厅服务员的抑郁症患病率为 38.3%。另一项荟萃分析（Meta-analysis）显示，亚洲、欧洲、美洲的产业工人抑郁症患病率分别为 22%、18% 和 20%。总体而言，职业人群患抑郁症是普遍存在的问题。

第三节 影响因素及相关风险

一、主要影响因素分析

（一）工作特征

1. 工作内容

单调、重复的工作会对幸福感产生消极影响，降低工作满意度。在工作负荷方面，适度的工作挑战可以激发劳动者的潜力和创造力，但过度的工作压力则会增加抑郁风险。

2. 工作自主性

工作自主性和决策参与度对心理健康有显著影响。高自主性和高参与度的工作环境能够提高员工的控制感和成就感，减少压力和焦虑。而过度的监督和缺乏决策权则会让劳动者感到被束缚和无助，增加心理压力。

3. 工作时间

适当的休息时间也是保障劳动者心理健康的重要因素。长期加班和缺乏休息时间会导致劳动者身体和心理的双重疲劳。轮换班工作又称倒班工作，会干扰生物节律，影响人们的正常睡眠时间。研究表明，长期轮换班会引起睡眠功能障碍，机体免疫力下降，生活方式改变，直接或间接引起一系列的生理、社会心理等方面的应激反应。

4. 情绪劳动

霍克希尔德（Hochschild）提出情绪劳动（emotional labor）的概念，用以表示“员工在工作场合通过管理自己的内在情绪以呈现出合宜的外在情绪的一系列心理加工过程”。情绪劳动包括表层扮演（surface acting）和深层扮演（deep acting）两种策略。表层扮演，即劳动者只改变情绪表达行为，而不改变内心感受，如假笑；深层扮演，即劳动者主动调节内心情绪感受，转变为合适的外化情绪传递给顾客。这一概念是在对服务业工作的研究中发展起来的。例如，空乘人员应该是热情愉快的，丧葬顾问应该是悲哀心痛的，医生应该是情绪中性的。实际上，情绪劳动几乎涉及每一项工作。例如，管理人员希望同事之间的交往总是彬彬有礼而不是相互敌视。当劳动者需要表现出来的情绪与他的真实情绪不同时，称为情绪失调。研究显示，表层扮演策略的劳动者更容易出现职业倦怠和情绪耗竭，不利于劳动者的身心健康。

（二）工作环境

1. 物理环境

工作环境的物理条件直接影响劳动者的心理状态。首先，工作空间的设计对劳动者的舒适度和工作效率有显著影响。光线不足、噪声过大、温度不适宜等因素都会导致劳动者产生负面情绪。此外，工作空间的布局也很重要。开放式办公室虽然可以促进团队交流，但如果缺乏隐私保护和噪声控制，反而会增加劳动者的压力。其次，工作场所的美观和整洁程度也对心理健康有重要影响。一个整洁、有序、美观的工作环境能够提升劳动者的归属感。而杂乱无章的工作环境则容易让人感到烦躁和无助，从而影响劳动者工作效率和健康。

2. 社会环境

工作场所的社会环境对劳动者的心理健康也有深远影响。人际关系是关键因素之一。良好的同事关系和上司支持能增加劳动者的工作满意度和幸福感，而缺乏支持的劳动者则更容易产生孤独感等负面情绪。职场排斥（workplace ostracism）指劳动者对工作中受到他人排挤、拒绝和忽视行为的主观感知，这种消极的人际关系对工作幸福感和工作绩效有显著负面影响。

（三）个体因素

1. 人格特质与应对策略

人格特质可影响个体工作中的心理健康。具有高水平情绪稳定性的人往往能够更好地应对工作压力，避免出现情绪崩溃或焦虑问题。性格外向的人更容易在社交互动中获得支持，这有助于缓解工作压力。此外，积极的应对策略，如问题解决、寻求支持、积极的重新评价，也能有效缓解工作压力并促进心理健康。相反，消极的应对策略，如频繁的自责或回避问题，会导致问题积累，进一步加重心理负担。

2. 个人生活经历

个人生活经历，包括早期教育背景、家庭环境和重大生活事件，对职业压力的感知和反应方式有重要影响。高教育水平和专业技能可增强应对复杂任务的能力，减轻压力；稳定和支持性的家庭环境使个体在应对压力时更具韧性；重大生活事件（如亲人去世或离婚），使个体在面对职业压力时更加脆弱，心理健康也易受影响。

3. 工作－家庭平衡

工作和家庭是人们生活中重要的两个领域。生活中许多人抱怨自己工作繁忙，没有时间陪伴家人。有人回到家里筋疲力尽，倒头就睡；有人把工作带到家里，通宵熬夜处理公务；有人把工作中的负性情绪带到家里，向家人发泄。这种现象被称为工作到家庭的负性溢出。这不仅使个体在工作和家庭领域的角色出现混乱，而且不利于家庭关系的和谐。然而，工作对家庭也存在正性的影响。个体在工作中的优秀表现、积极情绪、工作奖励等可以扩散到家庭，提升整个家庭的愉悦水平。家庭对工作同样存在影响。家庭关系的和谐以及家人提供的支持能够传递到个体的工作领域，提升个体在工作上的满意度。这种互相影响和支持，是维持工作与家庭平衡的重要因素。

（四）企业因素

1. 企业文化

企业文化（corporate culture）指企业的价值取向与行为规则系统。包括企业的价值观、信念、仪式、符号、处事方式等组成的特有文化形象和行为模式。企业文化和氛围对劳动者的心理状态有重要影响。一个开放、包容、尊重多样性的工作环境可以提高劳动者的归属感和安全感。反之，存在歧视、偏见和职场排斥的工作环境则会对劳动者的心理健康造成伤害。

2. 企业功能

良好的企业功能是维持劳动者心理健康的重要保障。首先，高效的工作设施和舒适的工作环境能够提升工作效率，减少工作负担，进而缓解工作压力。合理的资源配置可以增强劳动者的工作控制感，减少无助感和倦怠感。其次，职业生涯管理是企业帮助劳动者规划职业发展路径的重要功能。通过提供职业发展咨询、晋升机会和职业培训，不仅有助于提升劳动者的技能和知识，而且能增强其自信心、职业认同感、工作成就感。持续的学习和成长能够激发劳动者的内在动机，提升工作积极性和心理韧性。

二、相关风险的识别与评估

（一）工作特征相关风险的识别与评估

单调重复的工作内容、过重的工作负荷、工作自主性和决策参与度的缺乏不利于劳动者的心理健康。可通过 Maslach 职业倦怠量表（MBI）、职业倦怠测量问卷（Burnout Measure，BM）等评估劳动者职业倦怠水平；通过付出－回报失衡量表（ERI）、工作内容量表（Job Content Questionnaire，JCQ）等评估劳动者职业性紧张水平；通过焦虑自评量表（Self-Rating Anxiety Scale，SAS）、汉密尔顿焦虑量表（Hamilton Anxiety Scale，HAMA）等评估劳动者焦虑水平；通过贝克抑郁自评量表（Beck Depression Inventory，BDI）、抑郁体验问卷（Depressive Experiences Questionnaire，DEQ）等评估劳动者抑郁水平。长时间工作、频繁加班和轮班制度干扰生物节律，影响睡眠和生活方式，需要通过定期体检评估相关影响。高情绪劳动岗位要求劳动者频繁表现出特定情绪，可应用 Maslach 职业倦怠量表（MBI）中的情绪衰竭分量表进行测量，评估劳动者健康状况。

（二）工作环境相关风险的识别与评估

不利的物理条件，如光线不足、噪声过大和温度不适宜，直接影响劳动者的心理状态。可通过员工反馈，评估物理环境是否适宜。在社会环境方面，缺乏社会支持、人际关系紧张和职场排斥是主要风险。UCLA 孤独量表（UCLA Loneliness Scale，UCLA）可用于评估劳动者职场孤独感。

（三）个体因素相关风险的评估与识别

高风险人格特质如低情绪稳定性和内向性，以及消极应对策略，都会影响劳动者的心理健康。人格特质测评，如大五人格量表（BFI），可用于评估这些因素的影响。重大生活事件和负面生活经历对劳动者心理健康有潜在影响。通过与劳动者积极沟通和使用生活事件量表，可以了解劳动者的心理健康状况。工作和家庭之间的平衡状态也至关重要。通过曾练平等人开发的中文版工作家庭平衡量表和生活满意度量表（Satisfaction with Life Scale，SWLS），可以评估劳动者的生活状况。

（四）企业因素相关风险的识别与评估

良好的企业文化对劳动者心理健康有积极影响。衡量企业文化最有效、实用的模型之一是丹尼尔・丹尼森（Daniel Denison）教授创建的“丹尼森组织文化诊断模型”。该诊断模型从适应性、使命、参与性、一致性 4 个特征来表征其对企业及劳动者行为、经营管理关键环节和企业业绩等的内在影响。企业中的歧视、偏见、职场排斥等问题需要特别关注。企业人员沟通不畅、资源缺乏、无发展规划等也会影响劳动者的心理健康。可通过明尼苏达满意度问卷（Minnesota Satisfaction Questionnaire，MSQ）进行工作满意度调查。

三、管理策略：预防措施与干预手段

（一）改善工作特征

为有效预防和干预工作特征中影响劳动者心理健康的因素，企业需要采取系统性和多层次的措施。应优化工作内容和工作负荷，避免单调重复和过度负荷，通过设定多样化任务和合理工作目标来提升劳动者满意度。增强工作自主性，让劳动者在工作中有更多控制感，通过反馈机制和培训机会提升自我效能感。合理安排工作时间和轮班制度，确保劳动者有足够的休息时间，对于轮班岗位，设计科学的轮班计划以减少生物节律干扰，并提供灵活的工作时间安排和加班补偿机制，定期体检，检查员工健康状况。管理情绪劳动，提供情绪管理培训和心理咨询服务，帮助劳动者应对工作中的情绪需求，组织团队建设活动，增强情感支持网络。

（二）改善工作环境

在优化工作环境方面，改善物理环境尤为重要。确保工作场所光线充足、温度适宜、噪声控制得当，并提供舒适的办公设备和环境。定期检查和改善工作环境的物理条件，引入绿色植物和自然光线，提升工作空间的舒适度。此外，也要注重营造良好的社会环境，促进劳动者之间的良好关系和上司支持，设立有效的沟通渠道和反馈机制，鼓励劳动者互相支持和合作，减少孤独感和负面情绪。

（三）关注个体健康

企业应关注个体因素，提供针对性的心理健康支持，鼓励劳动者使用积极的应对策略，通过心理健康评估和培训，提高劳动者的情绪稳定性和应对能力。企业也应注重工作和家庭的平衡，制订支持性的家庭友好政策，如灵活工作时间、带薪休假和家庭支持计划等，帮助劳动者在工作和家庭之间找到平衡点。此外，个体需正确看待休闲与工作的关系。研究显示，良好的休闲生活方式可缓解职业倦怠。因此，要重视休闲活动，不能把休闲活动看成一种消极的、浪费时间的行为，要充分认识到休闲活动对于个体自身恢复的重要作用，不仅仅要通过休闲打发自己的闲暇时间，更要从休闲中获取更高的自我体验。

（四）优化企业模式

构建良好的企业功能并倡导开放包容的企业文化，不仅有助于劳动者个人的成长和幸福感，也为企业的可持续发展奠定了坚实基础。企业应积极开展工作场所健康促进，以保障劳动者的身心健康。世界各国广泛推行的工作场所健康促进（workplace health promotion，WHP），强调为劳动者提供健康的支持性环境，这在改善劳动者健康状况方面发挥了重要作用。研究表明，企业通过提供健康促进服务，可以满足劳动者的社会需求，增强其归属感，从而积极提升幸福感。企业还应及时识别和解决问题，提供必要的资源支持，确保劳动者在工作中感受到尊重和价值。通过这些综合措施，企业可以有效减少精神心理健康风险，提升劳动者整体福祉和工作满意度，并提高企业效能。关注劳动者心理健康，创建健康、积极的工作环境，是企业社会责任的重要组成部分，也是实现长远成功的关键。

（李先宾　王　刚）

02 第二章　工作相关的社会心理刺激源

第一节　概　述

工作场所社会心理危险因素及其对健康、经济的影响已经成为发达工业化国家职业安全和健康领域最具挑战性的问题，目前这些国家已将工作场所社会心理危险因素的预防控制纳入国家职业安全与健康法规和企业职业安全与健康管理的内容要求。在我国，尘肺病、职业中毒等传统的职业病仍然是防治的重点，但伴随着工业化、现代化、数字化而来的工作场所社会心理危险因素对健康、经济的影响已经产生，并有愈加凸显的趋势。《国家职业病防治规划（2021—2025 年）》中，将开展工作压力、肌肉骨骼系统疾患等防治工作作为主要任务之一，这对推动人们加强工作场所社会心理因素的辨识、评估和防控发挥了积极作用。

1984 年，ILO 和 WHO 职业卫生联合委员会的报告提出，工作中的社会心理因素是指工作环境、工作内容、组织条件和工作能力、需求、文化、个人工作之外的因素之间的相互作用，这些因素可能通过感知和经验影响健康、工作绩效和工作满意度。这个定义强调工作环境与个体因素之间的动态相互作用。需要指出的是，工作形式和工作环境的不断变化可能会产生新的危险因素。因此，社会心理危险因素的定义一直在丰富与演变。

越来越多的研究表明，社会心理因素是健康、安全和工作舒心的重大挑战，与工作的组织方式、工作中的社会因素以及工作环境、设备和危险任务等因素有关。社会心理因素可能存在于所有用人单位和部门，以及各种工作任务、设备和就业安排中。社会心理因素可能会组合出现，可能会影响其他因素或受其他因素影响。社会心理风险与这类对个体健康、安全和舒心以及对用人单位绩效和可持续性造成多种后果的因素可能存在相关性。

社会心理危险因素可导致情绪、行为、思维和机体症状的改变，与心血管系统疾病、肌肉骨骼系统疾病、抑郁症等心理健康问题、睡眠障碍、职业倦怠等有关。社会心理危险因素对劳动者的负面影响不仅可能包括健康状况不佳和相关联的状况（如心血管疾病、肌肉骨骼疾病、内分泌疾病、焦虑、抑郁、睡眠障碍）以及相关联的不良健康行为（如滥用药物、不健康饮食），还可能包括工作满意度和生产效率的降低等。因此，创造一个健康的工作场所，减少社会心理危险因素的影响，积极调动劳动者的主观能动性或是给劳动者提供积极的支持，以降低职业人群出现心理健康问题的风险。

第二节　工作组织方式

一、角色和期望

与角色、期望有关的社会心理因素，包括角色模糊、角色冲突、照顾他人的义务、工作人员未得到关于希望其做（和不做）任务的明确指示、对同一角色抱有相互矛盾的期望（如既期望提供良好的客户服务，但又期望不要与客户长时间相处）、任务和工作标准的不确定性或频繁变化，以及执行没有目的或价值的工作任务。

（一）角色冲突

所谓角色冲突，是指当一个人的角色行为与角色认知或角色期待产生不协调状态时的内心体验，即认知处于不协调状态时，易产生角色障碍。人际交往的多样性决定了人们在现实生活中可以同时扮演多个角色，构成“角色丛”，并可以保持各角色之间的和谐一致，但有时不同角色之间也会发生冲突。这种角色冲突又可分为两种表现形式，即角色间冲突和角色内冲突。前者指的是同一角色扮演者所扮演的多种不同角色之间的冲突。一个个体在社会中占据多种社会地位，相应地扮演着多种不同的社会角色，社会对个体所扮演的每一种角色都有其特定的社会期待，由于缺乏充分的时间和精力，无法满足这些角色所提出的期望，个体在其扮演的角色中会顾此失彼，特别是这些角色期待彼此矛盾时，就会产生角色间冲突。后者指的是两个或两个以上的他人对同一角色抱有不同的角色期望而产生的冲突。这种冲突是由角色本身所包含的内部矛盾造成的。

当个体被互相冲突的工作需求、他实际上不想做的事情和他不认为是其工作内容的事情所困扰时，角色冲突就出现了。有高度焦虑感的人同没有焦虑感的人相比，角色冲突更容易发生。

（二）角色模糊

角色模糊通常是由于个体缺少明确的期望，对职业的职责、义务没有足够清晰的认知，无法为不同角色提供清晰的指导造成的。角色模糊是由于个体对其职业的职责、义务等没有足够清晰的认知造成的。在工作场景下，角色模糊常表现为对角色的定义、客观期望不确定，以及对工作责任、工作任务、工作目标等的不确定，以致产生对工作无法胜任的感受，与离职意愿、情绪低落、自尊感下降、生活不满意和工作动机下降等存在相关性。

（三）角色超载

角色的过度负荷即角色超载，是当一个人拥有过多的角色时，由于各项工作要求超过个体资源和能力的承受范围，其难以胜任预期的各种角色任务和期望，从而产生角色超载的压力体验。

角色超载包括两个方面：一个方面是从个体的感知方向理解，将角色超载定义为个体所拥有的时间和资源无法完成当前的工作量，而展现出“无能为力”的状态。这里说的资源包括个体工作时所需的经验、知识、技能和培训等。另一个方面是从任务角度出发，一般分成定性或定量两个角度。定性的角度是指，个体的任务难度较大、要求较高，从而超出了劳动者所拥有的技能或经验范畴，致使劳动者完成任务的难度大大提高；定量的视角则是从任务的数量来描述，主要是指用人单位分配的任务过量，劳动者没有充足的时间来完成任务，致使劳动者感受到工作量超出个体承受能力。

人们常常将角色超载的研究聚焦在其负面的影响上，认为过高的角色超载与劳动者的负向情绪、工作倦怠、离职倾向、睡眠障碍，甚至抑郁和焦虑的发生、非伦理行为的增加等有关。但也有报告指出，角色超载对个体的自尊水平、工作绩效存在一定的正向预测作用。

二、工作需求与控制

个体在工作环境中感受到的压力与心理不适感，是由个体面临的工作上的种种需求与个体拥有的能够应对这些需求的能力和资源共同决定的，人们习惯于用工作需求和工作控制这两个因素来表示，并提出经典的工作需求－控制理论模型，以及以此为基础提出的工作需求－控制－支持模型和工作需求－资源模型，但工作需求－控制理论模型应用最为广泛。

在工作需求－控制理论模型中，工作需求是指用人单位对劳动者在工作上提出的各种要求与期望，常常体现在新技术的学习与使用、工作时间的限制、工作负荷过高，以及单调、零碎的工作等方面，这些常常被认为是职业人群健康的有害因素。工作需求方面常见的问题是，技能使用不足，与人们（如公众、顾客、学生、患者）的持续工作接触，在一定时间内或与一定数量的工作人员一起有过多事情要做，相互冲突的要求和期限，对工作人员能力或职责的不切实际的期望，缺乏任务多样性或执行高度重复的任务，零碎或无意义的工作，过度警觉和注意力集中的要求，与有攻击性或苦恼的人一起工作，以及暴露在可能导致精神创伤的事件或情形下。

工作控制指个体控制工作任务和工作活动的能力，常常被认为是职业人群身心健康的有益因素，一般认为包含两个方面：技能裁量权和自主决策权。技能裁量权，指的是个体拥有工作技能，并且在工作中能够应用自身所拥有的技能的机会，表现为技术的利用程度；自主决策权，则是指个体参与组织决策的程度和有多大程度能够自己进行任务决策，表现为技能决定权、工作量的控制、工作决策参与度等。工作控制方面常见的问题是，参与决策的机遇有限、对工作量缺乏控制、影响力和独立性的水平较低（如不能影响工作任务的速度、顺序或时间表和工作量）等。

三、工作组织特征

（一）组织变革

随着生产技术的飞速发展，用人单位的战略需要时刻与市场环境保持一致，这些调整都会引发组织变革。伴随着组织变革的发生，组织环境充满不确定因素，必然会对劳动者形成各种压力，影响劳动者的认知与行为。其原因主要有：①缺乏环境安全感，长期或反复地重组导致工作环境改变、劳动者缺乏安全感或在过渡期缺乏实际的支持，产生压力；②习惯的改变，对于原有的流程、人际关系等人们都习惯的事情，当这一习惯发生改变时，人们产生变革抵触；③经济利益变化，劳动者因变革丧失既得利益，因此产生抗拒；④信息的不对称性，决策者在变革中没有与劳动者进行充分的沟通，或者低质量、不及时或无意义的协商和沟通，造成劳动者对变革关键信息的了解不足产生不同的认知，从而影响组织变革的实现。

组织变革是一个强大的刺激源，劳动者必然会产生应激反应。如果劳动者没有足够认识和准备应对这种压力，就会产生变革抵触、心理和行为上的不适。当然，用人单位劳动者对组织变革有正确的认识，并且愿意承受压力与挑战时，组织变革也能带来积极影响。组织变革过程中常见的社会心理因素有劳动者在过渡期缺乏有效的支持与协助、长期或反复的重组，以及缺乏工作场所变更的协商和沟通，或者低质量、不及时或无意义的协商和沟通。

（二）组织文化

组织文化是用人单位在长期的发展中所形成的独特和突出的经营管理理念或价值观。组织文化会在用人单位成立时形成，并通过处理内外部问题而不断发展，它可以使劳动者具有使命感和责任感，对用人单位内劳动者的思想、行为、决策产生影响。有学者选择新西兰的一家公立医院、一家私立医院和一家小工厂的劳动者进行组织文化和出勤关系的研究，结果发现，公立医院表现出的是“战场”文化，职业身份、道德身份和组织忠诚感促进了劳动者的出勤主义行为；私立医院表现出的是“避难所”文化，强烈的团队合作精神和对同事的忠诚促进了出勤主义行为；小工厂则是“贫民区”文化，放任的管理和较差的工作条件造成了较少的就业机会和工作不安全感，使得劳动者在面对疾病的时候仍然选择出勤。由此可见，不同的组织文化通过不同的中介变量影响着劳动者的出勤主义行为。

与组织文化有关的常见社会心理因素有沟通不畅、对解决问题和个人发展的支持水平较低、对组织目标的定义或一致同意的缺乏、方针和程序的不一致和不及时应用、不公平的决策。

（三）组织氛围

组织氛围是劳动者对工作场所中关乎自身福利、工作环境的心理影响的共同感知，是用人单位内影响个体态度、行为和业绩的重要变量，对工作中人际关系的形成和发展起着重要作用。良好的组织氛围将能有效缓解个体的职业倦怠。组织氛围与职业倦怠之间具有较为紧密的关系，在组织中的支持型管理行为、劳动者集体参与决策的水平以及组织目标的广泛性与职业倦怠的程度呈负相关，而低水平团队合作、劳动者不信任、紧密控制与职业倦怠程度呈正相关。同时，组织氛围与工作场所孤独感、工作家庭冲突之间也可能存在相关性，团结氛围与工作场所孤独感呈显著负相关，恐惧氛围与工作场所孤独感呈显著正相关，当组织氛围强调奖惩与个人利益而忽视团队合作与相互信任时，将难以在工作场所中形成友谊。温暖支持、工作自主性、奖励取向和管理效率对工作场所孤独感具有显著的负向解释力，且温暖支持是人格变量与工作场所孤独感之间的中介变量。有调查显示，临床一线护士护理组织氛围对工作家庭冲突具有显著影响，若护士处在温暖和谐的工作氛围中，并能够得到领导或同志的关心、认同和支持，那么这将有利于缓解她们的工作家庭冲突。

四、工作负荷

工作负荷是指劳动者个人在既定的时间内必须完成的工作任务量，是劳动者工作条件的一个指标，常常与工作要求、时间压力、能力水平、任务难度和努力程度等因素有关。工作负荷分为两个方面：量的工作负荷和质的工作负荷。任务中所需的工作量就是量的工作负荷；工作任务的复杂性是一种质的工作负荷。工作超负荷和工作负荷不足都是影响身心健康的因素。如果工作超过劳动者的能力限度，出现超负荷情形，就会导致工作压力增加、作业绩效下降、身心健康受损，甚至导致事故或差错发生率增加。如果工作负荷远低于人的能力，劳动者会因缺乏刺激而出现兴奋不足，从而影响身心健康，降低工作效率或出现差错。工作负荷方面常见的社会心理因素包括超负荷或欠负荷工作、较高的时间压力、持续受制于最后期限、由机器确定速度和节奏，以及高度的重复性工作。

五、工作时间

与工作时间有关的社会心理因素常表现为工作缺乏多样性、轮班工作、僵化的工作时间表、不可预测的时间、较长的或无社交的时间、零碎的或无意义的工作，以及持续要求在短时间内完成工作。

相关学者研究显示，全球每周的平均有偿工作时间约为43.9小时。每周平均工作时间显然最长的地区是亚洲（47.4小时），特别是南亚（49.0小时）和东亚（48.8小时）。相比之下，每周平均工作时间最短的地区是北美（37.9小时）、欧洲和中亚（38.4小时），特别是北欧、南欧和西欧（37.2小时）。平均工作时间最长的职业群体是机器操作员和装配工，他们平均每周工作48.2小时，紧随其后的是服务人员和销售人员。

自ILO成立以来，工作时间一直是其关注的核心。事实上，自工业革命以来，限制工作时间一直与保护工人健康、福祉相关。在接下来的一个世纪里，工作时间继续在劳工和就业辩论中占据突出的地位，不仅是工作时间的数量，而且还有工作时间安排（工作时间表）或工作日程安排，两者都是决定工人如何平衡有偿工作与个人生活的关键因素，包括家庭责任和其他个人需求。例如，长时间工作（大于每周48小时）对工人的工作－生活平衡有负面影响，而较短的工作时间有助于促进这种平衡。有可预测或灵活时间表的工作时间安排有助于促进更好的工作－生活平衡，而那些不可预测时间表的工作时间安排则有相反的效果。

（一）长工时

按照ILO标准，长时间的工作（长工时）可以被定义为每周定期工作时间超过48小时。我国现行法律规定，劳动者每日工作时间不超过8小时、每周平均工作时间不超过44小时，但实际执行起来还存在一定差距。长工时在一些国家仍然普遍存在，需要劳动者定期加班或长时间劳动的工作很常见。工作时间长是大部分国家在经济快速发展阶段中的特征之一。ILO在报告中显示，全球范围内有超过4.88亿名（约7.0%）劳动者每周工作时间超过55小时。在中国，国内职业人群每周平均的工作时间约为47小时，且约有62%的受访者每周工作时间超过了40小时。

长工时虽然能在一定程度上增加企业的工作绩效，但长期处于该状态会引起职业紧张、忧郁，甚至出现不同类别的慢性疾病，对职业人群的健康造成伤害。长工时导致劳动者的休息时间大幅减少，并且会减少睡眠时间和降低睡眠质量，因此他们往往容易感到疲劳，出现情绪倦怠，长时间下来则会转变成抑郁，甚至过劳死。相关研究证明，每周工作48小时、55小时都会增加劳动者产生抑郁和焦虑的风险。

（二）兼职工作

虽然传统关注的长时间工作及其影响可以追溯到工业革命的早期，但一些地区和劳动者需要面对短时间工作的现象，通常被称为“兼职工作”，即工作时间通常低于全职工作时间，已成为威胁职业人群健康的新问题。ILO对兼职工作定义为每周工作时间少于35小时。根据这一定义，全球约有五分之一（20.3%）的就业人数存在每周不到35小时的兼职（短时间）工作。工作时间短的劳动者比例在发展中地区非洲（37.5%），特别是撒哈拉以南非洲（40.3%）最高。然而，在美洲（26.7%）、欧洲和中亚（22.8%），特别是北欧、南欧和西欧高度发达的地区（29%），做兼职（短时间）工作的劳动者的比例也很大。

在大多数发达国家，兼职工作被广泛视为促进工作－家庭和解和工作－生活平衡的有效机制，原因是兼职（短时间）工作可能有利于工作和生活的平衡，因为他们为劳动者个人生活和履行家庭责任提供了更多的时间。然而，工作时间很短可能是一个潜在的问题，对于那些工作时间很短的劳动者来说，他们可能会失去一些福利与权利（如没有社会保障福利和带薪休假），而且还经常与不可预测的工作时间表（时间安排）有关。

此外，还有一种称之为“随叫随到”的兼职工作。这种工作时间安排一般是每周工作时间少于15或20小时，并要求接受这些工作的劳动者在特定时间内完成潜在的工作任务，在需要时被要求去工作。因为工作时间表的不可预测性，随叫随到的工作可能会对工作与生活的平衡产生负面影响，同时还可能增加健康问题发生的风险，如消化问题、睡眠障碍、负面的心理健康症状、生殖问题和心血管疾病等。

（三）轮班工作

轮班工作具有非常规的作息时间，特别是夜间轮班工作，会打乱机体的昼夜节律，造成昼夜节律紊乱。ILO将夜班工作定义为“在不少于连续7小时的时间内进行的所有工作，工作时间应覆盖午夜12点到凌晨5点”。虽然轮班作业可以提高工作效率，但是持续高强度的工作会损害个人的身心健康。

轮班作业是指企业或服务性单位让劳动者轮流休息，从而使生产或服务全天不间断运行的一种工作制度。24小时工作的连续性和轮班时间的非规律性，迫使劳动者一次次地重新调整节律系统，有些劳动者无法有效地调节昼夜节律而达不到新的身体稳定状态，就会增加罹患疾病的风险，如内分泌系统紊乱，睡眠质量下降；副交感神经系统失调，心血管疾病增加；消化系统失衡，胃肠疾病高发；疲劳，焦虑，易激惹，认知功能减退。长期轮班作业不仅损害劳动者身心健康，而且会引发家庭的分歧和冲突，家庭矛盾进一步影响劳动者的幸福感和社会稳定性。

（四）弹性时间安排

弹性工作时间可能是最常见的灵活工作时间安排。一般来说，弹性时间安排（也称为灵活的时间表或灵活的工作时间）允许劳动者根据他们的个人需求和偏好（在特定的范围内），在一定时间内只规定完成的工作量，可以自主地选择何时开始和完成工作。由于劳动者被授权更好地安排、控制工作时间，弹性时间导致了更大的工作－生活平衡，特别是对于有孩子的劳动者来说，弹性工作时间被认为是很重要的，这能保证职工更好地履行工作和家庭责任。同时，实行弹性工作时间的劳动者可以根据自己的身心状态决定工作的开始和结束时间，进而减少因时间冲突产生的工作压力和情绪不适，提升工作满意度，对心理健康产生积极影响。

六、工作不稳定性

工作不稳定性常常表现为减薪裁员或暂时失业、低薪或无保障的就业（包括非标准就业），以及在劳动法或社会保障未适当覆盖或保护的情况下的工作，让劳动者缺乏安全感、担心失业，容易产生职业紧张、情绪障碍，甚至出现更高的出勤主义行为水平。与工作保障和不稳定有关的社会心理因素有就业机会的不确定性，包括无固定时间的工作、减薪裁员或暂时失业、低薪或无保障的就业，包括非标准就业、在劳动法或社会保障未适当覆盖或保护的情况下工作。

七、多样化的工作形式

（一）远程工作

随着信息技术的发展，越来越多的工作通过远程工作（居家办公）得到执行，特别是将其作为遏制新型冠状病毒大流行传播的一项关键措施后，更多的企业鼓励劳动者在家远程办公，有些甚至考虑设置家庭工作站。如果组织和执行得当，远程工作（居家办公）可以改善工作和生活的平衡，减少通勤到工作场所的时间，并为灵活的工作安排提供机会，所有这些都可能增进心理健康和社会福祉。当然，远程工作（居家办公）也可能会对社会心理健康带来风险，包括影响工作速度、更长或不固定的工作时间、干扰工作 – 生活平衡、孤立（与同事和管理人员的沟通减少）。还可能存在暴力和骚扰的风险，包括网络欺凌。在劳动者无法使用私人、安静和专用工作站的情况下，对劳动者及其家庭的心理影响可能会加剧。此外，当劳动者从事远程工作（居家办公）时，他们可能面临与物理环境和人体工效学不相适的风险，进而造成心理健康危害。

（二）数字化、自动化和人工智能

先进机器人技术和基于人工智能（AI）的自动化系统已经进入了制造业、医疗保健和教育等领域，并对职业安全和健康产生影响。任务自动化可以减少物理工作量，在肮脏、枯燥或危险的工作环境中替代人工操作，减少人工的工作量，消除接触危险物质，避免事故。然而，数字化、自动化和人工智能也带来一些挑战。比如劳动者对失业的恐惧，感知到的工作不安全感，与抑郁、焦虑和情绪衰竭的风险有关。数字化、自动化和人工智能通常要求劳动者在很短的工作时间内获得新的技能，并调整原有的工作习惯，有些人可能很难适应这种变化，由此带来的低接受程度、自动化偏见、技能需求的压力等。

（三）精益生产与电子监控

精益生产是一种以最大限度地减少企业生产所占用的资源和降低企业管理和运营成本为主要目标的生产方式，虽然被作为一种提高效率和生产力的方法得到高度推广，但它往往导致更大的工作强度或是工作价值感的缺失。精益生产方法已出现在医疗保健行业和公共部门中，因为预算的减少要求其提高生产力。这种形式的精益工作通常被称为“新公共管理”，它会导致心理压力增加，工作需求增加，工作自主权或参与水平降低，以及工作不安全感增加。

电子监控是指用计算机收集、存储、分析和报告劳动者生产活动的信息。它包括电子性能监控（EPM）系统，如击键计数和对音频对话的电子窃听。有经验证据支持电子监控技术可以改变基本工作维度（如增加工作量和减少工作控制），影响工作需求（如工作量）、工作控制、职业模糊性和晋升，从而产生压力。电子监控通常通过建立绩效标准来评估劳动者的绩效。这些标准往往不是基于科学依据，而是基于机器的能力，这可能会导致劳动者过度工作。与未受监控的劳动者相比，受监控的劳动者报告了更高的工作量、更低的工作量变化（繁重工作量期间之间的停顿更少）和更少的工作控制，以及更高水平的工作无聊、心理紧张、焦虑、抑郁、愤怒、健康抱怨和疲劳。总之，电子监控会使劳动者对工作压力的感知以及他们报告的身体和心理压力水平产生不利影响。

第三节　工作中的社会因素

一、人际关系

人际关系方面常见的社会心理不良因素常包括信息共享不畅，在管理人员、同事、客户或与劳动者互动的其他人之间关系不佳，人际冲突、骚扰、欺凌、受害（包括使用电子邮件和社交媒体等电子工具），第三方暴力，缺乏社会支持，占主导地位和非主导地位的劳动者群体之间的不平等权利关系，以及社交或身体孤立等。

（一）工作中的人际关系不佳

工作中的人际关系一般包括同上级的关系、与同事的关系、与下属的关系。当下属与其上级的关系，由于某些原因从心理学的角度看不健康时，就会产生情感损害。处于紧张之中的劳动者经常觉得其上级对他们批评不当、重用亲信和“一有机会就滥用职权和欺骗他们”。同事之间的紧张关系可能起因于竞争和通常被描述为“办公室政治”的人格冲突。一部分人不容易与下属处理好关系，特别是对于那些依靠专业技术基础而提升到管理岗位，而未经管理技能培训的人来说，处理人际关系时遇到的问题常常更多。

（二）职场孤立

职场孤立是一种职场冷暴力，指劳动者虽有成为群体成员的主观意愿，但仍被排挤在用人单位支持网络之外的现象。职场孤立是用人单位社交环境中的一种客观现象，具有被动特征，常被视为工作场所孤独感的前因变量。职场孤立对自身、团队乃至用人单位造成一系列的消极影响，比如工作满意感与幸福感下降，工作绩效降低，个体出现焦虑不安、恐惧、低自尊等不良情绪，长时间得不到缓解还会引发免疫系统、心脑血管等疾病，甚至增加自杀和罹患癌症的概率。

二、积极领导

积极领导是指领导者积极推动用人单位及劳动者工作，培养一种积极的导向，并产生对美德和最佳状态的关注。其核心内涵包括：①积极领导帮助用人单位及劳动者取得卓越成就；②积极领导是一种积极的倾向，或者说是对优势和能力以及对人的潜力的肯定；③积极领导使人们处于最好的条件，或对美德的关注，即积极领导强调要培养用人单位及劳动者的美德导向。然而，职场中常常会出现积极领导不足的情况，给劳动者带来情绪、心理上的不适感。比如，缺乏明确的愿景和目标，与工作性质和需求不相适宜的管理方式，不倾听或仅心不在焉地倾听抱怨与建议，隐瞒信息，提供不充分的沟通和支持，缺乏担责，缺乏公平，不一致和糟糕的决策实践，以及权力的滥用或误用等。

三、职业发展与奖励

（一）职业发展

职业发展是指个人在职业生涯中，通过持续学习、经验积累、目标设定和适应变化，动态调整职业路径，不断平衡劳动者个人需求和用人单位需求，实现职业能力、职位层级、个人价值及职业满意度的系统性成长过程。既可以反映个人在工作期间的行动举止等外在部分，也可以突出个人在工作中展现出来的价值观、兴趣、需求、技能等内在价值。实际工作中，当劳动者面临或遭受到职业的停滞和不确定性（害怕裁员和被迫提前退休）、晋升不足或晋升过度、技能发展机遇的缺乏等情形时，常常会出现工作压力或倦怠，产生消极怠工、“躺平”等负面情绪。

（二）表彰与奖励

劳动者的努力与正式和非正式的认可和奖励之间出现不平衡、劳动者的努力缺乏公正和及时的适当认可和赞赏，都可能成为工作场所心理健康问题的重要影响因素。以工作付出与回报失衡为例，付出－回报失衡影响职业紧张水平，高付出－低回报与情绪障碍、职业倦怠、睡眠障碍以及心血管疾病、代谢疾病、免疫功能损伤等一系列身心健康症状有关。对于回报的概念，除了工资收入以外，其他的非物质性回报也相当重要，比如工作中上司和同事对自己的尊重、工作的稳定性和职业保障，以及晋升的前景等。

四、支持与监督

（一）社会支持

社会支持被定义为个人通过社会联系所获得的能减轻心理应激反应、缓解精神紧张状态、提高社会适应能力的影响。社会支持分为家庭支持、同事支持和上级支持三个因子。社会支持对职业人群的心理健康发挥着重要的维护作用，其常见的社会心理因素包括主管和同事的支持的缺乏、获得支持服务的缺乏、支持工作绩效的信息和（或）培训的缺乏。

（二）监督与绩效考评

在监督与绩效考评方面常见的社会心理因素有缺乏建设性的绩效反馈和评估过程、缺乏鼓励和（或）确认、缺乏沟通、缺乏共同的组织愿景和明确目标、缺乏支持和（或）资源来促进绩效改进、缺乏公平和滥用数字监控等。

绩效考评的目的是作为人力资源管理的工具和作为薪资分配的依据；包括工资调整、职位晋升、劳动者保留和解雇、对于出色表现的肯定、对于绩效不佳者的识别、裁员和业绩提高。绩效考核及其结果分配是一个工作的正式反馈渠道，对于劳动者而言是获取评价和利益的权利。劳动者价值分配相关的实践与劳动者利益紧密相关，分配价值的多寡、公正与否直接关系到劳动者的自身利益及其对用人单位的情感和态度，是管理实践中最饱受争议的一项内容。缺乏建设性的监督和考评常常产生消极影响，加剧劳动者的情绪困扰（绩效考核前后的忧虑、抑郁、压力感等），打击劳动者士气、削弱工作动机，强调个体胜过整体，看重目标超过过程，注重眼前而忽视长远，导致现存价值观与偏见的制度化、鼓励过度竞争而减少劳动者之间的信任。

五、工作与家庭平衡

工作－家庭平衡是指工作和家庭功能良好，个体得到满意的心理状态，使角色冲突最小化，能平等地参与工作和家庭角色活动，并能获得同样的满足。随着经济的全球化、社会城市化、工业化和市场化的发展，越来越多的劳动者将面临如何平衡工作与家庭关系的挑战。平衡的个体会有较高的生活质量、组织承诺和工作满意感，离职意愿也较小，生活压力也较低。而不平衡，即工作和家庭发生冲突的个体将会造成身心不适，尤其是心理上的不良状况。然而，现实生活有太多因素影响着工作与家庭的平衡关系，如工作投入、工作时间投入、工作支持、灵活的时间安排、工作压力、性别、社会支持、非工作投入、非工作时间投入、家庭支持、家庭压力、家庭冲突、孩子数量、最小孩子年龄、配偶的工作情况、婚姻状况、家庭经济状况等。因此，在工作和家庭两者之间找到合适的发展空间，把握二者的相互作用关系，帮助个体去更好地理解和有效地处理冲突，促进平衡，从而减少工作家庭冲突、增加工作－家庭增益，提升工作家庭生活的满意度具有重要的现实意义。

六、工作中的不公正

（一）歧视

歧视即基于种族、肤色、性别、宗教、政治见解、民族血统或社会出身等原因，具有取消或损害就业或职业机会均等或待遇平等作用的任何区别、排斥或优惠。ILO 于 1958 年发布的《歧视（就业和职业）公约》（第 111 号）（C111–1958）对就业和职业歧视进行了分类：直接歧视、间接歧视和制度性歧视，并包括（性）骚扰。直接歧视是基于被禁止的理由给予与工作相关的差别待遇。间接歧视是指看似中立，但实际上会导致某个性别、种族、肤色或其他特征的人主要遭受不利影响的规则和做法，而这些规则和做法与岗位的内在要求无关。制度性歧视是一种制度性的现象，仅由某个雇主或劳动者孤立的行为造成，深深植根于用人单位的运行方式、法律和规则的应用方式及工作场所的运营方式。如果歧视出现在法律、行政法规、政策、习惯、制度运行或社会模式中，则影响更为深远——这便被称为制度性歧视，它必须作为公共政策问题随着时间的推移予以解决。

持续存在的歧视可能严重影响劳动者个体身心健康（抑郁和焦虑表现较为突出）和士气，与主观幸福感、自尊、应对方式等心理特性表现呈负相关，表现出孤独、自卑，相对于其他群体更多地出现内部心理问题及外部行为问题，进而影响用人单位的生产力、凝聚力、出勤率，还会导致劳动者流失率增加。

（二）暴力

ILO 于 2019 年发布的《暴力和骚扰公约》定义了“暴力和骚扰”一词，是指一系列旨在造成、导致或可能导致生理、心理、性伤害或经济伤害的不可接受的行为和做法（或它们带来的威胁），无论是其只发生一次，还是反复发生，并包括基于社会性别的暴力和骚扰。

工作场所暴力包括两个方面：一是“热暴力”（肢体暴力），比如物理攻击、性骚扰、同事威胁、职场攻击、持续的破坏行为等；二是“冷暴力”，包括职场排斥、职场欺凌和职场谣言。工作场所暴力会给受暴者带来不同程度的身体损伤、功能障碍甚至是永久性的伤残。暴力还会对劳动者健康造成重大影响，引起个体身体疾病、心理障碍、酗酒等，危及劳动者的职业生涯发展，削减他们的工作热情、工作满意度，甚至是工作能力，增强离职意愿、缺勤怠工等负面行为。

（三）骚扰

工作场所骚扰种类很多，最常见的是工作场所性骚扰和工作场所暴力。工作场所性骚扰是指发生在工作场所中的不受欢迎的具有性性质的举止，被骚扰的场合如上下班途中、出差、同事聚会、电话和邮件等，大部分被骚扰对象为年轻女性。构成性骚扰的行为可以是：身体上的（如违背对方意愿的身体接触），语言上的（如评价、冒犯性的笑话、人身侮辱、下流话），非语言上的（如盯视、吹口哨或有性意味的手势）。在职场发生的性骚扰事件要比其他场合发生的性骚扰所造成的损害后果严重得多。因为在职场这样一个相对密闭的空间范围内，骚扰人与受害人通常具有特定的关系，导致性骚扰发生次数频繁，不仅给性骚扰受害人带来持续的精神痛苦和精神损害，还会造成工作环境的无序和恶化，形成不健康的工作氛围，进而迫使受害人工作效率低下、被解雇或辞职，甚至影响被骚扰人的心理健康，严重者出现抑郁或极端情况下的自杀。

（四）欺凌

欺凌是重复（不止一次）的，可能会对健康、安全和工作舒心造成风险的无理行为；行为可以是公开的，也可以是隐蔽的，例如：社交或身体孤立、分配无意义或不利的任务、辱骂、侮辱和恐吓、破坏行为、不当的公众批评、隐瞒对工作至关重要的信息或资源、恶意的谣言或八卦、安排不可能实现的最后期限。

职场欺凌是一个既复杂又隐晦的概念，是工作场所中组织文化等相关前置因素不良运作下的产物，其表现形式相当多元，劳动者若长期遭受职场欺凌的侵蚀，不仅会造成个人身体及心理上的困扰，还将引起劳动者持续性的情绪和心理上的敌意对待，把负面情绪发泄到周围环境、顾客或同事身上，最终导致职场破坏行为的产生。持续存在的职场欺凌会对劳动者的工作、健康及输出行为产生负面的影响，容易导致出现健康问题、易怒、离职意愿增强和工作满意度降低等情况。

（五）污名

污名定义为个体在社交关系中具有的会影响其身份地位的令人“丢脸”的特征，这种特征包括身体的（如残疾、HIV、心理或精神疾患等）、人口统计学的（如种族、性别）和社会的（如职业、所属群体）等。职业污名是某一职业因具有一些令人“丢脸”的特征而在某种程度上遭受的贬抑、排斥、被质疑等，具体则表现为公众对该职业持有的负面评价的总体程度。职业污名会给从业者带来一系列负面影响，如情绪耗竭、反生产工作行为、离职、压力感等，使职业人群身心健康受到极大的危害，进行可能会影响到社会秩序和公共安全。

七、延迟退休

世界人口正向着老龄化方向发展，全世界有近一半的国家或地区进入了老龄社会，且老龄化程度将持续加深，我国也不例外。延迟退休，即提高退休年龄，在一定程度上可以降低人口老龄化给社会经济、人力资源带来的影响。近几十年来，大多数经合组织国家都实施了改革，提高了退休年龄。比如希腊女性面临两年的增长，从60岁到62岁；英国女性面临的平均增长年龄为4岁，从60岁到64岁。我国也已公布延迟退休政策。退休可能为个人提供更多的灵活性来做出时间分配决定，从而增加他们投资于健康的能力。例如，通过做更多的锻炼，烹饪更健康的食物，或坚持医疗治疗。此外，从事可能损害健康的职业的劳动者，可能会由于减少接触身体危害或工作压力而使身心健康得到改善。总的来说，退休与一些身体和健康结果的改善有关，可能会带来更好的心理健康和幸福，而不是危害。

第四节　工作环境和危险任务

常见的与工作环境和危险任务有关的社会心理因素包括：设备可用性、适用性、可靠性、维护或维修不足；工作场所环境条件差，如空间不足、照明不足、噪声强度大；缺乏完成工作任务所需的工具、设备或其他资源；在极端条件或情况下工作，如非常高或很低的温度，或高空；在诸如冲突地区等不稳定环境中工作，等等。

一、工作环境条件

工作场所的环境条件（噪声、照明、温湿度以及其他感官刺激物等）能影响劳动者的情绪和一般精神状态，而不良的工作场所设计或布局同样影响心理状态。例如，高强度噪声会使大脑皮层兴奋和抑制失调，对心理产生一种压制，引起明显的躯体不适、焦虑、敌对、忧郁、睡眠障碍和情绪障碍等不良心理反应。对于处理精细作业的个体，不良照明可产生眼睛疲劳，而高照度光环境可以提高作业人员警觉度，降低困倦度，减弱疲劳度，改善人体的情绪状态等。由于传送带的布局不合理，女工之间存在隔离，缺乏人际交流，使她们感到厌倦和寂寞，导致缺勤和辞职率上升。工作场所的办公布局（如开放布局和手机办公室）也被发现对健康有影响。在开放工作场所工作会降低隐私和工作满意度，且有限的证据表明，在开放工作场所工作加剧了认知工作量，恶化了人际关系。

二、工作设备条件

工作设备条件的好坏在一定程度上决定了生产安全、工作效率和工作满意感。设备人－机适配性较低，或者是设备可用性、适用性、可靠性、维护或维修不足，甚至是缺乏完成工作任务所需的工具、设备或其他资源，以及缺乏适当且有效的个体防护装备，常常给作业人员带来不良的体验感，会降低他们的工作热情、工作满意度，影响工作能力，增加离职、缺勤怠工等负面行为的发生。

三、新出现的危机

（一）突发公共卫生事件

突发公共卫生事件是指可能对公众和社会造成严重损害或负面影响的重大传染病、原因不明的群体性疾病、严重食品和职业中毒等突发事件，具有病种复杂多样、传播速度快、波及范围广、致病性强、难以控制等特点。其对公众健康的影响通常表现为直接危害和间接危害。直接危害一般为事件直接导致的即时性损害，就是说直接对公众的身体造成损害。间接危害一般为事件的继发性损害或危害。例如，事件引发公众恐惧、焦虑情绪，对社会、政治、经济稳定的冲击等。

21 世纪以来，突发公共卫生事件频发，其中由 WHO 正式命名的事件主要有严重急性呼吸综合征（SARS）、中东呼吸窘迫综合征（MERS）、埃博拉病毒病（EVD）、克里米亚 - 刚果出血热（CCHF）、新型冠状病毒感染（COVID-19）等。在 SARS、MERS 和 COVID-19 暴发期间，创伤后应激症状的发生率在 11%~73.4%，其中 51.5% 的医护及相关工作者评分高于创伤后应激症状诊断的事件量表修订版的阈值。

（二）气候变化

越来越多的人开始关注气候变化这一特殊的不可控环境因素和心理健康之间的联系。气候变化能够通过使人们遭受创伤直接影响心理健康，或者通过身体健康和社交幸福间接影响心理健康。尼日利亚的可可种植者有时会遭受与气候变化相关的生产限制，报告的病假时间与一些气候引起的职业压力源之间存在高度关联。与普通人群比较，暴露于烈日下的职业人群可能更易受到高温热浪的影响。特别是工作场所在露天、野外的职工，他们承受着高温可能造成的中暑，进而很容易影响到心理，以致出现心情烦躁、爱发脾气、工作没精神、效率低下等现象，心理学家称之为“情绪中暑”。

（三）战争冲突

战争冲突对心理健康有很大影响，对可能爆发的世界大战的恐惧与严重或非常严重的焦虑、抑郁和压力之间的联系已得到证实。一项对越战退伍军人的研究表明，创伤后应激障碍的患病率为 5.4%，抑郁症的患病率为 8.3%。有报道称，海湾战争的退伍军人也患上了创伤后应激障碍、抑郁症和多种慢性疾病。另一项对参与伊拉克和阿富汗冲突的英国人员的研究显示，6.2% 的人可能患有创伤后应激障碍，21.9% 的人患有常见的精神障碍。此外，在哥伦比亚的武装冲突中，受冲突影响的人员出现了情绪痛苦、抑郁症状、焦虑和压力。

（吴　辉　余善法）

03 第三章　工作场所的心理健康促进

第一节　概　述

对于大多数劳动者来说，工作占据了一天的大部分时间。在工作中是否愉快，对人们整个的身心愉悦起到关键作用。一份满意的工作和一个舒适的工作环境，是人们获得身心健康的基础。然而，随着生活节奏加快，工作压力变大，劳动者面临着严峻的心理亚健康问题。

劳动者无处疏解的郁结和压力，将以持久的破坏力侵蚀劳动者的健康和活力，破坏用人单位的战斗力。相反，有数据表明，心理健康水平高的工作团队，工作效率将更高，工作时的幸福感可以将业绩提升 12%。因此，对于用人单位来说，需要时刻认识到劳动者的心理健康将大大影响劳动者的工作效率，影响组织氛围，并最终将对企业的效益和长期发展造成影响。在工作中为劳动者打造舒适的工作环境，通过举措帮助劳动者释放压力、舒缓身心，是体现劳动者关怀、激发劳动者热情和工作效率的重要方式，也是吸引和保留劳动者的重要途径。

第二节　工作场所健康模型

精神心理健康问题造成的社会成本损失是巨大的——例如，在美国，与旷工和生产力下降相关的成本损失估计每年超过 3000 亿美元。对于用人单位来说，这些成本的损失是由于劳动者的旷工、假性出勤、生产率降低、人员流动率增加和一系列其他行为造成的。其中，最引人注目的是——伤残假。在美国，因精神心理健康问题而请假的时间通常很长，30%~40% 的长期残疾索赔是由精神疾病造成的。在大多数用人单位中，此类索赔占残疾索赔费用的 60% 以上。

除了财务费用外，精神心理健康问题也对用人单位的业务产生了相当大的影响。有精神心理健康问题的个人可能会出现注意力下降、工作表现不佳或旷工的情况。而工作场所的精神心理健康问题也会影响工作量的分配、同事之间的社会互动等方面。

那么，什么样的工作场所有利于劳动者的心理健康呢？研究者加布里埃尔（Gabriel）等人梳理了相关领域的研究后指出，心理健康的工作场所应该能减少劳动者的压力源，并为劳动者提供资源，以增进他们的健康和福祉。具体涉及以下五个方面。

一、工作与生活的平衡

工作与生活的平衡为劳动者提供工作的灵活性和相关资源，使他们能够顾及工作以外的生活需求。例如，为心理健康治疗、医疗预约、参加丧事等事项提供带薪休假的选择，支持远程办公协助劳动者照顾儿童或老人。在企事业机关单位的运营实践中，工作与生活的平衡对劳动者至关重要。

宾夕法尼亚大学沃顿商学院组织心理学家斯图尔特·弗里德曼（Stewart D. Friedman）认为，为了让劳动者在追求职业发展的同时找到家职平衡，雇主需要制订相应的政策和计划，为有孩子和没有孩子的家庭提供支持。一些用人单位正在尝试采用新的就业模式，首先，需要给劳动者制定明确、可衡量的目标和期望，并在工作地点、时间和方式上提供尽可能多的灵活性。其次，要对劳动者兼顾工作与家庭的平衡具有包容性。再次，为儿童保育提供支持也是至关重要的一环。最后，让工作更有意义是吸引年轻劳动者的关键，将工作与有价值的社会效益联系起来，可以更好地满足他们的期望。缺乏工作与生活之间的平衡是许多劳动者考虑离开当前雇主的主要原因之一。特别是对于"Z世代"（通常指1995年至2010年前出生的人）和"千禧一代"（通常指1982年至2000年前出生的人）来说，他们追求的不仅仅是职业发展，更希望在工作之外过充实而有意义的生活。然而，他们常常觉得这两者之间是互相排斥的，当他们无法如愿以偿时，就会选择离开。

许多企业使用弹性工作制（flexible working）保障劳动者的家职平衡。弹性工作制，是指在完成规定的工作任务或固定的工作时间长度的前提下，劳动者可以灵活、自主地选择工作的具体时间和地点安排，以代替统一、固定的上下班时间的制度。据调查显示，在欧美有超过40%的大公司采用了"弹性工作制"，近年来，在我国也涌现出越来越多实行该制度的企业，体现为核心时间和弹性时间相结合。核心工作时间是每天某几个小时所有劳动者必须上班的时间，弹性时间是劳动者可以自由选定上下班的时间。在核心工作时间内，所有劳动者都要来到工作岗位，但在核心区段前后的弹性时间内，劳动者可以任选其中几个小时完成工作。同时，紧缩工作制也是促进家职平衡的重要抓手，即通过缩短原有工作时间完成任务，从而获得额外的时间做其他事情。例如，劳动者可以将一个月的工作任务紧缩在半个月完成，剩余半个月则可以自行安排，或去学习，或陪伴家人。

除此之外，创造家庭成员参观公司或相互联谊的机会，有利于促进家庭成员和工作范围内成员的相互理解和认识，并明确劳动者或家庭成员在另一范围内应承担的责任。劳动者身体、心灵与家庭健康三者并重，才是企业永续经营的有力保障之一。优秀的企业从不向劳动者过度地索取，而是尽可能地确保劳动者在不过度影响工作的前提下看待生活中的责任。知识经济时代，企业应该更聪明、更轻松地工作，鼓励劳动者腾出时间陪伴家人。

二、心理健康与安全生产

《中华人民共和国安全生产法》第四十四条规定，"生产经营单位应当关注从业人员的身体、心理状况和行为习惯，加强对从业人员的心理疏导、精神慰藉，严格落实岗位安全生产责任，防范从业人员行为异常导致事故发生"。该条款更加关注企事业单位劳动者在职业活动中的心理健康，彰显了心理健康在安全生产中的重要作用，也从法律角度要求生产经营单位重视从业人员的心理状态、行为习惯，真正从心理角度做好安全生产事故的预防工作。

重视从业人员心理健康是安全生产的内在必然要求。安全生产事故发生的原因，可分为人的因素、物的因素及环境因素三个方面。人的因素包括脑力疲劳、情绪波动、注意力不集中、判断错误、侥幸心理、人际冲突等多个方面。物的因素之所以可能导致生产安全事故发生，往往与设计不科学、管理不善、维护不良、操作不慎等人的因素有关。环境因素所致生产安全事故往往与预测不准确、预报不及时、预防不到位等人为因素有关。所以，预防生产安全问题必须从人的因素和人的管理入手。安全生产事故的预防首先是人防，而人防首先是心防。2016年12月30日，原国家卫生计生委等22个部门联合印发《关于加强心理健康服务的指导意见》（国卫疾控发〔2016〕77号），要求"各机关、企事业和其他用人单位要把心理健康教育融入员工思想政治工作，制定实施员工心理援助计划，为员工提供健康宣传、心理评估、教育培训、咨询辅导等服务，传授情绪管理、压力管理等自我心理调适方法和抑郁、焦虑等常见心理行为问题的识别方法，为员工主动寻求心理健康服务创造条件。对处于特定时期、特定岗位、经历特殊突发事件的员工，及时进行心理疏导和援助”。

维护从业人员心理健康是确保生产安全的第一道防线。从业人员心理健康需要个体、单位和社会共同维护。影响心理健康的因素有很多，有个体生物学因素（如遗传因素、身体状况、疲劳程度、性别、年龄），还有心理因素（如认知功能、智力、注意力、情绪状态、个性特征、人际关系、工作经验），还有家庭、社会因素（如经济收入、住房条件、婚姻状况、企业文化、单位氛围、领导风格、社会心态）。

为防止安全生产事故发生，用人单位在招聘、选用从业人员时需要根据岗位特点对其认知灵活性、情绪稳定性及个性因素进行评估，定期对某些特殊岗位从业人员的身体、心理状况和行为习惯进行监测，特别是公交车司机、长途货车司机、高铁及飞机驾驶员等要定期开展心理健康状况评估。

企业要为生活压力较大、情绪不稳、个性偏激、认知偏差、行为偏狭或已经有明显心理问题的劳动者提供心理疏导、心理援助等服务，必要时安排其转岗换位、暂时停职或安排到医院接受诊治。

同时，维护从业劳动者的心理健康不能只从形式上着手，还需要个人从维护自身健康、家庭幸福的角度重视心理健康，更需要单位负责人从维护劳动者健康权益、确保生产安全的维度予以高度重视，做到领导负责、制度保障、预算保障，将心理健康与思想政治工作有机结合起来。

三、心理健康与工作绩效

心理健康与工作绩效之间的关系在组织文献中受到越来越多地关注。我们提出劳动者心理健康与工作绩效呈正相关。这种观点与“快乐生产员工假说”（happy productive employee hypothesis）一致，这个假说认为，快乐的劳动者比不快乐的劳动者在工作中的表现更好，生产力更高。具体来说，具有积极情感状态的心理健康劳动者可以提高认知灵活性，并找到更多解决工作任务中问题的方法。因此，心理健康状况良好的劳动者比心理健康状况不佳的劳动者在工作任务中表现更好。此外，积极的情感状态与个人建立良好的人际关系有关，这使他们能够在工作中得到领导和同事的帮助。研究还表明，良好的社会关系是工作相关信息和知识的重要来源。一些分析结果表明，焦虑、抑郁症状和工作压力等心理健康状况不佳会对工作绩效产生负面影响。

首先，需要认识到劳动者心理健康对团队绩效有直接影响。一个心理健康的劳动者往往能够保持积极的工作态度和高效的工作状态，能够更好地应对工作压力和挑战，从而在工作中取得更好的成绩。相反，心理健康问题可能导致劳动者情绪低落、工作效率下降，甚至引发工作失误，对团队绩效产生负面影响。因此，维护劳动者心理健康是提升团队绩效的重要途径。其次，需要关注劳动者心理健康与团队协作之间的关系。一个团队中的成员如果都具备良好的心理健康状态，他们之间的沟通和协作会更加顺畅，能够更好地共同完成任务。相反，如果团队中存在心理健康问题，可能会引发冲突和矛盾，破坏团队的凝聚力和协作精神，从而影响团队绩效。因此，管理者需要关注劳动者的心理健康状况，及时发现并解决问题，以促进团队的和谐与高效。心理学在劳动者绩效管理中的应用则主要涉及评估劳动者表现和提供反馈，以便更好地管理劳动者绩效和促进劳动者个人发展。这不仅有助于提高劳动者的工作表现和工作满意度，而且可以为企业提高绩效和竞争力提供重要的支持和保障。

1. 目标设定理论

心理学中的目标设定理论认为，明确和具有挑战性的目标可以提高劳动者的绩效和动机。在绩效管理中，设定明确、可衡量和具有挑战性的目标可以帮助劳动者集中注意力和精力，以实现更好的绩效。

2. 公平感知

心理学研究发现，劳动者对绩效评估的公平感知对绩效管理的有效性至关重要。在绩效评估中，确保评估过程公正、透明，避免歧视和偏见，可以提高劳动者对绩效管理的接受度和参与度。

3. 奖励和激励

心理学的奖励和激励理论可以用于设计激励措施，提高劳动者的动机和工作满意度。在绩效管理中，提供合适的奖励和认可，可以增加劳动者对绩效改进的动力。

四、劳动者参与和劳动者认可

劳动者参与是促进工作场所心理健康的重要因素，组建一支参与度高的劳动者队伍应该是每个企业的目标，因为它可以促进创新、提高生产力和绩效。然而，劳动者参与度经常被忽视，或被误解为与劳动者满意度相同。但是后者与个人经历有关，前者更多的是关于雇主采取举措投资于他们的劳动者，并在劳动者和他们的工作之间建立情感联系，鼓励劳动者对业务成果投入精力。为了感受到参与感，劳动者应该了解他们在公司中的职责和目的，知道他们在什么位置以及如何适应公司，同时雇主有责任保障劳动者明白职责和目的的重要性。管理者可以成为劳动者热情的催化剂，是鼓励团队精神的关键驱动力。劳动者需要在岗位上接受适当的培训，感受到他们有能力为企业的成果做出贡献。他们也需要对自己的个人和职业发展有更多的自主权，感到自信和满意。由此可以做出更好的决策，拥有更佳的业绩。根据盖洛普（Gallup）的数据，脱离工作的劳动者所损失的生产力相当于其年薪的18%。明确的绩效期望、适当的工具和支持实现这些期望，都可以帮助劳动者更加投入。作为回报，他们会更努力、更高效、更有热情地工作，因为他们知道他们努力工作将根据绩效目标得到重视。

劳动者认可同等重要。劳动者认可是指劳动者得到正式或非正式的认可。有影响力的认可有多种类型的来源。劳动者认可的目的是让劳动者感到被重视和欣赏。它提供了劳动者保持高绩效的动机。这向劳动者和用人单位的其他成员发出了一个信号，表明需要和重视哪种类型的行为。

每个人都希望自己所做的工作，能得到同事和老板的认可和欣赏。劳动者认可可以降低劳动者的流动率，因为当劳动者觉得被认可的时候，他往往会在一家用人单位工作更长的时间，因此劳动者流动率会被降低，随之而来的就是招聘和培训新入职劳动者的成本就会降低。劳动者工作的替换，既存在可预测的成本，又存在不可预测的成本，原因在于新入职劳动者通常需要3~6个月的时间才能适应自己的新角色，并具备和以前的劳动者同样的工作效率，所以有说法认为一个胜任的人离职，给用人单位造成的成本是这个人月薪的6倍。被认可的劳动者觉得用人单位更有人情味，所以自己就更有价值，这会增强劳动者对用人单位的信任感。因此，如果一家用人单位关心自己的劳动者，劳动者对用人单位的信任感就增加；当劳动者信任用人单位的时候，他们会变得更加忠诚，并且满怀热情地完成自己的工作。

值得一提的是，劳动者认可可以促进劳动者参与。一些用人单位经常抱怨劳动者不敬业，并想方设法解决这个问题。为了增加劳动者的参与度，一种经过深思熟虑的认可和感谢计划，或者说一份解决方案，既可以提高劳动者的敬业度，也可以鼓舞士气，如此劳动者就会觉得（被）重视。而被重视的劳动者，对自己的工作就会更加满意。

在识别劳动者时，可能会让人感到不知所措。在很多选择前，决定哪种方法最适合哪种情况具有挑战性。为了让这个话题更容易理解，以下定义四种最常见的劳动者认可类型。

1. 正式认可

顾名思义，正式认可是内置于固定结构中的认可机会。他们可以突出本月最佳劳动者或体现公司价值观的人。这是一个公开且经常发生的事件，因此团队知道他们有机会通过满足某些标准获得认可，并且通常来自领导层。

2. 非正式承认

与正式承认不同，非正式承认可以在任何时候发生，并且来自任何个人。同事可能会通过企业邮箱分享感谢信，或者管理者会在团队会议上发布公告。它们可以公开或私下进行，并且通常是在项目完成或实现目标后不久发生。

3. 社会或点对点认可

如今，劳动者认可文化变得越来越重要。社会认可通常发生在短期的敏捷冲刺或长期一起工作的劳动者之间。他们可以在团队之间或自己的部门内分享成就。为了使这种类型的劳动者认可蓬勃发展，领导层应确保劳动者能够获得可用的工具和资源。如果他们有一个劳动者体验平台，劳动者应该意识到并鼓励他们为此目的使用它。

4. 物质认可

物质认可可以授予个人或团队。它可以是团建预算、奖金、小礼物等形式。在向劳动者提供物质认可时，传达劳动者贡献的价值至关重要。这样做将进一步明确对劳动者未来的期望。

五、劳动者成长与发展

劳动者成长与发展涉及为劳动者提供在工作中学习和成长所需的信息、工具、培训、资源和支持。有效的劳动者发展对劳动者、部门、管理者乃至整个用人单位都有好处。然而，为了取得成效，用人单位需要确保他们的开发工作是有重点的、具体的并且与用人单位的目标保持一致。美国人力资源管理协会的一项调查显示，近 84% 的人力资源专业人员不使用结构化的劳动者发展计划。相反，他们依赖于信息流程，或者基本上只是放任劳动者自由发展，并依赖于劳动者本人的积极性。有效劳动者发展的一个关键因素是制订具体的计划和流程，为劳动者及其管理者提供必要的工具、信息和资源，帮助劳动者在工作中学习和成长。劳动者发展就是帮助劳动者学习和成长，使他们能够满足用人单位的需求。因此，首先是确定用人单位的需求是什么，然后就劳动者如何最好地满足这些需求设定明确的期望。这通常是通过职位描述来完成的，职位描述应该定期审查和更新，以确保与当前的目标保持一致。但是，除了职位描述外，管理者还应该让劳动者了解对他们的具体期望，以及他们的绩效如何影响用人单位的成功。劳动者发展的成功需要管理者和劳动者之间持续地对话和反馈，以便劳动者了解他们的绩效是否符合预期，以及是否存在需要改进的地方。先设定明确期望，然后就劳动者是否达到这些期望提供具体和及时反馈的管理者在劳动者发展方面更成功。反馈也可以内置到工作本身中。例如，呼叫中心的劳动者可能对他们在一小时内处理的呼叫数量、他们接听电话的速度以及基于调查响应的呼叫者的满意度有期望。确定发展需求后，重要的是劳动者能够获得可以帮助他们满足这些需求的辅导、指导和培训活动。管理者可以充当教练和榜样。培训可以在内部或外部以现场或在线形式提供。

第三节　工作场所健康策略

工作场所健康策略是指劳动者在工作压力、职业倦怠、职业方向、组织归属感、人际亲和感等方面的持续、有效、满意的心理状态。通常包含以下几方面内容。

一、心理健康教育与科学传播

长期以来，劳动者在工作场所的心理健康问题普遍存在，情绪压力和焦虑感显著，且对心理健康服务的需求日益增长，但企业在提供相应支持方面仍有较大提升空间。许多企业会组织很多内外部活动，如适应力训练、压力管理培训、劳动者激励大会等。然而却忽略了可能有时劳动者们已经没有能量再去参与这些活动。这些所谓的“积极活动”可能正在否认或掩盖劳动者所真正面临的挑战，尤其是对那些心理健康状况正处于窘境的人来说。事实是，当一个人被临床诊断为抑郁或焦虑时，他根本没有精力去“保持快乐”。在已经非常疲惫的情况下，劳动者还要强行参加“积极活动”是在透支自己的精力，情况会更加糟糕。这时，实施起来更为困难，但可能也是更有成效的一项举措是“正面讨论与对话”。通过正面讨论心理健康问题，可以帮助劳动者和管理者了解“疲惫、抑郁与焦虑”是什么样子，以及情绪上的问题如果不加以处理会怎样加剧进而导致其他更为严重问题的。向劳动者指出这些事实，可以帮助他们意识到什么时候需要寻求更多支持，这本身就给予劳动者对情绪的认定与接纳的力量。在心理和身体机能失调之前，这就是有效的预防措施，要相信预防胜于治疗。

推行内部心理健康讨论会也至关重要。劳动者可以互相交流如何在工作中应对压力、如何保持适应力并提高工作中的表现。此外，还应该注意的是，要结合当地文化背景解决环境中特有的压力来源，而非采用“一刀切”的解决方案。通常，我国的心理健康培训通常也会侧重于劳动者的家庭问题，比如劳动者的子女养育问题，可以成立一个“家长支持小组”指导家长们如何与孩子们一起玩耍，这些比谈论工作场合的适应力、进行积极心理学培训更符合劳动者需求。

建立安全感是开展企业心理健康教育的关键。人格侮辱、文化与道德的捆绑、偏见与标签，是各种心理健康问题所需面临的共同挑战。可能企业确实努力为劳动者安排了一些培训，但劳动者参与度总是不理想。许多企业将此类情况错误地归因于内部宣传、沟通或准备不足，但在现实中我们观察到的一个重要的潜在原因是：劳动者缺乏心理安全感。这里的心理安全感指的是“团队成员持有的一种共同信念，即团队 / 组织对于人际冒险是安全的”。因此，讨论心理问题对一些劳动者来说是存在风险的——他们害怕头脑中预设的一些负面反馈，即使在现实中这些反馈并不存在。这是非常可以被理解的，企业一定要让劳动者在组织中获得心理安全感，这样他们才能轻松地参与学习和分享。

二、开展心理健康评估

针对劳动者开展心理测评筛查，利用本土化修订专业量表，精准了解劳动者心理状态，企业在评估劳动者心理健康状态时通常会使用面谈、问卷调研及心理测验这几种方式。在心理测验中，较常采用的心理量表包括：症状自评量表（SCL–90）、明尼苏达多项人格测验（MMPI）、卡特尔 16 种人格因素问卷（16PF）、大五人格量表等。但是，在管理实践中，这些方法往往难以奏效，主要包括以下几方面的原因：一方面，就面谈本身而言，往往难以有针对性地去关注劳动者的心理健康状态，同时，还会受到面谈双方的主观因素影响，缺乏统一标准。另一方面，企业常用的心理健康评估工具，大多是调查问卷、人格量表和医疗诊断量表，在进行劳动者心理健康测评时若直接使用，可能会影响测评的准确性和有效性。比如，SCL-90 量表这类医疗诊断量表多用于精神疾病的鉴别诊断，在量表问题设置中多为针对精神疾病症状的描述询问，受测者测评时可能难以作答，从而导致测评误差。同时，这类医疗诊断量表或调查问卷多为自评式量表，若用于劳动者竞聘的场景中，受测者较容易识别出题目设计的意图而存在有意规避的情况，影响作答的真实性。而对于人格量表而言，测评结果仅仅是对受测者人格特点的描述，管理者难以通过劳动者的人格特点去准确判定其心理健康状态。常见量表有以下 3 种。

（一）心理成熟度测验

与过往关注心理症状以及人格特质的测验量表不同，心理成熟度测验（test of personality organization levels，TPO）是从人格发展的角度评估受测者的心理健康水平。根据克恩伯格（Kernberg）的人格组织理论，在比较成熟的人格水平下，个体能够保持较好的社交关系，对自我也有着更为清晰的认识，并能以更加灵活有效的方式去处理压力事件、调整情绪，因此，处于较成熟的人格水平也就意味着个体拥有较高的心理健康水平。在心理咨询与治疗领域，心理学家往往需要通过 3~5 小时甚至更长时间的结构性访谈［如 STIPO（structured interview of personality organization）访谈］与临床观察，才能大致了解个体的人格成熟水平。TPO 测验结合心理投射等测量技术，使用情境判断的测验形式，探查劳动者在特定反应情境下的内在心理过程，对劳动者的心理发展水平做出评估，并通过机器学习判别分析等技术，确保测验有效规避受测者的掩饰性，得到更准确的评估结果。

（二）行为倾向量表

可利用 DBS 行为倾向量表（Behavioral Disposition Scale，DBS）对可能严重影响工作表现的 11 种风险行为倾向进行评估。企业可以根据实际工作需要在 11 个维度中进行挑选，获得有针对性的报告结果。与其他参照 DSM（the diagnostic and statistical manual of mental disorders）诊断标准开发的测评量表不同，DBS 量表对问题的描述进行了简化，更加贴近日常生活，便于受测者理解作答。同时，DBS 还采用了项目反应理论进行记分，对于测评作答时的伪装具有更好的识别效果，来保障测验结果的准确性。

（三）MAP 职业性格测验

MAP（test of mental capability，attitude and people skill）职业性格测验是一套特别针对职业领域应用而设计的全面系统的性格测验。该测验 MAP 识人模型为理论基础，从思维方式、工作态度、人际特征等多个方面了解受测者的性格特点。同时，MAP 职业性格测验还结合了中国科学院心理研究所《中国国民心理健康发展报告（2021—2022）》中提出的心理健康评估的维度，从性格的角度对受测者在工作中的适应性、抗压性等心理健康相关状态作出预测。

以上三种笔试测评工具，在评估个体心理健康状态上各有侧重，可依据不同的实施场景及测评需求进行选择。TPO 心理成熟度测验能够在受测者即使有较大掩饰动机时准确地预估其心理健康水平，被大量地运用于劳动者招聘场景中。通过 TPO 测验，可以更有效地对应聘者心理健康状态进行预警，提前规避劳动者的心理风险。但由于 TPO 测验为情景测验，题目设置对阅读能力有一定的要求，因此在对工作以具体操作为主、较少接触文字阅读的人员进行心理筛查时，可以选择 DBS 行为倾向量表，便于受测者理解题目意图。同时，在劳动者心理自我探索等不具有太强掩饰动机的测评场景中，也可以采用 DBS 量表，以获得更加多样的测评结果。而 MAP 职业性格测验作为一套全面的性格测验，通常不会用作心理健康评估的专项测验，但是，在通过 MAP 职业性格测验了解劳动者全面个性特点的同时，也可以对劳动者在工作场景中的心理适应性做出预测评估。因此，MAP 测验被广泛地运用于人才招聘、岗位竞聘、人才盘点、个人职业咨询和生涯规划辅导以及组织培训需求分析等场景中。

三、心理健康支持系统的建设

心理健康支持系统需要多层次、多角度联动设计。在营造健康的工作环境方面，以下策略可帮助企业从业者预防和管理抑郁症。

一是倡导工作与生活的平衡：鼓励劳动者合理安排工作时间，提供灵活的工作安排和假期政策，帮助劳动者平衡工作和个人生活的需求，减轻工作压力。

二是建立支持性的文化：鼓励劳动者之间的合作和支持，营造积极向上的工作氛围，减少竞争和压力，提高劳动者的工作满意度和幸福感。

三是提供劳动者福利计划：包括医疗保险、心理健康福利等，为劳动者提供必要的支持和保障，确保他们能够获得及时的医疗和心理援助。

四是在建立支持机制和资源方面，创建劳动者支持群体：建立劳动者支持小组或社区，提供劳动者之间的互助和支持，分享经验和应对策略，帮助劳动者建立社交关系和减少孤独感。

五是了解劳动者的需求和挑战：通过劳动者调查、个别谈话和反馈机制，了解劳动者在工作中面临的压力和困扰，明确他们的需求和期望。

六是鼓励个人情绪管理和表达，强调工作与生活平衡：鼓励劳动者合理规划和管理工作时间，宣传休息和放松的重要性，培养积极的生活态度和健康的生活习惯。

四、营造心理健康的企业文化

心理健康的工作场所不会一成不变。要做到这一点，就需要根据用人单位的规模、阶段、行业、地区、个人角色等，集体重新认识工作场所心理健康对用人单位中每个人（包括管理者和劳动者）的意义。这首先要了解用人单位，了解用人单位内的劳动者心理健康情况，并最终了解劳动者想要什么。这意味着要衡量心理健康和工作场所因素，定期询问劳动者的意见，并根据劳动者的需求实施真正有意义的变革。将这些工作进一步融入用人单位的文化、系统、劳动者生命周期和业务战略，确保劳动者的身心健康融入业务本身，而不是简单地归入人力资源健康计划。

劳动者希望有更安全、更支持心理健康的文化，以及更健康、更可持续的工作文化。这种文化变革不可避免地需要自上而下和自下而上的方法。从高层开始，领导者可以在用人单位内部讲述自己的心理健康故事，也可以像心灵共享伙伴（mind share partners）的“领导者先行”活动那样，向外公开分享。这将让心理健康常态化，并帮助其他人在工作中自如地谈论心理健康问题（如果他们愿意的话）。他们还可以示范健康的工作方式，特别是作为领导者，为团队和个人提供资源，以保持健康和可持续的工作方式。自下而上，雇主和劳动者个人都可以探索对话论坛，如劳动者资源小组、同伴倾听计划、跨职能心理健康工作组或心理健康拥护者网络。这些对话可以是关于心理健康，但也可以在团队内部进行，以建立工作规范，探索包容的弹性工作，并授权个人决定如何以最佳方式工作。向前迈进的一个自然举措就是让劳动者具备领导变革的能力。营造用人单位文化的重要抓手，还包括：向劳动者提供自我照顾资源，即向劳动者提供有关抑郁症预防和管理的资源和信息，如心理健康手册、应对技巧指南等，帮助劳动者学会有效管理自己的情绪和压力。这通常需要通过跨层级培训来实现，采取积极主动、预防性的方法，从管理和公平的角度出发，而不仅仅是“注意到警示信号”。劳动者和领导者都需要制定战略，以创建心理安全和可持续的工作文化。提高劳动者技能还可以包括经理人计划、领导力辅导、导师制等。

五、提供员工帮助计划

员工帮助计划（employee assistance program，EAP）是由用人单位为劳动者设置的一套系统的、长期的福利与支持项目。通过专业人员对用人单位的诊断、建议和对劳动者及其直属亲人提供的专业指导、培训和咨询，旨在帮助解决劳动者及其家庭成员的各种心理和行为问题，提高劳动者在用人单位中的工作绩效以及改善用人单位气氛和管理。这个计划包括为劳动者免费提供短期咨询服务，帮助他们处理好影响劳动者工作和行为表现的问题，如焦虑、抑郁、人际关系紧张、家庭冲突、养老等；还包括对用人单位的调查诊断、对劳动者的咨询培训及开展健康教育讲座，指导劳动者掌握工作环境中出现的伤害应对策略，减轻工作压力。劳动者帮助计划的服务项目十分广泛，一般说来，包括劳动者心理健康问题评估、职业心理健康宣传推广、工作环境设计与改善、劳动者和管理者培训及多种形式的心理咨询等方面。

员工帮助计划的服务流程包括以下几个方面。

（一）把脉与评估

针对造成问题的外部压力源本身去处理，减少或消除不适当的管理和环境因素，进行专业的劳动者职业心理健康问题评估。由专业人员采用SCL-90、MMPI等心理健康评估工具对劳动者的心理健康状况进行评估，发现导致问题产生的原因（是外部的工作压力、人际关系，还是劳动者的个人问题导致心理危机）。同时，采用霍兰德职业兴趣量表、评价中心技术等对劳动者进行职业心理测评，以此来寻求最佳人岗匹配的有效途径，以及为劳动者进行职业生涯设计。

（二）宣传与推广

搞好职业心理健康宣传。利用海报、自助卡、健康知识讲座等多种形式使劳动者树立对心理健康的正确认识，鼓励劳动者遇到心理困扰问题时积极寻求帮助。

（三）全员培训

对全体劳动者和管理者进行培训。开展“把专家请进来，把劳动者派出去”等一系列活动。通过压力管理、挫折应对、保持积极情绪、咨询式管理等一系列培训，一方面可以帮助劳动者掌握提高心理素质的基本方法，增强对心理健康问题的抵抗力；另一方面也可以让管理者掌握劳动者心理管理的技术，能在劳动者出现心理困扰问题时，很快找到适当的解决方法进行缓解和疏导。

（四）改善企业环境，提高文化氛围

对工作环境进行重新设计与改善，增强以人为本的气息。一方面要改善工作场所的硬环境，另一方面要通过组织结构变革、领导力培训、团队建设、岗位轮换、劳动者生涯规划等手段改善工作场所的软环境，丰富劳动者的工作内容，指明劳动者的发展方向，消除问题的诱因。

（五）心理咨询

组织多种形式的劳动者心理咨询。对于被心理问题困扰的劳动者，提供咨询热线、网上咨询、团体辅导、面对面的个人咨询等，切实解决劳动者心理健康问题，改变其不合理的信念、行为模式和生活方式等。

（唐义诚　高文斌）

04

第四章　工作相关精神和行为障碍的筛查评估

第一节　概　述

工作相关精神和行为障碍的筛查评估是指评估职场人员的心理健康状况和心理疾病风险的过程。这种评估通常由经过专业训练的精神科医生进行。在进行精神科的临床筛查评估时，医生会通过初步的面谈全面、完整的收集患者的资料，以了解患者的症状、心理健康和家庭背景等信息。在专业知识的基础上，对收集到的所有资料进行综合分析以便提出诊断依据和鉴别诊断分析。医生进行诊断时，在基于可靠的病例资料的基础上要完成详尽的精神症状检查、神经系统检查、必要的实验室检查和辅助检查帮助确立诊断。

要做好工作相关精神和行为障碍的筛查评估，医生不仅需要具备丰富的临床知识，而且需要具备对患者宽容接纳的人文主义态度。同时，在筛查评估全部过程中需要注意与患者面谈的技巧。

第二节　临床评估和面谈

一、临床面谈检查的主要步骤

面谈亦称晤谈，指有目的地会面。临床医生应对每一次晤谈都应认真做好准备工作，讲清晤谈时间和地点，讲清楚晤谈需要达到什么目标，并了解就诊者的状况，其中包括心理状态等，以达到控制沟通方向、起引导作用、又能避免轻率接触就诊者禁忌的目的。晤谈前要讲究仪表。

在诊疗过程中，临床晤谈既是对构建良好医患关系起着重要作用，也是对提高工作效率及诊疗效果有着决定性影响。晤谈对于临床医生，特别是对于精神科医生来说，是一项必须具备的技能。

一般来说，临床晤谈分为开始阶段、深入阶段和结束阶段三个部分，检查者应尽量完成下面给出的完整晤谈的各个部分内容。

（一）开始阶段

1. 欢迎

在晤谈开始前，医生应当以礼貌、得体的方式称呼对方，所用的称呼应根据其身份、年龄、职业及当地的文化习俗等情况而做相应的改变。根据情况可以称“先生”或“女士”。医生应告知就诊者自己的名字和称呼后，再开始晤谈。在晤谈对象的选择上，推荐先和患者单独晤谈，稍后在征得患者同意的前提下与其他知情人交谈。如果患者不能清晰阐述自己的问题，可以选择与陪伴者同时晤谈。另外，对晤谈的目的应做必要解释。

2. 必要的说明

向患者解释晤谈的主要目的，包括了解患者的基本情况以及存在的问题，进一步表明医生能够给予什么样的帮助。

3. 需注意的问题

医生在进行晤谈时，应以从容的方式进行。在整个过程中不要只重视对信息的记录，一定要和患者有一定的眼神交流。晤谈语调要柔和，态度要恳切，避免居高临下地说教。对于急躁不安或者不配合的患者，医生应细心地观察患者的言语行为表现，并可以向知情者了解基本情况。

（二）深入阶段

在晤谈的深入阶段，医生需要对患者所面临的问题有明确和清楚的认识，在考虑可能的诊断时，需要逐步思考，随着与患者的深入交谈，持续询问相关问题，寻找支持或否定可能诊断的依据，并参考与治疗和预后相关的资料。因此，晤谈不仅仅是一个简单的、按照常规程序提出问题的过程，它更是一个积极和建设性的过程，其核心始终是基于现有信息构建的诊断假设，并持续进行修正的过程。

1. 询问

在此阶段，医生询问患者症状的起病形式、病程特点以及有无应激事件。除起病情况外，还应询问病程中的无症状时期或者加重时期。医生可能需要很大的耐心去追溯确切的时间，必要时可通过询问患者能确切记得起的事件作为参照，也要询问患者的应对方式和应对效果。在深入主题时，提出的问题尽量要简明扼要，同时保持眼神交流，适当给予对方鼓励。良好的询问方式不但可以使晤谈始终围绕主题，而且可以引导患者提供诊治的相关信息。

2. 风险评估

在晤谈过程中，医生会根据患者的语言行为来评估风险，这些风险主要可以分为伤人和自伤自杀两大类。在治疗过程中要针对不同类型的疾病制定相应的预防措施并实行干预，以降低患者出现伤人或自伤自杀事件的概率。其中，自杀风险的评估被视为深化阶段的核心内容。熟练而直接地询问患者是否有自伤自杀的意图，并不会增加他们自杀的风险，反而会让患者感到被理解，从而降低自杀发生的可能性。

3. 常见的问题

在此阶段，患者可能存在沉默不语或者言语过多的情况，这时需要医生采取不同的应对方式。如患者遇到难言之隐的情况，则需要对其交代保护隐私的相关原则，由浅入深以消除患者的顾虑。如患者出现言语过多并难以打断情况时，医生可以运用提问或非言语技巧引导患者到主题上继续叙述。对于实在难以打断的患者，可以告知时间有限，希望将时间集中于确定诊断等更为重要的问题上，以便患者更加愿意合作。

（三）结束阶段

在此阶段，通常医生应留有几分钟时间把整个晤谈过程收集的信息分析综合，用简明扼要的语言进行总结。结束阶段的总结能表明晤谈中的关注和倾听，不仅利于医患关系的建立，而且可以为医生下一步做印象诊断和推荐治疗奠定良好的基础。

二、临床面谈检查的相关技巧

（一）观察

观察是临床晤谈过程中最常用的方法，在有明确目的和计划的前提下观察来访者言行的变化，进行详细的记录、分析和整理，从而判断来访者的心理活动。

（二）提问

在精神科晤谈过程中，通常会以一个相关的、开放的提问作为开场白，从而引出患者主诉或者最关注的问题。比如“最近遇到什么问题了”，这种提问方式可以让患者在晤谈初始阶段就直接开始叙述自己遇到的问题，与医生展开话题的讨论。开放式、封闭式询问的相关技巧如下。

1. 开放式询问

这种提问方式应当基于良好的医患关系，尽量不要让来访的患者有被询问和被窥探的感觉，从而产生不良的情绪反应。可以以“怎么样”“什么”等词发问，让患者有足够的空间进行详细说明。

2. 封闭式询问

通常对于难以打断或者偏离正题的患者，可使用封闭式的询问方式。可以使用“对不对”“是这样吗”等语句发问，患者回答“是”或“不是”的简单答案。采用这种询问方式收集资料更加条理化，澄清事实，获取重点，缩小讨论范围。

（三）倾听

倾听是指去理解、感受对方，并做出积极的反应。倾听是重要且基本的沟通技巧，是建立和发展良好医患关系最重要的方法之一。共情倾听，检查者应当设身处地地感受患者所表现出来的情绪和情感，站在对方的立场体会和思考，不要评判性地听。

（四）共情

共情是指医生体验患者的内心世界，从患者的角度去理解其经历和感受，向患者展现精神科医生正在努力从患者的角度去倾听和观察。共情显得特别重要，尤其是当医生的想法、观念或经历与患者明显不同时，医生要谨慎地关注患者的体验和需要，而非将自己的观念和需要强加给患者。

（五）非言语沟通技巧

是否能够建立良好的医患关系，赢得信任，很大程度上取决于非言语行为的传达。同时，非言语行为有时能够提供言语不能直接表达的信息，甚至是患者想要回避、隐藏的内容，也可以通过非言语行为流露出来。

1. 面部表情

一般认为，人的面部表情往往比言语更能真实地表达内心的感受，眉毛、眼睛和嘴是判断面部表情的重要标志。一般来说不愉快和迷惑的感受可以借由皱眉传达。

2. 体态语言

在精神科晤谈中，患者的身体语言往往能更真实表达内心的情感。通常低头表示陈述的结束，抬头表示问句的结束。如果体态由正面改成侧面，往往表示不愿再继续交谈下去。医生应设法使患者逐渐放松，可以身体前倾于患者，目光范围扩大，眼神柔和，诚恳、友善地点头，并发出声音“嗯”，让患者感到被接近和被理解。

3. 空间距离

在进行诊疗时，医生和患者需要保持适当的晤谈距离，可以使患者放松，如果不适宜地疏远临床晤谈距离，可能引起患者的不满、抵触甚至愤怒。在诊室内，座位通常相对固定，可以面对面或呈直角，医患按各自位置坐定即可。双方距离也应因时、因事调整，双方同性别空间距离可小些，异性空间距离略大。

（六）其他沟通技巧

1. 内容反应

内容反应技术也称释义技术或说明，是指医生把患者陈述的主要内容经过概括、综合与整理，用自己的话反馈给患者，以达到加强理解、促进沟通的目的。医生将患者陈述的实质性内容，用自己的语言将其表达出来，最好是引用求助者最有代表性、最敏感、最重要的词语，以期达到加强理解、促进沟通的目的。

2. 具体化

具体化技术也称具体性技术或澄清技术。患者叙述思想、情感、事件有时可能模糊不清、矛盾、不合理，使问题变得复杂。医生协助患者清楚、准确地表达他们所体验到的情感、所经历的事情以及真正的意图、观点。

3. 解释

解释是医生依据某一理论构架或者经验，对患者的问题和困扰做出合理化的说明，从而使患者能够从一个新的角度看待自己的问题。与解释类似的另一种沟通技术叫作“释意”。两者区别在于，释意不改变其参考系，完全按照来访者的原意进行说明；而解释则是医生提供自己的理解，改变了参考系，引导来访者从新的角度看待问题。

三、临床病史采集

（一）概述

精神科医生进行诊断时一般采取以下三个步骤：①资料收集：包括病史采集、体格检查和辅助检查等部分，医生要全面、完整、有重点地收集患者的病史材料和检查结果；②分析综合：以专业知识为基础，运用临床诊断的思维，将收集的资料有条理地进行分析综合；③提出诊断依据和鉴别诊断的分析。

对于首诊的患者，采集病史注意要简明扼要并且抓住重点。对于住院的患者，在采集病史之前要认真阅读门诊或急诊病例，以便掌握重点。

（二）病史采集的内容和记录格式

1. 一般资料

一般资料具体见表 4–1。

表 4–1　一般资料

精神检查内容			
（1）姓名		（9）宗教信仰	
（2）性别		（10）现在住址或通信处	（包括邮政编码、电话及联系人）
（3）年龄	（儿童最好填写出生年月）	（11）永久通信处	（包括邮政编码、家属电话及联系人）
（4）籍贯		（12）入院日期	
（5）婚姻	（已婚、未婚、分居、离异、丧偶、其他）	（13）病史采集日期	
（6）民族		（14）病史报告人	（包括姓名、工作单位、职务、电话及与患者的关系）
（7）职业	（包括工作单位名称、职务或职称、工种）	（15）医生对病史资料的质量评估	（详细、完整、客观及可靠性的程度）
（8）文化程度			

2. 主诉

包括疾病的起病形式、主要表现及病期。

3. 现病史

按时间先后描述疾病起始情况及其发展的临床表现，直至入院时的现状，大致包括以下内容。

（1）起病原因或诱因：如有工作相关的精神刺激，应说明刺激的性质、强度和持续时间；从事工作的环境与发病有无关系，注意有无职业性中毒。

（2）起病形式及早期表现：一般临床上将从精神状态大致正常到出现明显精神障碍，时间在2周之内者称为急性起病，在2周到3个月为亚急性起病，在3个月以上为慢性起病。

（3）发病过程：根据病程的不同，可按时间先后逐日、逐月或逐年地描述疾病的发展和演变过程。描述病态表现应客观，注意病程变化特征（发作性、持续性、进行性加重等）。

（4）发病后社会功能状况：如学习、工作、饮食起居及睡眠等，可根据不同的病种酌情叙述。此外，与周围环境的接触情况，对疾病的认识态度等，都对疾病诊断有重大意义。病中有无自伤、伤人、毁物等情况，不要遗漏，以便护理防范。月经周期及性生活情况也应询问。

（5）诊疗情况：对既往的诊断，住院次数，接受的治疗措施，接受治疗的剂量、时间及其疗效情况，应详细记载，以供诊治时参考。

4. 既往史

重点询问患者既往有无脑外伤、抽搐、感染、高热、昏迷、重大手术及性病等。若有精神病史，则应详细询问，包括每次患病的性质和持续时间，有无自伤、自杀行为；接受治疗的日期、地点、方法、持续时间和结果。及该事情是否与精神症状相关。此外，不可忽略药物及食物过敏史。

5. 个人史

一般系指从母亲妊娠期起，到发病前的整个生活经历。但应根据具体情况选择重点询问。例如，对儿童应详问母亲怀孕时的健康状况及分娩史，躯体心理发育情况、学习及家庭教育情况。对成年和老年患者则应着重询问与疾病有关的情况，如工作、学习能力有无改变，生活中有无特殊遭遇，是否受过重大精神刺激，婚姻情况等；女性应询问月经史、生育史。对个性特点的了解，要综合多方面的观察方能做出评价，如人际关系、生活习惯、心境和情绪及价值标准等。有无特殊爱好及某种嗜好等。

6. 婚育（月经）史

婚育史的内容涉及婚姻状况、生育状况、生育意愿、不孕不育史等多个方面。婚育史包括患者的婚姻状况。这包括患者的婚姻状态、婚姻持续时间、婚姻关系的稳定性等。

对于已婚患者，医生需要了解其婚姻的幸福程度、是否存在婚姻矛盾或家庭暴力等情况。对于未婚患者，医生需要了解其是否有婚姻计划以及婚姻状况对其生活和健康的影响。

月经史是指女性在整个生命过程中的月经情况，包括月经的开始时间、周期、经量、痛经情况以及任何异常症状。

7. 家族史

父母两系三代中有无神经、精神疾病患者，有无个性偏离者，有无近亲婚配，家庭成员之间的关系是否融洽。

8. 精神状态检查

具体见本节第四部分。

9. 心理测量

对于精神障碍的患者，宜选择合适的心理评估工具可以量化疾病的严重程度、症状的具体特点，并对治疗效果进行定期的量化监测和判断。具体量表参见本章第三节。

10. 物理检查

主要包括常规化验检查。常见的如头颅磁共振检查、近红外脑成像检查、心电图、脑电图、人类免疫缺陷病毒筛查、梅毒筛查、甲状腺功能检查、肝肾功能和电解质检查、血尿便常规检查等，注意阳性或异常发现及其与所患精神疾病的关系。

11. 病史小结、诊断分析、诊断及制订治疗计划

在对上述病史材料分析评估的基础上，阐述诊断及鉴别诊断的依据，根据诊断标准提出最可能的诊断，并据此拟定治疗方案，估计预后。其中在诊断方面，首先依据诊断标准列出精神病的诊断，包括疾病名称及其亚型；若不能分型时，则应写明当时的精神状态。如精神分裂症，衰退状态。对入院后一时不能确诊的病例，可提出状态性诊断，如偏执状态、妄想幻觉状态等。患者可能同时存在不止一种疾病状态，称为共病。可以给出所有符合诊断标准的诊断或状态。合并躯体疾病时，需列出躯体疾病的诊断。

四、精神状态检查

精神状态检查简称精神检查，是指检查者通过与就诊者进行晤谈，并观察其言行和情绪变化，进而全面评估就诊者当前精神心理活动状态的检查方法。

在精神检查中，交谈和观察是精神检查的两大方法。它们常交织使用，只是针对不同的患者或针对处于疾病不同时期的患者会有所侧重。一般来说，对被检查者的外貌、衣着、表情、卫生情况、情绪、动作行为等维度主要通过观察来评估。而对于思维形式、逻辑和内容，感知觉、内心体验、智能、自知力等维度主要通过交谈来评估。要注意，精神检查是一种反映患者“状态”的检查，而不是反映患者“特质”的检查。因此，应设法从多角度、全面、动态地评估就诊者的精神状况。

（一）精神检查的基本步骤

1. 精神检查的三个阶段

（1）开始阶段。开始阶段也称为一般性交谈阶段，主要任务是建立良好的医患关系，营造融洽的交流气氛，发现有意义的症状线索，为随后深入阶段的检查打下基础，并对临床风险做出最初的评估等。

（2）深入阶段。深入阶段是精神检查的核心阶段，主要任务是全面运用提问、引导、控制等技巧，澄清和核实有关诊断、治疗、预后、风险评估的重要信息，以及其他相关的心理社会影响因素。主要包括开放式和封闭式两种交谈方式，这两种交谈方式运用的比例视情况而定。对于言语过多或者讲话缺乏中心思想的被检查者，要适当采用封闭式提问把患者引回到精神检查的基本框架中来。有时，过多的封闭式提问也会让检查过程显得刻板生硬而影响交流效果。

（3）结束阶段。本阶段基本任务包括总结和反馈、必要的解释和鼓励、提供今后继续交流的途径和时间等。若忽视结束阶段的重要性，可导致之前建立起来的医患关系前功尽弃，需要在临床工作中加以注意。

（二）精神检查的形式

临床中精神检查的形式主要分为定式精神检查、半定式精神检查和不定式精神检查三种。

1. 定式精神检查

定式精神检查规定了精神检查的具体内容和明确的检查顺序，对提问用语都进行了严格的规定，要求检查者完全遵照执行，采用这类方式所进行的精神检查，被称为“定式精神检查”，又称标准化精神状况检查。临床常用的有复合性国际诊断用交谈检查表（Composite International Diagnostic Interview，CIDI），适用于流行病学调查及临床研究。

2. 半定式精神检查

有些检查工具规定了具体内容和检查顺序，又给检查者留下了一定的发挥空间。采用这种检查方式的精神检查称为“半定式精神检查”。常用的包括情感性障碍和精神分裂症检查提纲（Schedule for Affective Disorder and Schizophrenia，SADS）、神经精神病学临床评定量表（Schedules for Clinical Assessment in Neuropsychiatry，SCAN），以及 DSM-5 障碍定式临床检查（Structured Clinical Interview for DSM-5，SCID-5）等。

3. 不定式精神检查

不定式精神检查指以精神活动的主要内容为基础，围绕被检查者的主诉和病史发展变化而开展的没有固定程序和具体内容要求的精神检查，临床上常用的精神检查大多属于不定式精神检查。尽管从形式来说，不定式检查的严格程度低于定式及半定式精神检查，但不代表检查者是毫无章法的提问。检查者要有提问框架，评估的内容涵盖一般情况、认知过程、情感活动、意志行为等（见表 4-2）。

表 4-2　精神检查内容

精神检查内容			
一般情况	外表与仪态	情感活动	性质与强度
	意识状况		协调性
	定向力		稳定性
	接触情况	意志行为	意志活动
认知过程	感知觉		动作行为
	思维		自伤自杀行为
	注意力、记忆力、智力		
	自知力		

（三）对于患者精神检查的具体内容

晤谈是精神检查的重要组成部分，需被检查者配合才能完成。完整的精神检查可从患者的一般情况、认知过程、情感活动以及意志和行为 4 个维度了解其精神心理活动情况。

1. 一般情况

（1）外表与仪态。人的外表和仪态是其精神状态的外在反映。当检查者第一眼看到被检查者时，精神检查就开始了。检查者要观察对方的体格、发型、穿着打扮、卫生状态、营养状态等。

（2）定向力与注意力。完整的定向力评估应涵盖时间、地点、人物以及自我定向。检查者可通过询问以下要点来评估定向力的准确程度：时间（如当下日期，白天或黑夜），面谈的地点（省、城市、楼层名称），对人物的认识（对周围人物属性的判断，如能否正确判断医务人员的职业、性别、年龄），自我认识（对自己性别、年龄、职业等社会属性的认识）。

（3）意识状况。主要评估被检查者的意识清晰程度，是否存在意识障碍，以及意识障碍的范围、程度、内容、波动情况等。

（4）接触情况。检查者要评估被检查者接触的主动性、合作程度、对周围的人和事物的态度、礼貌程度等。被检查者对检查者的态度可以从以下几个维度反映：合作—阻抗、友好—敌意、开放—隐瞒、热心—冷漠。

（5）日常生活及自我照料情况。了解被检查者的饮食、睡眠、二便、体重变化等。生活上能否自理，如穿着打扮、个人卫生料理（女性关注经期卫生）。

2. 认知过程

（1）感知觉。评估目的是了解患者是否存在感觉障碍、知觉障碍以及感知综合障碍。对感觉的评估可通过询问及体格检查了解被检查者有无感觉增强、感觉减退、感觉倒错等。对知觉的评估主要确定是否存在错觉及幻觉。如有，则要评估错觉及幻觉的种类、性质、强度、出现时间、频度、背景、对社会功能的影响、与其他精神症状的关系以及被检查者对错觉、幻觉的认识及态度。

（2）思维。评估被检查者有无思维联想障碍、思维逻辑障碍以及思维内容障碍。事实上，人们难以直接针对思维本身进行评估，判断有无思维障碍是建立在这样一种假设上，即人的思维形式和内容主要通过言语表达而反映。在判断思维是否异常时，如速度的快慢、内容的多少、内容是否怪异，检查者要明确这涉及三类标准，即检查者自己、被检查者和被检查相同背景人群的标准。

（3）注意力。需评估有无注意增强、注意减弱、注意涣散、注意狭窄、注意力随境转移，以及主动注意和被动注意等情况。多数情况下，有经验的检查者无须专门的提问便可对被检查者的注意力情况有较准确的把握。

（4）记忆力。需评估是否存在记忆增强、记忆减退、遗忘、错构及虚构。在采集病史及精神检查的开始阶段，检查者通过对姓名、住址、家庭情况的询问可初步判断有无记忆力损害。精神科临床上常通过评估瞬时记忆、近期记忆、远期记忆来判断被检查者的记忆情况。

（5）智能。通过评估一般常识、理解力与判断力、计算力、分析综合能力和抽象概括能力了解被检查者的智能水平。临床中常使用“100 递减 7 测验”评估被检查者的计算力情况，记录被检查者所花费的时间及错误的次数。

（6）自知力。自知力检查的对象是那些有现实检验障碍的人，以评估其对自身目前或曾经存在的精神症状的认识和态度。一般包括以下内容：①被检查者是否意识到自己存在不同于他人的表现；②若意识到，是否也认为自己的上述表现是异常的、病态的；③若意识到是异常的，是否认为是精神疾病所致；④若认为是精神疾病所致，是否认为需要医学治疗。

自知力结果的判定可分为自知力完整、部分自知力、无自知力。若以上三个标准均符合，可认为自知力完整；若都不符合，可认为无自知力；部分符合为部分自知力。

3. 情感活动

需评估被检查者精神活动中占据优势地位的情感反应的种类、性质、强度、背景、持续时间、与其他精神症状的关系以及对社会功能的影响。还要评估情感活动的稳定性和协调性以及对他人的感染力。对情感活动检查应该注意以下几点。

（1）情感的性质。确定当前占优势的情感活动是什么，是高涨、低落、欣快、愤怒、焦虑、淡漠等。同时要了解这些情感反应出现的背景、持续时间，以及对学习、工作、生活、人际关系的影响。

（2）情感的协调性。通常人们心情的变化与谈话主题是相一致的，当谈到悲伤的往事时显得难过，提到烦恼感到忧虑。可通过观察个体情感活动与周围环境是否相适应、表情与内心体验是否一致、情感活动与思维内容是否相符合来评估情感协调性。

（3）情感活动稳定性。观察有无突然出现的病理性激情、强制哭笑、易激惹等。检查者发现被检查者存在情感活动异常后，要同时询问和情感异常密切相关的症状。

4. 意志和行为

需评估意志和行为障碍的种类、强度、出现时间、持续时间、频率、对社会功能的影响及与其他精神活动的协调程度等。主要从以下几个方面观察和记录。

（1）意志活动。观察有无意志增强、意志减弱、意志缺乏，有无意向倒错、矛盾意向等。意志减退者往往生活懒散、工作不负责任、终日无所事事，对未来无任何计划。意志缺乏者意志的极度减退，可表现为终日呆坐或卧床，生活极度懒散，甚至基本的卫生都要他人督促。意志增强者可表现为长期顽固地进行某些活动，多见于受妄想支配者，如有钟情妄想者长期骚扰妄想对象，疑病妄想者终日奔波于各大医院检查身体。

（2）动作行为。观察有无精神运动性兴奋或抑制，瓦解行为、违拗、被动服从、模仿动作、刻板动作、强迫动作、作态或冲动攻击行为等。

（3）自杀自伤行为。评估自杀自伤行为并不会增加被检查者的自杀风险，可在评估情绪后进行自杀自伤行为的检查。

五、体格检查

体格检查是临床医生重要的基本技能之一，它为精神疾病的诊断和鉴别诊断提供了关键性的临床参考依据，进而为临床医生制定临床的诊疗方案提供了方向。体格检查分为躯体检查、神经系统检查。

（一）躯体检查

1. 一般内科检查

临床检查的方法主要有：视诊、触诊、叩诊和听诊。检查内容应包括：生命体征（体温、呼吸、脉搏、血压）、一般情况（性别、年龄、发育状况、营养状况、面容表情、体位、卫生状况、语言、语态和构音、姿势与步态、皮肤黏膜）、头颈部、胸腹部、躯干与四肢等，必要时还应该进行生殖系统的检查。在进行检查时应严格按照全面、有序、重点、规范和正确的准则来操作，并按照一定顺序进行，以防止遗漏与重复。

2. 意识状态的检查

意识是大脑高级神经中枢功能活动的综合表现，是人对自身状态和周围环境的认知与觉察能力，主要分为觉醒状态和意识内容两个部分。在临床中，根据意识障碍的程度，可将其分为嗜睡、意识模糊、昏睡、谵妄和昏迷，也可根据以下几种情况分类：以觉醒度改变为主（嗜睡、昏睡、昏迷），以意识内容改变为主（谵妄、意识模糊），以意识范围改变为主（朦胧状态、漫游性自动症），以及特殊类型（最低意识状态、植物状态）等。

（二）神经系统检查

神经科与精神科之间的联系十分紧密，许多神经系统疾病都会导致精神症状的出现。同时，不少精神障碍的患者也可能伴随着神经系统的损害。全面的神经系统检查有助于临床精神科医生鉴别神经系统疾病与精神疾病，协助确定神经系统损害定位及范围，从而避免临床漏诊及误诊的发生。

1. 精神状态和高级皮质功能检查

对患者精神状态的检查主要通过观察患者的动作举止、外表行为及言语思维等。高级皮质功能可分为认知与非认知功能，认知功能检查包括定向力、记忆力、计算力、智能、抽象思维和判断、失语、失用、失认等方面，非认知功能包括情绪改变、人格改变、意志行为变化等方面。

2. 脑神经检查

共 12 对脑神经，分别包括嗅神经、视神经、动眼神经、滑车神经、三叉神经、外展神经、面神经、位听神经（包括前庭神经、耳蜗神经）、舌咽神经、迷走神经、副神经、舌下神经等。脑神经检查对神经系统疾病的定位具有关键性作用，检查时需按次序进行，并注意双侧和前后的对比。

3. 运动系统检查

运动主要分为随意运动和不随意运动两类，随意运动由锥体束支配，不随意运动由锥体外束支配。检查内容包括肌容量、肌张力、肌力、不自主运动、共济运动、姿势及步态等。

4. 感觉系统检查

感觉系统检查主要分为浅感觉（痛觉、触觉、温度觉）、深感觉（位置觉、运动觉、振动觉）、复合感觉（定位觉、两点辨别觉、图形觉等）检查。

5. 神经反射检查

神经反射包括深反射、浅反射、阵挛和病理反射等。根据反射的改变分为亢进、活跃（或增强）、正常、减弱和消失。病理反射主要包括巴彬斯基（Babinski）征、Babinski 等位征，如查多克（Chaddock）征、奥本汉姆（Oppenheim）征、戈登（Gordon）征、舍费尔（Scheffer）征等、强握反射等。Babinski 征、Babinski 等位征阳性常提示锥体束受损。

6. 脑膜刺激征

脑膜刺激征是由脑膜受刺激而出现的体征，常见于脑膜炎、脑膜脑炎、蛛网膜下腔出血、颅内压升高、脑水肿等。主要包括颈强直、克尼格（Kernig）征、布鲁氏（Brudzinski）征。需特别注意的是，当患者处于深昏迷状态时，脑膜刺激征可能会消失。

7. 自主神经功能检查

由交感神经和副交感神经两个系统组成，主要调节血管、内脏、腺体及内脏等系统功能。在临床检查中，常用的方法包括：皮肤黏膜、毛发、指甲等一般情况的观察、眼心反射、卧立位试验、皮肤划痕试验、发汗试验、竖毛试验、Valsalva 试验等。若检查结果异常，提示交感或副交感神经功能障碍。

六、辅助检查

辅助检查不仅为精神障碍的诊断和鉴别诊断提供有力依据，而且为制定治疗方案提供重要的参考。在精神障碍的诊疗过程中，除血液检查（如全血细胞计数、电解质、肝肾功能、血脂血糖、催乳素、甲状腺功能、心肌酶）、心电图、胸片等常规筛查以外，还应根据患者的病史和体征进行针对性的辅助检查。

（一）实验室检查

1. 病理学 / 毒理学检查

病理学 / 毒理学检查可为器质性精神障碍、精神活性物质所致精神障碍等诊断提供确切依据。

2. 遗传学检查

某些精神障碍具有高度遗传性特征，利用遗传学检测技术探索精神障碍的致病基因具有重大诊断意义。基因组学研究主要定位在精神障碍发生发展过程中可能起重要作用的基因。

（二）神经影像学检查

1. 结构性脑影像

（1）计算机 X 线扫描断层摄影（computer tomography，CT）：根据不同层次各种组织的衰减系数差异，可显示脑室的大小、脑沟宽度、脑实质密度的改变及局灶性异常，通常在精神障碍的评估中用作脑器质性病变筛查的重要工具。

（2）磁共振成像技术（magnetic resonance imaging，MRI）：是根据有磁矩的原子核在磁场作用下，能产生能级间跃迁的原理而采用的一项检查技术。相比 CT，对大脑灰质和白质的分辨能力高，无放射性损害，可作多维参数成像，无须造影剂就能显示血管等。

（3）弥散张量成像（diffusion tensor imaging，DTI）：利用扩散权重脉冲序列来判断水分子的扩散张量从而显示脑白质内神经传导束走向，同时可以实现对白质纤维束的损害程度及范围的判断。

2. 功能性脑影像

（1）单光子发射计算机断层扫描（single photon emission computed tomography，SPECT）是通过检测能发射单光子同位素标记的显像剂在体内的立体分布而重建图像；正电子发射型计算机断层显像（positron emission tomography，PET）是通过导入人体的不稳定放射性同位素，发射的射线，经释放正电子后稳定化，然后由计算机将记录的数据重建为不同放射密度的三维图像。SPECT 和 PET 可统称为 ECT，对判断各类疾病的早期代谢障碍有重要价值。

（2）功能磁共振成像（functional MRI，fMRI）是基于血氧水平依赖（blood oxygen level dependent，BOLD）效应，通过测量局部脑区中脱氧血红蛋白浓度的改变来间接表明大脑神经元的功能活动，主要分为任务态（task-related）和静息态（resting-state）。在任务态 fMRI 中，通过事先设定好的特定任务刺激被试然后检测大脑的反应，而静息态 fMRI 不需要执行特殊的任务，只需被试闭上眼睛，大脑清醒但不刻意做任何系统思考。

（三）电生理检查

1. 脑电图

脑电图（electroencephalogram，EEG）是一种无创性生物物理检查方法，在安静无外界刺激时，将引导电极置于头皮上进行描记，得到大脑持续性、节律性电位变化，反映的是皮质及皮质下神经元群突触后电位的总和。

2. 多导睡眠图

多导睡眠图（polysomnogram，PSG）是睡眠医学研究和睡眠疾病诊断的一种技术，通过同步记录分析整夜睡眠中脑电、眼电、肌电、心电、呼吸、血氧等生理信号反映人体睡眠结构、呼吸状况、血氧饱和度、鼾声、体位和部分心功能指数，还能监测血压、脉搏、阴茎勃起，甚至神经内分泌功能。

3. 脑诱发电位

脑诱发电位（brain evoked potentials，BEPs）指周围感觉器官与感觉神经系统的有关结构受刺激时，在中枢所检测到的脑电变化，具有时间分辨率高（毫秒级）和对刺激有固定时相关系（锁时）等优点。临床常用的脑诱发电位有视觉诱发电位（VEP）、听觉诱发电位（AEP）和体感觉诱发电位（SEP）。

（四）眼球轨迹运动检查

眼球运动检测技术，是通过记录眼动的注视时间、位置、轨迹等指标来了解人们对实时信息的获取和加工过程，进而揭示人类心理活动的机制。近年来，眼球运动检测技术在精神障碍的研究中也越来越受到重视，也被认为是对精神障碍辅助诊断有意义的手段之一。眼球运动检测的主要参数有总注视次数、注视持续时间、注视次数、注视点序列、第一次到达兴趣区的时间等。

第三节　标准化心理测试工具

一、概念

心理测量是指采用标准化的心理测验、评定量表和定式访谈工具，对个体的行为和心理属性进行客观量化的评定。在精神科临床诊疗及研究过程中，心理测量具有重要的作用。

二、中国近现代心理测验的发展简述

中国近现代心理测验的发展史，从 20 世纪初西方的心理测量技术进入我国开始。1916 年，樊炳清首次向国内推介了比奈－西蒙智力量表。1920 年，廖世承与陈鹤琴首次在南京高等师范学校开设了心理测量课程。次年，二人又共同撰写并出版了《智力测验法》一书，这本书被誉为我国心理测量领域的首部专著。1924 年，陆志韦对斯坦福－比奈智力量表进行了修订。1931 年，我国的学者们在南京组织并成立了中国测验学会，并在 1932 年出版了会刊《测验》杂志。从 20 世纪初到 30 年代，我国的学者们在心理测量和测验领域开展了大量的开创性工作，共编制和修订各类心理测验 20 多种，教育测验 50 多种，是中国心理测量和测验的引入成长期。

经历了 40 多年的停滞，我国的心理测量再次获得了快速进展。1979 年春，林传鼎、吴天敏和张厚粲等学者在武汉成功举办了首个全国性的心理测验培训班，象征着心理测量工作正式重启。1980 年，北京师范大学的心理系率先开设了“心理测量”课程以培养专业人才。与此同时，国内学者积极修订了一些国际著名的心理测验，如中国比内测验、韦氏成人智力量表（Wechsler adult intelligence scale，WAIS-RC）、瑞文推理测验（Raven’s Standard Progressive Matrices，SPM）、明尼苏达多相人格调查表（Minnesota Multiphasics Per-sonality Inventory，MMPI）、艾森克人格问卷（Eysenck Personality Questionnaire，EPQ）、H-R 神经心理成套测验等。除了修订国外测验，我国学者及部分单位也编制开发了一些针对中国人群的心理测验，如张厚粲编制的中国儿童发展量表，中国科学院心理研究所等单位联合开发的飞行员心理选拔测评系统等。在理论研究上，我国的学者们陆续将经典测量理论、概化理论及项目反应理论相继引进至国内，这也促进了国内心理测量理论研究的进一步发展。近年来，国内在计算机化自适应测验、网络化测评、大数据及人工智能测评等心理测量领域取得了显著进展。

到了20世纪80年代初期，精神科的量表作为一个至关重要的量化评估工具，在国内逐渐受到了广泛的关注。1982年，张明园等人在上海市精神卫生中心启动了量表的修订和研究工作，首先对简明精神病评定量表（Brief Psychiatric Rating Scale，BPRS）进行了修订和信效度检验，之后又陆续修订了精神分裂症、抑郁症及焦虑障碍常用的标准化量表。1982年，倍克（Bech）和拉范森（Rafaelsen）在WHO面向我国举办的精神药理学习班上，介绍了倍克－拉范森躁狂量表（Bech-Rafaelsen Mania Rating Scale，BRMS）躁狂量表的研发过程。1983年底，由高柏良和张明园等人牵头成立了量表协作研究组。量表协作组成立后在青岛举办了量表培训班，对于心理测量的基本知识、量表使用等进行了培训。量表协作组成立后的三四年内，对于精神科常用量表如汉密尔顿抑郁量表（Hamilton Depression Scale，HAMD）、Bech-Rafaelsen躁狂量表（BRMS）、症状自评量表（Symptom Checklist 90，SCL-90）、焦虑自评量表（Self-rating Anxiety Scale，SAS）、抑郁自评量表（Self-rating Depression Scale，SDS）及生活事件量表（Life Event Scale，LES）等进行了研究修订。1987年后又修订了阳性和阴性症状量表（Positive and Negative Syndrome Scale，PANSS），简式国际神经精神检查（Mini International Neuropsychiatric Interview，MINI）、惊恐障碍严重度量表（Panic Disorder Severity Scale，PDSS）等。量表协作组的工作对于精神科量表在我国的推广和应用做出了巨大的贡献。同时期也有其他学者及合作团队致力于精神科量表的研究推广工作，如郑延平等对于贝克抑郁量表（Beck Depression Inventory，BDI）进行了测试研究。此外，龚耀先及团队多次举办心理测验培训班，并对很多临床常用的心理测验和量表进行了修订，从而取得了开创性的研究成果。

三、心理测量工具的信度、效度及常模描述

在心理测量学中，信度和效度是评价心理测量工具质量优劣的两个最主要指标，标准化的心理测量工具应具有较高的信度和效度，信效度不达标的测量工具是不能使用的。

（一）信度

信度（reliability）又称可靠性，是指测量结果的一致性和稳定性程度。一个信度较高的测量工具，只要严格遵守操作规范，其结果就不应随使用者、使用时长及使用地点的变化而产生较大的变动。信度反映了测量受随机误差影响的程度，根据误差来源的不同，信度的估计可以分为重测信度、复本信度、内部一致性信度、评分者信度。重测信度也被称为稳定性系数，是指使用同一测量工具，对同一组被试前后施测两次所得结果的一致性程度。许多心理特质具有一定的稳定性，如态度、兴趣、性格等，若两次测量结果相差较大，则意味着测量的信度较低。复本信度也被称为等值性系数，是指两个平行测验（复本测验）测量同一组被试所得结果的一致性程度。互为复本的两个测验在题目内容、数量、形式、难度、区分度、指导语、测验时限等方面应相同或相似。内部一致性信度是指一个测验内各个题目所测内容或心理属性的一致性程度，又称同质性信度。当测验的各个题目得分有较高的正相关时，不论题目内容和形式如何，测验都是同质的。评分者信度是指不同评分者对同一组被试的测验结果进行评分，所评分数之间的一致性程度。一般要求在成对的受过训练的评分者之间平均一致性达到0.90以上时，才认为评分是客观的。信度系数在0~1，数值越大，表示信度水平越高。

（二）效度

效度（validity）是衡量测验有效性或准确性的指标，即一个测验或量表实际能测出其所欲测的心理特质的程度。根据效度验证的证据来源不同，可将效度分为内容效度、效标关联效度和结构效

度。内容效度指测验题目对有关内容或行为取样的适当性，即测验题目在很大程度上代表了所要测量的全部内容。内容效度最适用于测量具体属性的测验，如成就测验。效标关联效度又叫实证效度，指测验分数与外部校标之间的一致性程度，反映的是测验预测个体在某种情境下行为表现的有效性程度。效标即衡量测验有效性的参照标准。常用的效标有学习成绩、工作表现、临床诊断、团体比较及先前有效的测验等。根据效标资料是否与测验分数同时获得，效标关联效度可分为同时效度和预测效度。效标关联效度最适合于以预测、分类、甄选及人员安置等为目的的测验。结构效度又称构想效度或构念效度，是指一个测验实际能够测到其所要测量的某一理论结构或特质的程度。

（三）常模

常模（norm）是指受试团体的标准化样本在某一测验上的平均成绩，其实质是一种具有参照点和单位的测验分数评价参照标准。标准化样本（standardization sample）又叫常模团体，是指建立测验常模时，从被试总体中抽取的足够大的有代表性的样本。一般来说，采集到标准化样组（常模团体）的测验成绩，并经过一定的统计分析及处理后，就可以建立相应的常模。

常模的作用主要有两个方面，一方面可以清晰地表示个体在标准化样本群体中的相对位置，从而可以与他人进行比较，并对其成绩做出评价；另一方面是可以对个体在不同测验上的作答表现直接进行横向比较。在心理测量中，从测验上直接得到的原始分数是未经过任何处理的分数，通常不具有任何评价意义。只有将测验的原始分数与可参照的标准进行比较，才能说明测验分数的真正含义。因此，一项测验只有建立了标准化的常模，才能被称为标准化的心理测验。

常模可以分为发展常模和组内常模。发展常模可以反映个体已经达到的发展水平或阶段，常见的类型有年龄常模、年级当量常模、顺序量表常模及发展商数常模。组内常模可以反映个体在某一群体中的相对位置，常见的类型有百分等级分数常模和标准分数常模（包括离差智商、T 分数、Z 分数、正态化标准分数、美国大学入学考试委员会所采用的标准化 CEEB 分数等）。此外，根据测验的使用目的和使用范围，也可将常模划分为全国常模、地区常模、年龄常模、年级常模及职业常模等。

四、心理测量的分类和常用工具介绍

（一）心理测量的分类

1. 按测量目的分类

（1）筛查用量表，如流调中心用抑郁量表（Center for Epidemiologic Studies Depression Scale，CED-S），可用于抑郁的筛查。复合性国际诊断交谈表（Composite International Diagnostic Interview，CIDI），可以用于精神疾病负担的流行病学调查，黄悦勤教授采用 CIDI 在全国取样 32552 例被试，得到焦虑障碍和情感障碍的终身患病率分别为 7.6% 和 7.4%。

（2）诊断用量表，如《精神疾病诊断与统计手册》第四版（*Diagnostic and Statistical Manual of Mental Disorders Forth Edition*，*DSM-IV*）配套的临床定式检查（the structured clinical interview for DSM，SCID）是精神科既往最常用的临床医师用诊断工具。该工具包含 9 个单元的标准化问题，分别与 DSM-IV 中大部分的轴 I 诊断标准相对应。《精神障碍诊断与统计手册（第 5 版）》（*Diagnostic and Statistical Manual of Mental Disorders*：*Fifth Edition*，*DSM-5*）也更新了相应的配套 SCID 工具。SCID 信度高但费时，因此主要用于研究工作。同样为定式诊断检查的简明国际神经精神面谈（the mini-international neuropsychiatric interview，MINI），相对更加简短和容易操作。

（3）临床评定量表应用最广，最为常见。如评估抑郁症状的汉密尔顿抑郁量表（Hamilton

Depression Rating Scale，HAMD）；评估焦虑症状的汉密尔顿焦虑量表（Hamilton Anxiety Rating Scale，HAMA）等。能帮助临床医生了解患者总体症状严重程度、症状特征、治疗干预的疗效，以及作为临床研究入组标准界定研究对象。

2. 按测量内容分类

（1）人格测验：人格测验是根据心理学家对人格结构的理解而编制，主要用于测量性格、气质、兴趣和态度等个性特征和病理个性特征。常见的测验如大五人格量表（Five-Factor Inventory，NEO）、卡特尔16项人格问卷（Cattell 16 Personality Factors Inventory，16PF）、艾森克个性问卷（Eysenck Personality Questionnaire，EPQ）和明尼苏达多相人格调查表（Minnesota Multiphasic Personality Inventory，MMPI）等。

（2）认知测验：广义的认知测验包括智力测验和神经心理学测验，前者如韦克斯勒智力量表（Wechsler Intelligence Scale）和斯坦福－比奈智力量表（Stanford-Binet Scale），后者如改善精神分裂症认知的评估和治疗研究（the measurement and treatment research to improve cognition in schizophrenia，MATRICS）的MATRICS共识认知成套测验（MATRICS consensus cognitive battery，MCCB）。

（3）功能评定量表：主要用于评估人的社会适应技能及在社会活动中的行为表现。如功能大体评定量表（Global Assessment of Function，GAF）、个人与社会表现量表（Personal and Social Performance Scale，PSP）、SF-36健康调查量表（36-item Short Form Health Survey，SF-36）及加州大学圣地亚哥分校（University of California，San Diego，UCSD）操作技能评估（UCSD Performance-based Skills Assessment，UPSA）。

3. 按施测方式分类

可分为自评和他评量表，自评量表简单易行，消耗人力少，但信息的准确度会受到被试的自知力以及真实作答的意愿的影响，常用于一些心理健康和情绪自我评估。如贝克抑郁自评量表（Beck Depression Inventory，BDI）、9项患者健康问卷（Patients Health Questionnaire-9 item，PHQ-9）和7项广泛性焦虑障碍量表（Generalized Anxiety Disorder，GAD-7）等。

他评量表对施测人员有一定的专业背景要求，通常是精神科医生或者有心理学教育背景的专业人员，需要经过系统培训，时间和人力消耗大，但对于某些缺乏自知力的疾病，获取的信息相对更加接近真实情况。如用于评估情绪的汉密尔顿抑郁量表（Hamilton Depression Rating Scale，HAMD）、蒙哥马利－艾森贝格抑郁评定量表（Montgomery-Asberg Depression Rating Scale，MADRS）、汉密尔顿焦虑量表（Hamilton Anxiety Rating Scale，HAMA）及Young躁狂评定量表（Young Mania Rating Scale，YRMS）；评估认知的MATRICS共识认知成套测验（MATRICS Consensus Cognitive Battery，MCCB）等也是常见的他评量表。

4. 按评估疾病种类分

此种分类方法是最通俗便捷的分类方法，针对各种精神疾病，均有相应的评定量表，如用于评估抑郁症的汉密尔顿抑郁量表（HAMD），评估双相障碍的32项轻躁狂检测清单（Hypomania Check List，HCL-32），评估强迫障碍的耶鲁－布朗强迫症状检核表（the Symptom Checklist of Yale-Brown Obsessive-Compulsive Scale，Y-BOCS），评估酒精依赖综合征的酒精使用障碍筛查量表（Alcohol Use Disorders Identification Test，AUDIT）。

（二）心理测量的常用工具介绍

以下就几种临床最常用的评估工具进行介绍。

1. 一般心理健康量表

症状自评量表（Symptom Checklist 90，SCL-90）：共 90 个项目，又名 90 项症状清单，由 Derogatis 于 1973 年编制，反映症状丰富，能较准确评估患者自觉症状，适用面广，可被应用于各种轻型精神障碍和人群心理健康筛查。评定患者最近一周的情况，需用时约 20 分钟，采用按 1~5 级评分，分为躯体化、强迫症状、人际关系敏感、抑郁、焦虑、敌对、恐怖、偏执、精神病性和其他 10 个因子。参考常模在总分大于 160 分，或阳性项目数大于 43 项，或任一因子大于 2 分时需行进一步检查。

2. 抑郁量表

（1）9 项患者健康问卷（Patients Health Questionnaire-9 Item，PHQ-9）：是由施皮茨尔（Spitzer）等人于 1999 年根据 DSM-IV 的诊断标准编制，用于在初级卫生保健机构筛查和诊断抑郁症，为自评问卷，共 9 个条目。根据症状出现的频度按 0~3 分 4 级评分，评定时间范围为最近 2 周。总分 0~4 分，无或轻微抑郁；5~9 分，轻度抑郁；10~14 分，中度抑郁；15~19 分，中重度抑郁；20 分以上，重度抑郁。

（2）汉密尔顿抑郁量表（Hamilton Depression Rating Scale，HAMD）：是由德裔英国精神病学家汉密尔顿（Hamilton）于 1960 年编制的他评量表。用于评定患者最近一周的抑郁严重程度。评估焦虑/躯体化、体重、认识障碍、日夜变化、迟缓、睡眠障碍和绝望感 7 个方面。17 项版本总分小于 7 分为无抑郁症状，超过 17 分可能是轻度或中等程度的抑郁，超过 24 分可能为严重抑郁。

（3）蒙哥马利 - 艾森贝格抑郁评定量表（Montgomery-Asberg Depression Rating Scale，MADRS）：是由英国精神病学家蒙哥马利（Montgomery）和瑞典精神病学家艾森贝格（Asberg）于 1979 年编制的他评量表，用于评定患者的抑郁症状。包括观察到的抑郁、抑郁主诉、内心紧张、睡眠减少、食欲减退、注意集中困难、懒散、感受不能、悲观思想和自杀观念 10 个条目。按 0~6 级评分。0~11 分为无临床意义的抑郁症状，12~23 分为轻度抑郁，24~34 分为中度抑郁，大于或等于 35 分为重度抑郁。

3. 焦虑量表

（1）7 项广泛性焦虑障碍量表（Generalized Anxiety Disorder，GAD-7）：由施皮茨尔（Spitzer）等人于 2006 年根据 DSM-IV 编制，用于在初级保健机构筛查广泛性焦虑障碍以及评估焦虑症状的严重程度，为自评问卷。共有 7 个条目，根据症状出现的频度按 0~3 分 4 级评分，评定时间范围为最近 2 周。每个症状条目的分值如下：0 为完全不会，1 为有几天，2 为一般以上的天数，3 为几乎每天。量表总分为 21 分，其中 0~4 分，无焦虑；5~9 分，轻度焦虑；10~14 分，中度焦虑；15 分及以上，重度焦虑。

（2）汉密尔顿焦虑量表（Hamilton Anxiety Rating Scale，HAMA）：是由德裔英国精神病学家汉密尔顿（Hamilton）于 1959 年编制的他评量表。用于评定患者的焦虑症状。该评定需由经过培训的医师进行。共有 14 个条目，分躯体性焦虑和精神性焦虑两大因子。采用 0~4 分 5 级评分，原版无工作用评分标准，《焦虑障碍防治指南》推荐评分标准：①症状轻微；②有肯定症状，但不影响生活与活动；③症状重，需加以处理，或已影响生活与活动；④症状极重，严重影响生活。除第 14 项“会谈时的行为表现”需结合观察外，所有项目都是根据患者口头叙述进行评分。大于 29 分，严重焦虑；超过 21 分，明显焦虑；超过 14 分，肯定有焦虑；超过 7 分，可能有焦虑；小于等于 7 分，没有焦虑。

4. 强迫量表

耶鲁布朗强迫症状量表（the Yale-Brown Obsessive Compulsive Scale，Y-BOCS）：用于评定强迫障碍的各种症状表现及严重性，为半结构化的他评量表。采用 0~4 级评分，包括 10 个条目，包括症状检查表和严重性量表 2 个部分，Y-BOCS 的前 5 项评估强迫思维（A），后 5 项评估强迫行为（B）；严重性量表中，强迫思维和强迫行为的严重性通过痛苦、频率、冲突、抵抗等维度来评估。①轻度：8~15 分（单纯的强迫思维或强迫行为，仅需要 6~9 分）：其症状已经对患者的生活、学习或职业开始造成一定程度的影响；②中度：16~23 分（单纯的强迫思维或强迫行为，仅需要 10~14 分）：表示症状的频率或程度已经对生活、学习或工作造成显著影响，导致患者可能无法有效完成原本的角色功能；③重度：24 分以上（单纯的强迫思维或强迫行为，仅需要 15 分以上）：症状非常严重，完全无法完成原有的角色功能，甚至无法生活自理。

5. 睡眠相关量表

（1）匹兹堡睡眠质量指数量表（Pittsburgh Sleep Quality Index，PSQI）：是由布伊西（Buysee）等人在 1989 年公布的，由 18 个条目和 7 个睡眠因子组成，用来测量临床人群的睡眠质量。每个因子最高 3 分，最低 0 分，合计 21 分，得分越高，睡眠质量越差。

（2）失眠严重程度指数量表（Insomnia Severity Scale，ISI）：是一个在量化失眠严重程度上既简单有效又可信的评估工具。量表主要从失眠症状、日间功能和患者自身的心理状态 3 个方面综合评价，表里共有 7 项评估内容，每个条目最高 4 分，最低 0 分，0~7 分为无临床意义的失眠，8~14 分为亚临床失眠（轻度），15~21 分为临床失眠（中度），22~28 分为临床失眠（重度）。

五、使用的注意事项

使用精神科量表进行测评时，测试环境、主试人、受测者的测试动机、施测过程等均会影响测量的客观性和准确性。在使用精神科量表时应注意如下几点。

（一）合格的评定者

量表的评定者应具备所使用量表的各项知识，包括使用目的、适用对象、条目、操作方式、计分、结果解释等，还应熟悉相关领域的专业知识。评定者应具备一定的沟通技巧，在施测过程中应注意与受试者保持良好的关系，取得受测者的信任和配合，激发受测者的测试动机。

（二）严格的系统培训

一般来说，使用评定量表前评定者应接受系统的培训，熟悉量表内容及基本情况，掌握计分方式、施测方法及结果解释等。只有接受了严格的培训，并通过相应考核的评定者才能进行量表的施测工作。

（三）测试流程及环境

施测过程要严格按照量表手册或指导语的规定进行，保证测试环节的客观性和标准化，确保量表计分与结果解释准确无误。此外，尽量选择安静舒适，光线适宜的测试环境，避免外界干扰。

（四）结果解释与隐私保护

正确解读受试者的测评结果，避免因结果解释不当而对受试者造成伤害。要注意保护受试者的隐私，遵守心理测验伦理规范，勿向他人随意透露受试者的测评结果，做好资料保存。

第四节 职场调查和环境评估

一、职场心理评估和测试

职场心理评估和测试，是指通过一系列的测评工具和方法来评估职场人员在工作中的兴趣、心理状态、特质、能力以及适应性。这些评估和测试可以帮助医生更好地了解和解决职场人员目前遇到的相关压力以及精神心理问题，从而帮助其返回工作岗位。

（一）职场心理测试的具体内容

职场心理测试的具体内容包括以下几个方面。

一是职业兴趣测试，用于帮助劳动者了解自己对不同职业领域的兴趣和偏好，帮助选择合适的职业方向。

二是职业性格测试，通过分析劳动者的性格特点，帮助了解自己在职场中的适应性和表现方式。

三是职业能力测试，通过测量劳动者的各种能力，如沟通能力、领导能力、团队合作能力等，帮助评估个人在职场中的能力水平。

四是职业动机测试，帮助劳动者了解自己在职场中的动机和目标，从而更好地规划职业发展。

五是职场压力测试，测量劳动者在工作中所面对的压力和应对能力，帮助个人更好地处理职场压力。

六是职场情绪测试，帮助劳动者了解自己在工作中的情绪状态，如情绪管理能力、情绪稳定性等。

七是职场沟通测试，测量劳动者在职场中的沟通能力和表达能力，帮助提升职场交流效果。

八是职业价值观测试，帮助劳动者了解自己在职场中的价值取向和理念，从而更好地选择适合自己的职业发展道路。

（二）常见的职场心理评估和测试工具

1. 霍兰德职业兴趣自测

霍兰德职业兴趣自测（self-directed search），是一种由美国职业指导专家霍兰德（John Holland）基于其丰富的职业咨询背景和职业分类理论所设计的评估工具。在霍兰德看来，个体的职业兴趣特性与其所从事的专业应该存在着内在对应关系。根据个人兴趣的差异，人格可以被划分为六个不同的维度：研究型（I）、艺术型（A）、社会型（S）、企业型（E）、传统型（C）和现实型（R）。每个人的性格都是这六个维度的不同程度组合。

2. 迈尔斯－布里格斯类型指标

迈尔斯－布里格斯类型指标（Myers-Briggs Type Indicator，MBTI）是一种常见的职场心理评估工具，用于帮助个人了解自己的性格类型和特点。MBTI 基于心理学家卡尔·荣格（Carl Gustav Jung）的心理类型理论，根据个体在认知功能和态度偏好上的倾向，将人们分为 16 种不同的性格类型。MBTI 可帮助职场人员了解自己的性格特点，提高沟通和合作效率，促进个人和团队的发展。

3. 卡特尔十六种人格因素问卷

卡特尔十六种人格因素问卷（Sixteen Personality Factor Questionnaire，16PF）是由美国心理学家雷蒙德·卡特尔（Raymond Cattell）设计的一种心理评估工具，用于衡量个体的人格特点。该问卷基于卡特尔的人格理论，将人格特质分为16种不同的因素。

4. 正性负性情绪量表

正性负性情绪量表（Positive and Negative Affect Schedule，PANAS），是一种常用的情绪评估工具，用于测量个体在一定时间范围内两种基本情绪维度（正性情绪和负性情绪）的体验程度。PANAS主要包含两个部分，分别评估正性情绪和评估负性情绪。PANAS可以帮助劳动者和管理者了解在工作环境中个体的情绪状态，监测情绪变化，及时发现劳动者可能存在的压力或情绪问题，采取相应的支持和干预措施。

5. 显性焦虑量表

显性焦虑量表（Manifest Anxiety Scale，MAS）是一种用于评估个体压力管理能力的心理测量工具。MAS通常包含一系列关于个体应对压力和应对策略的问题，旨在了解个体对不同形式压力的反应和处理方式。通过分析被测试者在压力管理方面的表现，可以帮助个体了解自己在压力下的应对能力，从而更好地应对工作和生活中的挑战。

MAS通常涵盖以下几方面的内容。

（1）压力识别：个体是否能够识别不同形式的压力和感受到压力的程度。

（2）应对策略：个体在面对压力时采取的具体应对方式和策略。

（3）压力管理技能：个体的压力管理技能、应对效果和改进空间。

（4）压力影响：压力对个体情绪、行为和工作绩效的影响程度。

6. Maslach职业倦怠量表

Maslach职业倦怠量表（Maslach Burnout Inventory，MBI）是评估个体工作燃尽状况的一种常用工具。由心理学家克里斯汀・马斯拉奇（Christina Maslach）等人于20世纪70年代初开发。该量表包含三个维度：情绪衰竭、工作倦怠和专业自我效能降低。通过对这三个维度的评估，MBI可以帮助职场人员和医生了解工作燃尽的状况。

二、入职前劳动者心理评估

入职前劳动者的心理测试通常是为了评估应聘者的性格特征、心理素质和与职业匹配度。不同机构和岗位可能会要求做不同类型的测试，劳动者需要填写各种心理问卷，如人格测验、情绪状态评估、适应能力评估等，用于了解劳动者的个性特征、情绪稳定及应对能力，以下是一些常见的心理测试类别和工具供参考。

1. 性格测试工具

（1）迈尔斯－布里格斯类型指标（Myers-Briggs Type Indicator，MBTI）：基于荣格的心理类型理论，将人分为16种性格类型，强调个体在感知、决策和生活方式上的差异。

（2）大五人格模型（big five personality traits）：评价个体在开放性、责任感、外向型、宜人型和神经质五个主要维度上的表现。该模型广泛应用于心理学和人力资源管理中。

（3）行为评估（DISC）：以支配型（sominance）、影响型（influence）、稳健型（steadiness）和服从型（compliance）四个维度评估个体的行为风格，常用于团队建设和领导力培训。

（4）霍根测评（Hogan assessments）：评估个体的职业表现和领导潜力，包括正常性格、可预见的障碍和职业化的特点。

（5）卡特尔十六种人格因素测试（Sixteen Personality Factor Questionnaire，16PF）：由雷蒙德・卡

特尔（Raymond Cattell）开发，测量16个基本人格因素，适用于职业咨询和心理评估。

（6）明尼苏达多项人格测验（Minnesota Multiphasic Personality Inventory，MMPI）：主要用于心理健康评估，帮助识别心理障碍和个性特征。

（7）九型人格测验（enneagram）：基于九种基本人格类型，强调个人的内在动机和行为模式，以便于自我理解和人际关系的改善。

2. 能力测试工具

（1）俄亥俄州大学职业能力测试（Ohio Vocational Interest Survey，OVIS）：是一种全面评估应聘者职业能力和个性特征的测验工具。OVIS测试旨在帮助用人单位更好地了解候选人的行为和心理特征，从而评估其适合工作岗位的程度。

（2）皮尔森认知能力测验（Pearson Cognitive Abilities Test，CogAT）：是一种用于评估个体认知能力和潜力的标准化测验，旨在帮助雇主和教育机构了解应聘者或学生的学习能力、逻辑推理能力和问题解决能力等。

（3）格鲁夫能力测验（General Mental Ability Tests，GMA Tests）：是一类旨在评估个体的一般认知能力和智力的心理测验。这类测验通常用于招聘、人员选拔和职业发展中，以帮助评估候选人在学习、适应和解决问题方面的能力。

（4）职业适应性测验（job sample tests）：通过模拟实际工作任务评估应聘者的能力，确保候选人具备执行工作的具体技能。

3. 工作情商测试工具

（1）情绪商数（emotional intelligence quotient，EQ）：根据彼德·萨洛维的情商模型开发，用于评估个体的情商能力，评估15项情绪能力，包括自我感知、自我表达、自我调节、人际关系、决策和适应能力等，广泛用于招聘、劳动者发展和领导力培训等领域。

（2）梅耶-沙洛维-库索情绪智力测验（Mayer–Salovey–Caruso Emotional Intelligence Test Version 2.0，MSCEIT）：基于梅耶和沙洛维的理论，针对情商进行的能力测评，测试包括情绪识别、情绪理解、情绪管理和情绪利用等方面的能力；与自评量表不同，MSCEIT通过实际案例来评估应聘者对情绪的理解和应用能力。

4. 心理健康评估工具

（1）一般健康问卷（General Health Questionnaire–12，GHQ–12）：是一种用于评估个体心理健康状态的自评工具。该问卷原版共12项条目，除此之外，还有20个条目、28个条目和30个条目增补版，旨在帮助识别潜在的心理健康问题，尤其是在焦虑、抑郁和一般适应能力方面。

（2）抑郁焦虑压力量表英文版（21题）（Depression，Anxiety and Stress Scale—21，DASS–21）：是一种用于评估个体抑郁、焦虑和压力水平的心理测量工具。该量表由拉维邦德Lovibond等人于1995年编制，最初目的是提供一个评分一致的测量系统，以区分和界定抑郁、焦虑和压力等常见的情绪障碍，为临床诊断提供辅助的心理测量学指标，并为相关研究提供快速而有效的被试筛选工具。

（3）工作满意度量表（job satisfaction scale）：评估劳动者对工作的满意度，包括与工作内容、同事关系和工作条件等相关的因素。工作满意度与劳动者的心理健康密切相关，低满意度可能预示存在心理健康问题。

三、入职后劳动者上岗评估

入职后对劳动者评估职场文化和职场工作环境是非常重要的，它们直接影响劳动者的工作态度、情绪状态和工作绩效。以下是一些常用于评估职场文化和工作环境的方法和工具。

（1）劳动者调查：通过劳动者调查来了解劳动者对职场文化和工作环境的感受和看法。可以使用问卷调查或面谈的形式，询问劳动者对团队氛围、领导风格、沟通效果、工作压力等方面的评价。

（2）文化价值观检查：评估用人单位的价值观和文化动态，了解用人单位内所倡导和实际实践的价值观是否一致。可通过与劳动者交流、观察用人单位活动和沟通渠道等方式来获取信息。

（3）观察和评估领导风格：领导风格对于职场文化和工作环境的影响至关重要。评估领导团队的沟通方式、激励机制、决策方式等，看是否有助于建立积极的职场氛围。

（4）Maslach 职业倦怠量表：使用 Maslach 职业倦怠量表等工具来评估劳动者的工作燃尽程度，以衡量职场工作环境对劳动者情绪和工作状况的影响。

（5）劳动者满意度调查：通过调查来了解劳动者对工作环境、福利待遇、职业发展机会等方面的满意度，从而找到改进的空间。

（6）绩效评估：通过绩效评估体现劳动者的工作成效和表现，了解工作环境对于劳动者绩效的影响，提供改进建议。

通过以上方法和工具，管理人员和医生可以全面评估、了解职场文化和工作环境的情况，及时发现问题，改进管理方式，创造积极健康的工作环境，提高劳动者的工作满意度和绩效。

（朱嘉辉　石　川）

05

第五章　常见的精神和行为障碍

第一节　概　述

随着我国经济的快速发展，社会由传统向现代变迁，各行业劳动者面临着工作压力、情绪管理、职业发展、工作满意度等多方面的心理健康问题。有研究显示，超过 60% 的人在工作中容易出现情绪问题，同时精神障碍发病率也呈现持续上升趋势，然而大量患者却未得到及时有效的治疗。

精神障碍所导致的焦虑、抑郁、失眠、物质滥用等诸多精神症状，不仅影响劳动者的健康和生活质量，其个人社交与人际关系、认知功能等方面受损往往导致工作效率下降，影响其职业发展。对企业团队而言，其劳动者罹患精神障碍往往影响整体工作效率和整体士气；而劳动者因为无法适应工作环境或受到歧视而选择离职产生的人员流失问题，进一步增加了企业成本。据研究，因精神障碍导致的生产力损失占全球 GDP 的 1%~4%，这不仅导致医疗资源大量消耗，因患者造成的生产力损失同样对整个社会经济发展产生负面影响。

因此，我们亟须提高对劳动者心理健康与精神障碍等问题的认识，通过完善相关政策、加强研究与干预以及营造良好环境等措施，帮助他们尽快康复，提高生活质量，尽快重返工作岗位，减轻对个人与社会造成的损失。

第二节　睡眠障碍

一、定义

睡眠是一种主动的神经生化过程，包括各项生理指标、生理阶段、生理模式（如生命体征）的改变。人一生中三分之一的时间在睡眠中度过。睡眠不仅能帮助精力和体力得到恢复，而且有助于增强免疫力、促进机体康复、促进生长发育等。

在整夜睡眠中正常成人睡眠呈周期性，非快速眼动睡眠（non-rapid eye movement，NREM）与快速眼动睡眠（rapid eye movement，REM）交替出现，从一个 NREM 睡眠到另一个 NREM 睡眠或从一个 REM 睡眠到另一个 REM 睡眠的阶段被称为一个睡眠周期。正常人每晚一般经过 4~6 个睡眠周期，每个睡眠周期持续约 90 分钟（如图 5-1 所示）。睡眠周期参数可用睡眠结构图表示，通常大部分 N_3 期睡眠（深睡眠期）出现在前半夜，REM 期睡眠持续时间在后半夜更长。

不同年龄阶段的睡眠和睡眠质量存在差异。婴儿每天约有三分之二的时间处于睡眠中。随着年龄增长，到成年后，睡眠时间减少到不足三分之一。年龄增长导致的中枢神经系统退行性变化同样影响人的睡眠结构，包括睡眠潜伏期增加、夜间觉醒次数增加、浅睡眠增多（NREM 1 期睡眠时间增加）、深睡眠（慢波睡眠）与 REM 睡眠减少、REM 潜伏期缩短以及总睡眠效降低。

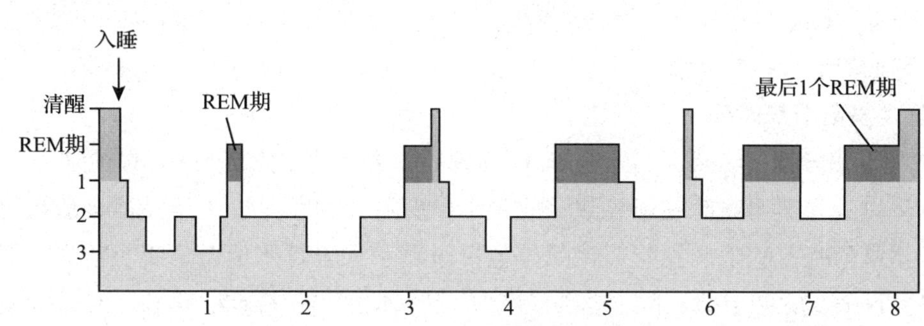

图 5-1 普通人 8 小时睡眠周期

正常人的睡眠往往受到多种因素影响，包括：①心理社会因素，如生活、工作中的各种不愉快事件；②环境因素，如环境噪声、光污染、室温、通风、拥挤或睡眠环境突然改变等；③生理因素，如饥饿、过饱、疲劳、性兴奋等；④精神疾病因素，如焦虑与抑郁发作；⑤药物与食物因素，如咖啡因、酒精、尼古丁、茶碱、甲状腺素等兴奋性药物使用不当或过量、戒断或药物不良反应发生时等；⑥睡眠节律变化因素，如夜班和白班频繁变动等；⑦躯体疾病；⑧生活行为因素，如日间休息过多、睡前运动过多等；⑨个性特征因素，如焦虑、强迫型的人格特征。

睡眠障碍能够影响人的心理和生理健康，既可以是独立存在的原发性疾病，也可以继发于抑郁等精神疾病，或者成为糖尿病、肥胖、高血压等慢性病的危险因素，给人的正常生活和工作带来严重不利影响，是导致劳动生产力降低和缺勤的重要影响因素，甚至会造成工作中的严重意外事故。因此，劳动者的睡眠问题亟须得到社会广泛关注与重视。

二、临床表现

（一）失眠症状

（1）入睡困难：指不能在适当的睡眠机会和环境条件下入睡。对于儿童和青少年入睡时间大于 20 分钟有临床意义，对于中老年人而言则通常大于 30 分钟有临床意义。

（2）睡眠维持困难：包括睡眠不实（觉醒过多过久）、睡眠表浅（缺少深睡）、夜间醒后难以再次入睡。

（3）早醒：早醒通常指比预期的起床时间至少提早 30 分钟并引起总睡眠时间减少。

在失眠症状中，以入睡困难最多见。入睡困难、睡眠维持困难、早醒等情况可单独存在，但也可以并存并且相互转变。失眠往往引起次日白天疲劳或全身不适感，日间思睡，焦虑不安，注意力不集中或记忆障碍，往往造成对个人社交活动、职业或学习能力损害等。继而导致个体对失眠的恐惧和对失眠所致后果的过分担心，陷入一种恶性循环，久治不愈。

（二）嗜睡症状

（1）日间过度思睡和睡眠发作：表现为日间感到过度思睡，尤其是在安静或单调环境下发生不可抗拒的睡眠发作，一日内可多次反复发作。

（2）猝倒发作：患者可出现无力发作甚至猝倒。猝倒往往在强烈情感刺激如发怒、大笑时出现。发作时意识清晰，历时短暂，一般不超过 2 分钟。

（3）睡眠瘫痪：多出现于刚入睡或刚睡醒时，为患者从 REM 睡眠转醒时发生的全身不能活动或不能讲话，发作时意识清楚，持续数秒至数分钟，实质是睡眠时出现的肌肉失张力发作。

（4）入睡幻觉：由觉醒至睡眠的转换期出现的幻视、幻听、幻触，也可表现为梦境样经历体验。

（5）夜间睡眠紊乱：多梦易醒，醒后难再入睡，夜间体动明显增加，早晨困倦而起床困难。

（三）睡眠－觉醒节律障碍

睡眠－觉醒节律障碍（sleep-wake rhythm disorders）指由于内源性睡眠时钟结构或功能调节紊乱，或与外部环境如光照明暗时相不一致，或与个体所需求的学习、工作及社会活动时间不匹配而引起的睡眠－觉醒紊乱。睡眠－觉醒节律障碍包括睡眠－觉醒时相延迟障碍、睡眠－觉醒时相提前障碍、不规律型睡眠－觉醒节律紊乱、非24小时睡眠－觉醒节律障碍、倒班工作障碍及时差障碍等临床类型。

1. 睡眠－觉醒时相延迟障碍

相对于常规或社会接受的作息时间，患者入睡和觉醒时间呈现习惯性延迟，通常延迟超过2小时。其睡眠与觉醒时间虽然延迟，但相对稳定，睡眠时间及质量正常，在青少年及年轻人中最为常见。

2. 睡眠－觉醒时相提前障碍

相对于常规或社会接受的作息时间，患者睡眠时段提前，通常提前超过2小时。由于长期早睡早起，往往导致患者下午或傍晚思睡或精神萎靡，但若按照提前的时间表作息，则能保障睡眠时间和睡眠质量，在老年人中较为常见。

（四）异态睡眠

异态睡眠是指在入睡、睡眠期间或从睡眠觉醒时发生的非自主性躯体行为或体验，包括睡眠相关的各种异常、复杂的躯体活动、行为、情绪、感知、梦境和自主神经系统活动，由此可导致自伤或伤及同寝者、睡眠中断、不良健康效应和不良心理社会效应。异态睡眠可发生于NREM睡眠、REM睡眠或觉醒睡眠转换期间。

1. 睡行症

睡行症为发生在NREM睡眠期的觉醒障碍，是深睡眠中的不完全觉醒所致。通常起始于睡眠前1/3阶段（入睡的2~3小时内），持续数分钟，可表现入睡后不久突然起床四处走动等简单活动行为，也可表现穿衣、打扫卫生、外出游荡等一些复杂的行为。发作时难以唤醒，次日醒来对睡行经过完全遗忘。若睡行过程中人为唤醒可能加重意识模糊和定向障碍。多见于儿童、青少年，一般在青春期后自然消失。

2. 睡惊症

睡惊症为发生在NREM睡眠期的觉醒障碍，通常在夜间睡眠后较短时间内发作，在睡眠中突然尖叫或哭喊，表情惊恐，伴有心动过速、呼吸急促、皮肤潮红、出汗、瞳孔扩大、肌张力增高等自主神经兴奋表现，难以唤醒，如强行唤醒，则出现意识和定向障碍。发作时通常不伴梦境，对发作通常不能回忆。

3. REM睡眠期行为障碍

REM睡眠期行为障碍（REM sleep behavior disorder，RBD）以REM睡眠期间出现异常行为为基本特征。发作时常伴随鲜活恐怖或暴力的梦境以及与梦境内容一致的异常行为，发作后对上述行为通常无记忆。RBD通常因自身或同寝者受伤而就诊。特发性RBD可能为神经系统变性疾病（如帕金森病）的早期症状和预警症状，也可继发于某些药物、躯体疾病。

4. 梦魇障碍

梦魇障碍表现为REM睡眠期间反复出现记忆清晰的威胁生存、安全的恐怖梦境，使患者恐惧、紧张、呻吟、惊叫或动弹不得直至惊醒，醒来之后心有余悸，难以再入睡。梦魇通常发生于后半夜睡眠，梦魇发作频繁者可影响睡眠质量，日久后可引起焦虑、抑郁及各种躯体不适症状，导致明显痛苦及社会适应等功能损害。

三、诊断与鉴别诊断

（一）诊断

目前仍在临床使用的WHO发布的《疾病和有关健康问题的国际统计分类：第10版》（ICD-10）中，有关睡眠障碍的疾病分类被置于“伴有生理紊乱及躯体因素的行为综合征”之下的“非器质性睡眠障碍”。具体包括：非器质性睡眠障碍、非器质性失眠症、非器质性嗜睡症、非器质性睡眠-觉醒节律障碍、睡行症（夜游症）、睡惊症（夜惊）、梦魇、其他非器质性睡眠障碍、非器质性睡眠障碍，未特定。

近年来，随着睡眠医学领域基础和临床研究的发展，《疾病和有关健康问题的国际统计分类：第11版》（ICD-11）在充分平衡分类的科学性、综合性与临床实用性后，在第7章“睡眠觉醒障碍”（*sleep-wake disorders*）中纳入了失眠障碍、睡眠相关运动障碍、嗜睡障碍、睡眠相关呼吸障碍、异态睡眠、睡眠-觉醒节律障碍等。此外，目前国际常用的有关睡眠-觉醒障碍的疾病分类系统还包括美国精神医学学会编著的《精神障碍诊断与统计手册（第5版）》（*Diagnostic and Statistical Manual of Mental Disorders, 5th Edition*）（DSM-5）、美国睡眠医学会主编的《睡眠障碍国际分类（第3版）》（*International Classification of Sleep Disorders edition 3*）（ICSD-3）等。

睡眠障碍的诊断主要依据病史、临床表现、睡眠的主观及客观评估，并结合睡眠障碍的诊断要点或标准。详细的临床评估是做出诊断并制订合理治疗方案的基础。

（1）病史要点：包括失眠或嗜睡形式、日间功能受损程度、睡前状况、发生、加重、缓解的因素、严重程度、昼夜睡眠觉醒节律、夜间症状、病程、治疗效果、伴随躯体或精神症状、睡眠环境因素、家族史等。

（2）问卷评估：可以选择性使用睡眠日记、匹兹堡睡眠质量指数（Pittsburgh sleep quality index，PSQI）、失眠严重程度指数（insomnia severity index，ISI）等。

（3）多导睡眠监测（polysomnography，PSG）：是客观评估睡眠障碍的基本技术。PSG通过对整夜睡眠的生物电变化和生理活动进行连续同步记录，实现对睡眠结构、睡眠呼吸功能、睡眠心血管功能、睡眠肢体活动情况进行监测，可用于矛盾性失眠、睡眠呼吸障碍、发作性睡病、周期性肢体运动障碍、不宁腿综合征等疾病的临床诊断与评估。

（二）鉴别诊断

睡眠障碍可以作为独立疾病存在（如原发性失眠），也可以与其他疾病共同存在，或是其他疾病的症状之一。许多精神障碍（如抑郁障碍、双相障碍、焦虑障碍）、躯体疾病、精神活性物质或药物的使用均可伴有明显的睡眠问题，此处仅简要介绍与睡眠相关的疾病鉴别，帮助以睡眠异常为主诉的就诊者明确诊断。

1. 睡眠相关呼吸障碍

睡眠相关呼吸障碍特别是阻塞性睡眠呼吸暂停综合征（obstructive sleep apnea-hypopnea

syndrome，OSAS），由于OSAS患者反复出现打鼾、呼吸暂停、憋气和血氧饱和度下降，常常导致夜间睡眠片段化，无法进入有效深睡眠，自感睡眠质量差、日间困倦、过度嗜睡。夜间多导睡眠监测（PSG）是公认的睡眠呼吸暂停综合征诊断的“金标准”，可以客观了解睡眠打鼾者有无呼吸暂停、暂停的次数、暂停的时间、发生暂停时最低动脉血氧值及对身体健康影响的程度。

2. 睡眠相关运动障碍

睡眠相关运动障碍常见于周期性肢体运动障碍及不宁腿综合征。周期性肢体运动障碍又称为夜间肌阵挛，常见于65岁以上老年人以及部分主诉失眠的患者，常表现为短暂的、刻板的下肢（通常是脚的背屈肌和小腿的屈肌）不自主收缩。不宁腿综合征的特点是下肢有强烈的疼痛感或小腿内虫爬感，导致一种不可抗拒的移动或揉搓双腿的冲动，通常在睡前出现，运动时能部分缓解。睡眠相关运动障碍患者均可出现入睡困难、觉醒次数增多、自感睡眠不足或醒后无恢复感等，其发病机制尚未可知，但可能与肾衰竭、糖尿病、慢性贫血、周围神经损伤等躯体疾病以及某些药物如抗抑郁药、抗精神病药物有关。其特定的临床表现及PSG监测均可以帮助鉴别。

3. 常见躯体疾病所致睡眠障碍

疼痛、躯体不适感、或某些持续性症状往往会干扰睡眠，所以睡眠问题也是许多躯体疾病患者最常见的症状。如超过75%的癫痫发作出现在睡眠过程中，常导致某患者突然在夜间觉醒、不明原因的尿失禁或睡眠中出现异常运动，PSG监测可见癫痫样放电。而心血管疾病患者往往在睡眠过程中感觉症状加重，比如心绞痛和心律失常，以REM睡眠阶段的惊恐体验最为常见。充血性心力衰竭患者则经常会有端坐呼吸、夜间阵发性呼吸困难、夜尿等影响夜间睡眠质量。针对躯体疾病所致睡眠障碍，相关辅助检查有助于鉴别诊断，只有针对原发疾病的治疗才能最终解决其睡眠问题。

四、治疗与康复

睡眠障碍的治疗方法包括非药物治疗与药物治疗两大类。患者经常优先选择非药物治疗方法，部分患者还优先尝试一些自助策略，但较多患者仍同时需要药物治疗。综合治疗是最常用的治疗方案。

（一）非药物治疗

非药物治疗包括心理行为治疗和补充/替代性治疗。

1. 心理行为治疗

心理行为治疗包括睡眠教育、睡眠卫生教育、刺激控制疗法、睡眠限制疗法、放松疗法、生物反馈法以及认知行为治疗（cognitive-behavioral therapy for insomnia，CBT-I）等，其目的在于改变失眠患者的不良心理及行为因素，增强患者自我控制失眠障碍的信心。 上述治疗方法可以依据实际情况联合使用。

2. 补充/替代性治疗

补充/替代性治疗包括运动锻炼、冥想、瑜伽、针灸按摩、物理治疗（经颅电刺激、经颅磁刺激等）、光照治疗等。

（二）药物治疗

药物治疗通常遵循在病因治疗、认知行为治疗、睡眠卫生教育的基础上酌情给予药物治疗的原则。具有个体化、按需、间断、适量给药的特点。并且需要根据病情进行动态评估，合理撤药。

常用治疗药物包括苯二氮䓬类药物（BZDs）、非苯二氮䓬类药物（NBZDs）、抗抑郁药物、抗精神病药物、褪黑素受体激动剂、食欲素受体拮抗剂、中草药等常用于失眠障碍的治疗。部分药物如抗抑郁药物或抗精神病药物，其获批的适应证并非用于失眠障碍治疗，临床应用时必须评估药物使用的安全性。针对失眠障碍患者，在单独或联合药物治疗时，通常推进首选短中效的 BZDs 和 NBZDs 或褪黑素受体激动剂，具有镇静作用的抗抑郁药物尤其适用于伴抑郁 / 焦虑障碍的失眠患者，而抗精神病药物仅适用于某些特殊情况或人群，不作为首选药物使用。

五、典型案例

案例一：白天爱打瞌睡的某位工人

患者，男性，52 岁，因“眠浅多梦 8 年，情绪烦躁加重 1 年”就诊。

患者近 8 年来常常晚间睡眠浅，多恶梦，常常因做梦及梦呓反复醒转，故经常在睡前喝少量红酒（约 50mL）帮助睡眠。最近 1 年感觉工作压力大，白天经常感觉精力不足，操作机器难以集中注意力，工作中差错明显增多，一旦坐下来休息时容易犯困打瞌睡，与同事关系紧张，常常觉得同事针对自己，因此烦躁不安，经常与人争吵。

患者近 1 年来体重明显增加 8kg，家属反映既往睡觉时有打鼾，近 1 年来鼾声明显，但无明显憋气现象。

家族史：高血压、糖尿病、高脂血症史 5 年。

体检：体重：84kg，身高：169cm，BMI 29.4，血压：145/85mmHg，颈围：39cm，胸围：98cm，腹围：96cm。

量表评估：Epworth 嗜睡量表 15 分 /24 分，汉密尔顿抑郁量表（HAMD−17）16 分，汉密尔顿焦虑量表（HAMA−14）14 分。

实验室检查：夜间多导睡眠监测（PSG）（如图 5−2 所示）：患者入睡快，入睡潜伏期 5.0min，入睡后睡眠连续性差。REM 睡眠占 15.6%（REM 潜伏期为 72.5min），N1 期 14.0%，N2 期 67.5%，N3 期 3.0%。整夜累计睡眠时间 372.5min，睡眠效率为 79.3%。呼吸暂停最长持续时间为 58s，低通气最长持续时间为 66s，睡眠期最低血氧饱和度为 78%。呼吸暂停指数（AHI）为 36.7 次 /h。

诊断：睡眠呼吸暂停低通气综合征，阻塞性，重度。

OSAS 是一种以睡眠打鼾伴呼吸暂停和日间思睡为主要临床表现的睡眠呼吸疾病，可引起间歇性低氧、高碳酸血症以及睡眠结构紊乱。肥胖是 OSAS 的主要原因，OSAS 又会加重肥胖。此外，OSAS 也会引起高血压、心脑血管病、2 型糖尿病等全身多器官疾病。因此，患者需要规律作息，养成良好的生活习惯，如减轻体重以减少上呼吸道周围的脂肪组织沉积；避免酗酒、吸烟等加重呼吸道狭窄的不良行为；避免使用镇静催眠类药物，减少气道肌肉的松弛程度；调整睡姿，采取侧卧体位，减轻睡眠时舌根后坠的程度，减轻气腔的狭窄等，这些措施措施可减轻症状并改善 OSAS 患者睡眠质量。考虑患者目前为重症 OSAS，持续气道正压通气（CPAP）是 OSAS 的首要治疗方法。通过以一定的正压保持呼吸道通畅，有效预防呼吸暂停和打鼾的发生。3 个月后随访，患者体重减轻 8kg，监测 AHI 为 15.6。

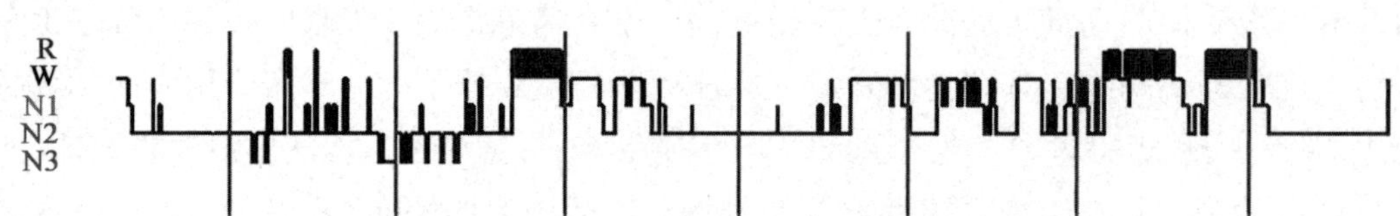

图 5-2 睡眠呼吸暂停综合征患者的整夜睡眠监测示意图

案例二：失眠的某位互联网从业者

患者，女性，27 岁，漫画师。

3 年前至网络游戏公司工作，经常需要加班到凌晨（约 1 点）回家，通常从凌晨 2 点睡到上午 9 点，10 点到公司开始工作。3 个月前公司裁员后待业在家，目前仍未找到新工作，感觉压力大。晚上感觉入睡困难，常常从 11 点开始躺在床上刷手机看视频、打游戏，直至凌晨 2~3 点入睡，白天至 10 点起床，但依然感觉白天反应迟钝，疲惫不堪，经常喝 2~3 杯咖啡提神。且情绪烦躁不安，常常因琐事与家人发生争吵。患者曾在外院治疗，诊断为“焦虑症”，服用艾司西酞普兰 10mg/d 治疗，睡眠问题未见改善。

门诊交谈中患者表现对答切题，思维连贯，情绪稳定，但承认日常有易激惹，自我评价明显下降，对未来工作生活表现悲观失望，且白天在家无所事事，凡事缺乏兴趣，感觉疲乏，靠刷手机消磨时光，患者总睡眠时间仍有 8 小时（如图 5-3 中所示常见睡眠 - 觉醒节律类型），但实际仍按以前工作时的作息在凌晨入睡，无法调整到正常的作息时间，并感到痛苦。患者既往体健，否认抽烟喝酒等不良嗜好，家族精神病史阴性。

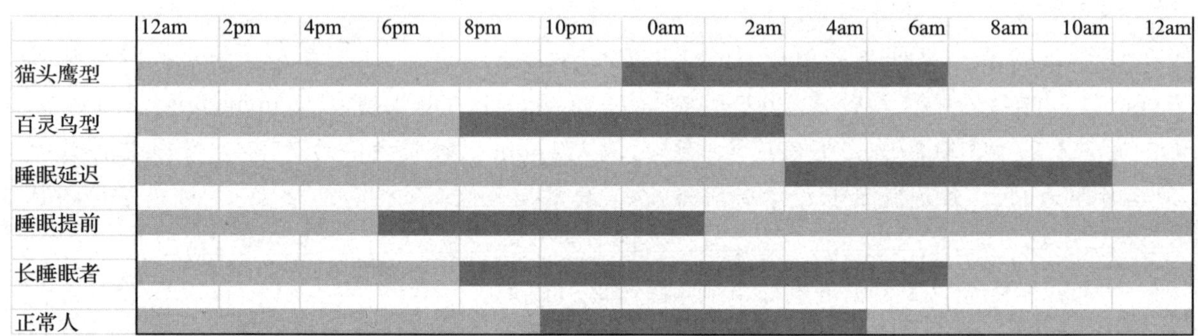

图 5-3 常见睡眠 - 觉醒节律类型

诊断：睡眠 - 觉醒时相延迟障碍。

予以睡眠健康宣教，对该患者提出以下建议：①睡眠时保持卧室温度适当，安静，光线尽可能暗；②定时休息，准时上床，准时起床，无论前一天晚上何时入睡，第二天都要准时起床，重塑生物钟节律；③不要服用含咖啡因或尼古丁类的药物或食物，尤其是上床入睡前 4~6 小时；④白天不要午睡，并在必要时临时服用唑吡坦等非苯二氮草类药物诱导睡眠。

经治疗后，患者入睡时间逐渐调整至凌晨 0~7 点，白天乏力等症状明显好转。

第三节 焦虑障碍

一、定义

焦虑性障碍即焦虑症，是一种以焦虑情绪为主要表现的神经症。包括广泛性焦虑及发作性惊恐两种临床相，常伴有头晕、胸闷、心悸、呼吸困难、尿频尿急、运动性不安等症状。患者的焦虑并非实际威胁所致，其紧张程度与现实情况很不相称。

任何一个职业领域，都存在着职业焦虑现象。不同职业的工作环境和工作方式，也深刻影响着每一个职业人。除此之外，不同的职业群体，他们在受教育程度、人际关系、个人素质与经历、年龄层次、男女比例、薪资水平、生活方式、社会活动能力与方式等方面，都各有不同。以上这些因素，都是焦虑形成的影响因素。

二、临床表现

临床上主要表现为焦虑的情绪体验、自主神经功能失调及运动性不安。包括急性焦虑和慢性焦虑两种表现形式。

（一）急性焦虑

急性焦虑也称惊恐发作。表现为突如其来的惊恐体验，仿佛窒息将至、疯狂将至、死亡将至。患者宛如濒临世界末日，或奔走，或惊叫，惊恐万状、四处呼救。害怕死去，失去控制或发疯。同时伴有严重的自主神经功能紊乱，主要表现为三个方面：①心脏症状：胸闷胸痛、心动过速；②呼吸系统症状：呼吸困难，气促，严重时有窒息感；③神经系统症状：头痛、头晕、晕厥和感觉异常。同时可伴有全身出汗、发抖、腹痛、全身瘫软无力、四肢麻木痉挛等症状。急性焦虑通常起病急，终止也较快。发作后仍心有余悸，但焦虑的情绪体验不再突出，取而代之以虚弱无力体验。一般持续数十分钟可自发缓解，也有个别患者需要若干天后才能恢复。

（二）慢性焦虑

慢性焦虑又称广泛性焦虑障碍，是最常见的焦虑症表现形式。患者长期感到不安和紧张，做事时心烦意乱，没有耐心；与人交往时紧张急迫；遇到突发事情时惊慌失措、六神无主；坐卧不宁，担心飞来横祸；惶惶不可终日，纯粹是一种连他自己也难以理喻的主观过度焦虑。自主神经功能失调的症状，包括心悸、胸闷、出汗、呼吸急促、口干、腹泻、便秘、尿频、尿急、皮肤潮红或苍白。部分患者表现为阳痿、早泄、月经紊乱等症状。运动性不安包括舌、唇、手肌肉震颤，坐立不安，肢体发抖，全身肉跳，肌肉紧张性疼痛。

三、诊断与鉴别诊断

（一）诊断

1. 惊恐发作

根据 ICD-10 诊断标准，在一个月内至少发作 3 次，或首次发作后继发害怕再次发作的焦虑持续 1 个月。症状特点符合以下四项：①发作出现在没有客观危险的环境；②不局限于已知的或可预测的情境；③发作间期基本没有焦虑症状（尽管预期性焦虑常见）；④每次发作短暂（一般不超过 2 小时），发作时明显影响日常生活。

2. 广泛性焦虑障碍

根据ICD-10诊断标准，一次发作中，患者必须在至少数周（通常为数月）内的大多数时间存在焦虑的原发症状，这些症状通常应包含以下要素：①持续的无明确对象或无固定内容的恐惧，或提心吊胆，或精神紧张；②自主神经症状，包括出汗、心悸、口干、胃肠不适、眩晕、头晕；③运动性紧张，包括坐卧不安、头痛、震颤、无法放松。

（二）鉴别诊断

1. 与躯体疾病伴发的焦虑症状鉴别

躯体疾病，如急性心肌梗死、高血压、甲状腺功能亢进、嗜铬细胞瘤、更年期综合征等，会出现相应的症状，因此必须熟悉这些疾病的特有症状和体征，并在相关科室进一步检查以排除。

2. 药物所致的焦虑症状

临床上广泛使用激素类药物后，可能出现焦虑症状。使用可卡因、大麻、海洛因等，服用或戒断都可引起自主神经功能紊乱，甚至出现典型的惊恐发作。

3. 神经衰弱

神经衰弱可以有焦虑症状，但不突出不持久。常出现脑力活动减弱，注意力不集中，记忆力差，易兴奋、易疲劳。而焦虑症突出其焦虑体验，伴有明显的植物神经功能紊乱及运动性不安。

四、治疗与康复

焦虑障碍的治疗与康复是一个综合性的过程，旨在减轻患者症状、促进社会功能康复。针对已明确诊断的患者，采取及时、有效的处置，以防止病情恶化、促使功能恢复。

（一）治疗原则和方法

焦虑障碍的治疗主要包括心理治疗、药物治疗或药物联合心理治疗。根据患者的不同类型、不同病期的症状来选择相应的治疗。急性期治疗以缓解或消除焦虑症状及伴随症状为目标，急性期治疗后的巩固期和维持期治疗对于预防复发非常重要，巩固期治疗至少2~6个月，维持期治疗一般为1年。

1. 心理治疗

心理治疗包括支持性心理疗法、认知疗法、行为疗法、问题解决疗法、内观疗法、森田疗法、冥想等，最常用的是认知行为疗法。具体可参照相应章节。

2. 药物治疗

①苯二氮䓬类药物，曾经是临床使用最广泛的抗焦虑药物，较常用的有阿普唑仑、艾司唑仑、劳拉西泮、氯硝西泮，目前一般不建议作为一线用药，这类药物起效快，但由于有镇静作用，并长期使用易出现成瘾、耐药和认知功能的缺损，故不宜长期使用。用药期间，需避免操作快速器械（如高速驾车）或高空作业，避免发生意外。② 5-HT1A受体部分激动剂，如丁螺环酮、坦度螺酮。③ β 肾上腺素受体阻断剂如普萘洛尔，对慢性焦虑症状或惊恐发作均有疗效。④具有抗焦虑作用的抗抑郁药物SSRI和SNRI类对广泛性焦虑有效，且不良反应少，患者接受性好，如帕罗西汀、文拉法辛、度洛西汀、艾司西酞普兰等，目前已经在临床上广泛使用。三环类药物如丙米嗪、阿米替林等对广泛性焦虑也有较好的疗效，但由于抗胆碱能作用较强，以及心脏毒性，限制了其应用。

（二）预后与康复

通常焦虑障碍经过治疗后预后较好，但仍有反复发作可能。

五、典型案例

案例：心烦意乱的某位教育行业从业者

患者，林某，女，28岁，小学教师。因“紧张不安、心悸胸闷、入睡困难6个月”在母亲的陪同下来医院就诊。

患者从事工作5年余，9月份以来担任新一年级班主任。诉经常感到心烦意乱，胸闷心悸，学生在教室吵闹时尤其明显。因为担任班主任，经常有家长微信询问学校里学生的相关情况，还要参加学校开会及公开课，任务繁重，逐渐出现紧张担心。学生放学回家，担心途中出车祸；学校评比，担心自己落后；同学之间发生摩擦，担心家长投诉自己；在学校工作时，担心家里被盗。伴有失眠多梦，心悸胸闷，出汗多，严重时胸痛，尿频尿急，有时月经不规则。曾经在下班路上等待地铁时突发气促，极度恐惧，感觉缺氧，大汗淋漓，被路人打“120”急救电话送至医院急诊，但急诊检查均未见明显异常。

既往体健，无脑外伤及过敏史。生长发育、月经史正常。个人性格偏内向，敏感，胆小，做事要求高，认真严谨。否认精神疾病家族史。体格检查未见异常。

实验室检查：血细胞、生化检查、甲状腺功能、心脏彩超、动态心电图检查结果均在正常范围。

精神状况检查：意识清，定向完整，面容憔悴。表达流畅，交流合作。未引出感觉、知觉及感知综合障碍。思维连贯，未引出明显妄想。情绪显焦虑，坐立不安，反复诉说自己的胸闷紧张等不适症状。未见明显情绪低落，无消极观念及行为。意志要求存在，智能粗测正常，自知力部分存在。

诊断：广泛性焦虑障碍。

治疗：患者门诊接受定期治疗，其间予以抗抑郁药物艾司西酞普兰合并小剂量苯二氮䓬类药物治疗，焦虑症状显著改善。同时定期接受综合心理咨询，并继续药物巩固治疗3个月后逐渐减量，无病情反复。

焦虑障碍患者通常合并有自主神经症状，如胸闷心悸、坐立不安、尿频尿急等。需要排除躯体相关疾病，如心脏、甲状腺等相关疾病。

广泛性焦虑障碍的治疗包括药物治疗和心理治疗。强调两者联合的综合治疗策略。在生物－心理－社会医学模式指导下的综合治疗。全病程治疗包括急性期治疗、巩固期治疗、维持期治疗三个阶段。持续时间为9个月至1.5年。药物治疗首选5-羟色胺再摄取抑制剂（SSRI），苯二氮䓬类药物（BZDs）可改善其焦虑、睡眠问题。在药物治疗的基础上，可联合支持性心理治疗、认知行为治疗和精神动力去向心理治疗等方法。

第四节 抑郁障碍

一、定义

抑郁障碍是指由多种原因引起的以显著和持久的以情感低落为主要临床表现的一类心境障碍。抑郁障碍造成的疾病负担在所有精神疾病负担中的比重最大，而抑郁障碍患者的高自杀率已成为重要的公共卫生问题。据 2017 年 WHO 发布的《抑郁症及其他常见精神障碍》报告，全球约有 3.5 亿人曾患（或目前患有）抑郁障碍。不同国家和地区所报道的患病率差异较大，大多数国家抑郁障碍的终生患病率在 8%~12%，其中美国为 16.9%。另据 2019 年北京大学第六医院黄悦勤等（2019）报道的最新流行病学调查研究结果显示，我国抑郁障碍的年患病率为 3.59%。

抑郁障碍的病因及发病机制复杂，生物遗传、神经可塑性及能量代谢异常、心理因素及社会环境因素等均被认为与抑郁障碍的发生有关，迄今仍缺乏有效的抑郁障碍特异性诊断标志。生活中的应激事件（如亲人丧失、婚姻关系不良、失业、严重躯体疾病），均是抑郁障碍发生的危险因素。长期重复的生活应激可导致激素分泌节律的改变，继而出现抑郁情绪、易疲劳、精力减退等抑郁症状。抑郁障碍患者的下丘脑 – 垂体 – 肾上腺轴、下丘脑 – 垂体 – 甲状腺功能存在异常，其发病可能与体内 5– 羟色胺、多巴胺、去甲肾上腺素等多种神经神经递质系统水平异常有关。

随着我国经济社会快速转型，竞争压力加剧，生活节奏加快，劳动者人群抑郁症发病率及相关自杀率居高不下，抑郁症患者难以应对职场人际关系，显著影响其职业发展和家庭和睦，给患者本人、家庭与社会带来巨大负担。因此，劳动者罹患抑郁症不仅是其个人的健康问题，而且是社会的问题，亟须得到各方面重视。

二、临床表现

抑郁障碍的临床表现可分为核心症状、心理症状群与躯体症状群三个方面。

（一）核心症状

1. 心境低落

心境低落指自我感受或他人观察到的显著而持久的情绪低落和抑郁悲观。可表现为愁眉苦脸、忧心忡忡、长吁短叹等典型的抑郁面容，反复诉说“心情不好，高兴不起来”“活着没意思”，严重者甚至悲观绝望，感觉生不如死。

2. 兴趣减退

兴趣减退指患者对各种过去喜爱的活动或事物丧失兴趣或兴趣下降，做任何事都提不起劲，典型者对任何事物无论好坏等都缺乏兴趣，不愿意做。例如，患者在发病前很喜欢打网络游戏，发病时却对游戏一点兴趣都没有。

3. 快感缺失

快感缺失指患者体验快乐的能力下降，不能从日常从事的活动中体验到乐趣，即使从事自己以前喜欢的事情或工作也体会不到任何快感。部分患者虽然可以勉强参加一些活动，但并不能从中体验到快乐，甚至觉得是一种负担。

（二）心理症状群

1. 思维迟缓

思维迟缓表现为思维联想速度减慢，患者自我感觉反应迟钝，主动言语减少，语速减慢，语音低沉，严重者甚至无法正常与他人交流。常有患者反映“脑子像是生了锈一样”。

2. 认知功能损害

大多数抑郁障碍患者都存在认知功能的损害，即使在抑郁情绪缓解后，有些患者的认知缺损仍难以恢复。例如注意力下降，学习能力与工作效率下降。

3. 负性认知模式

抑郁障碍患者认知模式的特点是负性的、歪曲的。认为自己毫无价值、有缺陷，不值得人爱，将所处的环境看作灾难性的，有着许多无法克服的障碍，对未来没有信心，甚至悲观绝望等。

4. 自责自罪

在悲观失望的基础上，患者会产生自责自罪。即使是一些轻微过失或错误，也认为自己犯下了不可饶恕的错误，把自己看作家庭和社会的巨大负担，感到内疚甚至罪恶感，严重时甚至达到罪恶妄想的程度。

5. 自杀观念和行为

抑郁障碍患者常常伴有消极观念或自杀行为，感到生活没有意义，活着没有意思，反复出现与死亡相关的念头，甚至策划自杀。自杀行为是抑郁障碍最严重的症状和最危险的后果之一。部分患者还会出现“扩大性自杀”行为，患者会认为自己的亲人活着也非常痛苦，帮助亲人死亡是帮他们解脱，于是选择杀死亲人后再自杀，导致极其严重的不良后果。

6. 精神运动性迟滞或激越

精神运动性迟滞是指行为和言语活动显著减少，常常表现生活懒散，动作迟缓，独坐一旁，不与人沟通，或整日卧床。严重者甚至无法顾及个人卫生，达到亚木僵或木僵状态。精神运动性激越的临床症状相反，表现为持续的紧张状态，烦躁、坐立不安，动作行为和言语活动的显著增加，脑中反复思考一些没有意义、缺乏条理的事情。

7. 焦虑

焦虑常常与抑郁症状共存，并成为抑郁障碍的主要症状之一。患者可表现为反复担心失控或发生意外等，也可表现为易激惹、冲动等。此外，抑郁合并焦虑的患者常出现胸闷、心慌、尿频、出汗等躯体症状，严重时甚至可以掩盖主观的焦虑抑郁情绪体验。

8. 精神病性症状

严重的抑郁障碍患者可出现幻觉或妄想等精神病性症状，这些症状涉及的内容多数与抑郁心境相协调，如罪恶妄想（认为自己犯下滔天大罪应该受到法律制裁）、躯体疾病或灾难妄想（坚信自己患有某种难以治愈的疾病或者将面临重大的灾难）、听到别人在嘲笑或辱骂自己等。

9. 自知力缺乏

多数抑郁障碍患者自知力完整，能够主动求治并描述自己的病情和症状，但是部分严重的抑郁障碍患者的自知力不完整甚至缺乏，不能正确判断自己当前的状态，甚至完全失去求治愿望。这种情况在存在明显自杀倾向者或伴有精神病性症状的患者中尤其常见。

（三）躯体症状群

1. 睡眠障碍

睡眠障碍是抑郁障碍最常出现的躯体症状之一，表现形式多样，包括入睡困难、眠浅多梦、早醒。入睡困难最为多见，而以早醒最具有特征性，也有部分非典型抑郁障碍患者出现睡眠过多。

2. 自主神经功能紊乱

焦虑抑郁状态的患者常表现出与自主神经功能紊乱相关的症状，如头晕、头痛、心慌、心悸、出汗、皮肤感觉异常等。也有部分患者表现为消化道不适、尿频尿急等。这些患者常常在综合医院多次就诊但未发现明显躯体异常，后转诊至精神专科门诊。

3. 进食紊乱

进食紊乱主要表现为食欲下降伴体重减轻。轻者表现为食不知味、没有胃口，对自己既往喜欢的食物也不感兴趣，重者完全丧失进食的欲望，体重明显下降，甚至出现营养不良。非典型抑郁障碍患者则会有食欲亢进和体重增加的情况。

4. 精力下降

精力下降表现为无精打采、疲乏无力、懒惰。患者感到自己整个人都垮了、筋疲力尽、能力下降。

5. 性功能障碍

很多抑郁障碍患者存在性欲减退乃至完全丧失。女性患者还会出现月经紊乱、闭经等症状。

三、诊断与鉴别诊断

（一）诊断

抑郁障碍的确诊以临床诊断为主，目前抑郁障碍的诊断标准来自《疾病和有关健康问题的国际统计分类：第 10 版》（ICD-10）以及美国《精神医学学会精神障碍诊断与统计手册：第 5 版》（DSM-5）。ICD 和 DSM 对抑郁障碍的分类及描述非常相似，都将抑郁障碍作为一个综合征，根据严重程度、病程长短、伴有或不伴有精神病性症状、有无相关原发病因等进行分型。目前国内常用 ICD-10 中的抑郁障碍诊断标准包括三种核心症状：①心境低落；②兴趣和愉快感丧失；③导致劳累增加和活动减少的精力降低。还包括七种附加症状：①注意力降低；②自我评价和自信降低；③自罪观念和无价值感；④认为前途暗淡悲观；⑤自伤或自杀的观念或行为；⑥睡眠障碍；⑦食欲下降。

1. 抑郁障碍

抑郁障碍的临床表现以显著而持久的心境低落为主要临床特征，如闷闷不乐、悲痛欲绝，多数患者有反复发作的倾向，大多数发作可以缓解，部分可存在残留症状或转为慢性病程。抑郁发作是最常见的抑郁障碍，表现为单次发作或反复发作，病程迁延，此病具有较高的复发风险，发作间歇期或可能存在不同程度的残留症状。

2. 恶劣心境

恶劣心境过去称为抑郁性神经症，是一种以持久的心境低落状态为主的轻度抑郁，从不出现躁狂或轻躁狂发作。这种慢性的心境低落，病程常持续 2 年以上，其间无长时间的完全缓解，一般不超过 2 个月。通常起病于成年早期，与生活事件及个人性格存在密切关系。

（二）鉴别诊断

1. 精神分裂症

抑郁障碍以心境低落为原发症状，其思维、情感和意志行为等精神活动之间尚存在一定的协调性，而精神分裂症通常以幻觉、妄想等思维障碍和情感淡漠等症状为原发表现，而抑郁症状是继发的，其精神活动之间缺乏协调性；从病程看抑郁障碍多为间歇性病程，发作间期基本处于正常状态；而精神分裂症的病程多为发作进展或持续进展，缓解期常有残留的精神症状。

2. 双相情感障碍

双相情感障碍以情感的不稳定性和转换性为疾病特征，临床表现为在抑郁发作的基础上，存在一次及以上的符合躁狂或轻躁狂的发作史。患者首次抑郁发作时年龄不超过 25 岁，伴有幻觉妄想等精神病性症状、心境不稳定、易激惹或激越、睡眠和体重增加、有双相障碍家族史等临床特征，在诊疗过程中要高度关注和定期随访评估躁狂发作的可能性，并及时修正诊断。

3. 焦虑障碍

抑郁障碍和焦虑障碍常共同出现，但抑郁障碍以心境低落、筋疲力尽，悲观失望为核心表现，躯体化症状较重的患者也可伴有疑病症状；而焦虑障碍的主要特点是“害怕、恐惧、担心”，存在明显的自主神经功能失调及运动性不安；虽然两者均会有躯体不适、注意力集中困难、睡眠紊乱和疲劳等症状，但可以根据症状主次及其出现的先后顺序来进行鉴别。

4. 创伤后应激障碍

创伤后应激障碍（post-traumatic stress disorder，PTSD）常伴有抑郁症状，PTSD 在起病前有严重的、灾难性的、对生命有威胁的创伤性事件，如车祸、地震、恶性暴力犯罪事件等，并以创伤事件的闯入性体验特征性症状，但并不以抑郁为主要临床相，睡眠障碍以创伤有关的噩梦、梦魇为主要特征，无明显晨重夜轻的节律改变。

5. 躯体疾病所致的精神障碍

躯体疾病可能是抑郁障碍的直接原因，如内分泌系统疾病所致的抑郁发作，也可能躯体疾病是抑郁障碍发生的诱因，或与抑郁障碍共病，虽然没有直接因果关系，但二者具有相互促进作用。而抑郁障碍也可能在临床表现为一系列躯体症状。详细的病史、全面体检以及辅助检查结果有助于鉴别。即使躯体疾病的诊断成立，也不能轻率地认定躯体疾病是导致抑郁的直接原因，积极治疗抑郁症状也有利于躯体疾病的预后。

四、治疗与康复

抑郁障碍的治疗包括药物治疗、物理治疗及心理治疗。本章介绍抑郁障碍的一般治疗原则，具体治疗方法见本书第七章。

（一）治疗原则

1. 全病程治疗

全病程治疗分为急性期治疗、巩固期治疗和维持期治疗。其中急性期治疗（8~12 周）以控制症状为主，尽量达到临床痊愈，同时促进患者社会功能的恢复，提高患者的生活质量。巩固期治疗（4~9 个月）期间用药种类、剂量及服用方法治疗与急性期治疗一致，以防止病情复燃为主。维持期治疗一般持续 2~3 年，可根据患者病情缓慢减药直至停止，对于多次反复发作或是残留症状明显者建议长期维持治疗，进一步地降低抑郁症的复燃 / 复发率，维持治疗期一旦发现有复发迹象应迅速恢复治疗。

2. 个体化合理用药

选择抗抑郁药物时应遵循个体化原则，需结合患者的年龄、性别、伴随疾病、既往治疗史等因素，从安全性、有效性、经济性、适当性等角度为患者选择合适的抗抑郁药物及剂量。

3. 联合用药

抗抑郁治疗一般主张单药治疗，但对于难治性患者常需考虑联合两种作用机制不同的抗抑郁药以增加疗效。此外，锂盐、非典型抗精神病药或三碘甲状腺原氨酸治疗也常常作为抑郁障碍的增效治疗，伴有精神病性症状的抑郁障碍患者可考虑抗精神病药物合用的药物治疗方案。

4. 常用药物

抗抑郁药根据作用机制或化学结构的不同，分为以下几类：①选择性 5- 羟色胺再摄取抑制剂（SSRIs），如氟西汀、帕罗西汀；② 5- 羟色胺和去甲肾上腺素再摄取抑制剂（SNRIs），如文拉法辛；③去甲肾上腺素能和特异性 5- 羟色胺能抗抑郁剂（NaSSA），如米氮平；④三环类抗抑郁药（TCAs）和四环类抗抑郁药及单胺氧化酶抑制剂（MAOIs）等。其中，以 SSRIs 为代表的新型抗抑郁药，在安全性、耐受性和用药方便性方面较 TCAs 和 MAOIs 等传统的第一代抗抑郁药具有显著优势，是临床推荐的首选药物。

（二）心理治疗

心理治疗对于轻中度抑郁症的疗效与抗抑郁药疗效相仿，但对于重度抑郁发作往往不能单独使用，需在药物治疗的基础上联合使用。常用心理治疗包括支持性心理治疗、认知治疗、行为治疗、动力学心理治疗、人际心理治疗以及婚姻和家庭治疗等。

倾听、安慰、解释、指导和鼓励等支持性技术帮助患者正确认识和对待自身疾病，建立彼此信任的医患关系，使患者能够主动配合治疗，提高患者的治疗依从性，而服药依从性差往往是导致抑郁障碍复发的主要因素。

（三）物理治疗

物理治疗可以有效改善抑郁症状，包括改良电抽搐治疗（MECT）、经颅磁刺激治疗、迷走神经刺激治疗、深部脑刺激治疗等。对于有严重消极自杀言行、抑郁性木僵的患者，MECT 是首选的治疗方法，MECT 同样适用于药物难治的抑郁症患者。除了上述治疗方法，目前临床还有光照治疗、运动疗法等作为抑郁症的辅助治疗。

五、典型案例

案例：多愁善感的某位职工

患者为 26 岁青年女性，因“反复哭泣伴消极加重 1 月，总病程 3 年”在父母的陪同下来医院就诊。

患者 3 年前参加工作后不久，感觉新工作压力大，难以适应，整天闷闷不乐，反复哭泣，反复自责，觉得自己能力差，注意力不集中反应慢，被同事笑话，出现肠道不适，表现反复胃痛、腹胀、腹泻、便秘，并多次至消化科就诊，胃镜等检查未发现明显异常，服用胃动力药吗丁啉等未见好转，食欲减退，其间消瘦3kg。下班回家独自将自己关在房间里，也不与家人交谈，且躺在床上有时整夜睡不着，3个月后逐渐自行缓解。1个月前患者因在课堂管教学生被家长投诉，受到学校领导批评，感到被冤枉，再次出现情绪低落，不停哭泣，责怪自己没有处理好教学工作，夜间入睡困难，伴早醒（原睡眠时间10pm~6am，目前为11pm~4am），白天工作时感觉异常疲乏，常常出现差错。近1周出现猜疑，觉得自己被批评是学校同事的陷害，上课时听到有人在窗外议论自己，并在课堂上突然大发脾气，多次在半夜被家人发现独自站在阳台上。

实验室检查：血细胞计数和血生化检查、尿的毒理学检查、甲状腺功能检查结果均在正常范围。

精神状况检查：患者衣着整洁，面色晦暗；意识清，接触被动，语音低沉，少语；情绪低落，思维反应迟缓，存在明显自责自罪，有被害妄想、关系妄想，认为同事为了被提拔而陷害自己；可引出言语性幻听，称会听到别人在讽刺嘲笑自己，自己不如自杀，但否认自杀计划，智能粗测正常，自知力部分存在。

诊断：伴有精神病症状的重度抑郁发作。

治疗：患者接受4周住院治疗，其间予以抗抑郁药物艾司西酞普兰合并小剂量抗精神病药物喹硫平，并接受6次MECT后，抑郁症状显著改善，妄想消失后出院。出院后患者定期复诊并接受综合心理咨询，并继续药物巩固治疗3个月后逐渐减量，无病情反复。

临床上抑郁症主要表现为心境低落、兴趣减退，部分患者会伴有明显的焦虑和激越，重度抑郁发作患者可以出现幻觉、妄想等精神病性症状。部分患者存在自伤、自杀行为，甚至因此死亡。值得注意的是，由于受传统文化影响，部分患者以各种身体的不适为突出表现，如食欲减退、腹胀、便秘等消化道症状，以及胸闷、心悸、头晕、头痛等心脑血管症状，患者常常会以这些躯体不适为主诉，但相关检查却未发现明显异常，相应的治疗效果也不明显，但其心境或情感症状可能并不明显。

抑郁症具有较高的复发风险，且有20%~30%的患者表现为慢性病程，在缓解期仍有残留的情感、认知和躯体症状。抑郁症患者长期承受着精神甚至躯体的极大痛苦，影响其正常个人与家庭生活，或者职业功能。并且抑郁症自杀风险很高，因此一旦患者疑似有抑郁症，需引起患者及家人的重视，及时去精神卫生专业机构接受诊疗，并接受充分治疗（即通过急性期治疗获得临床痊愈，并接受充分的巩固与维持治疗），以减少残留症状，避免疾病慢性化。

抑郁症的治疗包括药物治疗和心理治疗。药物治疗首选5-羟色胺再摄取抑制剂（SSRIs），苯二氮草类药物（BZDs）如劳拉西泮等可改善其焦虑、睡眠问题，对伴有的精神病性症状应加用抗精神病药物。对于有自杀观念企图者，其自杀风险性必须得到认识与评估，必须考虑住院治疗的必要性。支持性心理治疗、人际关系心理治疗和认知行为治疗对患者有效。

第五节　强迫障碍

一、定义

强迫障碍（obsessive-compulsive disorder，OCD）是一种以反复出现的强迫观念、强迫冲动或强迫行为等为基本特征的一类神经症性障碍。患者深知这些观念和行为没有必要或不正常，违反了自己的意愿，但是无法控制或摆脱，为此感到焦虑和痛苦。其症状复杂多样，病程迁延，易慢性化，致残率较高，对婚姻、职业、情感、社会功能都有严重影响。尽管如此，很多患者早期并不主动寻求医治。

社会心理因素在强迫症的发生中不可忽视，影响着强迫症状的产生和维持，其中心理素质因素涉及人格特质、自我概念、应对方式和归因风格等。工作过分紧张、要求过分严格、处境不佳等均可造成长期的思想紧张、焦虑不安，然后逐渐出现一些强迫症状。研究发现，约 2/3 的强迫症患者病前即有强迫性人格，通常有以下表现：①做事要求完美无缺，按部就班，墨守成规，有条不紊；②对自己要求极为严格，难以通融，固执而灵活性差；③常有不安全感，为人处事唯恐发生疏忽或差错，经常检查或反思自己的行动是否正确；④拘泥细节，甚至生活琐事也要“程序化”。

二、临床表现

强迫障碍的基本症状是反复出现包括强迫观念和强迫行为，严重程度差异很大。一些患者每天会花 1~3 小时实施重复行为，甚至有些患者存在持续的、顽固的侵入性思维或难以控制的强迫行为，导致社会功能丧失。

（一）强迫观念

强迫观念（obsession）是强迫症的原发症状和核心症状，系指反复闯入患者意识领域的思想、观念、表象、情绪、冲动或意向，对患者来说是没有现实意义的、不需要的或多余的，违反了个人意愿；患者明知没有必要，试图忽略、压抑或用其他思想、动作来对抗它，但无法摆脱，因而苦恼和焦虑。有的患者抵制不明显，或随病程进展，抵抗（反强迫）逐渐减弱。

1. 强迫穷思竭虑

患者对一些毫无意义（或予以无关）的事、常见的事情、概念或现象反复思索，刨根究底，自知毫无意义，但不能自控。例如，一个会计师对以下问题苦苦思索了 10 年：“眉毛为什么长在眼睛上面，而不是长在眼睛下面？”“1 加 1 为什么等于 2？”

2. 强迫怀疑

患者对自己言行的正确性反复产生怀疑，需要反复检查、核对，如怀疑门窗没有关好、钱物没有点清等。患者能意识到事情已做好，只是不放心而想要反复检查。

3. 强迫对立观念

患者脑中出现一个观念或看到一句话，便不由自主地联想起另一个观念或词句，且性质对立。例如，想起“和平”，马上就联想到“战争”；看到“拥护”，脑中即出现“打倒”。

4. 强迫联想

所谓联想就是由一个观念联想到另一个观念。当强迫症患者看到、听到或想到某事物时，就不由自主地联想到一些令人不愉快或不祥的情境。例如，加油站工作人员见到打火机，就联想到汽油爆炸的恐怖情景，见到有人抽烟，就想到火灾；银行职员见到钞票，就想到上面带有多少病菌，会不会传染疾病等。联想时，患者越想越紧张，而且反复联想，不能控制。

5. 强迫回忆

患者意识中不由自主地反复回忆以往的经历，无法摆脱，感到苦恼。有时强迫性回忆和强迫性怀疑可同时出现。强迫回忆时，有的患者表现为发呆，实际上是在冥想，若被打断或认为“想得不对”，则需从头再次想起。

6. 强迫意向

患者体会到一种强烈的内在冲动要去做某种违背自己意愿的事情，但实际上不会转变为行动，因患者知道这种冲动是非理性的、荒谬的，故努力克制，但内心冲动无法摆脱。例如，想把物品扔到窗外，站在高处就想往下跳，走在路上就想撞向行驶的汽车等。

7. 强迫情绪

强迫情绪主要指一种不必要的担心。例如，患者坐在地铁里，总是把双手环抱或举过头顶，防治万一车上有人丢失钱包会涉嫌自己。自知此事十分荒唐，但无法摆脱。

（二）强迫行为

强迫行为（compulsion）是指强迫症患者通过反复的行为或动作以阻止或降低强迫观念所致焦虑和痛苦的一种行为或仪式化动作，常继发于强迫观念。这种行为通常被患者认为是无意义的或无效的，且反复企图加以抵抗，导致明显焦虑。虽然强迫行为并不是为了获得快感，但是可以使焦虑或痛苦暂时缓解。

1. 强迫检查

强迫检查多为减轻强迫怀疑所致焦虑而采取的措施。例如，患者常反复检查门窗、煤气是否关好，电插头是否拔掉，作业是否做对，账目是否有错等，严重者检查数十遍仍不放心。

2. 强迫洗涤

患者为了消除对受到脏物、毒物或细菌污染的担心，反复不断地洗手、洗澡或洗衣服、餐具等，多源于“怕受污染”这一强迫观念。明知过分，但无法自控。

3. 强迫询问

患者常常不相信自己的所见所闻，为消除此疑虑所带来的焦虑，常不厌其烦地询问他人（尤其是家人），以获得解释和保证。例如，反复询问自己是否说错话，有无做错事等。这与他们的不安全感、过分苛求自己、过于理智和完美主义等心理有密切关系。

4. 强迫计数

患者反复点数门窗、楼梯、电线杆、路面砖等，对数字发生了强迫观念，整日沉浸于无意义的计数动作中，即使对偶然碰到的电话号码、汽车牌号等都要反复默记，浪费了大量时间而不能自控。

5. 强迫性仪式动作

患者经常重复某些动作，久而久之程序化。例如，患者出门一定要先左脚迈出家门，如未如此，则一定要退回来再迈一次，口中还念念有词；回家一定要右脚先迈进家门，鞋子头朝东摆放等。这些仪式程序对他们来说往往象征着吉凶祸福，或逢凶化吉等意义。强迫性仪式动作可占去患者一天中的数小时，还可伴有明显的犹豫不决和行事迟缓。

（三）回避行为

患者通常采用回避行为、随意的形式动作以减轻焦虑，故患者通常回避会诱发强迫思维和强迫行为的人、地点及事物。疾病严重时，回避可能成为最受关注的症状。因为治疗使患者更多地暴露在诱发强迫症状的环境中，治疗过程中随着回避行为的减少，强迫行为可能增加。

（四）其他

当面对诱发强迫思维和强迫行为的情境时，强迫症患者会经历很大的情绪波动。这些情绪反应包括明显的焦虑和（或）惊恐发作，强烈的厌恶感，和（或）对“不完美”感到痛苦或不安，直到事情看上去、感觉上或者听上去“恰到好处”。强迫症患者伴焦虑的程度并不完全取决于病程，而是取决于强迫症状内容的性质和强度，以及与以缓解焦虑为目的的强迫行为之间相互作用的结果。一般来说，焦虑或抑郁症状的加重或减轻一般会伴有强迫症状严重程度的平行变化。

强迫洗手的患者常常可见双手皮肤角质层受损，强迫性抠皮、拔毛的患者可见相应部位的损伤。部分患者可能有神经系统软体征和精细运动协调障碍。

患者常常有不良的人际关系：一种是患者要求他人容忍其症状，更有甚者要求家属迁就甚至执行其仪式行为，可能将症状强化、慢性化；另一种是患者与家属产生敌对关系，强迫症状被他人认为是患者的有意对抗，可能会加重患者的强迫症状并导致敌对的进一步加剧。

三、诊断与鉴别诊断

（一）诊断

根据ICD–10诊断要点，必须在连续两周中的大多数日子里存在强迫症状或强迫动作，或者两者并存。这些症状引起痛苦或妨碍活动。强迫症状应具备以下特点：①必须被看作是患者自己的思维或冲动；②必须至少有一种思想或动作仍在被患者徒劳地加以抵制，即使患者不再对其他症状加以抵制；③实施动作的想法本身应该是令人不愉快的（单纯为缓解紧张或焦虑不视为这种意义上的不愉快）；④想法、表象或冲动必须是令人不快地一再出现。

强迫障碍还包含强迫性神经症。

（二）鉴别诊断

1. 精神分裂症

精神分裂症患者中常出现强迫症状，强迫症患者的强迫观念也可达到妄想的程度，二者鉴别的要点：①前者往往还会出现幻觉、妄想、言行紊乱等其他精神病性症状；②患者是否为之苦恼，还是淡漠处之，以及是否与环境、现实协调等。

2. 抑郁障碍

抑郁障碍患者可表现某些强迫症状，强迫症患者也可体验某些抑郁症状。主要根据哪种症状是原发的，并占主要地位鉴别。如果难分伯仲，建议采用等级诊断的思路，首先考虑抑郁障碍。

3. 广泛性焦虑障碍

二者鉴别的最大困难在于焦虑与强迫思维的区别。广泛性焦虑障碍患者关注的多是日常生活的现实问题，忧虑源于感知到外界有威胁存在，但内容多是一种含糊不清、令人烦恼的不祥预兆，患者不认为自己的忧虑是不合适的，不会导致强迫性仪式行为；强迫思维的内容多是一些非同寻常的事情，如害怕被污染、攻击等，难以令人接受。

4. 恐惧症

恐惧症和强迫症具有许多相似性，如对某种物品或场景的恐惧反应和回避行为。鉴别要点：①强迫症患者在缺乏明确恐惧场所/事件、对象的情况下，仍然表现出持久的、反复出现的强迫性思维；

恐惧症患者如无明确的恐惧对象存在，通常不会出现焦虑或沮丧情绪。②恐惧症患者没有强迫性行为，回避行为只针对某一或某些明确的恐惧对象，而强迫症患者并不仅限于此。③强迫症患者对强迫性思维的最常见反应是强迫性仪式动作，常由内在的思维所触发。

四、治疗与康复

强迫症治疗应遵循综合性治疗及个体化治疗原则。所谓综合性治疗应包括药物、心理及其他生物治疗。个体化治疗应根据患者的年龄、症状特点、病程、既往用药及药物本身的代谢特点等综合因素来考虑选择治疗的药物种类及剂量。

（一）药物治疗

药物治疗是强迫症的最主要治疗方法之一。具有抗强迫作用的药物有选择性 5– 羟色胺再摄取抑制剂（SSRIs），如氟西汀、氟伏沙明、舍曲林、帕罗西汀、艾司西酞普兰；三环类抗抑郁药物，如氯米帕明等。其中，SSRIs 目前是一线治疗药物；氯米帕明因不良反应限制了其应用，目前仅为推荐使用二线治疗药物。由于强迫症呈慢性病程，其治疗原则是全病程治疗，包括急性期治疗、巩固期治疗和维持期治疗三个阶段。

1. 急性期治疗

一般建议急性期治疗 10~12 周，药物选择应从推荐的一线药物中进行，足量（处方推荐的较高或最高剂量）足疗程。多数患者治疗 4~6 周后会有显著效果，有些患者治疗 10~12 周方有改善。经 12 周急性期治疗疗效不佳者首先考虑增加药物至最大治疗量；仍无效者可考虑联合增效剂、换药治疗（其他 SSRIs 类药物）或选用其他治疗方法（如心理治疗或物理治疗）。应注意，不宜因一种治疗药物短期使用效果不显著便认定为无效而频繁换药。

抗精神病药单药治疗不宜作为强迫症的常规治疗，但 SSRIs 联合抗精神病药物可以增加疗效。常用药物包括非典型抗精神病药物，如利培酮、阿立哌唑、喹硫平和奥氮平等。与抗精神病药联合 SSRIs 的方案相比，氯米帕明作为 SSRIs 的联合用药，疗效较好，但安全性较差，所以一般不作为联合方案的首选。

2. 巩固期与维持期治疗

急性期治疗效果显著者，可进入为期 1~2 年的巩固期和维持期治疗。研究表明持续治疗能使患者减少复发。完成维持期治疗的患者，经系统评估后可考虑逐渐减药，每 1~2 个月减掉药物治疗剂量的 10%~25%，并严密监测停药反应和疾病是否复发。如症状波动，则加回到原来的治疗剂量，延长维持治疗时间。

（二）心理治疗

强迫症的发病与病前性格、自幼生活经历、社会心理因素及精神创伤等密切相关，单靠药物治疗往往很难达到令人满意的效果，因而需要辅以适当形式的心理治疗。目前强迫症的主要心理治疗方法有认知行为疗法、精神分析疗法、森田疗法、家庭治疗和支持性心理治疗等。在强迫症的整个治疗体系中，无论是药物治疗还是心理治疗，支持性心理治疗是最重要的支点，包括：①对强迫症患者的耐心解释和心理教育；②帮助患者分析自己的人格特点和发病原因，尽力克服心理上的诱因，以消除焦虑情绪；③认真配合医生，找出心理因素，进行系统心理治疗或药物治疗等。

（三）物理治疗

强迫症的临床治疗主要依赖于药物及心理治疗。但仍有约一半的患者治疗效果欠佳。目前有不少研究尝试使用物理治疗。常用的方法有经颅磁刺激（TMS）、改良电抽搐治疗（mECT）、深部脑刺激（DBS）、迷走神经刺激（VNS）等，但疗效有待肯定。仍需大量的临床研究验证。

五、典型案例

案例：谨小慎微的某位公司职员

患者，女，29岁，公司职员。因“怕脏、回避、反复检查与清洗5年，加重1个月”在母亲陪同下来医院就诊。

患者5年前大学毕业后进入一家IT公司工作，工作期间因为和同事聊天得知同事患有银屑病，当即感到紧张害怕，逐渐发展为见到周围同事挠头或者挠痒就觉得对方患有皮肤病，并且害怕传染给自己。在公司上洗手间后反复洗手，不敢直接触摸别人递给自己的文件。与人迎面走过碰到对方咳嗽，会屏住呼吸，担心被对方传染疾病，到家后反复清洗鼻腔口腔和手，确认清洗干净方可停止。由于公司的工作环境需要接触很多人，遂不敢上班，辞职在家。

实验室检查：血细胞计数和血生化检查、甲状腺功能检查结果均在正常范围。

精神状况检查：意识清，接触主动合作。衣着整洁。在诊室内一直戴口罩，站立在一旁。害怕椅子不干净而不敢坐下。未引出感觉、知觉及感知综合障碍。思维连贯，存在强迫意念。情绪平稳，无明显情绪低落。在外有反复清洗、检查、怀疑等行为。智能粗测正常，自知力存在。

诊断：强迫症。

治疗：患者接受门诊治疗，予以氟伏沙明抗强迫，起始50mg/d，每晚一次口服，2周内加量至200mg/d，轻度嗜睡。同时进行认知行为治疗，聚焦理解强迫障碍的认知行为模型。1个月内病情略改善，但仍有反复洗手等强迫动作。遂继续加量至300mg/d。2个月后病情有所改善，强迫行为减少。治疗半年后病情明显缓解，恢复上班。继续药物治疗，以及认知行为治疗。

强迫症患者的认知障碍模式：强迫症患者早期经历逐渐形成了其易感生理–心理素质，如家庭溺爱、过度保护或过度控制等因素；如“世界是危险的，危险是难以预防的，安全太重要”等。独特的认知加工模式会出现归因和推理偏差，形成独特的应对方式，如反复确认、思虑、仪式化等强迫行为及回避行为。

强迫症的治疗应遵循综合性治疗、个体化治疗、优化治疗、全病程治疗原则。推荐药物治疗联合心理治疗模式。药物治疗首选5–羟色胺再摄取抑制剂（SSRIs），包括舍曲林、氟伏沙明、氟西汀、帕罗西汀等，治疗时日剂量通常高于治疗抑郁症剂量。

第六节　应激相关障碍

一、定义

应激相关障碍是一类由非预期出现的严重的精神创伤事件，引发机体出现异常心理反应导致的精神障碍。与应激源（主要是精神创伤或精神应激）有明显因果关系，其发生时序、症状内容、病程与预后等均与应激因素密切相关。应激源（stressor）是作用于个体并使其产生应激反应的刺激物。人类的应激源十分广泛，按不同的环境因素，将应激源分为三大类：外部环境、个体内环境和社会心理环境。其中，社会心理环境可成为应激源的因素包括：在现代社会中，个体所面对的工作学习负担过重，节奏过快或难度过大；工作与学习的内容与志趣不一致；工作环境单调乏味，难以在事业上获得成就；人际关系处理困难；家庭环境中父母离异、家庭成员之间关系紧张等。遭遇应激源（主要是精神创伤或精神应激）后是否出现应激相关障碍以及障碍的表现形式和严重程度，除了与应激源的性质、强度和持续时间有关，更重要的是与个体的一些易感因素相关。ICD-10将应激障碍分为急性应激障碍、创伤后应激障碍与适应障碍三大类。

急性应激障碍又称急性心因性反应，是指个体在遭遇强烈精神刺激之后出现的短暂、一过性的异常心理反应。多见于性格内向、文化程度较低的青年女性。急性应激障碍的发生不仅与患者的境遇和生活时间有关，也与其人格特点、文化背景、教育程度、智力水平和生活信念等因素有关。

创伤后应激障碍也称延迟性心因反应，是指在遭受强烈的或灾难性的精神创伤事件之后，数日至半年内出现的精神障碍。患者在经历创伤事件后，对该事件反复体验，并处于高度的警觉状态，产生避免引起相关刺激的回避行为，引起主观上的痛苦和社会功能障碍。

适应障碍（adjustment disorder）是个体在经历程度较轻，但较持久的精神应激事件后出现的情绪障碍或适应不良行为，导致社会功能损害，持续时间相对较短（不超过6个月）。

二、临床表现

（一）急性应激障碍

个体根据自己的价值观、自身需求、认知及应对方式、既往生活经验、可利用的社会支持系统等对应激做出不同的反应，主要表现为意识障碍，意识范围狭窄，定向障碍，言语缺乏条理，对周围事物感知迟钝，可出现人格解体。情感麻木、淡漠，也可出现焦虑、惊恐、激越或情感爆发。运动迟缓，动作减少，运动性抑制、木僵状态。可伴有自主神经系统症状和假性痴呆症状。大部分患者常处于高度警觉状态，表现为运动不安，病程短暂，离开创伤性环境后，症状可迅速缓解，事后对发作情况可部分或全部遗忘。

（二）创伤后应激障碍（PTSD）

PTSD主要有以下四大核心症状群。

1. 侵入性症状群

在重大创伤性事件发生后，患者有各种形式的反复发生的侵入性创伤性体验重现。患者常常以非常清晰的、极端痛苦的方式进行着这种“重复体验”，包括反复出现以错觉、幻觉构成的创伤性事件的重新体验，称为闪回（flashback）。此时，患者仿佛又完全身临创伤性事件发生时的情景，重新表现出事件发生时所伴发的各种情感，触景生情。创伤性体验的反复侵入是PTSD最常见、最具特征性的症状。

患者在创伤性事件后，频繁出现内容非常清晰的、与创伤性事件明确关联的梦境（梦魇）。在梦境中，患者也会反复出现与创伤性事件密切相关的场景，并产生与当时相似的情感体验。患者常常从梦境中惊醒，并在醒后继续主动“延续”被“中断”的场景，并产生强烈的情感体验。

患者面临、接触与创伤事件相关联或类似的事件、情景或其他线索时，通常出现强烈的心理痛苦和生理反应。事件发生的周年纪念日、相近的天气及各种场景因素都可能促发患者的心理与生理反应。

2. 持续性回避行为

在创伤性事件发生后，患者对与创伤有关的事物采取持续主动回避的态度。回避的内容包括创伤性事件或与其高度相关的痛苦记忆、思想或感觉以及能唤起这些痛苦的情景、人、对话、地点、活动、物体等。情感退缩，兴趣范围变窄。

3. 认知和心境的负性改变

在遭遇创伤性事件后，许多患者出现与创伤事件有关的认知和心境方面的负性改变，患者可表现出无法记住创伤性事件的某个重要方面，对创伤性事件的原因或结果出现持续的认知歪曲，责备自己或他人，对自己、他人或世界出现持续放大的负性信念和预期，如认为"世界是绝对危险的""没有人可以信任"等。患者会出现持续的负性情绪状态，对重要的活动失去兴趣，疏远他人，持续地不能体验到正性情绪。

4. 持续的警觉性增高

自主神经过度兴奋的症状，表现为过度警觉，惊跳反应增强，注意力不集中，激惹的行为和愤怒的爆发，睡眠障碍。

多数患者在创伤性事件后的数天至半年内发病，病程至少持续 1 个月以上。

（三）适应障碍

适应障碍临床表现形式多样，主要以情绪障碍为主，例如焦虑、抑郁，也可以表现为适应不良的品行障碍，与年龄有某些联系。成年人以情绪症状为主，但又达不到焦虑症或抑郁症的诊断标准；青少年以品行障碍为主，如逃学、偷窃、说谎、破坏公物等；儿童表现为退化现象，如尿床、吮吸手指等。症状表现不一定与应激源性质一致，症状严重程度也不一定与应激源的强度一致。一般来说，适应障碍症状的表现及其严重程度主要取决于患者的病前性格特征。

三、诊断与鉴别诊断

（一）诊断

1. 急性应激障碍

根据 ICD–10 诊断标准，急性应激障碍的症状特点符合以下四项。

（1）以异乎寻常的和严重的精神刺激为原因，与症状的出现之间必须有明确的时间上的联系。

（2）表现为强烈恐惧体验的精神运动性兴奋，行为有一定盲目性；或有精神运动性抑制（如反应性木僵），可有意识模糊。

（3）在受刺激后若干分钟至若干小时发病，病程短暂，一般持续数小时至 1 周，通常在 1 个月内缓解。

（4）排除癔症、器质性精神障碍、非成瘾物质所致精神障碍和抑郁症等。

2. PTSD

根据 ICD–10 的诊断标准，PTSD 的诊断要点如下。

（1）遭受异乎寻常的创伤性事件或处境（如天灾、人祸）。

（2）反复重现创伤性体验（病理性重现），可表现为不由自主地回想受打击的经历，反复出现有创伤性内容的噩梦，反复发生错觉、幻觉，反复出现触景生情的精神痛苦，面临与创伤事件相关联或类似的事件、情景或其他线索时，出现强烈的心理痛苦和生理反应。

（3）对与创伤经历相关的人和事选择性遗忘，对未来失去希望和信心，内疚和自责，兴趣爱好范围变窄，持续地不能体验到正性情绪。

（4）持续的警觉性增高，可出现入睡困难或睡眠不深、易激惹、注意集中困难、过分地担惊受怕。

（5）对与刺激相似或有关的情景的回避，表现为极力不想有关创伤性经历的人与事，避免参加能引起痛苦回忆的活动，或避免到会引起痛苦回忆的地方等，不愿与人交往，对亲人变得冷淡。

（6）在遭受创伤后数日至数月后，罕见延迟半年以上才发生。须排除心境障碍、其他应激障碍、神经症、躯体形式障碍等疾病。

3. 适应障碍

根据ICD-10的诊断标准，适应障碍的诊断要点如下。

（1）有明显的生活事件作为诱因，特别是生活环境或社会地位的改变，精神障碍通常开始于事件之后1个月内。

（2）患者社会适应能力减弱。

（3）以情绪障碍为主要临床表现，包括焦虑、抑郁、烦躁等，同时有适应不良行为（人际交往退缩等）和生理功能障碍（失眠、食欲不振），但其严重程度又达不到焦虑障碍、抑郁症或其他精神障碍的标准。

（4）社会功能受损。

（5）病程至少1个月，最长不超过6个月。

（二）鉴别诊断

1. 抑郁症

尽管PTSD患者也可以出现认知和心境方面的负性改变，但其存在特征性的创伤性事件相关的侵入性症状，同时也存在对特定场合或情景的持续性回避，且病程一般较长。抑郁症也可在生活事件后发生，突然出现情绪低落，兴趣减退，不与他人接触，对未来失去信心，但抑郁症随着病情的发展明显超出生活事件本身，并且抑郁症还存在一些如晨重暮轻、明显的消极悲观、食欲减退等特征性症状。若同时符合抑郁障碍的诊断标准，则可做出共病诊断。

2. 人格障碍

人格障碍一般发病于早年，且无明显应急预案，常有多年持续的人际适应不良史。有时人格障碍患者可被应激源加剧，但应激源不是人格障碍形成的主导因素。

四、治疗与康复

根据患者的疾病诊断、病前人格特点和心理社会因素制定个体化治疗方案。尽量避免再一次的创伤刺激，建立良好的医患关系，保护患者隐私。若存在自伤、自杀等风险，应推荐住院治疗。心理治疗是一线治疗方案，药物为二线治疗方案，尽管英国国家卫生与临床优化研究所（National Institute for Health and Care Excellence，NICE）指南不推荐联合治疗，但随着研究的发展，心理治疗联合药物治疗较单用效果更佳。

（一）药物治疗

1. 选择性5-羟色胺再摄取抑制剂（SSRIs）类抗抑郁药

此类药物疗效和安全性好，不良反应轻，被推荐为PTSD的一线用药。氟西汀、帕罗西汀、舍曲林拥有较多治疗 PTSD 的证据。也有证据表明选择性 5- 羟色胺和去甲肾上腺素再摄取抑制剂（SNRIs）类药物对 PTSD 有较好的疗效。抗抑郁药治疗不仅能改善患者存在的睡眠障碍、抑郁焦虑症状，也能减轻侵入性症状和回避症状。抗焦虑药能降低 PTSD 患者的警觉度、改善恐惧症状和抑制记忆再现。

2. 苯二氮䓬类药物

此类药物目前使用有争议，认为苯二氮䓬类可慎用于并发惊恐障碍但没有精神活性物质滥用史的 PTSD 患者。

3. 非苯二氮䓬类抗焦虑药

此类药物如丁螺环酮、坦度螺酮等能改善 PTSD 的核心症状、认知障碍，不损害精神运动功能，也不导致过度镇静、肌肉松弛等。

4. 其他

在临床上，根据症状以及共患病情况，还可选择抗肾上腺素能药物改善警觉过高、分离症状，心境稳定剂控制攻击性和激惹的行为，非典型抗精神病药物改善伴随的精神病性症状。

药物治疗起效是相对较慢的，一般用药 4~6 周时出现症状减轻，8 周或更长的疗程才更能体现药物的真正疗效。由于各种药物的作用机制不同，一种药物治疗无效可选用其他药物治疗，并给予合适的疗程和剂量。在运用抗抑郁药治疗 PTSD 时，剂量、疗程与抑郁症治疗相同，治疗时间和剂量都应充分。建议缓解后还应维持治疗 1 年，直到痊愈。

（二）心理治疗

临床证据和经验提示大部分患者可以获益。心理治疗应当不限于专业的心理健康机构或精神疾病治疗机构，学校、社区或者急诊也可实施预防性干预措施。确诊为 PTSD 的患者可采用系统性的心理治疗，其中延长暴露、认知加工疗法、认知行为疗法最常使用，也有眼动脱敏和再加工、集体心理治疗等。在 PTSD 初期，主要采用危机干预的原则与技术，侧重于提供支持，帮助患者接受所面临的不幸与自身的反应，鼓励患者面对事件，表达、宣泄与创伤性事件相伴的负性情绪。治疗者要帮助患者认识其所具有的应对资源，同时学习新的应对方式。在慢性和迟发性 PTSD 的心理治疗中，除了特殊的心理治疗技术外，为患者争取最大的社会和心理支持是非常重要的。家属和同事的理解可以为患者创造最大的心理空间。

对于 PTSD 患者常用的心理治疗方法有认知行为治疗（cognitive behavioral therapy，CBT）、眼动脱敏再处理（eye movement desensitization and reprocessing，EMDR）以及团体心理治疗。

1. 认知行为治疗

CBT 对急性和慢性 PTSD 患者的核心症状有确切的疗效。PTSD 的 CBT 治疗包括正常的应激反应的教育，焦虑处理训练，对病理信念的认知治疗，对创伤事件的想象和情境暴露，以及复发的预防。PTSD 认知行为治疗中的核心是暴露疗法，让患者面对触景生情的类创伤情境，唤起患者的创伤记忆，然后治疗这些记忆的病理成分。想象演练，延时的暴露技术，对 PTSD 及相关的焦虑或回避症状治疗有效。

2. 眼动脱敏再处理

让患者想象一个创伤场景，同时眼睛追踪治疗师快速移动的手指，然后集中调节其认知和警觉反应。反复多次，直至当移动眼球时，患者在治疗师指导下产生的正性想法能与场景联系起来，警觉反应减轻。有学者认为，EMDR 之所以有效，可能与再暴露或修复创伤记忆时治疗师给予的正性反馈和指导有关，而不是任何快速眼球运动、节律或治疗中的其他生理效应所致。

3. 团体心理治疗

许多人希望和有类似经历的人讨论他们的创伤。和别人一起分享自己的经历有助于更容易地谈论创伤并应对存在的症状。在团体心理治疗中，患者可以在相互理解的基础上建立人际关系，患者可以在小组中学习处理羞耻、罪恶感、愤怒、害怕等情绪。和小组其他成员一起分享有助于患者建立自尊心和信心。

五、典型案例

案例：沉默的某位司机

患者，男，40 岁，货车司机。因“紧张恐惧 3 天”在妻子陪同下来医院就诊。

患者 2 天前从外地开车回家，妻子发现患者一言不发，倒头就睡，一觉醒来睁不开眼睛，无论如何用力也不行。到眼科就诊后检查未见异常。回家仍不说话，人显得紧张不安，魂不守舍，听到车子鸣笛就会惊跳。之后妻子发现患者的车子前面有严重破损，追问发生了什么事情，仍一言不发，沉默。医生询问发生什么事情，患者开始单独和医生述说具体情况。2 天前驾车时不慎和一辆小汽车追尾，撞车后整个人僵住了，脚踩在刹车上腿发抖，车子也不知道熄火，想动动不了。同时紧张不安，喘不上气，大汗淋漓，头晕恶心，说不出话，无法思考，如噩梦一样。对方要求赔偿 3 万块钱，就迷迷糊糊给人转账了。现在回忆起来只有一些模糊印象，像是别人身上发生的事情。每次回想起来，就一阵阵心慌难受。

实验室检查：血细胞计数和血生化检查、甲状腺功能检查结果均在正常范围。

精神状况检查：意识清，接触被动，紧张不安，站立于一旁。未引出感觉、知觉及感知综合障碍。思维迟缓，未引出思维内容及思维逻辑异常。情绪紧张焦虑，无明显情绪低落。在外一直不言不语，智能粗测正常，自知力存在。

诊断：急性应激障碍。

思考及治疗：患者症状可分为两个时期，第一时期为突然遭遇车祸后出现的意识范围缩小，注意力狭窄，恐惧性焦虑，自主神经症状；第二时期为回家后的精神症状，反复回忆车祸情景，梦到车祸情景，不愿想起，不愿提及，不愿与人交流、警觉过高、转换症状。车祸为应激事件，是发病的直接因素。车祸后立即出现的奋力挣扎、创伤重现体验、警觉性增高、回避等症状群，诊断首先考虑急性应激障碍。

门诊给予危机干预，同时给予小剂量苯二氮䓬类药物降低警觉性，减轻焦虑，改善睡眠。随后紧张焦虑明显缓解，给予解释性及支持性心理治疗、放松训练、生活指导等。第二次来诊时已经可以顺利交流，眼睛可以睁开。经 3 次心理治疗及药物对症处理后，病情迅速缓解，症状消失。1 个月后随访已经基本正常，准备参与工作。

第七节　物质使用及成瘾相关障碍

一、定义

精神活性物质（psychoactive substances）又称物质（substances）或成瘾物质、药物（drug），能够影响人类情绪、行为、改变意识状态，并有致依赖作用的一类化学物质，人们使用这些物质的目的在于取得或保持某些特殊的心理、生理状态。而毒品的定义是指具有很强成瘾性并在社会上禁止使用的化学物质，我国的毒品主要指阿片类、可卡因、大麻、苯丙胺类兴奋剂等药物。

自古以来，人类就有利用一些精神活性物质如酒精、大麻、鸦片等来改变情绪或生理功能的情况，如魏晋名士流行服用五石散，印加人喜欢嚼古柯叶。使用吗啡（一种阿片类镇痛药）医疗镇痛是合理合法的，而为了达到追求欣快、逃避现实而使用吗啡则为精神活性物质滥用。因此，判定是否存在某种物质或药物滥用时，往往需要考虑不同时代、不同社会文化（甚至同一文化）背景的不同年代的差异。

物质成瘾是物质滥用的结果。滥用某种物质是否导致成瘾及成瘾快慢，与该物质是否具有成瘾性及成瘾性的强度大小有关，也与滥用的剂量、滥用的方式以及滥用的时间有关。滥用者本人的意志品质是否坚强或是否具有某种特殊的个性倾向，也是导致成瘾的重要因素；而滥用者所处群体以及社会环境也与成瘾息息相关。

物质依赖的诊断标准是指除了长期反复使用某种物质的历史以及强烈的渴求，还有不择手段的求得，以及耐受性增加和戒断反应。对于成瘾者而言，不仅存在心理依赖，同时也存在着躯体或生理上的依赖，戒断反应使得物质依赖个体难以摆脱成瘾物质，并继续反复使用该类物质。

根据精神活性物质的药理特性，将其分为以下几种。

（1）中枢神经系统抑制剂：如巴比妥类、苯二氮䓬类、酒精等。

（2）中枢神经系统兴奋剂：如咖啡因、苯丙胺类药物、可卡因等。

（3）大麻：是世界上最古老、最有名的致幻剂，适量吸入或食用可使人欣快，增加剂量可使人进入梦幻，陷入深沉而爽快的睡眠之中，主要成分为四氢大麻酚。

（4）致幻剂：能改变意识状态或感知觉，如麦角酸二乙酰胺（LSD）、仙人掌毒素、苯环利定（PCP）、氯胺酮等。

（5）阿片类：包括天然、人工合成或半合成的阿片类物质，如海洛因、吗啡、鸦片、美沙酮、二氢埃托啡、哌替啶（杜冷丁）、丁丙诺啡等。

（6）挥发性溶剂：如丙酮、汽油、稀料、甲苯、嗅胶等。

（7）烟草。

物质滥用及成瘾与社会环境、心理特点和生物学因素皆有较为密切的关系。它们之间相互交叉、相互影响、互为因果。据联合国毒品与犯罪问题办公室估计，2015 年全球大约有 2.5 亿人使用非法药物，其中 2950 万人存在吸毒成瘾等问题。自 20 世纪 70 年代末以来，国内毒品案件与吸毒人数持续上升。目前毒品滥用形式也从传统毒品海洛因转向新型合成毒品如冰毒、摇头丸、氯胺酮。精神活性物质滥用也导致了一系列躯体、精神问题，其死亡率整体呈现增长趋势。从公共卫生与社会角度而言，人群基数巨大的吸烟、饮酒者吸烟、饮酒造成的问题更为严峻。对于适龄的劳动者而言，烟酒不仅对个人健康造成危害，而且会导致工作效率低下、人际关系紧张等问题，影响其职业生涯，严重者（如酒后驾驶）甚至危害安全生产，导致意外事故发生，尤其需要引起个人与相关部门的关注。

二、临床表现

1. 依赖（dependence）

依赖是一组认知、行为和生理症状群，使用者尽管明白滥用成瘾物质会带来问题，但仍然继续使用。自我用药导致了耐受性增加、戒断症状和强制性觅药行为。所谓强制性觅药行为是指使用者冲动性使用药物，不顾一切后果，失去自我控制能力。

传统上将依赖分为躯体依赖和心理依赖。躯体依赖也称生理依赖，它是由于反复用药所造成的一种病理性适应状态，主要表现为耐受性增加和戒断症状。心理依赖又称精神依赖，它使吸食者产生一种愉快的满足的或欣快的感觉，驱使使用者为寻求这种感觉而反复用药，表现出所谓的渴求状态。

2. 滥用（abuse）

滥用又称为有害使用，主要强调其不良后果。由于物质的反复使用，不能完成重要的工作、学业，导致损害了躯体、心理健康等明显的不良后果。

3. 耐受性（tolerance）

耐受性指药物使用者必须增加使用剂量方能获得所需的效果，或使用原来的剂量则达不到使用者所追求的效果。

4. 成瘾（addiction）

成瘾被广泛使用在日常生活中，主要表现为失控，与依赖基本同义。成瘾的主要行为学特征表现包括：①有做某种行为的强烈欲望，但其结果有害；②如果控制不做，则逐渐出现紧张、焦虑；③行为完成可迅速、暂时缓解紧张、焦虑；④不久后再次出现实施此行为的欲望；⑤内、外部环境刺激可条件反射性引起此欲望；⑥成瘾者希望能控制此行为，但屡屡失败。

5. 戒断状态（withdrawal state）

戒断状态指停止使用药物或减少使用剂量或使用拮抗剂占据受体后所出现的特殊的心理生理症状群，其机制是长期用药后，突然停药引起的适应性的反跳。

三、诊断与鉴别诊断

物质使用及成瘾相关障碍的诊断主要依据患者自我报告，尿样、血样等的客观分析，患者物品中混有药物样品，以及临床体征和症状以及知情第三者的报告等，并在此基础上辨明所使用的精神活性物质。

目前临床使用的 WHO《疾病和有关健康问题的国际统计分类：第 10 版》（ICD-10）中，有关物质使用及成瘾相关障碍的疾病分类被置于“F10-F19 使用精神活性物质所致的精神和行为障碍”。具体包括：使用酒精所致的精神和行为障碍，使用鸦片类物质所致的精神和行为障碍，使用大麻类物质所致的精神和行为障碍，使用镇静催眠剂所致的精神和行为障碍，使用可卡因所致的精神和行为障碍，使用其他兴奋剂包括咖啡因所致的精神和行为障碍，使用致幻剂所致的精神和行为障碍，使用烟草所致的精神和行为障碍，使用挥发性溶剂所致的精神和行为障碍，使用多种药物及其他精神活性物质所致的精神和行为障碍。

（一）急性中毒

使用酒精或其他精神活性物质后的短暂状况，包括意识水平、认知、知觉、情感或行为（或其他心理生理功能和反应的紊乱），如公共社交场合出现的行为失控。

急性中毒往往与剂量密切相关，许多精神活性物质在不同剂量水平时能产生不同类型的效应。例如，饮低剂量酒时对行为有明显的兴奋作用——豪言壮语，随着饮酒量增加可产生激越以及侵犯性——胡言乱语，达到极高剂量时则产生显著的镇静作用——不言不语。中毒的程度随时间的推移而减轻，如果不继续使用活性物质，中毒效应最终将消失。急性中毒的症状有时难以预料，并不一定总是反映该物质的原有作用。例如，抑制性药物可导致激越或活动过多，兴奋性药物可导致社会性退缩和内向化行为。

（二）有害使用

有害使用是一种对健康引起损害的精神活性物质的使用类型，其损害包括躯体性与精神性的。有害使用的方式经常遭到他人或文化处境的批评或反对，并经常与各种类型的负性社会后果相关，但这些后果本身不能作为有害使用的依据。

（三）依赖综合征

依赖综合征是一组生理、行为和认知现象，对特定的个人来说使用某种物质极大优先于其他曾经比较重要的行为，这种渴望极为强烈，是无法克制的，也可表现为依赖者经过一段时间的禁用后再次迅速重新使用该物质。

依赖综合征的确诊通常需要在过去一年的某些时间内体验过或表现出下列情况中的三项：

（1）对使用该物质的强烈渴望或冲动感；

（2）对活性物质使用行为的开始、结束及剂量难以控制；

（3）当活性物质的使用被终止或减少时出现生理戒断状态；

（4）耐受，如必须使用较高剂量的精神活性物质才能获得过去较低剂量的效应；

（5）因使用精神活性物质而逐渐忽视其他的快乐或兴趣，在获取、使用该物质或从其作用中恢复过来所花费的时间逐渐增加；

（6）固执地使用活性物质而不顾其明显的危害性后果，如过度饮酒对肝的损害、周期性大量服药导致的抑郁心境或与药物有关的认知功能损害。

（四）戒断状态

戒断状态是依赖综合征的指征之一，表现为在反复地、往往长时间和/或高剂量地使用某种物质后绝对或相对戒断时出现的一组不同表现、不同程度的症状。其起病和病程均有时间限制并与禁用前夕所使用物质的种类和剂量有关。

躯体症状依所用药物而异。心理障碍（如焦虑、抑郁和睡眠障碍）也是戒断状态的常见特征，患者的戒断症状因继续用药而得以缓解。

酒精引起的震颤谵妄是一种时间短但偶尔可致命的伴有躯体症状的中毒性意识模糊状态。它通常是有长期饮酒历史的严重依赖者绝对或相对戒断的结果，往往在酒戒断后起病。有时可出现在某次暴饮过程中。典型的前驱症状包括失眠、震颤和恐惧。起病也可以以戒断性抽搐为先导。经典的三联征包括意识混浊和精神错乱，涉及任一感官的生动幻觉和错觉以及明显的震颤；也常出现妄想、激越、失眠或睡眠周期颠倒以及自主神经功能亢进。

（五）精神病性障碍

精神病性障碍是在使用精神活性物质期间或之后立即出现的一类精神现象。精神活性物质所致的精神病性障碍受药物种类及使用者人格的影响，可呈现不同形式的症状，如可卡因、安非他明这类兴奋性药物所致的精神病性障碍通常与高剂量和（或）长时间使用密切相关。其特点表现为生动的听幻觉、人物定向障碍、妄想、精神运动性兴奋或木僵以及异常情感表现，可从极度恐惧到销魂状态。可有某种程度的意识混浊，但不存在严重的意识障碍。精神活性物质所致的精神病性状态通常持续较短，及时停止使用更多精神活性物质后症状往往迅速得到改善。典型病例在1个月内至少部分缓解，而在6个月内痊愈。

精神活性物质所致精神障碍在鉴别诊断时不仅应考虑精神活性物质加重或诱发另一种精神障碍的可能性，例如精神分裂症、心境（情感）障碍、偏执性或分裂性人格障碍；也应考虑原本就存在的精神障碍被物质使用所遮盖，物质作用消退后又重新显露，这些精神障碍也可与物质使用及成瘾共存。对此类病例的误诊往往给患者及卫生机构带来痛苦和昂贵的代价。

（六）遗忘综合征

遗忘综合征包括酒精所致的柯萨可夫氏综合征，以慢性近事记忆损害为主的综合征，远事记忆有时也可受累，但其他认知功能常常相对保持完好。患者常常为弥补记忆缺失而对记忆内容进行虚构。

四、治疗与康复

物质使用及成瘾相关障碍的治疗不仅在于用药治疗，而且还必须考虑心理治疗干预，正确对待滥用者的负性情绪和敌视态度。

1. 正确对待物质使用及成瘾问题

将物质滥用视为一种常见病，对患者要有极大的耐心，并采取恰当的评估。针对患者深陷物质依赖，又希望摆脱这种支配的矛盾心理，治疗者的立场是接纳依赖者，但是不接纳物质，使他们与物质分离。

2. 深入了解求治者

对求治者社会心理背景的充分了解，从开始使用物质的年龄、剂量、使用模式及相关并发症，将物质所致精神症状和人格改变，与精神疾病和人格障碍进行鉴别。

3. 应用临床心理学的原理

尊重、倾听、保密、同理、诚实和直接，帮助患者改变兴趣方向，学会延缓满足。纠正求治者将摆脱依赖的希望寄托于“特效药”这一不切实际的想法，重要是帮助其转变人生态度和生活方式。

出于患者对物质的强烈渴求，杜绝一切获取途径是治疗成功的关键所在。药物依赖的治疗亦包括三个环节：首先，终止物质依赖并治疗戒断症状；其次，矫正依赖行为，防止复发；最后，进行康复训练并促进回归社会。目前，常见的治疗方法有以下几种。

1. 药物剂量递减法

此法包括依赖药物和替代药物的剂量递减，如针对海洛因戒断时用美沙酮替代，使用长效苯二氮䓬类药物替代短效镇静安眠药，但仍不能解决心理依赖问题。

2. 火鸡戒断法

火鸡戒断法指硬性停药，7~10 天完成，简单、快速但痛苦多。年老体弱者不宜。

3. 支持疗法

支持疗法包括改善患者营养状态，减轻戒断症状及急慢性中毒症状以及中医的扶正驱邪。

4. 对症治疗

对症治疗，如治疗戒断症状，用小剂量抗精神病药治疗幻觉、妄想等。

5. 社会支持及精神疗法

社会支持及精神疗法包括改善环境、行为疗法、家庭疗法、个人及集体心理治疗等。

物质使用及成瘾相关障碍是药物、人和环境三个主要因素相互作用的结果。目前很多年轻人出现物质滥用和依赖行为，主要原因是他们缺乏对相关物质成瘾的认识，或是受同伴的引诱时，不能或不会拒绝，因此针对职场各年龄段人群开展广泛教育，增强自我防范意识，开展三级预防工作，已成为一项重要的工作。

五、典型案例

案例：有不良嗜好的某位工人

患者，男性，59 岁，煤矿工人。因“胡言乱语、易激惹加重 2 天”来院就诊。

患者既往有 20 多年酗酒史，多年来常常因“三班倒”需要饮酒助眠。近 2 年来每天饮白酒约 1 斤，每日三餐均饮酒。至 1 周前因胃部不适到消化科就诊，发现幽门螺杆菌阳性，开始接受“四联治疗”，3 天前听说服用阿莫西林时不能喝酒，于是骤停饮酒。2 天前吃晚饭后开始出现烦躁易激惹，全身发抖，心悸，出冷汗，看东西模糊不清，夜间入睡困难，紧张，感觉周围有怪物在看他，感觉听到隔壁邻居在议论自己。

既往体健，有吸烟史，每天吸 20 支烟，其父亲有严重酗酒史。

体检：脉搏 112 次 / 分、血压 155/95mmHg。神经系统检查可见缓慢、摇摆步态，指鼻试验阳性，水平性眼球震颤。

精神检查：意识清晰度下降，人物定向正确，时间、地点定向错误，可引出言语性幻听、幻视，情感淡漠，5 分钟后无法回忆任何物品，自知力无。

实验室检查：白细胞记数 8.6×10^9/L，中性粒细胞比率 73.50%，血红蛋白 11.4g/L，血小板计数 169×10^9/L。生化：谷丙转氨酶 58U/L，天冬氨酸转移酶 96U/L。

辅助检查：头颅 CT 未发现梗死、出血、肿块征象。

急诊科按酒中毒常规治疗，给予地西泮静脉注射控制戒断症状，予以小剂量喹硫平每晚 100mg，改善精神症状；并予以补液营养支持治疗，补充维生素 B_1，2 周后患者症状好转。

诊断：韦尼克 – 柯萨可夫综合征（WKS）。

韦尼克脑病为急性期症状，以精神症状、眼球运动异常、共济失调三联征为特征。长期酒精使用引起维生素 B_1 缺乏，可导致韦尼克脑病，其主要临床特点是突然发生眼肌麻痹和共济失调症状，眼球震颤、横向眼直肌麻痹以及凝视失调等症状。精神症状包括定向力障碍，以及感觉与记忆障碍。

根据本例患者长期酗酒史、眼球运动异常、共济失调、意识模糊等症状表现，提示韦尼克－柯萨可夫综合征的诊断。患者初诊时的表现符合严重的酒精戒断反应，使用地西泮后震颤、生命体征异常等戒断症状迅速好转，而持续性眼球运动异常、共济失调等症状则在补充维生素 B_1 后逐渐好转。

第八节　躯体痛苦障碍与分离障碍

一、定义

躯体痛苦障碍（bodily distress disorder，BDD），是指个体自身躯体体验的紊乱，临床表现为过分关注自身的一种或多种独立相关的躯体症状，并伴有不成比例的痛苦感，患者往往因无法忍受这种痛苦而产生频繁就医行为，但其对躯体不适的过度关注确不会因适度的医学检查或医学保证而得到减轻或消失。个体更愿意接受躯体疾病的诊断而不愿意被贴上精神疾病的标签。躯体痛苦障碍包括令个体感到痛苦的躯体症状，以及对之过度关注。此类障碍是一组组合。ICD–11 使用这个诊断。在此前的诊断系统中，被认为是躯体形式障碍。

分离障碍（dissociative disorders），这一诊断术语源于“歇斯底里（hysteria）”，由于歇斯底里在非医学领域使用时是描述无理行为的贬义词，故中文译为癔症。从 ICD–10 开始，癔症的概念已被废弃，取而代之的是分离（转换）障碍（dissociative [conversion] disorders）。在 ICD–11 中，改称为分离障碍（dissociative disorders）。分离障碍是一类复杂的心理－生理紊乱过程，患者非自主地、间断地丧失部分或全部心理－生理功能的整合能力，在感知觉、记忆、情感、行为、自我（身份）意识及环境意识等方面的失整合，即所谓的分离状态，如自我身份不连续、不能用病理生理性解释的记忆丧失、躯体功能障碍而相应生理无改变等。这种整合能力丧失的程度、持续时间表现不一。分离障碍多发生于女性，大多数患者在 35 岁以前发病。社会经济状况发展相对滞后的地区患病率较高，文化程度较低的个体更易患病，生活在封闭环境（如边远地区）中的个体比生活在开放环境（如大都市）中的个体更容易发病。经历应激性事件和相应反应是引发本病的重要因素。幼年期创伤性经历（如遭受精神、躯体或性的虐待），可能是成年后发生分离障碍的重要原因之一。此外，具有暗示性、情绪化、自我中心、表演性、幻想性特征的个体，是分离障碍发生的重要人格基础。

二、临床表现

（一）躯体痛苦障碍

躯体症状可以是涉及全身的各种各样的不适感，疼痛（如关节痛、背痛、头痛）是临床最常见的主诉之一，其次是胃肠道症状、心肺症状、性和生殖器相关的主诉。通常为两个特点：一是以自主神经兴奋的客观体征为基础，如心悸、出汗、脸红、震颤；二是非特异性症状，如部位不定的疼痛、烧灼感、沉重感、紧束感、肿胀感等。患者的疾病体验、表达，对疾病的解释、归因、求助动机，对医生的期望等心理活动却更具个体特异性和主观性。但任何一种类型症状，都无法找到有关器官和系统存在器质性病变的证据。常见的症状有以下几种。

1. 呼吸循环系统的躯体症状

主要表现为多种多样、经常变化、反复出现的躯体症状，常见的症状有心悸、胸闷、心跳加速，心前区不适，非劳力性呼吸困难，心因性咳嗽，非心脏性胸痛，过度换气综合征等。

2. 消化系统的躯体症状

常见的有神经性腹泻、腹痛，频繁稀便，腹胀、反胃、胃部痉挛等。患者频繁做各种检查，而胃镜的结果常常为“浅表性胃炎”，加重患者的疾病恐惧与感觉。

3. 肌肉骨骼系统的躯体症状

常见的有上下肢疼痛，肌肉疼痛，关节疼痛，麻痹感或无力、背痛、转移性疼痛，令人不愉快的麻木或刺痛感。患者对疼痛的描述常常是戏剧化、生动鲜明的。疼痛患者共有的特征包括：①患者趋向于把他们的注意力全集中在他们的疼痛上，并用疼痛来解释他们的所有问题；②为了缓解疼痛，他们愿意接受各种治疗，经过检查未发现相应主诉的躯体病变，但患者也服用多种药物，甚至导致镇静止痛药物依赖；③常伴有焦虑、抑郁和失眠等；④社会功能明显受损。

4. 衰弱症状

常见的症状有注意力不集中，记忆力下降，过度疲劳，头痛，眩晕，慢性疲劳等。

5. 其他

其他症状有出汗、震颤、尿频、排尿困难、呃逆等。

以上症状可以随着时间的变化而消失，也可以持续存在或加重。个体存在对躯体症状的担忧，对疾病后果存在先占观念，并花费较多的精力思考、关注这些症状，甚至损害社交、家庭、学习、工作等重要领域的功能，出现兴趣减退、社交退缩等行为。

（二）分离障碍

分离障碍主要分为以下疾病类型，各种类型的特点如下。

1. 分离性遗忘

分离性遗忘主要特征是患者不能回忆重要的个人信息，通常是创伤性的或应激性的事件，遗忘内容广泛，甚至包括个体身份。分离性遗忘无法用正常的遗忘来解释，且不是由精神活性物质或神经 系统及其他疾病的直接生理作用导致的。

2. 分离性漫游

分离性漫游又称神游症。发生在白天觉醒时，患者离开住所或工作单位，外出漫游。在漫游过程中患者能保持基本的自我料理（如饮食、个人卫生），并能进行简单的社会交往（如购票、乘车）。开始和结束都很突然，一般历时数小时至数天，清醒后对发病经过不能完全回忆。

3. 分离性身份障碍

分离性身份障碍既往被称为多重人格障碍，患者身上存在两种或两种以上不同的身份或人格，每一种都表现出一种独特的自我体验，有独特的与自身、他人和世界的关系模式。在患者日常生活中，至少有两种分离的身份能够发挥作用，并反复对个人的意识和心理进行控制，所有其他的分离性症状都可出现在患者身上，如遗忘、神游、人格解体、现实解体等。这些症状不能用其他精神疾病或躯体疾病解释，并导致个人、家庭、社会、教育、职业或其他重要功能受到严重损害。

4. 分离性运动障碍

分离性运动障碍表现为肢体瘫痪、不能站立行走，缄默、失音等。但检查声带正常，可正常咳嗽。

5. 分离性抽搐发作

分离性抽搐发作可在受到精神刺激或暗示时发生，缓慢倒地，呼之不应、全身僵直或肢体抖动，或呈角弓反张姿势，一般持续数十分钟。也有表现为肢体的粗大震颤或某一肌群的抽动。

6. 分离性感觉障碍

分离性感觉障碍表现为局部或全身感觉缺失，但缺失范围与神经分布不一致。也可表现为视觉障碍或听觉障碍。

7. 其他分离障碍

其他分离障碍表现为朦胧状态、情绪爆发、假性痴呆等。

三、诊断与鉴别诊断

（一）诊断

1. 躯体痛苦障碍的诊断

遵守《疾病和有关健康问题的国际统计分类：第 10 版》（ICD-10），躯体痛苦障碍的诊断有赖于医生对临床现象学的把握。

（1）主诉痛苦的躯体症状：躯体症状涉及较多系统，且随着时间变化而不断变化。偶尔有单个症状，如疼痛或疲劳。

（2）对症状的过分关注或者不成比例地过分关注：患者坚信症状会带来健康影响，或将带来严重后果，到处反复就医。

（3）恰当的医学检查及医生的保证均不能缓解对躯体症状的过分关注。

（4）躯体症状持续存在，即症状（不一定是相同症状）在一段时期（如至少 3 个月）的大部分时间均存在。

（5）症状导致个人、家庭、社会、教育、职业或其他重要功能方面的损害。

2. 分离障碍的诊断要点

（1）有心理社会因素作为诱因。

（2）有下列表现之一者：①分离性遗忘；②分离性漫游；③分裂型双重或多重人格；④分离性运动和感觉障碍；⑤其他形式障碍。

（3）症状妨碍社会功能。

（4）有充分根据排除器质性病变和其他精神疾病。

（二）鉴别诊断

1. 躯体疾病

原发性躯体疾病具有明确的、与症状相称的客观检查结果，其症状主诉相对集中，并能用当今的医学知识解释。躯体痛苦障碍患者的主诉更严重，功能损害更大，躯体疾病症状的数量通常超过相关的躯体疾病表现，且“查无实据”。当然，躯体痛苦障碍患者可能同时存在引起症状的躯体疾病，如果患者躯体主诉的重点和稳定性发生转化，这提示可能有躯体疾病，应考虑进一步检查和会诊。

2. 疑病障碍

与躯体痛苦障碍具有类似的发病机制，患者有着类似行为特征。躯体忧虑障碍患者关注的重点是症状本身及症状的严重程度对个体的影响，而不是对潜在进行性严重疾病的担心。躯体忧虑障碍患者也可能相信其躯体症状预示躯体疾病或损害（即确诊疾病），但关注点主要是要求治疗以消除症状。而疑病障碍患者的注意力会更多地指向潜在进行性的严重疾病过程及其致残后果。疑病障碍患者倾向于要求进行医学检查，以确定或证实潜在疾病的性质，或要求医学保健人员提供保证。

3. 抑郁症

抑郁症常伴有躯体不适症状，而躯体忧虑障碍也常伴有抑郁情绪。抑郁症以心境低落为主要临床相，可有早醒、晨重夜轻的节律改变，体重减轻及精神运动迟滞、自罪自责，自杀言行等症状，求治心情也不如躯体痛苦障碍者强烈。只有当躯体症状的先占观念不是在抑郁发作背景下出现，例如先占观念先于抑郁出现，或抑郁缓解后出现，则诊断为躯体忧虑障碍。

4. 焦虑障碍

焦虑障碍的患者担心的对象广泛，表现为紧张不安、提心吊胆的内心体验，可因自主神经症状经历过度的检查和治疗。可以共病躯体不适障碍，此时的对躯体症状的焦虑是他们的众多焦虑之一；惊恐障碍所伴有的躯体症状是常常与惊恐相伴。

5. 反应性精神病

反应性精神病均为心因性疾病。反应性木僵是在急剧的精神刺激下迅速发生，僵住不动、情感反应消失，甚至不能躲避危险，持续时间较短。而分离性障碍的木僵少见，多伴有抑郁、痛苦表情。反应性朦胧状态有不同程度的意识障碍，表现为惊恐、动作杂乱无章、狂奔乱跑，具有自动症或原始防卫反射的性质。分离性障碍的意识朦胧虽有意识障碍，但受损的水平不一致，具有戏剧性，对局部的事物感知清晰，而对广大的时空感知模糊或感知缺乏。

6. 精神分裂症

分离障碍的情感爆发和幼稚动作等表现与急性发作的青春型精神分裂症容易混淆。青春型精神分裂症患者的情感变化莫测、哭笑无常，与周围环境无相应的联系，行为荒诞离奇、愚蠢可笑。同时依据病程的纵向观察也可鉴别。

7. 癫痫大发作

癫痫大发作通常无明显诱因，发作先兆形式固定，发作形式刻板，有意识丧失，眼球固定朝一侧，可出现咬伤舌唇，摔伤重，持续时间不超过数分钟，发作地点不固定，脑电图提示有癫痫波。

四、治疗与康复

（一）治疗目标和原则

1. 治疗目标

治疗目标包括：①减少或减轻症状；②减少心理社会应激；③减少或减轻日常功能损害；④减少不合理医疗资源的使用。

2. 治疗原则

通常采用心理治疗、药物治疗及物理治疗等综合性治疗方法。

（二）心理治疗

目前常用的心理治疗方法有认知疗法、认知行为治疗、精神分析、支持性心理治疗等，不同的心理治疗方法各有千秋，临床上均可选用。分离障碍的常用方法包括个别心理治疗、暗示疗法、系统脱敏疗法等，心理治疗目的是让患者逐渐了解所患疾病之性质，改变其错误的观念，解除或减轻精神因素的影响，使患者对自己的身体情况与健康状态有一个相对正确的评估，逐渐建立对躯体不适的合理性解释。对医学检查结果合理地解释，适当地做出承诺和必要的保证也具有一定的治疗作用。

（三）药物治疗

心理治疗的同时，还要考虑躯体治疗或药物治疗。使用精神药物进行对症治疗十分重要。药物治疗主要是针对患者的抑郁、焦虑等情绪症状，常用的有抗焦虑药物及SSRI、SNRI类等抗抑郁药物治疗。对慢性疼痛患者，可选择SNRI、三环类抗抑郁药治疗、镇痛药对症处理。另外，对有偏执倾向、确实难以治疗的患者可以慎重使用小剂量非典型抗精神病药物，如喹硫平、利培酮、阿立哌唑、奥氮平、氨磺必利等，以提高疗效。分离障碍患者常常伴有焦虑、抑郁、神经衰弱、头痛、失眠等症状，使用相应的药物（如抗焦虑药物及SSRI、SNRI类等抗抑郁药物）治疗可以有效控制这些症状，对治疗和预防分离障碍的发作无疑是有益的。

（四）其他治疗

频谱治疗、按摩治疗等，有一定辅助治疗效果。中医中药治疗也有一定疗效。重复经颅磁刺激因其无创、直接、安全等优点而广泛应用于精神障碍的治疗。

五、典型案例

案例：不能动弹的某位职工

患者，男，23岁，职工。因“阵发性左侧肢体不能动弹2个月”在父亲的陪同下来医院就诊。

患者在2个月前无明显诱因半夜醒来时左侧身体不能动弹伴麻木，右侧身体正常。约一刻钟自行缓解，之后仍断断续续发作，一周3~4次，每次发作前都有预感。有时脑子里嗡嗡作响，经常感到左手没力气。1个月前在当地医院检查头颅MRI未见明显异常，耳鼻喉科检查亦无明显异常。病程中无高热抽搐、无意识障碍，无冲动伤人及消极自伤行为。详细追问患者病史，提示1年前曾经在训练期间感觉压力过大，出现胸闷、腹痛、恶心。有时情绪激动就会出现左侧手臂到手心一阵麻木不能动弹，持续数分钟后可缓解。

实验室检查：血细胞计数和血生化检查、甲状腺功能检查结果均在正常范围。头颅MRI：未见异常。24小时脑电图：未见异常脑电波。

精神检查：意识清，接触合作。未引出感觉、知觉及感知综合障碍，但自诉曾有过以躯干为中心的左侧半身及左侧面部的麻木感及无力感，时轻时重，可自行缓解。思维连贯，有疑病观念，未引出妄想。情绪紧张焦虑，无明显情绪低落。智能粗测正常，自知力存在。

诊断：分离障碍。

思考及治疗：该患者为青年男性，急性起病，诱因不详，总病程2个月。主要表现为发作性偏身运动及感觉障碍，根据等级诊断原则，重点要排除脑器质性疾病和躯体疾病。但患者突出的症状为发作性运动障碍，以躯干为中心，同时涉及左侧上下肢，而头颅MRI及神经系统检查均未发现客观证据，故排除了中枢神经系统疾病。同时因为该疾病为发作性需排除特殊类型癫痫发作，但脑电图检查多次均正常。目前结合患者的临床表现和特点，存在两种情况：①分离性感觉运动障碍；②不存在可以解释的躯体障碍证据。

针对该疾病，进一步处理：继续门诊治疗。采取药物结合心理支持治疗，定期门诊随访。通过对患者存在的伴发的焦虑、抑郁、失眠等症状，适当选用抗焦虑、抗抑郁药物，小剂量用药。如出现分离性精神病症状，可适当选用抗精神病药物。

第九节　精神病性障碍

一、定义

广义来说，“精神病”或精神障碍，是以临床显著的个体认知、情感调节或行为紊乱为特征的一种综合征，常与社会、工作或其他重要活动中的重大困扰或功能损害相关。而狭义的“精神病”则往往特指精神分裂症。本节所指的精神病性障碍，是指具有幻觉、妄想、兴奋、激越（甚至是攻击行为）等明显的精神病性症状（即阳性症状），且以现实检验能力严重受损为特征的一组重性精神病，包括精神分裂症（schizophrenia）及其他原发性精神病性障碍（急性短暂性精神病性障碍、妄想性障碍及分裂情感性障碍）。

1911 年瑞士学者布鲁勒（Bleuler）通过细致的临床学研究后首次提出了“精神分裂症”的病名，并指出精神分裂症的核心问题是联想障碍（association disturbances）、情感淡漠（affective disturbances）、矛盾意向（ambivalence）及内向性（autism）的“4A”症状，而并非都以衰退为结局。

时至今日，精神分裂症的病理机制与遗传模式尚不明确。目前包括多巴胺、5-羟色胺、谷氨酸、γ-氨基丁酸（GABA）等多种神经递质水平异常以及神经发育和神经可塑性被认为是精神分裂症的病理基础。基因对精神分裂症的易感性只起到部分作用，即使是遗传基础相同的同卵双生子，其同病率也只有约 50%，这提示其他生物和社会心理因素也参与了疾病的发生和发展。究竟哪些基因参与了精神分裂症的发生，这些基因之间是如何相互作用的，以及这些基因所产生的蛋白质是如何影响精神分裂症的病理生理过程的，至今尚无一致性结论。

精神分裂症可见于各种文化和地理区域中，其发病率与患病率在世界各国大致相等，终生患病率约为 1%。总体上，男女患病率大致相等。多起病于青壮年，发病的高峰年龄段男性为 10~25 岁，女性为 25~35 岁。与男性不同，中年是女性的第二个发病高峰年龄段，疾病对患者的影响通常严重而持续。

精神分裂症是最常见的重性精神疾病之一，由于精神分裂症常起病于成年早期，其明显的功能损害和慢性化的病程对医疗资源的消耗、患者本人及家属的劳动生产力损失非常巨大。根据 WHO 等机构测算，精神分裂症列疾病总负担的第 8 位，占总疾病负担的 2.6%。在发达国家，因精神分裂症导致的直接花费占全部卫生资源花费的 1.4%~2.8%，约占所有精神疾病花费的 1/5。此外，患者遭受躯体疾病（尤其是糖尿病、高血压及心脏疾病）和意外伤害的概率也高于常人，平均寿命缩短 8~16 年。因此，针对精神分裂症开展早期识别，早期诊断，对不同疾病期的精神分裂症患者开展综合干预防止复发，对帮助患者康复和重返社会具有重大意义。

二、临床表现

精神病性障碍患者存在以下五个症状维度（亚症状群）：阳性症状、阴性症状、情感症状、激越症状及认知缺陷症状群。

（一）阳性症状

阳性症状是指异常心理过程的出现，普遍公认的阳性症状包括幻觉、妄想及瓦解症状。

1. 幻觉

幻听、幻视、幻嗅、幻味、幻触均可出现，但以幻听最常见。幻听可以是非言语性的，如虫鸣鸟叫、机器轰鸣或音乐声等，也可以是言语性的评论、争论或命令，如患者听到心脏里有个小人在窃窃私语。幻听还可以以思维鸣响的方式表现出来，即患者所进行的思考，都被自己的声音读出来。此外，幻视亦较常见，但幻嗅、幻味和幻触则比较少见，精神分裂症的幻觉体验会给患者的思维、情绪和行动带来不同程度的影响。在幻觉的支配下，患者可能做出违背本性、不合常理的举动。

2. 妄想

妄想是出现频率最高的症状之一。绝大多数时候，妄想的荒谬性显而易见，但患者即使在大量反面证据的情况下仍旧坚持自己的想法。在疾病的初期，部分患者对自己的某些明显不合常理的想法也许还会持将信将疑的态度；但随着疾病的进展，患者逐渐与病态的信念融为一体，并受妄想的影响而做出某些反常的言行。另外，妄想的内容可与患者的生活经历、教育程度与文化背景有一定的联系，表现形式多样，常见的有被害、关系、嫉妒、钟情、非血统、躯体妄想等，比如一名数学老师妄想自己研究的内容泄露了机密，被机关机构监视了。

3. 瓦解症状

瓦解症状包括思维障碍、怪异行为和紧张症行为以及不适当的情感。思维障碍症状表现为思维散漫离题、破裂，缺乏内在意义上的连贯和应有的逻辑性，因而别人无法理解其意义。怪异行为症状表现为单调重复、杂乱无章或缺乏目的性的行为，比如扮鬼脸，发出幼稚愚蠢的傻笑或声调。有的患者可表现为紧张症行为，轻者动作缓慢、少语少动，重者终日卧床，不语不动，肌肉强直。不适当的情感是指患者的情感表达与外界环境和内心体验不协调，对一点小事极端暴怒、高兴或焦虑，或表现为情感倒错（高兴的事情出现悲伤体验或反之），或表现为持续地独自发笑。

（二）阴性症状

阴性症状是指正常心理功能的缺失，涉及情感、社交及认知方面的缺陷。

1. 意志减退

患者从事有目的性的活动的意愿和动机减退或丧失。轻者表现为安于现状，无所事事，对前途无打算、无追求、不关心，个人卫生懒于料理。重者终日卧床少动，孤僻离群，个人生活不能自理，甚至缺乏本能欲望。

2. 快感缺乏

快感缺乏表现为持续存在的症状，其特征是不能从日常活动中发现和获得愉快感，尤其是对即将参与的活动缺乏期待快感。

3. 情感迟钝

情感迟钝表现为不能理解和识别别人的情感表露和（或）不能正确地表达自己的情感。

4. 社交退缩

社交退缩包括对社会关系的冷淡和对社交兴趣的减退或缺乏。表现为少与家人、亲友交往，难以体会到亲情与友爱，不主动参与社交活动。

5. 言语贫乏

言语贫乏表现为言语交流减少，回答问题时内容空洞、简单，严重者几乎没有自发言语。

（三）情感症状

约 80% 的精神分裂症患者在其疾病过程中会体验到明显的抑郁和焦虑情绪，尤以疾病的早期和缓解后期多见。精神分裂症患者的抑郁、焦虑症状可能属于疾病的一部分，也可能是继发于疾病的影响、药物不良反应和患者对精神病态的认识和担心，常常因为患者外显的精神病性症状掩盖而重视不够。抑郁情绪明显的患者常具有功能保持及预后较好，但发生自杀和物质滥用的风险也更高。

（四）激越症状

激越症状主要表现为攻击暴力与自杀两种情况。

1. 攻击暴力

部分患者可表现激越，冲动控制能力减退及社交敏感性降低，轻者可能表现如坐立不安，严重者可出现冲动与暴力攻击。

2. 自杀

20%~50% 的精神分裂症患者在其疾病过程中会出现自杀企图。引起自杀最可能的原因是抑郁症状，而幻觉、妄想、命令性幻听、逃避精神痛苦及物质滥用等则是常见的促发因素。

（五）认知缺陷症状群

近年来关于精神分裂症认知缺陷的重要性受到重视。精神分裂症患者表现出一系列较高级的认知功能缺陷，包括注意、执行功能、工作记忆、情节记忆、抽象概括和创造力等缺陷方面。

自知力又称领悟力或内省力，是指患者对自己精神状态的认识和判断能力。精神分裂症等重性精神障碍患者在急性发作期常缺乏自知力，即患者不能认识到自己的病态表现，否认存在精神方面的问题，认为自己的幻觉、妄想等都是客观现实，拒绝就医、治疗。临床上往往根据自知力的有无及恢复程度来判定病情轻重和好转程度。

三、诊断与鉴别诊断

（一）诊断

目前国内临床使用最广泛的 WHO 的《疾病和有关健康问题的国际统计分类：第 10 版》（ICD-10）中有关精神病性障碍的疾病诊断被置于 F20–F29“精神分裂症、分裂型障碍和妄想性障碍”之下，具体包括：精神分裂症、分裂型障碍、持久的妄想性障碍、急性而短暂的精神病性障碍、感应性妄想性障碍、分裂情感性障碍。

即将使用的 WHO《疾病和有关健康问题的国际统计分类：第 11 版》（ICD-11）以及美国精神医学学会编著的《精神障碍诊断与统计手册：第 5 版》（DSM-5），则依据症状学分类原则，并兼顾可能病因学、病理生理特征对精神病性障碍诊断分类进行了简化，被置于“精神分裂症和其他原发性精神障碍”之下。

1. 精神分裂症

精神分裂症的诊断应结合病史、临床症状、病程特征及体格检查和实验室检查的结果做出。精神分裂症的诊断至今没有绝对特异性的症状，一般而言，患者在意识清晰的基础上持续较长时间出现下述症状就要想到精神分裂症的可能，出现的症状条目越多，诊断的信度和效度就越高。①思维鸣响；②被动体验或妄想性知觉；③评论性幻听，或来源于身体一部分的其他类型的听幻觉；④持续性妄想；⑤短暂非系统妄想、持久超价观念、持久幻觉；⑥思维不连贯、语词新作；⑦紧张性行为；⑧阴性症状；⑨人格改变，社会退缩。

精神分裂症大多为持续性病程，仅少数患者在发作间歇期精神状态可基本恢复到病前水平。根据ICD-10的诊断标准，首次发作者通常要求在1个月及以上的大部分时间内确实存在上述症状条目（1~4）中至少一个或（5~8）中来自至少两组症状群中的十分明确的症状。

精神分裂症患者家族中特别是一级亲属有较高的同类疾病的阳性家族史，躯体和神经系统检查以及实验室检查一般无阳性发现，脑影像学检查和精神生化检查结果可供参考。

2. 分裂情感性障碍

分裂情感性障碍是一种在同一次疾病发作期内同时满足精神分裂症和心境障碍诊断要求的发作性疾病，精神分裂症症状和心境障碍症状可以同时出现或相隔几天出现。典型的精神分裂症症状与典型的抑郁发作或躁狂发作或混合发作相伴出现。其症状必须持续至少1个月以上。

3. 妄想性障碍

妄想性障碍又称偏执性障碍，是指一组病因未明，以一种或一整套相互关联的系统妄想（妄想症状持续3个月及以上）为主要表现的精神疾病。患者可以出现与妄想主题相一致的各种形式的感知觉障碍（如幻觉、错觉和身份认同障碍）以及情绪、态度和行为反应，但在不涉及妄想内容的情况下，其他方面的精神功能基本正常。

4. 急性短暂性精神病性障碍

急性短暂性精神病性障碍是一类急性发作、病程短暂的精神病性综合征。既往精神状况正常的个体在没有任何前驱期症状的情况下急性起病，在2周内达到疾病的顶峰状态，并通常伴有社会和职业功能的急剧恶化。症状的性质与强度通常在每天之间甚至一天之内都有快速、明显的变化。病程不超过3个月，大多持续数天到1个月，缓解完全，个体能恢复到病前功能水平。

（二）鉴别诊断

在精神科临床上，精神分裂症的诊断实际上是依靠排除法做出的。临床上常需与以下疾病鉴别：

1. 继发性精神病性障碍

脑器质性疾病均可能出现精神病性症状（尤其当颞叶和中脑受到损伤时）。即使曾经诊断为精神分裂症的患者也需要排除躯体疾病因素。某些精神活性物质及治疗药物（如激素类、抗帕金森病药）的使用可导致精神症状的出现。躯体疾病、脑器质性疾病、药物所致精神障碍在鉴别时常有以下共同特点：①精神症状的出现与消长在时间上与原发病密切相关；②精神症状多在意识障碍的背景上出现，幻觉常以幻视为主，症状可有昼轻夜重；③体格检查与实验室检查常常可以发现异常。

2. 心境障碍

严重的抑郁或躁狂发作患者也会表现出与心境协调的妄想或幻觉，但这些精神病性症状在情绪症状有所改善时就会较快消失，不是疾病的主要临床相。精神分裂症患者的情感与环境刺激不协调或淡漠，且伴有如思维破裂、幻觉、妄想等其他症状。

3. 强迫障碍

部分精神分裂症患者，尤其是疾病早期，常出现焦虑、抑郁和强迫等症状。但精神分裂症患者的强迫症状内容常有离奇、荒谬、多变和不可理解的特点，摆脱的愿望不强烈，痛苦体验不深刻。可发现精神分裂症同时具有情感淡漠、行为孤僻退缩等其他症状，而强迫障碍患者多数有较好的自知力，了解自己的病情变化和处境，求治心切，情感反应强烈。

4. 人格障碍

某些人格障碍，如分裂型、分裂样、边缘型及强迫型人格障碍可以表现出某些精神分裂症的特点。人格障碍是一个固定的情绪、行为模式，一般无明显、持续的精神病性症状，无确切发病时间点，而精神分裂症的病前病后有明显的转折，且具有某些重性精神病性症状。

四、治疗与康复

精神病性障碍的治疗包括药物治疗、物理治疗及心理与社会干预。本章只介绍精神病性障碍的治疗原则。各种药物治疗、非药物治疗的具体特征及使用方法见本书第七章“工作相关精神和行为障碍的生物学治疗”。

（一）药物治疗

药物治疗是目前的首选治疗措施。抗精神病药物应根据患者对药物的依从性、疗效、耐受性、长期治疗计划、既往治疗的体验、年龄、性别及经济状况等综合考虑后选择药物。不同种类的抗精神病药物的不良反应差异较大，个体是否愿意忍受的不良反应也不同。因此，让患者参与药物的选择也很重要。建议遵循早期、适量、足疗程、单一用药、个体化用药的原则。治疗程序包括急性期（4~6 周）尽快控制症状，巩固治疗期（至少 6 个月）防止疾病复燃，维持治疗期防止疾病复发。对急性发作、缓解迅速彻底的患者，维持治疗时间可相应较短，部分疗效不佳、反复发病的患者可能需终生服药。如患者持续出现焦虑、抑郁和敌意等症状，可合用相应的药物对症处理。尽管抗精神病药物总体上相对安全，但不同的药物对少数患者会有影响。抗精神病药物会出现诸如锥体外系反应、药源性激越、过度镇静、泌乳素分泌增加、代谢综合征等不良反应。因此，在开始抗精神病药物治疗前均应常规检查血压、心率、体重指数，血常规，肝、肾、心功能，血糖、血脂、血电解质等，并在服药期间要定期复查对比，发现问题及时分析处理。

（二）物理治疗

电抽搐治疗（ECT）对精神分裂症患者有效，对部分药物治疗效果不佳和（或）有木僵违拗、频繁自杀、攻击冲动的急性期患者，合用 ECT 能获得显著疗效。目前，国内医院基本上都已使用改良的电抽搐治疗（MECT）。其他可能有前景的治疗方法还包括重复经颅磁刺激和深部脑刺激，但尚需更多的临床验证。

（三）心理与社会干预

针对患者开展全病程心理与社会干预等措施能更好促进其精力、体力及社会功能的恢复，更好地回归社会。常用于精神分裂症患者的心理社会干预措施包括：行为治疗（社会技能训练）、家庭干预、社会服务、团体治疗、小组治疗、认知行为治疗、辩证行为治疗、认知训练、职业治疗、艺术治疗等。

五、典型案例

案例："我的电脑被监控了"

患者，女性，24 岁。因"凭空闻语，疑人害己 8 个月"由母亲陪同就诊。

患者自从 8 个月前出现言行异常，当时在一家公司工作期间出现多次无故旷工，在办公室里整天浏览网页，同事发现她只是盯着屏幕发呆，喊她的名字也没反应。好友询问其缘由，患者只是说"我的电脑被监控了，同事都在监控我"，其上级主管认为这些情况都不存在。近 1 个月来，患者称路上的人也在看自己，甚至在公交车和地铁里别人都在关注自己，自己的信息被发到网络上，别人都知道她的一切。微信朋友圈里别人发的照片都在向她传递威胁，并表现不安，整夜无法睡眠。1 周前患者突然离家出走，2 天后被警察从外地找回，回家后患者把自己锁在房间里不出来，不吃饭、睡觉、洗澡，也不收拾房间。家人问她很简单的问题时，也是大喊大叫。

精神状况检查：患者仪表邋遢，衣衫不整，对答基本切题，对时间及地点定向力完整，不停东张西望，抬头看天花板上的安全监控器。可引出言语性、评论性幻听，称周围人、隔壁邻居都在议论她，思维散漫，否认有幻视及幻听、自杀及杀人观念。可引出被害妄想，关系妄想，情感反应与谈话内容及内心体验一致，自知力缺乏。

既往病史：患者否认既往的躯体疾病史，否认物质滥用，体格检查未见异常。

实验室检查：血常规、血生化、维生素 B_2、梅毒检测、甲状腺功能检查和尿毒理学检测未见异常。脑 CT 检查未见肿块、梗死及出血灶。

诊断：精神分裂症，偏执型。

治疗：患者住院后接受奥氮平治疗，其间联合改良 MECT 治疗 6 次，4 周后幻觉妄想症状明显改善后出院，继续巩固维持药物治疗，3 个月后恢复工作。

讨论：精神分裂症是精神病的典型代表，症状复杂多变，经典的定义是出现幻觉或妄想症状，但患者的意识状态一般来说都能保持清晰。精神分裂症的药物治疗仍是当前主要的干预方式，维持和巩固治疗对于防止精神分裂症复发和改善认知功能和回归社会至关重要。

（项　琼　卓恺明　刘登堂）

06 第六章　职业性精神和行为障碍

第一节　概　述

2010 年，ILO 修订的职业病名录将精神和心理行为问题中的 PTSD 纳入职业病名录，并将职业暴露界定为暴露于工作场所的暴力、身体暴力和心理暴力（情感虐待）。不同国家根据各自国情确定了职业暴露的范围和涉及的精神疾病。

随着经济社会的发展和职业环境的变化，我国社会各界对扩大职业病病种范围、更好地保护职业人群健康的呼声也日益高涨。2020 年以来，国家卫生健康委组织有关单位开展了调整《职业病分类和目录》的相关前期研究，了解国外和 ILO 职业病目录制定的进展情况。通过现场调研、专家访谈、走访职业病诊断机构和相关部门，听取各方面对《职业病分类和目录》调整的意见，提出修订旨在补齐现行目录的短板，聚焦重点职业人群、重点疾病，做到循序渐进、稳步推进。2024 年 12 月国家卫生健康委发布修订后的《职业病分类和目录》，其中增加职业性精神和行为障碍作为一类新的职业病。

目前我国职业性精神和行为障碍主要包括一种，即职业性创伤后应激障碍（限于参与突发事件处置的人民警察、医疗卫生人员、消防救援等应急救援人员）。《职业性创伤后应激障碍诊断标准》于 2025 年 4 月发布，2025 年 8 月 1 日起实施。

第二节　职业性创伤后应激障碍

一、定义

职业性创伤后应激障碍（occupational post-traumatic stress disorder，occupational PTSD），是指参与突发事件应急处置工作后发生的延迟或长期应激反应，引起临床上明显的痛苦，或导致社交、职业或其他主要功能方面的受损。主要表现为创伤性体验反复闯入意识或梦境中，持续的警觉性增高以及回避任何能引起此创伤性记忆的线索，还可以出现情感麻木、迟钝，与他人疏离，对周围环境没反应，快感缺乏等。

PTSD 多发生在亲历或目睹重大威胁生命事件后，因果关系相对明确，暴露因素相对确定，易于诊断与鉴别诊断。在职业活动中，参与突发事件应急处置工作的人员目睹严重的伤害和死亡，若出现 PTSD，可诊断为职业性 PTSD。

二、常见职业接触机会

ILO 发布的《职业病诊断和接触标准》中的 PTSD 诊断标准规定的职业接触事件包括在工作中直

接或间接地接触重大事件或身体和心理暴力。根据我国的经济发展水平和国内外职业病研究报告现状，将诊断对象限定于参与突发事件应急处置的人民警察、医疗卫生人员、消防救援人员等应急救援人员。

突发事件（emergency event）是指突然发生，造成或可能造成严重社会危害，需采取应急处置措施予以应对的自然灾害、事故灾难、公共卫生事件和社会安全事件。

每当遇到突发公共事件时，人民警察、医疗卫生人员、消防救援人员等应急救援人员第一时间赶赴事发现场。与一般人群相比，参与突发事件应急处置工作的人员罹患 PTSD 的风险增加，这与目睹严重的伤害和死亡，暴露于潜在的身体伤害有关。

三、致病因素

在所有的精神障碍中，PTSD 是与精神创伤关系最为密切的疾病，精神创伤是其主要致病因素。但 PTSD 的发生又与素质因素密切相关，如经历强烈精神创伤的个体平均只有 8% 左右出现 PTSD，而平均 92% 的精神创伤经历者不发生 PTSD。显然 PTSD 的发生与创伤事件和个体的易感因素均有关系。

（一）创伤性事件

经历异乎寻常的创伤性事件是 PTSD 发生的必备条件。这类事件包括地震、洪水、海啸等巨大的自然灾害，战争、恐怖活动或威胁生存的突发事件，受到严重的躯体攻击等人为的灾害，交通事故、矿难、火灾等意外事故，以及巨大的丧失性事件如亲人突然死亡、突然破产或突然失去自由等，事件的强度几乎能使每个经历者都产生痛苦的体验，最终导致有易感素质的人发生 PTSD。

目前认为，创伤性事件的致病性不但与事件本身的强度有关，更重要的是与个体对创伤性事件的主观体验程度有关。就创伤性事件这一 PTSD 发生的必备条件而言，只有其强度与主观体验超出个体的耐受能力时，才成为 PTSD 的致病因素。

（二）个体易感因素

对创伤性事件或者应激的耐受能力不但与个体的易感素质有关，而且与个体的外部环境如社会支持系统、有效及时的心理干预等相关。因此有人把 PTSD 的易感因素分为个体内在的（如遗传特征、年龄、性别、HPA 轴功能状态、前额叶和杏仁核或海马的神经可塑性差异、精神障碍的家族史或既往史、躯体健康状况、是否有不良的心理应付方式等）与个体外在的因素（如社会支持系统、童年的精神创伤、创伤前后其他负性生活事件的叠加作用等）。

（三）工作相关的 PTSD 的影响因素

ILO 将能引起紧张的工作场所因素称为社会心理危险因素。1984 年，ILO 和 WHO 职业卫生联合委员会的报告提出，工作中的社会心理因素是指工作环境、工作内容、组织条件与工人能力、需求、文化、个人工作之外的因素之间的相互作用，这些因素可能通过感知和经验影响健康、工作绩效和工作满意度。这个定义强调工作环境与个体因素之间动态的相互作用。工作条件和个体因素之间消极的相互作用可能导致情绪障碍、行为问题以及生理生化的变化，持续存在时可以增加精神或身体发生疾病的风险。

四、职业健康检查

对从事参与突发事件处置的人民警察、医疗卫生人员、消防救援人员等应急救援人员进行职业健康检查，可早期发现职业病、职业健康损害和职业禁忌证，保护劳动者个体和群体的职业健康。

由于突发事件的特殊性和不可控性，应急救援人员由各种人员临时组成，不能像普通劳动者一样做上岗前检查，因此建议做好应急健康检查。

（一）检查对象

检查对象为参与突发事件应急处置的人民警察、医疗卫生人员、消防救援人员等应急救援人员。

（二）检查目的

检查目的为及时发现职业性 PTSD。

（三）检查内容

检查内容主要包括精神科检查，了解是否出现早期应激反应，是否出现创伤性再体验、回避及警觉性增高症状，是否出现社交、职业或其他重要功能的严重损害等，对既往病史、用药史、家族史、社会及职业情况进行综合评估，必要时与知情人核实。

（四）检查时间

人民警察、医疗卫生人员、消防救援等应急救援人员参与突发事件应急处置后，建议在6个月内结合实际，按需开展评估。

五、关于职业史的说明

（1）参与救援人员职业接触史的确定可根据相关记录进行综合评价，且满足下列判断依据之一：

①本人陈述及单位提供相关资料证明其参与突发事件处置工作，包括处置工作时间、承担的工作任务等；

②参与救援人员的同事及其他相关知情人提供的佐证，以及其他书面或影像资料。

（2）一次单独的事件即可引起 PTSD。

六、关于适用人群的界定

（一）医疗卫生人员

包括执业医师、执业助理医师、注册护士、药师（士）、检验技师（士）、影像技师（士）和乡村医生等卫生专业人员。

（二）人民警察

包括公安机关、国家安全机关、监狱、劳动教养管理机关的人民警察和人民法院、人民检察院的司法警察。

（三）消防救援等应急救援人员

在各类自然灾害、事故灾难等突发事件处置（含国家救援）中，负责督导、组织和执行救援救助任务的应急救援人员，具体包括各级应急管理部门、矿山安全监察机构、地震机构的工作人员，国家综合性消防救援队伍和地方专职消防队伍人员，国家、地方安全生产和自然灾害工程应急救援队伍人员。

七、诊断

（一）诊断原则

根据参加突发事件处置的职业史，6个月（含）内出现 PTSD 的临床表现，病程超过一个月，引起临床上明显的痛苦，或导致社交、职业或其他重要功能方面的受损，结合精神科检查和突发事件调查结果，综合分析，排除其他原因所致类似疾病，方可诊断。

（二）诊断条件

诊断时应同时满足以下条件：

（1）参与突发事件处置工作；

（2）6个月（含）内出现创伤性再体验、回避任何能引起该创伤性记忆的线索、警觉性增高“三联征”，或伴有情感麻木、迟钝，与他人疏离，对周围环境毫无反应，快感缺乏等；

（3）病程超过一个月，引起临床上明显的痛苦，或导致社交、职业或其他重要功能方面的受损。

（三）诊断说明

（1）职业性PTSD诊断时，首先根据参与突发事件处置工作的职业史，6个月（含）内出现创伤性再体验、回避及警觉性增高症状，病程超过一个月，引起临床上明显的痛苦，或导致社交、职业或其他重要功能方面的受损，不能用药物、物质或其他躯体疾病解释，再参考既往病史、用药史、家族史及职业情况，结合突发事件调查结果和精神科检查、既往治疗史及有效性评估，综合分析，排除急性应激反应和适应障碍，作出诊断。

（2）进行回顾性诊断时，应依据患者既往参与突发事件处置的职业史（事件发生的时间、地点和参与的救援工作内容等），结合PTSD典型症状出现的时间和精神科检查结果，综合分析，作出诊断。

（3）创伤性再体验：患者的思维、记忆或梦中反复、不自主地闯入与创伤有关的情境或内容，也可表现为超出正常的触景生情，或在接触创伤性事件相关的情景、线索时，诱发强烈的心理痛苦和生理反应。

（4）回避：在创伤事件后患者对创伤相关的刺激存在持续的回避。回避对象包括具体的场景与情境，有关的想法、感受及话题。

（5）警觉性增高：患者可能花很多的时间和精力去寻找环境中的危险性信息。同时，患者的睡眠会受到影响，易怒、难以集中注意力、容易受到惊吓和感到恐惧，就像创伤性事件会随时再次发生一样。惊恐发作和过度换气（即以非常快的速度呼吸）也可能发生。

八、鉴别诊断

需与职业性PTSD鉴别的疾病包括急性应激反应、适应障碍，上述需鉴别的疾病均与应激事件有关，均会出现不同程度的精神心理问题，详见表6–1。

表6–1 职业性PTSD与急性应激反应、适应障碍的鉴别要点

疾病名称	应激源	临床表现	病程	预后
PTSD	极具威胁性或恐怖性的事件或情境，本标准特指《中华人民共和国突发事件应对法》所指的突发事件	创伤性再体验、回避任何能引起该创伤性记忆的线索、警觉性增高“三联征”，或伴有情感麻木、迟钝，与他人疏离，对周围环境毫无反应，快感缺乏等，导致显著的主观痛苦和/或人际、家庭、社会、教育、工作或其他重要方面的功能明显受损	在接触应激源后的6个月（含）内发病	较差

续表

疾病名称	应激源	临床表现	病程	预后
急性应激反应	猝不及防的创伤体验，包括对个体本人或其所爱之人安全或躯体完整性的严重威胁（如自然灾害、事故、战争、受罪犯的侵犯），也可以是个体社会地位或社会关系网络发生急骤的威胁性改变，如同时丧失多位亲友或家中失火	除了 PTSD 的“三联征”，还可能表现为意识障碍、麻木、否认等精神运动性抑制症状或分离症状	在受到应激性刺激或事件的影响后几分钟内出现，并在 2~3 天内消失，不超过 1 个月	好
适应障碍	生活环境或社会地位的改变	抑郁，焦虑，害怕，伴有适应不良的行为或生理功能的障碍	在接触应激源后即刻到 1 个月内起病，症状持续时间不超过 6 个月	较好

九、治疗原则

职业性 PTSD 的治疗原则包括：

一是在最大可能远离创伤性事件的安全环境前提下，尽可能选择在患者熟悉的社会文化与家庭氛围下开始治疗；

二是建立和维持良好的医患关系，宜选择心理治疗、药物治疗与物理治疗相结合的综合治疗模式，并遵循其各自的治疗原则；

三是治疗时应考虑患者的其他相关问题，如共病或自杀意念等，以及社会支持系统的建立和维持，制订个体化治疗方案；

四是加强对患者及家属的健康教育，了解该疾病的症状与发展规律，以给予患者情感支持。

十、预防

遵循三级预防的原则，针对该病的发生、发展的不同阶段采取病因预防，早发现、早诊断、早干预等预防措施。

（一）一级预防

在设计和布置工作场所时，根据可能发生的突发事件配备相应的安全设施，制订心理危机干预方案；面向所有参与突发事件处置的相关人员，开展心理健康教育，对应激相关障碍专业知识进行培训；开展针对性演练，提高参与救援人员对突发事件及应激相关障碍的认识和处理能力。

（二）二级预防

突发事件后，根据突发事件的类型，为参与处置的相关人员提供针对性心理援助，对可能出现症状的个体进行随访。

（三）三级预防

根据病情，为患者制订个体化的治疗和康复方案。

（王　茹　闫　芳　王　刚）

07

第七章　工作相关精神和行为障碍的生物学治疗

第一节　概　述

生物学治疗主要包括药物治疗、物理治疗。药物治疗仍是精神疾病的主要治疗手段。精神疾病的物理治疗是一种非药物治疗手段，物理治疗形式多样，可根据是否侵入人体分为侵入性治疗，如深部脑刺激治疗、迷走神经刺激术等；以及非侵入性治疗，包括经改良电抽搐治疗、经颅磁刺激治疗、经颅电刺激、光照治疗和经颅聚焦超声刺激等多种手段。随着相关领域科学技术的迅猛发展和脑科学研究的逐步深入，物理治疗的临床研究与应用日新月异，继药物治疗、心理治疗后成为精神治疗学第三大治疗领域。

第二节　药物治疗

一、定义

精神科药物包括抗抑郁药物、抗焦虑药物、心境稳定剂、抗精神病药物。抗抑郁药物是主要针对抑郁状态的药物，并且被广泛用于治疗其他多种精神和神经系统相关的疾病（如焦虑、强迫、慢性疼痛），但对健康人群的情绪提升并无效果。这些药物的机制集中在增强中枢单胺神经递质系统功能，以提高脑内神经递质的浓度，从而改善抑郁症患者的症状。目前有抗焦虑作用的抗抑郁药是焦虑治疗的一线选择，但传统抗焦虑药物在临床治疗中仍有广泛应用。心境稳定剂，又称抗躁狂药，主要用于双相情感障碍中的躁狂或抑郁发作的防治。抗精神病药（antipsychotic drugs）是精神分裂症及其他精神病性障碍的主要治疗方式之一，其作用是减少精神分裂症、躁狂症及继发于其他疾病的幻觉、妄想、激越和精神运动性兴奋等精神病性症状。这些药物也用于预防精神分裂症复发。

二、抗抑郁药物

抗抑郁药物根据其药理学特征可分为如下几类：①选择性 5- 羟色胺再摄取抑制剂（selective serotonin reuptake inhibitors，SSRIs）；② 5- 羟色胺和去甲肾上腺素再摄取抑制剂（serotonin norepinephrine reuptake inhibitors，SNRIs）；③去甲肾上腺素和多巴胺再摄取抑制剂（norepinephrine dopamine reuptake inhibitors，NDRIs）；④选择性去甲肾上腺素再摄取抑制剂（noradrenaline reuptake inhibitors，NRIs）；⑤ 5- 羟色胺阻滞和再摄取抑制剂（serotonin antagonist and reuptake inhibitors，

SARIs）；⑥ α_2 肾上腺素受体阻滞剂或去甲肾上腺素能及特异性 5- 羟色胺能抗抑郁药（noradrenergic and specific serotonergic antidepressant，NaSSA）；⑦褪黑素能抗抑郁药（melatonergic antidepressant）；⑧新型多模式作用抗抑郁药；⑨三环类抗抑郁药（tricyclic antidepressants，TCAs），包括在此基础上开发出来的杂环或四环类抗抑郁药；⑩单胺氧化酶抑制剂（monoamine oxidase inhibitor，MAOIs）；⑪治疗抑郁的植物药或中成药。TCAs 和 MAOIs 属于传统抗抑郁药物，其他均为新型抗抑郁药物。除 MAOIs 外，上述其他抗抑郁药均可用作一线药物。

（一）常用抗抑郁药物

常用抗抑郁药物的分类、剂量范围、适应证、禁忌证、常见不良反应和停药症状风险见表 7–1。

表 7–1　常用抗抑郁药物

分类	药名	常用剂量（mg/d）	适应证	禁忌证	常见不良反应	停药症状风险
SSRIs	氟西汀（fluoxetine）	20~60	抑郁障碍、强迫性障碍、贪食症	患严重肝肾病者及孕妇禁用；禁止与 MAOIs 和其他 5–HT 激活药联用	坐立不安、肠胃不适、失眠、眩晕、激越、性功能障碍	低
	帕罗西汀（paroxetine）	20~62.5	伴焦虑的抑郁障碍、惊恐障碍			高
	舍曲林（sertraline）	50~200	抑郁障碍、强迫性障碍			中
	氟伏沙明（fluvoxamine）	100~300	抑郁障碍、强迫性障碍			中
	西酞普兰（citalopram）	20~60	抑郁障碍、伴惊恐发作的抑郁障碍			中
	艾司西酞普兰（escitalopram）	10~20	抑郁障碍、伴惊恐发作的抑郁障碍			中
SNRIs	文拉法辛（venlafaxine）	75~225	抑郁障碍、广泛性焦虑障碍	患严重肝肾病、高血压、癫痫；禁止与 MAOIs 和其他 5–HT 激活药联用	肠胃不适、头晕、多汗、口干，文拉法辛可引剂量依赖性高血压	高
	度洛西汀（duloxetine）	60~120	严重抑郁、慢性疼痛、广泛性焦虑障碍			中
	米那普仑（milnacipran）	100~200	抑郁障碍、纤维肌痛			中
NDRIs	安非他酮（bupropion）	150~450	双相抑郁、迟滞性抑郁、烟草戒断	有癫痫病史，正在服用其他含有安非他酮成分的药物、有进食障碍、对该药物过敏、突然戒酒或停用镇静剂；禁止与 MAOIs 联用	失眠、恶心、坐立不安、头痛和多汗，大剂量可能导致癫痫	低

续表

分类	药名	常用剂量（mg/d）	适应证	禁忌证	常见不良反应	停药症状风险
NRIs	瑞波西汀（reboxetine）	8~12	对其他抗抑郁药治疗无效的严重抑郁	青光眼、前列腺增生、低血压及新近心血管意外；孕妇、哺乳期妇女	便秘、多汗、口干、排尿困难、勃起困难、不安和体位性低血压	中
SARIs	曲唑酮（trazodone）	50~400	伴焦虑、激越、睡眠及性功能障碍的抑郁	癫痫、肝肾功能不全、心肌梗死急性恢复期；孕妇、哺乳期妇女	恶心、眩晕和明显的认知损害，严重可导致性功能障碍	中
NaSSA	米安色林（mianserine）	30~90	严重抑郁、难治性抑郁	严重心肝肾病、粒细胞缺乏者；不宜与乙醇、苯二氮䓬类和其他抗抑郁药物联用；禁止与MAOIs和其他5-HT激活药联用	食欲增加、体重增加、过度镇静、口干、头晕，严重可导致粒细胞减少	低
	米氮平（mirtazapine，NaSSA）	15~45	严重抑郁、难治性抑郁			低
褪黑素受体激动剂	阿戈美拉汀（agomelatine）	25~50	严重抑郁、睡眠障碍	肝功能受损、转氨酶升高超过正常上限；谨慎与帕罗西汀联用；禁止与强效CYP1A2抑制剂联用	恶心、呕吐、头痛、视物模糊、腹泻、口干	低
新型多模式作用抗抑郁药	伏硫西汀（vortioxetine）	10~20	抑郁障碍	禁与MAOIs或选择性单胺氧化酶A（MAO-A）抑制剂联用	恶心、呕吐、梦境异常、头晕、腹泻、瘙痒等	低
TCAs	丙咪嗪（imipramine）	50~250	迟滞性抑郁、儿童遗尿症	严重心肝肾疾病、粒细胞减少、青光眼、前列腺肥大、癫痫	嗜睡、体重增加、心律失常、头晕等，容易触发癫痫发作，马普替林和氯米帕明尤甚	中
	氯米帕明（clomipramine）	50~250	抑郁障碍、强迫性障碍			中
	阿米替林（amitriptyline）	50~250	激越性抑郁			中
	多塞平（doxepin）	50~250	恶劣心境障碍、慢性疼痛			中
	马普替林（maprotiline）	50~225	恶劣心境障碍、严重抑郁			中
MAOIs	吗氯贝胺（moclobemide）	150~600	抑郁障碍	嗜铬细胞瘤、肝功能严重受损、躁狂抑郁症；禁止与其他影响5-HT系统抗抑郁药联用	口干、排尿困难、头晕、躁狂等	中

1. 选择性5-羟色胺再摄取抑制剂

目前用于临床的选择性5-羟色胺再摄取抑制剂（SSRIs）药物主要有6种：氟西汀、帕罗西汀、舍曲林、氟伏沙明、西酞普兰和艾司西酞普兰。SSRIs的疗效总体上与TCAs相当，并且心血管系统毒性更小，过量时安全性更高。SSRIs 与其他抗抑郁药物合并使用能增强药效，但应避免与 MAOIs 等能增加 5-HT 功能的药物合用。二者相互作用，严重可导致 5-HT 综合征。SSRI 药物之间的总体疗效差异并不明显，主要不良反应包括坐立不安、肠胃不适、失眠、眩晕、激越、性功能障碍等，多数反应会随着继续给药而缓解。氟西汀适用于抑郁障碍、强迫性障碍和贪食症的患者，不易引起撤药综合征，半衰期长，但停用后短期内仍有可能与其他药物相互作用，且对 CYP2D6 酶的抑制作用较强，与其他药物合用时需谨慎。帕罗西汀适合惊恐障碍和伴焦虑症状的抑郁患者，停药过快易导致撤药反应，与氟西汀一样对 CYP2D6 酶有较强抑制作用。舍曲林主要用于治疗抑郁的相关症状和强迫性障碍，同样适用于儿童和青少年。氟伏沙明常用于抑郁障碍和强迫性障碍的治疗，也适用于儿童和青少年。氟伏沙明对肝脏 CYP1A2 酶等有较强抑制作用，需谨慎与其他药物合用。艾司西酞普兰是西酞普兰的活性异构体，效果较西酞普兰明显增强，适用于各种抑郁症，以及焦虑症。由于对肝脏细胞色素 P450 酶的影响小，几乎不与其他药物相互作用，安全性较高。

2. 选择性 5- 羟色胺和去甲肾上腺素再摄取抑制剂

选择性 5- 羟色胺和去甲肾上腺素再摄取抑制剂（SNRIs）药物以文拉法辛、度洛西汀和米那普仑为代表，用以治疗严重抑郁和其他精神障碍。SNRIs 有 5-HT 和去甲肾上腺素双重作用机制，与 TCAs 作用相同，但毒副作用与 SSRIs 接近，且适应证比 SSRIs 更广泛，适用于广泛性焦虑障碍、强迫性障碍、慢性疼痛综合征等。常见的不良反应有肠胃不适、头晕、多汗、口干等。与 SSRIs 类似，突然停药可导致撤药综合征，表现为失眠、焦虑、恶心、胃部不适等。文拉法辛可引剂量依赖性高血压，而治疗剂量的度洛西汀不会。

3. 去甲肾上腺素能及特异性 5- 羟色胺能抗抑郁药

去甲肾上腺素能及特异性 5- 羟色胺能抗抑郁药（NaSSA）的代表药物为米氮平和米安色林，单用或与其他抗抑郁药合用均适用于严重抑郁和难治性抑郁患者。这类药物除抗抑郁作用外，还有较强的镇静作用，但无抗胆碱能作用且过量时安全性相对较高。与其他中枢性镇静剂合并使用可增强药效。常见的不良反应包括食欲增加、体重增加、过度镇静、口干、头晕等。最严重的不良反应为粒细胞数量减少，使用初期应监测血象。

4. 去甲肾上腺素和多巴胺再摄取抑制剂

去甲肾上腺素和多巴胺再摄取抑制剂（NDRIs）的代表药物为安非他酮，其抗抑郁作用与 TCAs 相当，对试图戒烟的患者也有辅助作用。安非他酮通过阻断多巴胺和去甲肾上腺素的再摄取，增强这两种神经递质的功能。最常报道的不良反应有失眠、恶心、坐立不安、头痛和多汗，不会引起性功能障碍和体重增加，但大剂量使用有增加癫痫的风险。

5. 选择性去甲肾上腺素再摄取抑制剂

选择性去甲肾上腺素再摄取抑制剂（NRIs）的代表药物为瑞波西汀，通过阻断去甲肾上腺素的再摄取发挥作用，抗抑郁效果相对较弱，适用于 SSRIs 治疗无效的患者。常见的不良反应包括便秘、多汗、口干、排尿困难、勃起困难、不安和体位性低血压。由于老年人对该药物个体反应差异较大，难以精确调控剂量，因此不建议用于老年患者。抑制 CYP3A4 酶的药物可提高血浆中瑞波西汀的浓度，合用时需谨慎。青光眼、前列腺增生、低血压及新近心血管意外患者禁用。

6. 5- 羟色胺阻滞和再摄取抑制剂

5- 羟色胺阻滞和再摄取抑制剂（SARIs）药物以曲唑酮为代表，通过阻断特定 5-HT 受体和抑制 5-HT 的再摄取发挥作用。曲唑酮镇静和抗焦虑作用更强，适用于存在焦虑、激越、睡眠问题及性功能障碍的患者。服用曲唑酮主要的副作用是过度镇静，导致患者出现恶心、眩晕和明显的认知损害。最严重的不良反应是阴茎异常勃起，该情况少见，但有可能导致长期性功能障碍。曲唑酮通过CYP2D6酶介导生成mCPP，mCPP具有部分5-HT受体激动活性，因此与SSRIs换用或合用需谨慎，CYP2D6缺乏者需慎用。

7. 褪黑素能抗抑郁药

以阿戈美拉汀为代表的褪黑素能M_1和M_2受体激动剂及5-HT_{2C}受体阻滞剂，是全新作用机制的抗抑郁药，主要用于治疗严重抑郁发作。阿戈美拉汀起效快，撤药反应小，不良反应少于多数抗抑郁药，不会引起体重增加、性功能障碍等反应，且其能够调节睡眠和生物节律，对于动力缺乏和快感缺失有改善作用。其常见不良反应包含恶心、呕吐、头痛、视物模糊、腹泻、口干等。阿戈美拉汀的使用存在肝损伤的风险，应注意肝功能监测。阿戈美拉汀禁止与氟伏沙明联用，且与帕罗西汀联用需谨慎。

8. 新型多模式作用抗抑郁药

主要指伏硫西汀。伏硫西汀可通过提高脑内与抑郁障碍相关的5-羟色胺、去甲肾上腺素、多巴胺、乙酰胆碱、组胺、谷氨酸能神经元的神经传递功能从而产生抗抑郁疗效，对认知症状有一定改善作用。最常见的不良反应有恶心、呕吐、梦境异常、头晕、腹泻、瘙痒等。禁止与不可逆非选择性MAOIs、可逆性选择性MAO-A抑制剂、弱可逆性非选择性MAOIs联用；与选择性MAO-B抑制剂、降低癫痫发作阈值的药物等联用时应谨慎；代谢主要由CYP2D6介导，与CYP酶类抑制剂联用应注意药物暴露量的变化；与5-HT类药物、圣约翰草联用可能导致5-HT综合征。

9. 三环类抗抑郁药

三环类抗抑郁药（TCAs）以及在此基础上开发的杂环或四环类抗抑郁药，是开发最早的抗抑郁药。代表药物为丙咪嗪、氯米帕明、阿米替林、多塞平和马普替林。因过量使用时容易引起中毒反应，现在多用作二线药物。TCAs的不良反应相较于新型抗抑郁药更重，最常见的是抗胆碱能不良反应，表现为口干、青光眼、尿潴留等。主要的不良反应还有嗜睡、体重增加、心律失常、头晕等。此外，所有TCAs，尤其是马普替林和氯米帕明，容易引起癫痫发作的不良反应。药物选择方面，丙米嗪的镇静作用较弱，适用于迟滞性抑郁和儿童遗尿症。氯米帕明是抑制5-HT再摄取作用最强的TCAs，且与其他TCAs不同，对于缓解强迫症状也有效。阿米替林具有较强的镇静和抗焦虑效果，适合激越性抑郁患者使用。多塞平的抗抑郁效果不及其镇静和抗焦虑作用，常用于治疗恶劣心境障碍和慢性疼痛。马普替林的心肝毒性较低，过去常用于老年抑郁症患者。

10. 单胺氧化酶抑制剂

单胺氧化酶抑制剂（MAOIs）分为不可逆性和可逆性两大类。传统的不可逆性MAOIs以苯环丙胺为代表，与食物和药物之间的相互作用较多，同时摄入易引发高血压危象和肝损害，已基本退出临床使用。新一代可逆性MAOIs以吗氯贝胺为代表，禁忌相对更少，可在使用SSRIs、TCAs等无效时，作为二线药物使用。此外，MAOIs对非典型抑郁的治疗效果较好。不良反应包括口干、排尿困难、头晕、躁狂等。MAOIs应避免与影响5-HT系统的抗抑郁药合并使用，有导致致死性5-HT综合征的风险。

11. 治疗抑郁的植物药或中成药

以贯叶连翘（圣约翰草）提取物为代表的植物药被报道适用于轻至中度的抑郁症，其常见的不良反应包含肠胃不适、头晕和疲劳。贯叶连翘应避免与SSRI等5-HT强化药物合并使用。此外，如疏肝解郁胶囊等中成药也已在临床作为抗抑郁治疗使用。

（二）治疗原则

开始使用抗抑郁药物治疗时，应遵循以下用药原则。

1. 充分评估与监测原则

对患者进行全面评估，包括诊断、症状特征、治疗情况、身体状况、主观感受、社会功能、生活质量和药物经济负担等方面，并定期通过实验室检查和精神科量表监测疗效、安全性和耐受性。

2. 确定药物治疗时机原则

对于不愿接受药物治疗或专业医务人员认为无须治疗干预的轻度抑郁障碍患者，通常应在 2 周内进一步评估以决定是否用药。中重度抑郁障碍患者的药物治疗应尽早开始。

3. 个体化合理用药原则

根据临床因素选择抗抑郁药物，考虑药效和不良反应的性别差异、年龄段代谢差异、避免自杀风险，以及优先选择既往有效药物。

4. 抗抑郁药单一使用原则

尽量单一使用抗抑郁药，难治性病例可联合用药；有精神病性症状者应联合使用抗精神病药。

5. 确定起始剂量及剂量调整原则

根据耐受性选择起始剂量并确定滴定速度，通常在 1~2 周内达到有效剂量；2 周无明显改善可增加剂量，4 周后根据疗效和耐受性决定调整。

6. 换药原则

依从性好且足量 4 周无效可考虑换药，换药可在不同或相同种类间进行；使用两种同类药物无效，建议换不同种类药物。

7. 联合治疗原则

换药无效可考虑不同机制药物联合使用，但一般不主张两种以上抗抑郁药联合，也可考虑附加锂盐、第二代抗精神病药或三碘甲状腺原氨酸等。

8. 停药原则

再次发作风险低的患者应逐渐停药，存在残留症状者最好不停药；停药期间密切随访，观察反应或复发迹象，必要时快速恢复治疗。

9. 加强宣教原则

治疗前向患者详细说明治疗方案、药物性质、作用及可能的不良反应，争取患者配合，确保依从性。

10. 治疗共病原则

积极治疗焦虑障碍、躯体疾病、物质依赖等与抑郁共病的问题。

三、抗焦虑药物

传统抗焦虑药物是专门用于减轻焦虑症状的药物，主要包括苯二氮䓬类药物（benzodiazepines，BZD）和 5-HT 受体部分激动剂。这些药物通过调节神经递质的活动，减轻焦虑和紧张的症状。苯二氮䓬类药物能快速缓解焦虑，但有依赖性风险，5-HT 受体部分激动剂起效较慢但依赖性低。

（一）主要类别

常用苯二氮䓬类药物和 5-HT 受体部分激动剂的平均半衰期、适应证、禁忌证和用作抗焦虑治疗的常用剂量见表 7-2。

表 7-2　抗焦虑药物

分类	名称	半衰期（h）	适应证	禁忌证	常见不良反应	常用剂量（mg/d）
苯二氮䓬类药物	地西泮（diazepam）	20~50	焦虑、失眠、癫痫、酒精戒断	睡眠呼吸暂停综合征、重症肌无力、共济失调、妊娠前 3 个月、对该药物成分过敏、慢性呼吸功能衰竭、严重肝肾功能不全、青光眼等	嗜睡、过度镇静、记忆力下降、共济失调、言语迟缓	5~20
	氯氮䓬（chlordiazepoxide）	20~24	焦虑、失眠、癫痫、酒精戒断			10~40
	氯硝西泮（clonazepam）	20~38	癫痫、躁狂、失眠			2~6
	阿普唑仑（alprazolam）	12~18	焦虑、抑郁、失眠			0.4~2.0
	艾司唑仑（estazolam）	10~24	焦虑、失眠、癫痫			1~2
	劳拉西泮（lorazepam）	10~20	焦虑、躁狂、失眠			1~4
	奥沙西泮（oxazepam）	5~12	焦虑、失眠			30~90
	咪达唑仑（midazolam）	2~5	失眠、手术或诊断中的睡眠诱导			15~30
5-HT 受体部分激动剂	丁螺环酮（buspirone）	2.5	焦虑	严重肝肾功能不全、重症肌无力、青光眼、癫痫、对该药物成分过敏、妊娠期、分娩期等	紧张、头晕、头痛、口干、失眠、胃肠功能紊乱等	15~60
	坦度螺酮（tandospirone）	1.2~1.4	焦虑			20~60

1. 苯二氮䓬类药物

苯二氮䓬类药物因其快速起效和良好的抗焦虑效果而广泛应用。它们主要用于治疗焦虑、失眠、癫痫和酒精依赖戒断症状，同样也是特定躯体疾病及重度精神疾病中治疗失眠、焦虑、激越等症状的重要辅助手段。苯二氮䓬类药物的作用机制在于其能够强化 γ- 氨基丁酸（gamma-aminobutgric acid，GABA）对 GABA 受体的影响，进而达到镇静、催眠、缓解焦虑、抗癫痫以及使肌肉松弛等效果。但苯二氮䓬类药物具有依赖性，故选择苯二氮䓬类药物时，需要综合考虑药物的特性和患者的具体情况。对于有持续性焦虑和躯体症状的患者，应选择长半衰期药物，如地西泮和氯氮䓬。若患者的焦虑呈波动形式，则适合使用中短半衰期药物，如奥沙西泮和劳拉西泮，但需注意滥用和依赖的风险。伴有抑郁症的患者，可选择具有抗抑郁作用的阿普唑仑，但需注意呼吸系统抑制的风险。对于睡眠障碍，常用药物包括氟西泮、硝西泮、艾司唑仑和咪达唑仑。氯硝西泮在治疗癫痫方面效果显著，但可能导致嗜睡和抑郁，同时作为高效价的苯二氮䓬类药物，与阿普唑仑一样有治疗惊恐障碍的效果。而戒酒时，地西泮是首选药物。奥沙西泮与地西泮药理作用相似，但相对更弱，适用于老年人和肝肾功能不良者，不良反应较小。缓解肌肉紧张可使用劳拉西泮、地西泮或硝西泮。选择药物时应避免多种苯二氮䓬类药物同时使用。

2. 5-HT_{1A} 受体部分激动剂

5-HT_{1A} 受体部分激动剂以丁螺环酮和坦度螺酮为代表，通过与 5-HT_{1A} 受体结合，减少 5-HT 的神经传递以达到抗焦虑作用。这类药物适用于焦虑障碍，焦虑抑郁混合状态以及用作抗抑郁治疗的增效剂，但对惊恐障碍的治疗效果不如三环类抗抑郁药。丁螺环酮的起效比苯二氮䓬类药物慢，但安全性更高，较少有明显药物相互作用，不易引起药物依赖和耐药性，不会导致体重增加或性功能障碍。使用丁螺环酮也不会引起镇静，因此不影响患者操作机械和驾驶车辆。5-HT_{1A} 受体部分激动剂常见的不良反应为紧张、头晕、头痛、口干、失眠、胃肠功能紊乱等。孕妇、哺乳期妇女、肝肾损伤患者慎用，不应与 MAOIs 合用。

3. β 受体阻滞剂

以普萘洛尔为代表的部分 β 受体阻滞剂可缓解焦虑症的部分躯体症状，如心悸、心动过速、震颤等。对于社交环境下的患者尤为适用。不良反应包括心力衰竭、支气管痉挛、低血糖（尤其是对于糖尿病患者）等。

4. 有抗焦虑作用的抗抑郁药

SSRIs、SNRIs、SARIs 和 NaSSAs 类抗抑郁药都可明显改善焦虑症状。对于广泛性焦虑障碍、惊恐发作、强迫性障碍、社交障碍、PTSD 等均可作为一线用药。

5. 有抗焦虑作用的非典型抗精神病药

对于持续焦虑且已对其他药物形成依赖的患者，以及对其他抗焦虑药反应较差且有攻击性的患者，使用非典型抗精神病药，如喹硫平和奥氮平，可有效缓解其焦虑症状。

（二）治疗原则

焦虑障碍药物治疗的原则为：①根据焦虑障碍的具体类型和临床表现选择合适的药物；②考虑患者可能存在的躯体疾病、药物相互作用、耐受性以及有无并发症，进行个体化治疗；③通常不建议同时使用两种以上的抗焦虑药物，应尽量单药治疗，并保证足够的剂量和疗程；若需联合用药，可选择作用机制不同的抗焦虑药；④治疗前需向患者及其家属详细说明药物的性质、作用、可能出现的不良反应及应对措施；⑤药物治疗应从小剂量开始，1~2 周后逐步增加剂量，1 周时评估患者的耐受性和依从性，4~6 周后可使用推荐剂量，建议长期治疗（至少 1 年）；⑥注意苯二氮䓬类药物的依赖性，如反跳性失眠和记忆受损，特别是老年患者需防止用药后摔倒。

四、心境稳定剂

心境稳定剂以锂盐和某些抗癫痫药物为主。传统抗精神病药物（如氯丙嗪、氟哌啶醇）虽然可用于急性躁狂的治疗，但可能导致抑郁发作；而新型抗精神病药物（如利培酮、奥氮平）对急性躁狂和双相障碍急性期有效，但对双相抑郁发作效果有限，因此不属于心境稳定剂。

目前的双相障碍治疗一致认为，急性期的早期识别和干预，以及长期有效的维持治疗，不仅可以减少双相障碍患者的病程和症状，还能延长患者寿命并改善功能结局。对于发作缓解的双相障碍患者，仍应进行巩固性治疗和长期预防。

（一）锂盐

碳酸锂作为临床一线用药，是最经典、疗效最可靠的心境稳定剂，总有效率约 70%。它主要包括两种形式，一种是普通片剂，另一种是缓释片。由于碳酸锂的抗躁狂作用起效较慢，对于一些起病急、病情重、攻击性强或伴有精神病性症状的躁狂发作患者，通常需要联合其他精神类药物治疗。

1. 适应证和禁忌证

适应证：躁狂发作以及双相障碍的治疗和预防；与抗精神病性药物联合使用，对兴奋、躁动的分裂性情感性障碍及精神分裂症的疗效显著；对单相抑郁症发作较急、抗抑郁治疗效果不佳的患者，也有增效的作用；其对血管性头痛和中性粒细胞减少症也有一定的疗效。该药的优势是治疗欣快性躁狂、难治性抑郁症，减少自杀的危险性，与新型抗精神病药或与抗癫痫药丙戊酸盐合用效果好。缺点是用于改善烦躁性躁狂、混合性躁狂和快速循环型躁狂、双相障碍的抑郁期症状的疗效欠佳。其对于预防躁狂发作的效果优于预防抑郁发作。

禁忌证：患急慢性肾炎、肾功能不全、严重的心血管疾病、重症肌无力者，妊娠前3个月以及低钠、低盐饮食者禁用；患帕金森病、癫痫、糖尿病、甲状腺功能低下者，神经性皮炎患者慎用。

2. 用法用量

起始剂量250mg，每日2~3次，逐渐增加剂量，维持剂量范围一般为1000~1500mg/d，起效时间为2~3周。碳酸锂有效血锂浓度为0.6~1.2mmol/L，达到或超过1.4mmol/L将出现中毒反应，尤其是年龄较大、有器质性疾病的患者容易出现锂盐中毒症状。老年患者宜保持浓度不超过1.0mmol/L的血锂进行治疗。由于锂盐的治疗剂量接近中毒剂量，因此患者的血锂浓度应在治疗过程中进行密切监控。

患者初次发作时，应保持有效的治疗剂量2~3个月。停药时应循序渐进，逐渐减量。二次复发的患者通常需要2~3年的维持治疗，多次复发的患者则需考虑长期维持治疗。维持治疗的剂量因人而异，但应维持血锂浓度0.4~0.8mmol/L，以最小的有效剂量防止复发。

3. 不良反应

常见的不良反应包括：共济失调、构音困难、谵妄、震颤、记忆障碍、多尿、烦渴、腹泻、恶心、体重上升、皮疹、白细胞增多等。

严重的不良反应包括：肾损害、肾源性糖尿病、心律不齐、心血管改变、心动缓慢、低血压，心电图T波低平或倒置，罕见癫痫发作。

碳酸锂中毒症状包括震颤、共济失调、腹泻、恶心、过度镇静。出现震颤时可加用普萘洛尔10~20mg，每天2~3次。严重锂中毒可引起昏迷和死亡。一旦发现中重度的锂中毒征象，应立即停药，对症处理，维持患者水电解质平衡，清除体内过多的锂，如洗胃或用氨茶碱碱化尿液，以甘露醇渗透性利尿排锂，不宜使用排钠利尿剂，严重者可透析。大量出汗可增加锂盐的毒性，因此服药期间应避免过量体力活动。老年患者和器质性疾病患者在治疗时可能出现神经毒性反应，宜采用低剂量治疗。不推荐严重肾损害和心脏疾病的患者使用。不推荐孕妇和哺乳期的妇女使用。

（二）抗癫痫药

1. 丙戊酸盐

临床常用的丙戊酸钠、丙戊酸镁均属丙戊酸盐。丙戊酸盐抗躁狂发作的效果与锂盐相似。对伴有混合特征的双相障碍、快速循环型的双相障碍及锂盐治疗无效者，有较好的疗效。丙戊酸钠缓释剂的初始剂量为500~750mg/d，分2次服用，并缓慢加量，4天后增加至1000~1500mg/d。有效剂量范围为800~1800mg/d，有效血药浓度为50~100μg/mL。常见的不良反应包括镇静、震颤、头晕、共济失调、头痛、腹痛、恶心、呕吐、腹泻、食欲降低、便秘、体重增加和脱发（罕见）及脂质调节异常。严重的不良反应包括罕见的肝毒性和胰腺炎。

妊娠期妇女禁用。有白细胞减少和严重肝脏疾病的患者禁用。有严重肝脏和胰腺疾病的患者慎用，肝、肾功能不全者应酌情减量。治疗期间应定期检查肝功能与白细胞计数。用药期间不宜驾驶车辆、操作机械或高空作业。丙戊酸盐可泌入乳汁，哺乳期妇女使用期间应停止哺乳。

2. 卡马西平

卡马西平对急性躁狂发作和预防躁狂发作有效，对锂盐治疗无效或不能耐受锂盐不良反应的患者及双相障碍快速循环发作的患者均有效。初始剂量400mg/d，分2次服用，常用剂量400~1200mg/d。常见的不良反应包括：过度镇静、头晕、意识障碍、头痛、恶心、呕吐、腹泻、视力模糊、良性白细胞减少症及皮疹。严重的不良反应包括：剥脱性皮炎、罕见的再生障碍性贫血、粒细胞缺乏症。治疗前及治疗期间必须监测血常规。有骨髓抑制的患者禁用，妊娠期妇女禁用。有肾脏疾病的患者必须减量，肝功能损害和心脏功能损害的患者慎用。由于卡马西平是肝药酶的诱导剂，因此可以加快自身的新陈代谢速度，经常需要增量服用。此酶的抑制剂氟伏沙明、氟西汀可增加卡马西平的浓度。卡马西平增加苯妥英钠和扑米酮的血药浓度，降低氯氮平、华法林和氟哌啶醇等药的浓度。

3. 拉莫三嗪

拉莫三嗪对双相障碍抑郁发作有明显优于躁狂发作的疗效，适用于双相障碍抑郁发作的急性期治疗与维持期治疗、双相障碍快速循环型、双相障碍伴混合特征等。该药很少诱发躁狂、轻躁狂或快速循环。起始剂量25mg/d，缓慢加量，第3周时增加至50mg，第4周时增加至100mg，随后每周增加50mg至有效剂量200mg/d，最高剂量400mg/d，分1~2次服用。与丙戊酸钠或曲唑酮联用时剂量减半，因为这两种药物会减缓拉莫三嗪的清除。常见不良反应包括头晕、头痛、视物模糊或复视、眼球震颤、共济失调、恶心、呕吐、失眠、疲倦、无力和口干。拉莫三嗪通常不会引起体重增加，但可能导致危及生命的皮疹，如史－约综合征（Stevens–Johnson综合征）和中毒性表皮坏死松解症。这些皮肤反应大多在开始治疗后的2~8周内出现。如果在使用拉莫三嗪的同时联用丙戊酸盐或双丙戊酸盐，或者采用了更高的起始剂量，或增加剂量速度过快，均可能增加发生皮疹的风险。

五、抗精神病药物

自1952年发现氯丙嗪的抗精神病效应以来，抗精神病药极大地改善了精神分裂症的治疗状况，开创了现代精神科药物治疗的新纪元。

（一）抗精神病药物的分类

1. 传统抗精神病药物

传统抗精神病药物主要阻断大脑中枢神经系统多巴胺 D_2 受体从而治疗幻觉、妄想等精神病性症状。但可能会带来锥体外系反应、催乳素升高、产生或加重患者的阴性症状（如意志减退、快感缺乏、情感迟钝、社交退缩、语言贫乏）等副作用。传统抗精神病药物常用来治疗严重激越和暴力行为者，可以快速控制激越和暴力行为。

根据传统抗精神病药物的作用特点，可进一步分为低、中、高效价三类。低效价类药物（以氯丙嗪为代表）对 D_2 受体的选择性较低，治疗剂量较大、镇静作用强、抗胆碱能作用明显、对心血管和肝脏毒性较大、锥体外系副作用较小；中效价类和高效价类药物（分别以奋乃静、氟哌啶醇为代表）对 D_2 受体选择性高，治疗剂量较小，抗幻觉妄想作用突出、镇静作用较弱、对心血管和肝脏毒性小、锥体外系副作用较大。

2. 新型抗精神病药物

新型抗精神病药物在治疗时引起的锥体外系症状较传统抗精神病药轻，目前越来越多地运用于临床治疗，特别是老年及儿童患者。按药理作用可分为以下四类。

（1）$5-HT_{2A}$ 和 D_2 受体拮抗剂。

此类药物主要阻断中枢的 $5-HT_{2A}$ 与 D_2 受体，既能改善阳性症状，又不加重阴性症状，还能减轻锥体外系副作用，并能改善认知症状和情感症状，对精神分裂症的多维症状有效。但在治疗剂量范围内仍有一定比例的患者可发生锥体外系副作用和催乳素升高。此类药物包括利培酮、齐拉西酮、左替平等。

（2）多受体作用药。

这类药物对中枢神经系统多种神经递质受体有阻断作用，能较有效地治疗精神分裂症的多维症状，但可能导致多种副作用，如过度镇静、体重增加及糖/脂代谢紊乱等。此类药物包括氯氮平、奥氮平等。

（3）选择性多巴胺 D_2/D_3 受体拮抗剂。

这类药物同时具有治疗精神分裂症阳性和阴性症状的作用，对患者的抑郁症状有改善作用且不易产生锥体外系副作用。这类药物以氨磺必利为代表。

（4）多巴胺受体部分激动剂。

这类药物可以改善精神分裂症阳性症状、阴性症状以及认知障碍，却很少引起血清催乳素增高等不良反应。这类药物以阿立哌唑为代表。

3. 注射型长效抗精神病药

注射型长效抗精神病药主要用于精神分裂症的维持治疗中口服药物依从性差者的治疗，多为传统抗精神病药的酯类化合物，为肌肉注射给药，一般能维持疗效2~4周，目前已有一次给药能维持3个月甚至6个月的注射型长效抗精神病药。目前常见注射型长效抗精神病药有棕榈酸帕利哌酮、氟奋乃静癸酸酯、氟哌啶醇癸酸酯等。

注射型长效抗精神病药的疗效、不良反应与母药相同，最易出现急性肌张力障碍和静坐不能，这种不良反应往往在注射后1周内最重。应用期间应根据病情和不良反应调整剂量或注射间隔时间。

（二）抗精神病药的临床应用

1. 适应证

抗精神病药物主要用于控制各种精神病性症状，如幻觉、妄想、精神运动性兴奋等。这些症状多见于各种类型的精神分裂症，也见于双相情感障碍、抑郁症、器质性精神障碍、老年痴呆和儿童精神障碍。

对于老年及有器质性损伤的患者，应注意排除谵妄。谵妄患者不可使用传统抗精神病药物，可选择小剂量新型抗精神病药物。

2. 禁忌证

伴有以下躯体疾病时应慎用或禁用抗精神病药：①严重心血管、肝、肾功能疾病；②骨髓抑制；③已发生中枢性神经抑制；④严重的全身感染；⑤甲状腺功能减退和肾上腺皮质功能减退；⑥闭角型青光眼；⑦既往同种药物过敏史。

对于老年患者、孕妇、哺乳期妇女以及儿童应谨慎用药。

3. 用药方法

（1）急性期治疗。

急性期患者常可出现各种明显的幻觉妄想、激越冲动等精神症状，一旦作出诊断，应尽快开始系统的抗精神病药物治疗。对于高度兴奋状态的患者，可选用连续氟哌啶醇肌注快速镇静。当患者具有明显的危害社会安全和严重自杀、自伤行为时，通过监护人同意需紧急收住院积极治疗。对于合作的急性期患者，可在家属同意负责监管的情况下进行社区治疗。药物应从小剂量开始，1 周左右逐渐增加到治疗量。

（2）巩固治疗。

急性期治疗的疗效出现（一般为 4~6 周）后以原有效药物、原有效剂量进行巩固治疗，疗程至少 3~6 个月，慢性患者疗程可适当延长到 6 个月 ~1 年，难治性患者应稳定疗效 1~2 年。注意监测药物不良反应（如迟发性运动障碍、闭经、泌乳、体重增加、糖 / 脂代谢异常、心肝肾功能损害），根据疗效与最少不良反应调整药物剂量。

（3）维持治疗。

当患者精神症状消失 3 个月（慢性复发的患者消失 6 个月）以上，自知力恢复，可考虑变巩固期治疗为维持治疗。维持治疗期间推荐使用急性期获得临床治愈的抗精神病药物。剂量在维持不复发的前提下一般为最大治疗量的 1/4~2/3。对临床痊愈的患者维持治疗应不少于 2~3 年，一次复发的患者应维持 3~5 年，多次复发的患者需维持 5 年以上。

4. 药物的选择

药物的选择主要根据患者的症状特点，如患者兴奋、躁动可以选用镇静作用强的药物，如氯丙嗪、氟哌啶醇等；若患者以情感淡漠、语言贫乏等阴性症状为主时可选用舒必利等有兴奋作用的药物。对于首次发作的精神分裂症患者，优先考虑新型抗精神病药。对于复发及多次发作的患者来说，选药参照既往的临床症状变化及不良反应等，对于依从性不好的患者可以考虑使用长效针剂。若条件允许，可进行血药浓度监测。对其他精神障碍伴发的精神病性症状则视其症状的程度决定是否使用抗精神病药物治疗。

（1）单一用药和联合用药。

治疗精神分裂症应尽可能单一用药，已达治疗剂量且治疗 4~6 周后疗效不满意可换用化学结构或作用机制不同的其他抗精神病药物，换药时原药缓慢减量，同时新药缓慢增加。若单一药物疗效不佳，患者严重焦虑、抑郁、失眠，出现明显锥体外系不良反应，可考虑联合用药。联合用药时应当选择作用机制不同的药，且两种药物的剂量均适量减低。

（2）剂量选择。

使用传统抗精神病药物，尽量从低剂量开始，根据疗效和耐受性，逐渐调整到适宜剂量，需要至少 2~4 周达到治疗剂量。新型抗精神病药物耐受性好，可在 1~2 周达到治疗剂量。

（3）剂型选择。

口服液或口崩片适用于吞药困难或对药物存在矛盾心理、不一定真正将其咽下的患者。长效针剂对于既往治疗依从性差的患者尤为适用。短效针剂可短期用于无法口服药物患者及急性激越患者的紧急给药。

（三）不良反应及其处理

1. 锥体外系不良反应

锥体外系不良反应主要表现为急性肌张力增高、肌肉震颤、静坐不能、迟发性运动障碍。传统抗精神病药物，特别是高效价类药物发生的可能性高，通常使用抗胆碱能药物如东莨菪碱、苯海索等对症处理，但迟发性运动障碍不能使用抗胆碱能药物，应换用其他新型抗精神病药物，特别是氯氮平可明显改善。

2. 其他神经系统不良反应

（1）恶性综合征。

恶性综合征属少见但严重的不良反应，主要表现为高热、肌紧张、意识障碍和自主神经系统功能紊乱如出汗、心动过速、尿潴留等。发生率为 0.2%~0.5%，但死亡率高达 20% 以上。一旦发生应立即停用所有抗精神病药物，补液、纠正酸碱平衡和电解质紊乱、物理降温、预防感染。

（2）癫痫发作。

多见于低效价抗精神病药物如氯氮平。可减低药物剂量，若治疗剂量无法减到发作阈值以下，建议合用抗癫痫药物，或者换药。对于伴有癫痫的精神病患者可选用氨磺必利、利培酮和氟哌啶醇等药物。

3. 精神方面不良反应

许多药物早期常引起过度镇静，常见表现为困倦、乏力、头晕，传统药物中低效价类多见（舒必利除外），新型药物中氯氮平、奥氮平比较明显。多在用药初期发生，用药应缓慢加量，最好睡前服药。用药期间不宜驾驶车辆、操作机械或高空作业。

舒必利、奋乃静、三氟拉嗪、氟奋乃静和利培酮有轻度激活或振奋作用，可以产生焦虑、激越。抗胆碱能作用强的抗精神病药物如氯氮平、氯丙嗪等较易出现撤药反应，如失眠、焦虑和不安，应予注意。

4. 心血管方面不良反应

常见为体位性低血压和心动过速，也有发生心动过缓和心电图改变（如 ST-T 改变及 QT 间期延长）。低效价传统抗精神病药物和氯氮平较为多见。多发生于用药初期，可减缓加量速度或适当减量，低血压的患者应卧床观察，心动过速可给予 β 受体阻断剂（如普萘洛尔）对症处理。

5. 代谢内分泌不良反应

传统抗精神病药物和利培酮多见催乳素分泌增高，可引起闭经、溢乳和性功能改变。若出现症状可减药或换用无此类副作用的新型抗精神病药物。

长期使用抗精神病药物（其中氯氮平、奥氮平多见）可发生不同程度的体重增加，并能引起糖/脂代谢异常，甚至诱发糖尿病。应定期监测血糖、血脂，注意饮食结构和适当运动。氟哌啶醇、奋乃静、阿立哌唑、齐拉西酮等的体重增加作用较少。

6. 抗胆碱能受体不良反应

具有抗胆碱能受体作用的药物（传统药物此类作用较强）可导致口干、便秘、视力模糊、尿潴留等，如不能耐受则应减药或换用此类作用轻微的药物。

7. 其他不良反应

抗精神病药物引起一过性肝酶增高较为常见，多可自行恢复，可同时服用保肝药物并定期监测肝功能。

粒细胞缺乏罕见，但在服用氯氮平者中发生率较高，应用时应定期监测血象。

8. 过量急性中毒

一旦发生过量急性中毒应及时转综合医院或专科医院，大量补液、纠正酸碱平衡和电解质紊乱、物理降温和及早洗胃。

第三节　物理治疗

一、定义

物理治疗是指使用声、光、电、磁等物理因子等途径对异常大脑活动进行神经调控，缓解患者症状、改善相关大脑功能，达到治疗或辅助治疗精神心理疾病的目的。物理治疗原是康复治疗领域的重要内容，近些年来物理治疗在精神心理领域又得到蓬勃发展。作为多学科融合的干预技术，物理治疗涉及神经科学、影像学、计算机技术和材料科学等多个领域。物理治疗为多种精神疾病提供了丰富的治疗选择，可以缩短患者的疗程，并有望帮助难治性精神障碍的患者获得更理想的预后。面对精神疾病个体差异大、患者依从性差等挑战，物理治疗与药物治疗和心理治疗相结合，可以构建更精准、速效的个体化联合治疗方案，改善精神疾病临床缓解率低、复发率高的现状。

由于各种物理治疗方法都有其优缺点、适应证、禁忌证和治疗局限性，物理治疗方案应由精神科医生根据患者疾病诊断和具体身心状态来谨慎制定、全程监督和定期随访。本节介绍包括改良电抽搐治疗、经颅磁刺激治疗、深部脑刺激治疗、迷走神经刺激、经颅直流电刺激等常见的物理治疗方式。

二、改良电抽搐治疗

改良电抽搐治疗（modified electroconvulsive therapy，MECT），临床上又称改良电休克治疗，即应用麻醉药物（中枢镇静剂和肌松剂）使患者丧失意识后，使用一定量的电流诱导患者大脑皮质癫痫样放电的治疗，现已广泛应用于精神科的临床工作中。与传统的电休克治疗相比，改良电休克治疗具有更高的安全性和舒适性，以及更少的并发症。

（一）适应证

1. 抑郁障碍

对于中重度抑郁障碍，尤其伴有明显自伤自杀意念或行为的患者，MECT 可以快速缓解抑郁症状，降低患者自伤自杀风险。

2. 精神分裂症谱系

MECT 急性精神分裂症的疾病缓解率高，另还适用于分裂情感性精神障碍和紧张性精神分裂症。Wang G 等人做的荟萃分析表明，氯氮平联合 MECT 针对氯氮平药物治疗无效患者可显著提高疗效。

3. 双相情感障碍

MECT 适用于躁狂发作伴兴奋、易激惹的患者，应注意结合药物治疗。

4. 其他

MECT 还适用于药物治疗无效、药物无法耐受的精神障碍等。

（二）禁忌证

得益于镇静剂与肌松剂的使用，MECT 的安全性和可耐受性大大提高，但仍应注意治疗的相对禁忌证（但并非绝对不能进行电疗），降低医疗风险。在实施治疗前，应详细评估患者身体情况，全面了解患者现病史、既往史、过敏史等信息，排除治疗禁忌证。如合并了其他躯体疾病，应组织多学科会诊，由精神科医师、麻醉师和其他相关科室医师共同商讨、制定或调整用药方案。以下是 MECT 的相对禁忌证：①严重颅高压；②严重肝肾功能障碍；③严重心血管疾病；④新近或未愈的骨关节疾病；⑤严重的消化性溃疡；⑥严重的青光眼和视网膜剥离；⑦正在服用利血平的患者；⑧对麻醉药品过敏。

（三）治疗方法

治疗步骤如下：①患者取仰卧位，戴好心电监护、开放静脉通道，注射东莨菪碱 0.15~0.30mg；②清洁皮肤，电极片涂上适量导电膏后紧贴对应区域头皮，调整仪器参数；③为防牙齿和软组织损伤，需放入牙垫并固定下颌；④麻醉师静脉推注镇静药（丙泊酚）与肌松剂，观察到患者意识消失，肌肉松弛；⑤启动电抽搐治疗，使用 110~130mA 电流，持续时间 2~3s，发作分为强直期和阵挛期，共 30~40s。发作时及发作停止后注意辅助通气，发作期间患者心跳暂停后心率增加，可能出现一过性心律失常，血压上升，这些改变通常是轻微和暂时的。

遵循疗效最大化，损伤最小化的原则，治疗的刺激参数（癫痫发作阈值）应由滴定法测得，为可以诱发癫痫样放电的最小电流，后续治疗应根据前次治疗的癫痫发作情况进行适当调整。影响刺激参数的因素有年龄、性别、电极放置部位、麻醉药类型与用量等。

治疗过程中，医生应严密监测患者生命体征和脑电图变化，保持患者的血压、心率、氧饱和度等指标平稳，以确保治疗的安全性和有效性。

治疗后，患者应在观察室休息至麻醉完全清醒，待医生核实患者神智、对答和神经反射正常后方可离开。

改良电抽搐的治疗频率与疗程应充分考虑个体差异。我国的临床应用中，大多设置间隔一天一次刺激，共 8 至 10 次为一个疗程。但根据实际病情需求和患者依从性等差异，可适当在治疗的不同时期改变治疗频率，增加或减少总治疗次数。值得注意的是，治疗频率与认知功能损伤相关，在疗程中应注意观测患者的认知功能。

（四）不良反应

MECT 的不良反应主要有以下几种。

（1）记忆障碍：治疗后患者可能会经历短暂的记忆丧失，包括逆行性遗忘和顺行性遗忘。

（2）意识不清：治疗后患者可能会有短暂的意识不清或混乱状态，可表现为定向力的下降。

（3）头痛和恶心或肌肉酸痛。

（4）心血管系统反应：治疗可能会引起心率和血压的短暂升高。

（5）麻醉相关风险：由于 MECT 需要使用全身麻醉，存在与麻醉相关的潜在风险，如呼吸抑制、吸入性肺炎和过敏反应等。

上述治疗副反应通常为短时的、一过性的，副反应的严重程度也通常与个体差异、治疗参数有关，因此医护人员应做到全面评估、全程监护、严格麻醉管理，不断优化治疗方案，减少治疗副反应，提高治疗安全性。

三、经颅磁刺激

经颅磁刺激（transcranial magnetic stimulation，TMS）是一种非侵入性的神经调控技术。根据刺激频率、刺激强度、刺激时间、脉冲数量、刺激间歇时间等参数，可以设置不同的经颅磁刺激模式。包括重复经颅磁刺激（repeated transcranial magnetic stimulation，rTMS）与爆发式脉冲刺激（theta burst stimulation，TBS）在内的磁刺激技术已经运用于抑郁症，精神分裂症，强迫性障碍等多种精神疾病。

（一）作用机制

基于电磁感应和电磁转换原理，经颅磁刺激线圈产生刺激磁场，可以无衰减地作用于大脑皮质，改变皮层的兴奋性，调节神经递质释放以及调控神经元的突触可塑性。

一般认为，高频率 rTMS（>1Hz）可以引起皮质长时程增强（long-term potential，LTP）样兴奋性增高，而低频率 rTMS（≤1Hz）可以引起长时程抑制（long-term depression，LTD）样兴奋性减弱。间歇式 TBS（intermittent theta burst stimulation，iTBS）可引起皮层 LTP 样兴奋性增高，而持续性 TBS（cTBS）可引起皮层 LTD 样兴奋性减弱。

（二）适应证

1. 抑郁症

TMS 在抑郁症中最常刺激的部位为两侧的背外侧前额叶（dorsolateral prefrontal cortex，DLPFC）。可采用高频（≥5Hz）rTMS 或 iTBS 刺激左侧 DLPFC，或用低频（≤1Hz）rTMS 或 cTBS 刺激右侧 DLPFC。传统的 rTMS 治疗方案每次 20~40 分钟，每周 5 次，持续 4~6 周。iTBS 与高频 rTMS 一样有效果和耐受性，但具有显著缩短每日治疗时间的优势。

斯坦福神经调控疗法，是一种针对难治性抑郁症的新型治疗方式。刺激靶点个体化地定位于左侧 DLPFC 与膝下前扣带回皮质功能上最反相关性的区域。斯坦福神经调控疗法使用 iTBS 刺激，每天给予患者 10 次刺激，连续 5 天。患者治疗反应率可达到 85.7%，缓解率达到 79%。

2. 广泛性焦虑障碍

对抑郁患者进行右侧 DLPFC 低频 rTMS 时，发现同样能改善患者的焦虑症状。对于广泛性焦虑患者可进行常规的低频刺激右侧 DLPFC，持续 4~6 周。一项研究比较了右侧 DLPFC 低频 rTMS 与 cTBS 的疗效。与假刺激相比，治疗组的焦虑都有所改善，但在 1 个月的随访中，cTBS 组比 rTMS 组有更多的应答者和缓解者。

3. 强迫性障碍

低频 rTMS 可能改善强迫性障碍患者的症状，常选择右侧 DLPFC 为刺激靶点，刺激强度为 100% 运动阈值，治疗 10~15 次。

4. 精神分裂症

大量研究表明，左侧颞顶皮层（TPC）与精神分裂症患者的听幻觉相关。可采用低频 1Hz 的 rTMS 刺激左侧颞顶皮层治疗精神分裂症患者的幻听。最常见的刺激强度为 90% 运动阈值，总刺激次数为 10~20 次。

对于治疗和改善精神分裂症的阴性症状，可使用高频 10Hz 的 rTMS 刺激左侧 DLPFC 靶点。刺激强度为 80%~110% 运动阈值，最好大于 100% 运动阈值；每周治疗 5 次，共刺激 10~20 次，治疗时间最好大于 3 周。

5. 创伤后应激障碍

对 PTSD 患者进行右侧高频 DLPFC 重复经颅磁刺激可改善患者的症状。治疗 10~20 次，刺激强度为 80%~120% 阈值。

6. 疼痛

刺激疼痛肢体对侧初级运动皮质（M1）可明确改善神经性痛。一般采用高频 rTMS 刺激，刺激强度为 80% 运动阈值，治疗 5~10 次。

（三）禁忌证

1. 绝对禁忌证

靠近刺激线圈的作用部位存在金属或电子产品，如脉冲发生器、颅内放置电极、电子耳蜗、医疗泵等体内置入物。

2. 相对禁忌证

有严重脑出血、脑外伤、肿瘤、感染的患者可能诱发癫痫的疾病；服用可能降低癫痫发作阈值的药物的患者；有严重心脏病或最近有心脏病发作的患者；既往或同时使用电休克疗法或迷走神经刺激的患者；睡眠剥夺者、酒依赖者、过度疲劳者。

（四）治疗方法

操作方法为把一绝缘线圈放在特定部位的头皮上，当围绕线圈的强烈电流通过时，就会产生强度为 1.5~2.5T 的局部磁场，局部磁场会透过头皮和颅骨，进入皮质表层的数毫米处。初始电流强度的快速波动会导致磁场的波动，磁场的波动又会导致在皮层表层产生继发性电流（大约是初始电流强度的 10 万分之一），产生的感应电流能抑制或促进神经细胞的激活。

（五）不良反应

经颅磁刺激治疗不良反应有头痛、听力影响、癫痫发作等。头痛是常见的不良反应，TMS 引起的头痛与个人耐受性、刺激频率、强度、部位及线圈类型有关，对身体无明显影响。TMS 设备在使用时会产生振动和声响，可达 140dB，超过了预防听觉损伤的范围，故建议在使用 TMS 治疗时佩戴耳塞。癫痫发作时 TMS 诱发可最严重的急性不良反应（但少见）。每个 TMS 操作室应制定昏厥和癫痫发作的处理流程。

四、深部脑刺激治疗

深部脑刺激（deep brain stimulation，DBS）治疗是一种通过外科手术将电极植入大脑特定区域进行电刺激，进而实现对异常脑区或神经环路的精准靶向调控的侵入性治疗方法，已被应用于治疗各类难治性神经精神疾病。具有微创、精准靶向、可逆、可调节、疗效长期稳定的优势。DBS 作为一种神经调控技术已经在各类神经、精神疾病中被广泛应用。目前，美国食品药品监督管理局（Food and Drug Administration，FDA）已经批准 DBS 应用于特发性震颤、肌张力障碍、帕金森病及难治性强迫症。目前，DBS 在精神科的临床研究主要集中于难治性强迫性障碍和难治性抑郁性障碍。

（一）作用机制

DBS 的确切作用机制尚不明确，依据现有的研究结果，常用的高频（130Hz）DBS 的抑制性治疗机制主要有以下几点。

（1）去极化阻滞：刺激诱发电压门控通道活性的改变，从而阻滞了刺激电极附近神经元的输出。

（2）突触耗竭：受刺激神经元的传出突触由于神经递质的耗竭导致神经递质传输失败。

（3）神经元活动规则化：通过激活与刺激电极附近有突触联系的抑制性轴突，通过规律刺激将各神经元反应同步，抑制病理性震荡的传播。

（4）神经元阻滞：指在刺激点部位所在神经回路的神经元生理作用失常。

（5）邻近纤维束的激活：激活受刺激部位周围或穿过受刺激部位的邻近纤维束。

DBS的作用机制可能并非只是抑制神经回路的信息传导，也可能通过“随机共振”作用降低神经元的混乱信息加工，从而加强神经回路的信息传递。总之，DBS通过对靶点神经元胞体及轴突的抑制或激活的复杂协同作用，发挥其临床功效。

（二）适应证

DBS目前被批准用于帕金森病、特发性震颤和肌张力障碍等运动障碍。由于临床良好的安全性和疗效证明，DBS的临床研究也扩展物质使用障碍、厌食症、肥胖、精神分裂症、PTSD等多种精神疾病中，但证据等级较低。2008年，DBS治疗强迫性障碍获得了FDA人道主义器械豁免。

（三）禁忌证

DBS的绝对禁忌证包括：①患者无法耐受全身麻醉；②有重大脑血管疾病风险或曾发生过脑卒中；③有重大头部创伤史；④怀孕或计划在干预期间怀孕；⑤植入心脏起搏器等其他植入装置。

（四）治疗方法

DBS的基本流程如下：经验丰富的精神科（或神经科）与神经外科医生组成治疗联盟共同商讨手术及治疗方案。DBS的硬件设计借鉴了心脏起搏器，主要由颅内电极、导线及脉冲发生器组成。在局部麻醉下，通过立体定向头框架向脑内植入颅内电极，并将电极通过埋于皮下的导线与放置于胸部皮下组织的脉冲发生器相连。

DBS靶点选择：靶点的定位和触点的选择是决定DBS临床治疗效果的关键因素。DBS针对难治性强迫症刺激靶点的选择均基于其经典的神经环路：前额皮质—纹状体—丘脑—皮质，因此DBS刺激靶点主要包括内囊前肢、终纹状核、腹侧纹状体，丘脑前内侧下核。目前上述靶点治疗仍存在着起效慢的问题，需要数周至数月时间来观察OCD的改善情况。DBS针对难治性抑郁症的主要刺激靶点有两个：膝下扣带回和腹侧内囊/腹侧纹状体（VC/VS），二者刺激效果并不相同。膝下扣带回靶点是负性情绪的关键脑区，刺激该靶点能够降低负性情绪及疼痛，缓和情绪及减轻焦虑、增加精力，并且不会诱导轻躁狂，但由于该区域解剖位置边界不清晰且具有个体差异性，利用该方法确定靶点并不准确，临床治疗效果可重复性差，仍需改进。腹侧内囊/腹侧纹状体靶点是正性情绪的关键脑区，刺激该靶点可以提升情绪和精力以及促进社交，可能会产生诱导轻躁狂行为出现的副反应（如睡眠中断、兴奋、冲动、性欲增强），但该靶点目前仍存在争议。多数研究认为，DBS不是通过刺激该靶点，而是通过刺激邻近的皮质通路起作用。在今后的临床研究中，如何平衡不同刺激靶点之间的优劣势，提高治疗效果仍需进一步探索。

DBS的刺激模式主要由以下几个关键参数决定：①电极数量及配置模式：决定刺激范围和刺激模式；②刺激频率：高频（130Hz）DBS可实现局部信息传导的有效阻断，但对多脑区协同工作（如网络间功能）的影响不大；③电流（电压）：电流（电压）的大小形状对干预强度等会产生不同的刺激效果。总之，DBS刺激点的定位、频率、脉冲宽度、刺激时程等因素决定了DBS的临床效果。

（五）不良反应

DBS的不良反应主要与手术过程、电刺激方法、植入硬件的长期作用有关。9%的患者可能出现轻度并发症，大部分为电刺激相关伤口感染，轻度步态或言语障碍、癫痫发作、注意力难以集中、精神症状（包括抑郁、焦虑、兴奋躁动或疏懒）也有发生，经过治疗大部分症状可以逆转。

五、迷走神经刺激

迷走电刺激（vagus nerve stimulation，VNS）是一种植入式的神经调节形式，在患者的胸腔内植入一种可植入的脉冲发生器，并将导线连接到左迷走神经处的刺激电极上。

（一）作用机制

在多项对 VNS 治疗癫痫患者的研究中发现，VNS 对癫痫患者最显著的改善是在注意力、情绪调节和认知 / 社会功能等领域。VNS 中存在对单胺类神经递质能的调节，并可能在 VNS 的抗抑郁作用中发挥作用。迷走神经刺激后向脑干发送有规律的、温和的电能脉冲，到达脑干后，电荷被释放到大脑的不同区域，改变神经元细胞的工作方式。VNS 能激活中缝背核，影响海马 5-HT1B 受体上调，以调节抑郁情绪。并刺激 NE 能神经元的放电速率，最终增加海马、前额叶的细胞外 NE 水平。也能通过抑制炎症反应改善快感缺失。

（二）适应证

VNS 的适应证包括难治性抑郁、难治性癫痫。目前，VNS 的临床研究也扩展到头痛、肥胖等多种疾病中。早期 VNS 在临床上用于治疗难治性癫痫，后发现治疗过程中癫痫患者的情绪有所改善，遂逐渐扩展到对抑郁障碍的治疗。VNS 为侵入性神经调节技术，已于 2005 年被美国食品药品监督管理局（FDA）批准为 18 岁或以上的难治性重度抑郁症患者的长期辅助治疗。

（三）禁忌证

VNS 的禁忌证包括：①双侧或左颈迷走神经切断术后的患者；②在植入 VNS 后禁止对患者使用短波透热、微波透热或治疗性超声透热，因透热治疗可能会使局部温度升高损坏 VNS，影响治疗结局。诊断性超声不包括在该禁忌证中。

（四）治疗方法

VNS 治疗系统由植入式 VNS 治疗发生器、引线和用于改变刺激设置的外部编程系统组成。VNS 治疗发生器是一种可植入的多程序脉冲发生器，可以向迷走神经传递电信号，被安置在一个密封外壳中，由电池供电。电信号通过导线从脉冲发生器传送到迷走神经。引线和发生器构成了 VNS 治疗系统的可植入部分。正常模式刺激中医生对设备进行编程，预设设备在一天中循环的开和关时间。只要输出电流被编程为大于 0mA 的值，该模式就始终开启。

（五）不良反应

VNS 的不良反应包括手术并发症，呼吸困难、咳嗽、声音改变、咽炎、局部感觉异常、喉部疼痛、吞咽困难、声带劳损等。

六、经颅直流电刺激

经颅直流电刺激（transcranial direct current stimulation，tDCS）是一种被广泛使用的脑电刺激，是一种非侵入性的治疗技术，目前在精神病学、神经病学和其他医学专业临床研究上有较多研究与应用。

（一）作用机制

虽然 tDCS 的确切机制有待阐明，但有研究多报道 tDCS 可以调节皮质兴奋性、增强神经可塑性和改变长程增强或长程抑制过程。神经元胞膜电位的调节被认为是 tDCS 效应的潜在机制。tDCS 阳极刺激会增加运动诱发电位的振幅，刺激视觉皮层会调节磷酸化阈值，可提高神经元的自发放电率，提高其兴奋性；tDCS 阴极刺激可使神经元膜超极化，会降低目标区域的神经元兴奋性。研究认为，tDCS 对神经元长程增强或长程抑制机制是 tDCS 治疗持续效应的核心。

（二）适应证

tDCS 的适应症包括重度抑郁症，在治疗抑郁障碍方面作为 B 级证据（可能疗效）推荐。有荟萃分析表明，tDCS 对成人重度抑郁症有治疗效果；另有研究表明，tDCS 可能对非难治性抑郁症患者有效。

适应证还包括精神分裂症患者的持续性幻听、酒精依赖和吸烟渴求、强迫性障碍、轻度认知障碍和痴呆。

当前的临床研究扩展到神经发育障碍等疾病，包括以儿童青少年为目标人群的注意缺陷与多动障碍、阅读障碍、孤独症谱系障碍的应用比较多，并被认为是安全有效的。有系统综述发现在注意缺陷与多动障碍中，前额叶阳极 tDCS 比刺激右侧额下回更有效。同样，在孤独症谱系障碍中，前额叶阳极 tDCS 被发现对改善行为问题有效。在阅读障碍中，刺激颞顶区是最常见、最有效的方法。

临床研究上还对精神分裂症患者的负性情绪、意识障碍，以及对癫痫的患者进行尝试，并获得一些有益的结果。

（三）禁忌证

tDCS 没有绝对禁忌，但任何与脑有关的损伤、手术或占位性病变都可以影响电流分布及其后果。从理论上讲，癫痫史可以增加癫痫发作的风险。对于患者或家属的癫痫病史、患者头皮损伤、皮肤病变、植入医疗器械、头部或眼睛异物、既往 tDCS 或 rTMS 使用出现过不良反应等，都需作为注意事项，以便进行适当管理。

（四）治疗方法

tDCS 通过施加在皮肤上的阴极和阳极电极以恒定直流电电流传递，由小型电池驱动。通常，阳极和阴极都放置在头皮上，参考电极可以放置在脑外位置（胸肌或三角肌）。电极（25~35cm^2 大小，即 5cm × 5cm 或 7cm × 5cm）来确保电流的传递，电极由生物导电材料（如导电橡胶）制成，放置在头皮上潜在的目标脑区，仅允许对目标头部区域进行阴极或阳极刺激。施加的电流通常很弱，通常为 1~2mA。在任何给定的电流强度下，当电极尺寸减小时，电流密度都会增加。典型方案是 1~2mA 电流和 0.03~0.08mA/cm^2 电流密度，刺激时间为 20~30 分钟。

（五）不良反应

tDCS 的不良反应包括头痛、刺痛、瘙痒、灼烧感、局部不适、恶心、失眠等。但总体来说不良反应轻微。

七、其他

经皮耳迷走神经刺激（transcutaneous auricular vagus nerve stimulation，taVNS）是针对重度抑郁症患者的一种相对无创的替代治疗方法。耳针（表面刺激）迷走神经支配的耳区，可能通过抑制迷走神经炎症反应，来达到治疗重度抑郁症的效果。有证据表明，间歇性和慢性刺激 taVNS 可以在患者不手术的情况下改善抑郁症状，并且具有安全性和耐受性，高度实用和方便。研究人员在尝试将 taVNS 作为非侵入性神经刺激技术，认为 taVNS 能够显著调节广泛的神经网络的活动和连通性，包括默认模式网络、执行网络，以及涉及情绪和奖励回路的网络。

近年来，经颅交流电刺激（Transcranial alternating current stimulation，tACS）被认为在认知研究和脑部疾病治疗方面具有巨大的潜力。tACS通过向头皮施加变化强度的电流来刺激大脑产生振荡电场，从而影响神经尖峰计时，导致局部神经振荡功率以及交叉频率和跨区域一致性的变化，调节皮层兴奋和自发的大脑活动。tACS通过调节潜在的单一或嵌套脑节律、局部或远端同步以及代谢活动来影响认知表现。目前，tACS在治疗抑郁障碍、慢性失眠等疾病上都有相应的研究报道。有随机双盲研究发现，刺激额叶皮层和双侧乳突能显著改善首发未用药重性抑郁障碍患者的症状，因此建议tACS可以作为一种门诊治疗的非药物干预措施。

（张　丽　张　燕）

08 第八章　工作相关精神和行为障碍的心理干预

第一节　压力与情绪管理

一、概述

当下世界充满了不确定性、复杂性、模糊性和快速变化，知识、技术和生活质量都在不断提升，这一切让人受益匪浅。这些进步离不开广大劳动者的付出和努力，但劳动者及其家人也因此承受着不小的压力。压力可能源自变化、外部环境或个体的失控感。在工作场所中，压力可能来自社会环境的飞速发展、组织的变革、工作与家庭的平衡或是个人特质。当个体承受压力时，可能会在身体、情绪、认知和行为上表现出不同于以往的变化。这些变化是一种预警信号，提示劳动者和相关诊疗人员及时察觉并进行干预，以防止劳动者承受更大的身心痛苦。本章将详述一些压力管理策略。

二、认识压力

压力（pressure）还可以被称为“应激（stress）”。无论是压力还是应激，其概念繁多，但是有一个共性：代表个体感到环境变化和需求已超过自身应对能力和应对资源的一种失衡状态。工作相关压力则是当工作要求与劳动者的能力、资源、需求不匹配时产生的压力。可以将工作压力产生的相关因素分为三类，分别是社会环境因素、组织 / 职场因素、个体因素。

（一）社会环境因素（social environmental factors）

1. 大环境变化

全球化的发展使国家、用人单位和个人都在不断地适应“变化”。这种“变化”看起来有些遥远和抽象，但实际上可能体现在知识的革新速度加快、组织变革速度加快、竞争加剧、工作强度提升等方面。特别是知识型、科技型用人单位体现得尤为明显。

2. 社会舆论关注

社会对某些职业及其相关问题关注度较高，如教育、医药、能源开采、食品安全等。高关注度带来的压力显而易见。尤其是当某一用人单位出现问题时，社会舆论很可能会扩大到所有的相关单位，从而给相关从业人员带来心理压力。

（二）组织 / 职场因素（organizational/workplace factors）

1. 工作条件与工作环境

工作条件和环境会潜移默化地影响职工的心理压力，特别是针对要求较高的工作（如石油开采、擦洗摩天大楼玻璃的"蜘蛛人"）或超负荷工作的单位（如某些科研院所）。尤其新入职劳动者容易因面对"陌生"而产生焦虑、恐惧情绪，这也是用人单位容易忽略的部分。

2. 工作角色与职业发展

当今许多用人单位存在劳动者专业与岗位需求不匹配、不考虑劳动者未来职业发展等问题。这就会使劳动者感到工作角色不明确、力不从心、十分迷茫，因为他们所具备的能力、技术和知识无法很好地运用在日常工作中。即便劳动者提出岗位调动，也存在调动困难的问题。在这种情况下，劳动者无法专注精力进行工作。此外，某些工作职业发展前景不乐观或职业规划不明确，也会让劳动者"想想都感觉到了压力"。

3. 薪资待遇与制度改革

稳定的收入来源是劳动者关注的焦点。但是不仅薪资待遇过低、薪酬不公的问题会给劳动者带来压力，继而引发赡养老人、抚养子女的问题也会进一步加剧职工内心的焦灼。同时，企业的制度和结构的不合理以及其变革（如降职、裁员等）也是职工巨大压力的来源。

4. 用人单位忽视

用人单位忽视存在两方面问题，一是对上述问题的忽视，如监督训练不足、工作需求不明确；二是对劳动者心理压力存在忽视。劳动者在产生心理压力后，用人单位容易片面地认为"压力就是动力"，更多地选择让劳动者自己去消化承担，而不是及时介入，从而让劳动者陷入无法逃脱压力的恶性循环。

5. 职业倦怠

这里尤其要关注的群体是工龄长的劳动者。许多劳动者日复一日地重复同样工作内容会产生无力感。身心相互影响，过度消耗精力加剧倦怠和压力产生，从而导致一系列精神心理问题。

（三）个体因素（individual factors）

1. 工作－家庭冲突

工作制度和工作性质可能会使家庭层面矛盾激化，带来催婚、恋爱成本高（如异地恋）、婚姻关系不良、抚养子女和赡养老人等问题。劳动者缺乏家庭支持，需要独自面对工作压力。这就使劳动者陷入恶性循环，来自工作和家庭的双重压力如同滚雪球一样越积越多，影响劳动者的心理健康。

2. 人际关系紧张及缺乏支持

由于社会飞速发展，个体在职场中的人际关系很可能出现问题。同时，由于家庭层面不和谐，使许多劳动者进一步缺乏心理支持。这就使个体在压力增大时社会支持系统缺失，从而更陷入了一种无措状态。

3. 个体的非健康生活方式及身体健康状况

这里尤其需要提及咖啡、酒精和烟草的使用。大部分劳动者会为了提升精力和改善状态饮用咖啡、酒精制品以及吸烟，而恰恰相反的是，它们可能会给个体带来更多身心压力。精神活性物质看似暂时能缓解焦虑和抑郁情绪，但从长远来看它们只会让个体的身心状况不断恶化。

4. 个人特质

"压力"是一个认知问题，面对同样的任务或事情，有些人认为这是压力，而有些人则不然。因此，劳动者本身的性格特点（如内向／外向、乐观／悲观、内归因／外归因等）会导致他们对压力感知不同。

许多人会片面地对压力源（stressor）和压力产生恐惧。他们认为只要产生压力就是不利的、是值得担忧的。但是在人类进化的长河中，祖先经常会面对威胁和危险（如洪水、攻击者），但恰恰面对这些压力时产生的适应性反应及相关举措让人类得以继续生存和延续下去。因此，这种压力反应就被自然选择下来，一直延续到今天。

将压力聚焦于工作场所中同样如此。压力并非全然是好的或者不好的。根据耶克斯－道德森定律，个体的效率水平与工作动机呈倒U形曲线关系。在工作场所中，个体的工作绩效与压力也呈相同的倒U形曲线关系（如图8–1所示）。也就是说，个体并非压力越高，工作绩效越好。如图8–1所示，当个体压力处于中等水平时，个体绩效水平最高；而压力过低和过高，都无法达到理想的工作效果。由此可知，适度的压力对劳动者工作最有利，压力过高和过低都无法让劳动者发挥最佳水平。但需要注意的是，压力管理的最终目的并非消除所有压力，而是让个体在保证生活质量和身心健康的基础上最大限度地减少压力所带来的负面影响。

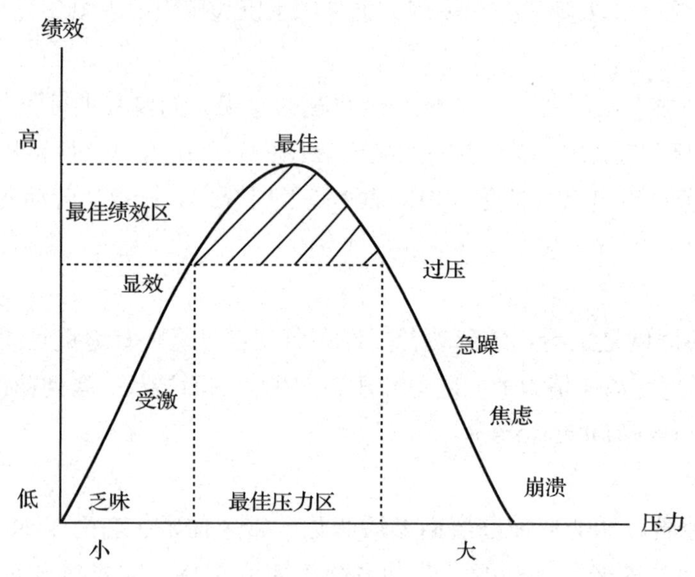

图8–1　劳动者工作绩效与压力关系

三、压力与情绪管理策略

压力与情绪管理策略众多，它们可以从不同方面对生活、压力和情绪现状进行改善。个体和诊疗人员可以先选择一个进行尝试，让现状逐渐发生改变。

（一）保持压力觉察，接纳适度压力

个体以及诊疗人员需要对“压力较大”的情况保持觉察，即清楚压力过大的表现是什么，以便在压力导致严重精神心理疾病前做出干预。从以下四个方面进行阐述，可以进行对照。

（1）身体：头痛、易疲劳、高血压、便秘或腹泻、心脏问题（如心悸）、手心易出汗、手不由自主地震颤、肌肉紧张、感到某一部位持续性疼痛、恶心、头晕、丧失性欲等。

（2）精神：注意力问题、睡眠问题（睡得过多或过少、入睡困难）、难以放松、认为自己没有价值、失去动力、健忘、变得优柔寡断、经常做噩梦等。

（3）情绪：易怒、情绪不稳定、焦虑、情绪低落、觉得什么事都很无聊等。

（4）行为：饮食问题（暴饮暴食、进食较少）、吸烟和饮酒的增加、出门变少、疯狂购物等。

除了需要知道“压力过大”的表现都有什么外，也需要知道如何去评估自己的压力是否处于适度范围内，因为这将决定是利用这种压力还是对其进行调节。最简单的方式是观察自己在近 2 周内是否频繁地出现以上症状。另外，如果个体想要更准确地知道自己的压力水平，可以参考以下两种量表（见表 8–1、表 8–2）。

1. 抑郁自评量表

表 8–1 抑郁自评量表

抑郁自评量表				
下面 9 个句子描述的是人们在生活中常有的一些感受。请根据你在最近一周中的情况，在相应的选项下打“√”。				
	无或少于 1 天	1~2 天	3~4 天	5~7 天
1. 我感到悲伤难过	0	1	2	3
2. 我觉得沮丧，就算有家人和朋友的帮助也不管用	0	1	2	3
3. 我不能集中精力做事	0	1	2	3
4. 我生活愉快	0	1	2	3
5. 我觉得孤独	0	1	2	3
6. 我提不起劲儿来做事	0	1	2	3
7. 我感到消沉	0	1	2	3
8. 我感到快乐	0	1	2	3
9. 我觉得做每件事都费力	0	1	2	3

注：计分方法：把每一题对应选项的分数直接相加，得出总分。总分各分数段对应的解释：0~9 分表示你当前没有抑郁问题，情绪基本健康；10~16 分表示你当前有一定可能性存在抑郁问题；17~27 分表示你当前存在明显的抑郁问题。第 4、8 项为反向计分。

2. 焦虑自评量表

表 8–2 焦虑自评量表

焦虑自评量表				
在最近两周里，你是否出现过下列感受？在相应的选项下打“√”				
	完全没有	有几天	超过半数时间	几乎每天
1. 我感到紧张、焦虑、不安	0	1	2	3
2. 我无法停止或控制自己的担心	0	1	2	3
3. 我过于担心各种事情	0	1	2	3
4. 我难以放松	0	1	2	3
5. 我坐立不安	0	1	2	3
6. 我容易生气上火	0	1	2	3
7. 我感到害怕，好像会发生糟糕的事	0	1	2	3

注：计分方法；把每一题对应选项的分数直接相加，得出总分。总分各分数段对应的解释：0~4 分表示无焦虑；5~9 分表示轻微焦虑；10~14 分表示中度焦虑；15~21 分表示高度焦虑。

两个量表的结果只是对自身压力和情绪的参考，并不能说明个体是否患有心理疾病。也就是说，如果得分水平较低或是中等，那么可以很好地把压力转化为前进的动力；即便得分较高，也不代表一定患有抑郁障碍或是焦虑障碍，而是提醒可以采取措施调整压力，从而改善自身的状态。

（二）情绪的觉察、接纳与释放

1. 觉察情绪

很多时候人们并不会注意到自己的情绪状态，即便出现了一些不太好的情绪，也常常会因为它发生的次数过多而忽视、压抑。就这样，不良情绪就在体内累积。由于身心是联结的，当“心”感受不好时，“身”也会出现一些反应。因此，需要学会及时觉察和辨识自己的感受和情绪，学会接触不适感，有助于采取进一步行动调节情绪。

2. 接纳情绪

如果个体不能接纳自己的情绪，长此以往可能会出现严重的精神心理问题。所以，不能一直让情绪住在“地下室”，得把它请到“客厅”去谈谈，表达对它的“尊重”。那么如何更好地接纳情绪呢？要清楚的是，情绪是动态的，有情绪波动非常正常，伴随着事物的变化它们是会回到稳定和平衡的状态中的。所以，当出现好或者不好的情绪时，都要告诉自己，这再正常不过了，要正常对待。

3. 释放情绪

（1）向自己倾诉。

拿出笔和纸，在上面写一写最近感到不好的事情，并且写一写在它们发生的时候自己有什么样的反应。这样，在下一次面对同样问题的时候，能找到适合自己的方法去应对。“如果……那就……”也是一个很好的表达方法。看似简单的一句话，可以让个体在生活中改善紧张不安或是情绪不佳的状态。因为它帮助个体知道在情况发生的时候应该如何应对。例如，“如果我发现自己陷入了无法完成工作的沮丧里，那就先出门走 20 分钟放松心情”。

唱歌也是压力和情绪释放的好方法，例如有人有在浴室独自放声高歌的习惯。在浴室放声高歌既能疏解负面情绪，又能避免因为聚会唱歌人多而造成的社交压力。

（2）向他人倾诉。

如果觉得最近压力很大，请不要憋在心里，可以找家人、朋友、同事说说，抒发内心的情绪。如果觉得需要进一步的社会支持，可以求助心理咨询师、心理治疗师，加入用人单位的员工援助计划（EAP 组织）也会是不错的选择。

（三）认知重评

在认知行为疗法中，有一个重要的概念——认知歪曲。所谓认知歪曲指的是个体歪曲的处理信息的方式或看待问题的视角，比如个体会消极预测未来、内归因（这一切都是自己的错，没有考虑外归因）、“读心术”（认为他人总是对自己不友好）、“算命术”（认为自己将来肯定命运悲惨）等。认知歪曲是导致产生压力和情绪不佳的重要原因之一。

认知重评（cognitive reappraisal）是指通过改变个体对事情的看法、观点或态度以缓解负面情绪的一种策略。可以通过认知重评去调节歪曲的认知，进而缓解压力和不良情绪。以下是可以提高认知灵活性的方法。

1. 从不同维度看待让自己产生压力的事情

压力既有不太好的层面，也有有利的一面。正所谓“横看成岭侧成峰，远近高低各不同”，压力或者任何能给你带来不良情绪的事，都可以从不同角度去看待。

（1）人际维度：在同一件事情上，许多人对自己非常严格，但是对他人非常宽容，可谓“严以律己、宽以待人”。当感到压力大的时候，可以改变一下策略。比如对于工作项目，如果并不要求同事或者下属一开始就做得完美，也别要求自己一下子就做得非常好。

（2）时间维度：当把此时的压力放入一生的时间长河里，会发现它只是沧海一粟。过了10年、20年后，此时的压力或许不足为外人道。比如你小时候发生的让你认为“天都要塌了”的那件事，现在你还觉得“天都要塌了”吗？

（3）空间维度：当觉得现在感到压力的事情是大石头，无法处理，也无法跨越。但是站在更高的视角去看待，这块大石头对于一个城市、一个国家，甚至全宇宙是什么样的呢？在宇宙中，地球也只不过是个小小球体。面对压力，可以尝试拿出“会当凌绝顶，一览众山小”的勇气。

2. 调整期待，接受不完美

这里的“期待”指的方面有很多，既包括工作、生活，又包括对自己的期待。有高的期望是一件好事，但是不要过高。不要落入“完美主义”的陷阱。同时，要学会原谅。有的时候，“放下”可以让人从愤怒和仇恨的枷锁中解脱出来，给予自己继续前行的勇气。

3. 耐受不确定性

变化和问题无时无刻不在发生，它可能是突如其来的，也可能是潜移默化的。尝试着不要想掌控一切，接受改变和问题的发生，同时尝试去解决问题。比如突如其来的暴雨，与其费精力担心它，不如可以去找一把伞来应对出门。面对产生焦虑和抑郁情绪的问题或变化，既要看到挑战，也要看到从中可以收获的教训、经验。毕竟，任何事情都有两面性。

（四）积极的应对策略

1. 自我友善

别对自己太苛刻。正如一座桥梁，一直累加重物是会坍塌的。对自己的期待，要分辨“完美主义”和“追求卓越”的区别。“完美主义”指向的是人，一旦不完美就容易全盘否定自己或某个人，如“我是如此没有能力的一个人”；而“追求卓越”指向的是事情，如果这次没有做好，那么下次就努力去做好。面对期待，要“追求卓越”，而非“完美主义”。

2. 学会说“不”

在“面子文化”的影响下，许多人不敢提出拒绝，认为会有负罪感。但是对于压力很大的劳动者来说，说“不”简单但有效。

3. 寻求社会支持

美国心理学家尤利·布朗分布伦纳（Urie Bronfenbrenner）提出了生态系统理论，他认为个体与所处的各种系统（微系统、中系统、外系统、宏观系统）之间相互作用。微系统指与个体直接接触的环境，即单位和社区，这个系统对个体有直接的影响。中系统主要包括微系统各组成部分之间的互相联系和互动，是对个体产生影响的因素的综合，比如单位和社区的配合等。外系统指会对个体产生影响但不直接和个体接触的环境系统。宏观系统指整个社会的要素构成的系统。

从这个生态系统理论可以看出，对于个体的社会支持可以遍布各个层面。对于诊疗人员来说，在面对有工作相关压力的患者时，要注重发掘他们身边的支持性资源，尤其是与家人之间的关系。

（五）正念减压（mindfulness based stress reduction）

正念是一种有意识地、不加评判地聚焦于当下状态的放松方式。正念多见于瑜伽和冥想之中，也是临床心理咨询与治疗中常见的方法。以下的几种正念方法能够帮助你回到当下，而不是被压力“牵着走”。

1. 正念冥想（mindfulness meditation）

留出1~5分钟的时间，告诉自己在这段时间里不要去想任何事情。当想法冒出来的时候，注意到它们，但可忽略它们。

当你注意到你的大脑在思考一些事情时，试着不去评判这些想法，把你的注意力重新集中到呼吸的体验上。不要试图将这些想法驱逐出去。这种冥想的重点是让你更加意识到自己的想法。这些想法就好像一列火车，它会到站，也终会离开。

如果专注于你的呼吸不能让你进入当下，你可以专注于当下的任何事情，比如声音，你喜欢的图片，或者蜡烛的名字，只要你不需要去想你一直在做的这件事情就可以。

把自己锚定在现在，当你吸气和呼气时，把注意力集中在你的呼吸上。正念呼吸并不包括有意识地改变你的呼吸。

2. 正念身体扫描（mindfulness body scan）

找一个舒适的姿势，你可以躺在床上（头下垫个枕头）或者坐着。做几次深呼吸，慢慢地把你的意识带到当下。注意身体的某个特定部位，比如左脚。当你深呼吸时，扫描你身体的那个部位，寻找那个部位的感觉。注意你所感受到的感觉，但尽量不要迷失在那些想法中。逐渐让你的注意力转移到身体的不同部位——每条腿、臀部、腹部、胸部、手、手臂和头部。

练习正念冥想，把注意力集中在身体上。当你需要意识到你的大脑容易迷失在各种想法中。当你注意到这种情况发生时，不必责备自己，轻轻地把注意力转移到你的身体上。如果有任何疼痛或不适，只要注意到它、接受它，然后继续“扫描”就可以。继续用这种方法“扫描”你身体的每一部分，直到“扫描”了你的全身。

身体扫描冥想可以帮助你意识到当下的感觉，并且帮助你更加接受疼痛或不适的部位，而不是紧张地回应它们，因为这会使不适更严重。

正念练习并不局限于专注呼吸。你几乎可以用心去做任何事情。当你做正念的时候，要注意你的感觉、思想。例如吃饭的时候，你可以放下手机，不再边吃饭边玩手机，而是仔细关注一下食物的颜色、味道、形状等。康复治疗师、心理咨询师或心理治疗师等会对腹式呼吸和正念比较熟悉，因此除了自己去尝试外，还可以求助于他们，他们都可以为你提供有效的帮助。

综上所述，请不要把压力和情绪看作“洪水猛兽”，它是人生中不可缺少的一部分。当它来了也不必担忧，试着去应对，试着与它共处。如果感到无法应对或喘不过气来时，建议劳动者不要羞于去精神科或临床心理科就诊，寻求更专业的帮助。

第二节　睡眠管理

一、概念

（一）睡眠的内涵

睡眠是高等脊椎动物周期性出现的一种自发的和可逆的静息状态，表现为机体对外界刺激的反应性降低和意识的暂时中断。人的一生大约有 1/3 的时间是在睡眠中度过的。当人们处于睡眠状态中时，可以使人们的大脑和身体得到休息、休整和恢复，适量的睡眠有助于人们日常的工作和学习。

（二）良好睡眠的功能

一是改善注意力和记忆力。睡眠不足会导致疲倦，这让人无法集中精力。睡眠不足破坏了大脑保持专注的能力，从而严重影响工作和生活。

二是减轻压力。如果睡眠不足，身体就会开始产生更多的压力荷尔蒙，这会让人感到压力。充足的睡眠可以让人更放松，让紧张的神经得到舒缓。

三是保持健康的体重。尽管睡眠并不能直接帮助减肥，但对于控制体重是有帮助的。如果睡眠不足，会增加饥饿感，也会更渴望高热量的食物，这可能导致进食过多，对于减肥是不利的。

四是保持心脏健康。充足的睡眠可以让心脏得到休息和恢复，从而有利于心脏健康，并减少罹患中风或心脏病的机会。而睡眠不足会增加患高血压、糖尿病和心脏病的可能性。

五是提高运动能力。睡眠不足会导致疲劳，也会影响身体机能。

六是让人心情愉快。睡眠不仅对身体健康有很大好处，而且对心理健康也有巨大的影响。

睡眠对个体健康和幸福十分重要，睡眠不足会对身心产生一系列负面影响。睡眠不足会损害认知功能、记忆力和情绪，还会增加事故和受伤的风险。长期睡眠不足与一系列健康问题有关，包括肥胖、糖尿病、心脏病和精神心理健康障碍。睡眠障碍很常见，影响着全球数百万人。一些最常见的睡眠障碍包括失眠、睡眠呼吸暂停、不宁腿综合征和嗜睡症。这些情况会对个人的生活质量产生重大影响，可能需要医疗干预来管理。睡眠是一个复杂而动态的过程，受到多种因素的调节，包括生物钟、生活方式和环境因素。了解睡眠的重要性，并采取措施确保充足和宁静的睡眠，对于保持最佳的健康和功能至关重要。

（三）睡眠与年龄

睡眠没有绝对的标准时间，个体差异很大。但是随着年龄的变化，它有一个大致的规律。婴儿每天平均睡眠时间要超过 16 小时，儿童要睡足 10 小时，少年约需 9 小时，青年约需 8 小时，成人每天应有 7~8 小时的睡眠，老年人的睡眠为 5~7 小时。每个成人都有自己特有的睡眠习惯，有些人每晚睡 5 个小时就感觉很好，有些人睡了 8 小时仍不够。因此判断失眠不仅看睡眠时间，还要看睡眠的质量以及醒后体力和精力的恢复情况。

（四）睡眠分期

根据研究，睡眠分为两种状态：非眼球快速运动睡眠（又称正相睡眠、慢波睡眠、同步睡眠、安静睡眠、NREM 睡眠）和眼球快速运动睡眠（又称异相睡眠、快波睡眠、去同步化睡眠、活跃睡眠、REM 睡眠，还称雷姆期现象），如图 8-2 所示。

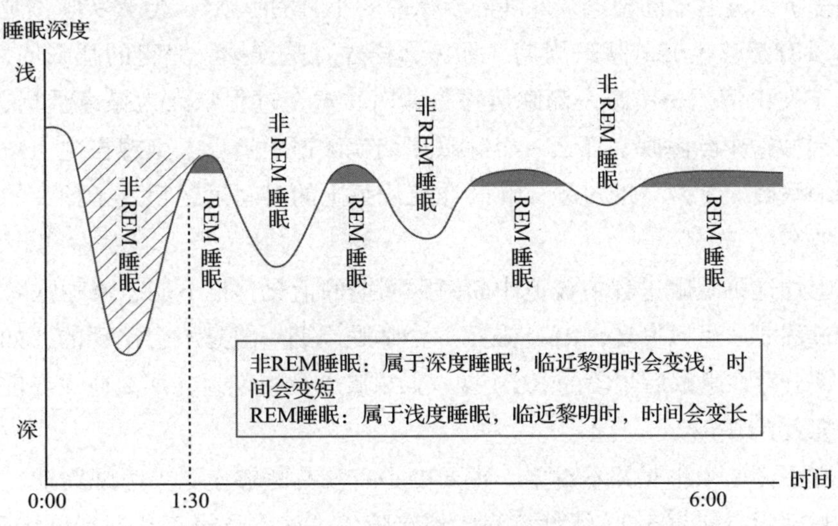

图 8-2 两种睡眠状态

1. 快速眼动睡眠（rapid eye movement，REM）（或称快波睡眠）

在睡觉时，某一阶段的眼球会很快地来回运动，称为快速眼动睡眠期，这一阶段时间相对比较短，这时的状态是“活跃的大脑，瘫痪的身体”。

具体表现为肌肉张力几乎丧失，身体动弹不得，只有眼肌和内耳肌活跃，呼吸、心率不规则加速，眼球快速运动，大多会做梦。如果在这一阶段醒来，大脑会清醒过来，但是身体肌肉张力可能还没有恢复过来，会出现通俗所说的“鬼压床”，其实只需要等肌肉张力缓慢恢复过来就可以了。

这一时期有助于记忆形成和巩固促进脑的成熟发育，以及脑功能修复。在这个阶段，睡眠的深度实际上是增加的，因为这个时候肌肉的张力进一步降低，几乎丧失，而大脑的功能增加，对脑功能修复具有特殊意义。

同时，这一阶段人体内脑内蛋白质合成加快，脑的耗氧量和血流量增多，这能促进学习、记忆和精力恢复。所以这个睡眠阶段对于学生来说是非常重要的。

2. 非快速眼动睡眠（non rapid eye movement，NREM）（或称慢波睡眠）

处于非快速眼动睡眠期时，人的眼球不动或者只有较慢的浮动。这个时期时间较长，此时的状态是“休息的大脑，可动的身体”。

具体的表现是：肌肉张力下降，运动减少，心率、呼吸和泌尿系统功能均减慢，很少做梦。这个时候交感神经活性降低，而副交感神经活性增强。副交感神经可以使心跳减慢，胃肠道运动活跃，消化液分泌增加，促进消化吸收。这一时期睡眠的主要作用是促进生长，消除疲劳和恢复体力。

非快速眼动睡眠期又能够具体分为四个时期：1 期，入睡期；2 期，浅睡期；3 期，中睡期；4 期，深睡期。1 期、2 期为浅睡期，3 期、4 期为深度睡眠。

平时所讲的睡眠好不好，很大部分在于深度睡眠阶段。当处于这一阶段时，身体的听、嗅、触等感觉功能，肌肉反射功能，循环和呼吸，交感神经系统等活动随睡眠的加深而降低。

（五）睡眠周期（sleep cycle）

人的睡眠有一个生物性的节律，也就是睡眠周期。非快速眼动睡眠期和快速眼动睡眠期交替出现，交替一次称为一个睡眠周期，时间为 80~90 分钟。两种时期循环往复，每夜通常有 4~6 个睡眠周期。大部分人都听说过这样的理论“每晚需要保障 8 小时的睡眠”，但其实睡不睡满 8 小时并不重要，重要的是有没有睡够足够的睡眠周期。那怎么样才算是连续、完整的睡眠周期呢？举个例子，如图 8–3 所示，正在由清醒→浅睡→深睡慢慢过渡时，这个过程中因为噪声干扰、电话短信铃声、想上厕所等等原因被迫中断睡眠，那么一个睡眠周期就被迫中断了，当想再次入睡时，又要重新再经历一遍“清醒→浅睡→深睡”的过程，此时花在浅睡上的时间远远超过了预计的占比，或者直接导致睡眠周期被破坏。

当然，除了上述这种睡眠过程中被迫中断睡眠周期的情况，也不能忽略睡眠时长对睡眠周期的影响。比如，通过图 8–3 可以发现，REM 在第一个睡眠周期一般是不会出现的，如果起床过早，那么可能会丧失大部分存在睡眠后半段的 REM 期；如果晚上熬夜晚睡，那么应该在前半段睡眠出现的深度睡眠时长又会大大减少。

所以，有没有睡满 8 个小时并不重要，重要的是有没有睡够 4~5 个睡眠周期。年龄的增长、睡眠障碍（失眠、睡眠呼吸暂停等）、慢性疾病、情绪障碍、昼夜节律紊乱等都可能会影响睡眠周期。一旦睡眠周期被破坏，睡眠时间再长也不会提升睡眠质量，反而还会再次破坏自然睡眠周期。

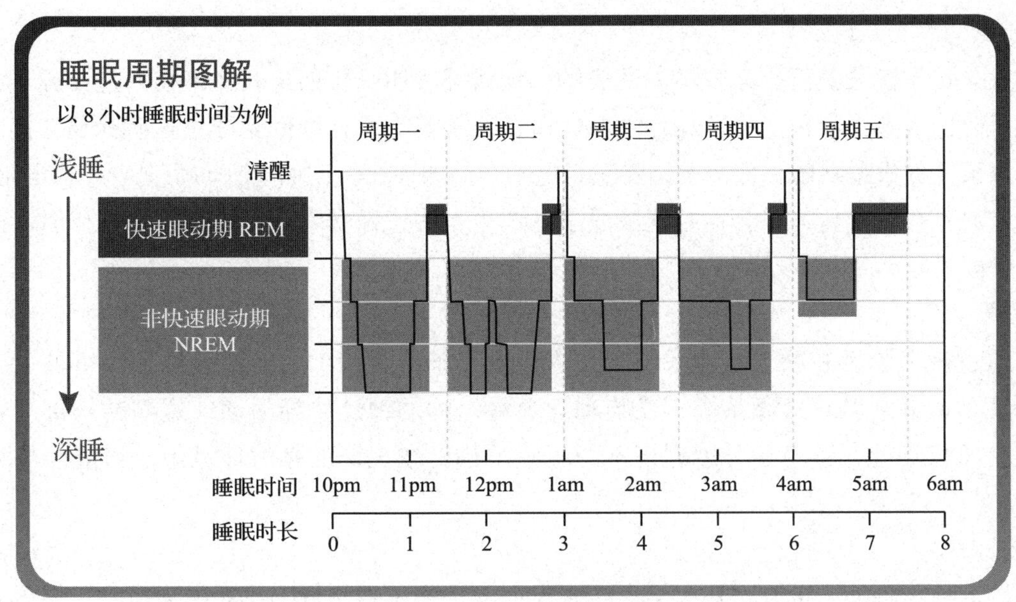

图 8-3　睡眠周期

二、睡眠相关因素

晚上睡得少、失眠、多梦……是困扰很多人的睡眠问题。睡眠不足是一个被忽视的公共卫生问题。那么影响睡眠的因素有哪些呢？以下列出了影响睡眠的四个主要因素。

（一）健康因素

1. 睡眠呼吸暂停综合征

睡眠呼吸暂停综合征患者喉咙肌肉松弛，睡觉时容易出现打鼾、呼吸停止等问题，不仅影响睡眠质量，醒来后还容易感到疲倦，或口干、头痛、烦躁等。

2. 甲状腺问题

甲状腺负责调节新陈代谢和激素水平。然而，当它过度活跃或不活跃时，就会导致失眠和白天疲惫不堪。

3. 不安腿综合征（restless leg syndrome）

患者夜间下肢不适感明显，会导致入睡困难、觉醒次数增多，使睡眠质量严重下降。

4. 胃酸反流

患者夜间仰卧睡眠时，胃食管反流会导致发作性的胸部不适或胸骨下烧灼痛，造成反复清醒，干扰正常睡眠。

5. 不健康饮食

不健康饮食包括饮酒过量、太晚摄入咖啡因等。研究表明，酒精会阻碍快速眼动睡眠期，从而扰乱人体获得高质量休息的能力。此外，睡前 6 小时内摄入咖啡因也会导致睡眠紊乱。

6. 缺乏镁元素

镁是一种营养物质，能帮助肌肉放松并释放紧张。镁含量低会导致睡眠紊乱或失眠，还会加重白天嗜睡症状。

（二）环境因素

卧室应该是让人联想到睡眠的环境，影响睡眠的共同环境因素主要是光线、噪声和温度。

1. 光线

浙江大学医学院公共卫生学院学者发表的一项研究表明，长期夜间暴露在人造光源下，或会增加脑卒中风险。人造光源包括荧光灯、白炽灯和LED光源，人体夜间暴露于这些光源会抑制褪黑素生成。褪黑素是促进睡眠的一种激素。要注意电子产品的存在，比如电脑、手机、平板电脑和电视，这些电子产品产生的“蓝光”会抑制褪黑激素的产生，而这种激素有助于睡眠。褪黑激素的抑制会导致睡眠中断。

2. 噪声

噪声通过激活脑桥和脑干唤醒系统来促进觉醒，脑桥结构（如网状结构和脚桥核）接收听觉输入，并调节基底前脑、边缘系统、丘脑和下丘脑结构的神经传导活动，这些结构都与睡眠觉醒调节有关。不仅如此，噪声还可影响正常的睡眠结构，在长期的噪声环境下，可能会导致慢性失眠障碍。

3. 温度

人体热舒适与睡眠质量有密切关系，睡觉时的室内温度在20℃~23℃最为适宜。室内温度低于20℃会因为冷而导致睡眠姿势不良，影响呼吸新鲜空气；而超过23℃则会感到热，从而加快新陈代谢，出现能量消耗，影响睡眠。

除了以上三种因素，舒服的睡眠也离不开寝具的舒适程度，如果睡不好，可以试着选择偏重一点的被子盖。有研究表明，盖更重的被子睡觉会增加人体褪黑素的释放。此外，厚重被子带来的“压力”激活了皮肤感觉传入神经，通过刺激大脑某个区域，会增强内心的平静和幸福，减少恐惧、压力和疼痛的感受。

（三）心理因素

心理因素占失眠原因的35%~44%，归纳起来可分为以下几种。

1. 怕失眠心理

许多失眠患者对于失眠都有预期性焦虑，由于某种不良应激的发生出现一过性失眠，接下来对失眠过分担忧，晚上一旦上床就担心睡不着，或是努力让自己尽快入睡，结果适得其反。

2. 梦有害心理

不少自称失眠的人，不能正确看待梦，认为梦是睡眠不佳的表现，对人体有害，甚至有人误认为多梦就是失眠。这些错误观念使人焦虑，担心入睡后会再做梦，这种“警戒”心理往往影响睡眠质量。

3. 自责心理

有些人因为白天遇到一些不愉快的事情，为此感到内疚自责，晚上躺在床上，脑子里反复回想白天发生的事情，懊悔自责，久久难眠。

4. 期待心理

期待心理是指有些个体因为期待某人或做某事而担心睡过头误事，因而常出现早醒。也有人在遇到晋升、职称评定、分房等重大事件时，处于期待和兴奋状态，难以入睡。

5. 童年创伤心理的再现

有的人由于童年时受到丧失父母、恐吓、重罚等创伤而感到害怕，出现了怕黑夜而不能入睡的现象，随着年龄增长逐渐好转，但成年期后，由于再次遇到某种类似儿童时期的创伤性刺激，就会使被压抑在潜意识的童年创伤性体验重新被激活，出现失眠。

6. 易感人格特征

个性特征与失眠有着密不可分的联系。失眠患者往往表现出神经质、缺乏自信、内化心理冲突、思虑过多、优柔寡断、易兴奋又易疲劳、情绪化处理方式、应对技巧缺乏，或对健康过度关心、躯体转化症状较多的疑病特质等。研究发现，高质量睡眠者表现出良好的适应性和心理健康，低质量睡眠者在睡眠和觉醒期间自主性唤醒水平都较高，其夜间觉醒干扰大的个体快波睡眠时间延长，间接反映出快波睡眠时间的长短与心理苦恼相关。

7. 情绪问题

有研究显示，70%的失眠是与以焦虑、抑郁为主的情绪问题有关，而焦虑障碍、抑郁障碍的患者绝大多数都有睡眠问题。可见，情绪问题与失眠关系密切。

8. 失眠的慢性化

几乎任何疾病都有其易感素质、诱发因素和维持因素。慢性失眠患者大多数会过度关注和担忧自己的睡眠，对自身睡眠不满意，并对睡眠质量自我评估的负性认知坚信不移，对失眠有预期性的焦虑和灾难化的认知，担心失眠而造成的恶性循环，如怕睡不着、怕做恶梦、怕睡中发病、怕一睡不醒等，这些恐惧心理可引起或加重失眠。

（四）生活方式

1. 饮食

古人云："胃不和则卧不安。"睡前太饿、太饱都会干扰睡眠，所以要根据个人胃口适当进食。食物过于辛辣，可能会导致胃食管反流；吃太多豆类、薯类等产气食物，则会引起腹胀等。此外，睡前如果大量饮水，导致夜间起床上厕所的次数增加，也会睡不好。浓茶与咖啡具有提神功效，因为其中的咖啡因可阻断脑内促进睡眠的化学物质——腺苷，从而减少困倦感。摄入过多高糖、高脂的高热量饮食，也容易发生睡眠障碍，而睡眠不足又会影响进食选择，增加高热量饮食摄入，进入恶性循环。

2. 运动

合理的运动能够使一天积攒下来的压力得到释放，避免产生焦虑情绪，使人们入睡更加容易，延长睡眠时间，同时可使深度睡眠占整体睡眠时间的比例得到大幅度提升，保证睡眠质量的提高。定期锻炼被认为有助于睡眠，然而，在正确的时间锻炼是很重要的，如果在睡前进行高强度的锻炼会让人更难入睡。

3. 酒精

许多人希望通过酒精来帮助自己入睡，虽然酒精会让大脑感到疲倦，帮助入睡，但它会损害睡眠质量，而且随着酒精的作用逐渐消失，人们更有可能在夜间醒来，可能需要经常上厕所或在脱水时起身喝水。

4. 生活节律因素

人的生活习惯如"动力定型"，对规律性睡眠、觉醒交替是很重要的。养成定时入睡、定时起床的人，生活规律，便会形成条件反射性入睡，即形成"动力定型"，一旦打破"动力定型"便会失眠。睡眠－觉醒节律紊乱如乘飞机作洲际旅行时的时差反应、工作中的倒夜班、流动性质强的工作等，都可能会诱发失眠。其他如白天睡眠过多、白天生活的影响、不良睡眠习惯（作息无规律、躺在床上胡思乱想）等因素也会诱发失眠。

5. 应激生活事件

应激源是指产生应激的外部事件或环境刺激。应激生活事件不仅是新发失眠的危险因素，也是失眠得以慢性化的维持因素。应激生活事件的数目和持续时间之间可产生协同效应。

三、睡眠管理策略

（一）生活中改善失眠的小策略

1. 建立规律的作息时间

保持固定的起床和入睡时间有助于调节身体的生物钟，使其形成规律的睡眠模式。即使在周末，也应避免熬夜和睡懒觉。

2. 创建良好的睡眠环境

创造一个舒适、安静和黑暗的睡眠环境是改善睡眠的关键。选择适合自己的床垫和枕头，调节室内温度，使用遮光窗帘遮蔽外界光源。此外，可以使用白噪声或者耳塞来屏蔽外界噪声。

3. 控制饮食和饮品

避免在晚上摄入咖啡因和酒精，这两种物质都会干扰人的生物钟，使之难以入睡。同时，避免在临睡前吃得太饱，尤其是高糖和高脂肪的食物，因为消化过程会让人感到不适，影响入睡。

4. 形成睡前放松的习惯

睡前不要进行高强度的脑力活动和体力活动。可以尝试一些放松的方法来帮助入睡，如深呼吸、冥想、温水泡脚或洗澡、听轻音乐或阅读轻松的书籍等。

5. 限制电子设备的使用

睡前一小时尽量远离手机、平板、电脑等电子设备，因为这些设备发出的“蓝光”会抑制褪黑素的分泌，影响入睡。此外，电子设备中的信息也容易刺激大脑，使人难以放松。

6. 适量运动

适量运动有助于提高睡眠质量，但应避免在睡前进行剧烈运动。建议每天进行不少于 30 分钟的有氧运动，如散步、跑步、游泳等，可以在白天的时候消耗掉多余的精力，使人晚上更容易入睡。

7. 心理调适和压力管理

学会管理压力和情绪也是改善失眠的重要一步。可以借助心理咨询、心理疏导、情绪管理课程等手段，调整自己的心态，增强心理韧性。此外，可以尝试写日记，把每天的烦恼和压力写下来，从而减轻心理负担。

8. 减少午睡时间

尽量避免长时间的午睡，尤其是在下午 3 点之后进行午休，因为这会影响晚上的入睡和睡眠质量。午睡时间最好控制在 20~30 分钟，以保持白天的清醒和夜晚的良好睡眠。

9. 调整心态，正确面对“睡不着”

每个人或多或少都会经历过短暂性失眠，因此，出现失眠的时候不要过分敏感，变得忧虑，睡眠的时候越是想着要睡着，越是睡不着，想多了会陷进一个“死循环”当中。应该改变自己的心态，积极面对失眠，不要将睡不睡得着看得过重，睡眠的时候自然放松反而会得到良好的效果。

10. 放松训练

坐于舒适的椅子上，调整到最舒服的姿势，闭眼，然后深吸气，缓慢呼气。缓慢呼气时，感受双肩下沉，肩部肌肉放松。继续深吸气，然后缓慢呼气，感受肩膀下沉、放松的同时，感受肌肉放松逐渐扩展到上肢、指尖、躯干、下肢、脚趾等部位继续深吸气，缓慢呼气，感受肩膀、躯干、四肢的肌肉放松，颈部和头部也同时得到放松。继续几个循环的深呼吸，缓慢呼气时感受全身肌肉的放松，直到感到全身放松、心情平静时，便可入睡。

（二）失眠的自我诊断

想要拯救睡眠，就得先判断自己是否真的失眠。人们往往认为睡不着是失眠的唯一表现，实际上，失眠的表现形式有很多种，入睡难、容易醒、醒得早、睡不好和睡得少（通常少于6小时）等都属于失眠的表现。失眠是人的一种主观体验，其评估方法有很多，如睡眠日记和评估量表等。量表评估分为很多种，主要有匹兹堡睡眠质量指数量表、睡眠损害量表、里兹睡眠评估问卷等。不同量表的功能各不相同，有助于了解各项睡眠相关指标，全面评估睡眠情况。那么在日常生活中该如何判断自己是否失眠了呢?

判断自己是否失眠主要看两个表现：晚上睡眠困难＋白天精神状态不佳。可以从以下三个标准来进行简单的判断。

（1）标准一：3个30分钟。

①入睡困难。也就是躺在床上，从想睡到睡着间隔超过30分钟，就属于入睡困难。

②睡眠维持障碍。夜间醒来超过2次，总时间加起来大于30分钟，就存在睡眠维持障碍。

③经常早醒，达不到自己预期睡眠时间。比平常提前醒来超过30分钟，而且醒了后能够清醒到天亮。

（2）标准二：上述这些问题一周超过3天。

（3）标准三：白天精神状态不佳。由于晚上没睡好，导致第二天出现疲劳、困倦、焦躁、注意力难以集中、记忆力减退等问题，并感到很痛苦，影响日常生活。

如果同时满足以上标准，那么很有可能属于失眠状态，必要时寻求专业帮助来改善失眠。

（三）失眠的专业治疗

1. 失眠的心理和行为治疗

CBT-I即针对失眠的认知行为疗法，是认知行为疗法的一种。它是世界上公认的、非药物治疗失眠的最好用的疗法。CBT-I能够有效纠正失眠患者错误的睡眠认知与不恰当的行为因素，有利于消除心理生理性高觉醒，增强入睡驱动力，重建正确的睡眠觉醒认知模式，持续改善失眠患者的临床症状，且没有不良反应。CBT-I主要包括五方面的内容：睡眠卫生教育、刺激控制、睡眠限制、松弛疗法、认知治疗。

2. 光照疗法

光线对人类的睡眠－觉醒周期有重要的调节作用，主要机制是影响位于下丘脑控制昼夜节律的视交叉上核以及光刺激抑制松果体褪黑素的分泌。基于此原理，光照疗法（bright light therapy）可以通过帮助建立和巩固规律的睡眠－觉醒周期来改善睡眠质量、提高睡眠效率和延长睡眠时间。对治疗睡眠－觉醒节律障碍，比如睡眠时相延迟或提前综合征等特别有效，可以促进夜班工作者的白天睡眠，提高其工作时的警觉水平，也可治疗飞行旅行造成的失眠和睡眠时相延迟等。由于光照疗法自然、简单、低成本，而且不会导致残余效应和耐受性，目前推荐与药物或其他治疗方法联合治疗失眠障碍。

3. 重复经颅磁刺激

经颅磁刺激（transcranial magnetic stimulation，TMS）是一种无痛、无创、安全的神经生理技术，利用时变磁场使大脑皮层产生感应电流，通过改变大脑皮层神经元的动作电位而影响脑内代谢和神经组织的电活动，进而对刺激区域及相关区域产生影响，而且所产生的生物学效应可以持续到刺激停止后的一段时间。重复经颅磁刺激（repetitive transcranial magnetic stimulation，rTMS）是以固定频率和强度连续作用某一脑区的经颅磁刺激，其作用特征就是改变大脑局部皮层的兴奋性水平。研究发现 rTMS 可增加总的睡眠时长，提高睡眠效率，缩短入睡潜伏期，减少觉醒时间，降低失眠复发率。

4. 药物治疗

常见的治疗失眠药物主要包括：苯二氮䓬类药物、非苯二氮䓬类催眠药物、有催眠作用的抗抑郁药物、褪黑素和褪黑素受体激动剂。值得一提的是，睡眠习惯的改善（不借助催眠药）是治疗失眠的最好方法。几乎所有的催眠药长期连续使用都可产生耐受性和依赖性，失眠患者应在医师或药师的指导下合理使用药物，减少药品不良反应的发生。

第三节　行为管理

一、概述

行为（behavior）是指受思想支配而表现出来的外表活动。行为是人类或动物在生活中表现出来的生活态度及具体的生活方式，它是在一定的条件下，不同的个人、动物或群体表现出来的基本特征，或对内外环境因素刺激所做出的能动反应。“行为管理理论”的内容形成于 20 世纪 20 年代，早期被称为“人际关系学说”，后来发展为“行为科学”，也称“组织行为理论”。组织行为管理（organizational behavior management）是采用系统分析的方法，综合运用心理学、社会学、人类学、伦理学、管理学和政治学等多学科知识，来研究和解释一定组织中人的心理和行为规律的交叉性、边缘性社会科学。行为管理和心理健康是密切相关的两个领域。行为不仅受到心理健康状态的影响，同时也会对心理健康产生反作用。在工作中，行为管理与心理健康是相互关联且相辅相成的两个方面。行为管理不仅涉及对行为的规范和引导，更强调如何通过有效管理行为来维护和提升个人的心理健康。

本节将探讨行为管理与心理健康之间的关系，介绍行为科学学派理论基础和工作中行为管理策略，并就工作相关行为规范进行举例说明。

二、行为与心理健康的关系

（一）行为影响心理健康

心理健康（mental health）是指一个人在心理上达到了一种良好的状态，行为心理健康则从行为的角度来看待心理健康。心理健康与行为心理健康在个人的生活、工作和学习中起着重要的作用，对一个人的行为产生深远的影响。

人的行为模式、习惯以及应对压力的方式，都会对其心理健康状态产生深远的影响。消极的行为习惯如过度饮酒、滥用药物等，往往会导致心理健康问题如焦虑、抑郁等。相反，积极的行为习惯如规律运动、健康饮食等，则有助于维护良好的心理健康状态。

（二）心理健康指导行为

心理健康是个体综合素质的重要组成部分，对个人的身心健康和社会适应能力具有重要的影响。

首先，心理健康有利于身体健康的维持。研究表明，心理健康与身体健康之间存在密切的关联。良好的心理状态有助于提高人的免疫力，增强抵抗疾病的能力。其次，心理健康对个人的学习和工作有着重要的影响。心理健康能够提高人的学习兴趣和动力，增强记忆力和学习能力，提高个人的工作效率和创造力。最后，心理健康有助于个人情感的平衡。心理健康的人通常情绪稳定、积极乐观，能够更好地应对各种压力和困难，同时也能够更好地处理人际关系，增进人际交往。

心理健康状态会影响人的行为。一个心理健康的人往往能够更好地应对生活中的挑战和压力，采取积极的行为策略。例如，在面对困难时，心理健康的人可能会选择寻求帮助、制订计划等积极的行为方式，而心理健康状况不佳的人则可能选择逃避、拖延等消极的行为方式。因此，心理健康能够促进个体形成积极健康的行为习惯。良好的心理健康使个体更能控制自己的行为，形成积极的生活方式，如规律的作息时间、科学的饮食习惯、适度的运动等，从而提高生活质量。良好的心理健康使个体在面对选择时能够客观理性地评估利弊，做出明智的决策，避免冲动行为和错误决策。最后，心理健康与行为心理健康能够影响个体的社交行为。心理健康能够提高个体的社交能力，使个体更加自信、平和、善于沟通，从而增强人际关系的质量和稳定性。

三、行为科学学派理论基础

行为科学学派是现代管理学中的一个重要分支，它关注个体和群体在组织中的行为模式，以及这些行为如何影响组织的效率和效果。以下是对行为科学学派中几个主要理论的概述。

（一）需求层次理论

需求层次理论由心理学家亚伯拉罕·马斯洛（AbrahamH. Maslow）提出，该理论将人的需求分为五个层次：生理需求、安全需求、社交需求、尊重需求和自我实现需求。马斯洛认为，人们在满足低层次需求后，会追求更高层次的需求。管理者需要了解劳动者的需求层次，以便更有效地激励劳动者。

（二）双因素理论

双因素理论由心理学家弗雷德里克·赫茨伯格（Frederick Herzberg）提出，又称激励－保健因素理论。该理论指出，工作满意度和工作不满意度是由不同的因素引起的。保健因素（如工资、工作环境等）缺失时会导致劳动者不满，但即使这些因素得到满足，也不会激发高满意度或动力。激励因素（如工作成就、认可等）才是提高劳动者满意度和动力的关键。

（三）X理论与Y理论

X理论与Y理论是由道格拉斯·麦格雷戈（Douglas M · Mc Gregor）提出的关于人性假设的理论。X理论认为人天生懒惰，需要严格的管理和惩罚来驱动他们工作；而Y理论则认为人具有自我实现和成长的愿望，应该通过参与式管理和激励来激发他们的工作积极性。

（四）期望值理论

期望值理论由维克多·弗鲁姆（Victor H.Vroom）提出，该理论认为个人努力与绩效、绩效与奖励、奖励与个人目标之间的关联性影响着个人的行为动力。只有当个体认为通过努力可以实现某个目标，并且该目标可以满足自己的需要时，才会产生强大的行为动力。

（五）成就需要理论

成就需要理论由大卫·麦克利兰（David McClelland）提出，该理论指出人们有三种主要的需要：成就需要、权力需要和归属需要。不同的人在这三种需要上存在差异，了解劳动者的需要差异有助于管理者更有效地激励劳动者。

（六）管理方格理论

管理方格理论由罗伯特·布莱克（Robert Rogers Blake）和简·莫顿（Jane Srygley Mouton）提出，它描述了领导者在处理劳动者和生产任务时的两种极端行为：关心人和关心任务。该理论通过一个管理方格图，展示了不同关心程度下的各种管理风格，以及它们对组织效率和劳动者满意度的影响。

（七）人性假设理论

人性假设理论是行为科学学派中对人性进行假设和描述的一系列理论。它探讨了人在工作中的本性、动机和行为方式，为管理者提供了理解和预测劳动者行为的基础。不同的人性假设会影响管理者的管理风格和策略。

（八）群体行为理论

群体行为理论关注群体中个体的互动和相互影响，以及这些互动如何影响群体的整体行为和效率。它研究了群体的结构、动力、决策过程以及群体与个体之间的关系，为管理者提供了理解和改善群体行为的工具和方法。

综上所述，行为科学学派的主要理论提供了理解和改善用人单位中个体和群体行为的框架和工具。管理者应该根据这些理论来制订更有效的管理策略和激励措施，以提高用人单位的效率和效果。

四、工作中行为管理策略

做好工作中的行为管理需要从以下三个方面进行：第一，工作中心理健康风险评估；第二，工作中组织行为管理策略；第三，工作中个体行为管理策略。

（一）工作中心理健康风险评估

心理健康风险评估是预防和管理心理健康问题的重要手段。通过对个体的心理健康状况进行评估，可以及时发现潜在的心理问题，并采取相应的措施进行干预。这有助于避免心理健康问题对行为的负面影响，同时也为行为管理提供了重要的参考依据。最终，用人单位可以有效地降低劳动者的心理健康风险，提高劳动者的工作效率和生活质量。因此，建议基于工作中心理健康风险评估制订恰当的个体行为管理策略及用人单位对劳动者的行为管理策略。

1. 风险因素识别

在进行工作中心理健康风险评估时，首先需要识别潜在的风险因素。这些风险因素可能包括工作压力、人际关系、职业发展、工作与生活平衡等方面。用人单位应通过定期的劳动者调查和访谈，收集劳动者对于工作压力、工作满意度、人际关系等方面的反馈，从而了解劳动者的心理状况，并识别出潜在的风险因素。

2. 心理状态分析

心理状态分析是评估劳动者心理健康状况的关键环节。用人单位可以通过心理测试、问卷调查等方式，对劳动者的心理状态进行量化评估。这些评估可以包括劳动者的压力水平、焦虑程度、抑郁倾向等。通过心理状态分析，用人单位可以更加准确地了解劳动者的心理健康状况，并为后续的风险评估提供依据。

3. 行为模式评估

行为模式评估是通过对劳动者的行为进行观察和分析，评估其是否存在不良行为或潜在风险。这些行为可能包括过度加班、工作疏忽、冲突行为等。用人单位可以通过观察劳动者的工作表现、与其他劳动者的互动以及参与团队活动的情况，来评估其行为模式。对于存在不良行为模式的劳动者，用人单位应进一步了解其背后的心理原因，并采取相应的措施进行干预。

4. 风险等级判定

在识别风险因素、分析心理状态和评估行为模式的基础上，用人单位需要对劳动者的心理健康风险进行等级判定。风险等级可以根据劳动者的压力水平、心理状态和行为模式等因素进行量化评估。通过风险等级判定，用人单位可以更加清晰地了解不同劳动者在心理健康方面存在的风险差异，并为后续的预防与干预策略制订提供依据。

5. 预防与干预策略

针对不同类型的心理健康风险，用人单位需要制订相应的预防与干预策略。对于高风险劳动者，用人单位可以采取更加积极的干预措施，如提供心理咨询、安排心理辅导等；对于中低风险劳动者，用人单位可以通过改善工作环境、优化工作流程等方式来降低风险。此外，用人单位还可以通过建立劳动者互助机制、提供心理健康培训等方式，增强劳动者的心理韧性和自我调适能力。

6. 监测与反馈

心理健康风险评估是一个持续的过程，需要不断进行监测和反馈。用人单位应建立心理健康监测机制，定期收集劳动者的心理健康数据，了解劳动者的心理状况和风险变化情况。同时，用人单位还需要通过反馈机制，将评估结果和干预策略的效果反馈给劳动者和相关部门，以便及时调整和完善心理健康管理策略。

（二）工作中组织行为管理策略

工作中，进行组织行为管理包括心理管理和行为管理两个方面。心理行为管理是组织行为管理的基础，旨在通过理解和应用人类心理活动的规律，优化个体和群体的行为表现，提高组织效能。心理管理主要包括以下 3 个方面：第一，个体心理分析，研究个体的心理结构、需求和动机，以及个性、态度和价值观等因素如何影响个体在工作中的行为和决策；第二，认知过程管理，关注个体在信息处理、决策制订和学习过程中的心理机制，帮助劳动者更好地适应变化、解决问题，并不断提升个人能力；第三，情感管理，理解和调节劳动者在工作中的情感状态，如压力、焦虑、满意度等，以提高劳动者的情绪智力，增强团队的凝聚力和工作动力。

行为管理是心理行为管理的核心内容，旨在通过引导和控制劳动者的行为，实现组织目标。行为管理主要包括以下 3 个方面：第一，行为目标设定，明确用人单位和个人在工作中的行为目标，确保行为与整体战略保持一致；第二，行为规范制订，建立明确的行为规范和准则，约束劳动者的行为，维护组织秩序和效率；第三，行为激励与惩罚，通过奖励和惩罚机制，激发劳动者的积极行为，减少消极行为，提高劳动者的工作效率和质量。

1. 管理与激励

管理与激励是心理行为管理的重要环节，它关注的是如何通过有效的管理手段和激励机制，调动劳动者的积极性，实现用人单位的长期发展。

（1）激励机制设计：根据劳动者的需求、动机和价值观，设计合理的激励机制，包括薪酬激励、晋升机会、工作环境改善等。

（2）反馈与评估：为劳动者提供及时的反馈和评估，帮助劳动者了解自己的优点和不足，促进个人成长和职业发展。

（3）参与和授权：鼓励劳动者参与组织决策和管理过程，增强劳动者的归属感和责任感，提高用人单位的凝聚力和执行力。

2. 领导与群体行为

领导与群体行为是心理行为管理在群体层面的应用，它关注的是如何通过有效的领导风格和群体动力机制，提高用人单位的整体效能。

（1）领导风格选择：根据用人单位的文化、目标和劳动者特点，选择合适的领导风格，如民主型、权威型、放任型等。

（2）群体动力调节：理解和调节群体内部的动力机制，如竞争、合作、冲突等，促进群体内部的和谐与协作。

（3）团队建设与培训：通过团队建设活动和培训，提高团队的凝聚力、沟通能力和问题解决能力，实现用人单位的高效运行。

3. 组织文化与变革

组织文化与变革是心理行为管理在组织层面的应用，它关注的是如何通过塑造积极的组织文化和推动组织变革，实现用人单位的持续发展和创新。

（1）组织文化塑造：通过价值观、信念、行为准则等文化元素的传递和强化，塑造符合组织目标和战略的文化氛围。

（2）组织变革引导：在面对市场环境变化和技术革新的挑战时，通过引导劳动者接受变革、适应变革，实现用人单位的持续发展和创新。

（3）变革沟通与参与：在变革过程中，保持与劳动者的沟通和参与，增强劳动者对变革的认同感和责任感，确保变革的顺利进行。

（三）工作中个体行为管理策略

在工作中，个体行为管理与心理健康是相互关联且相辅相成的两个方面。通过行为矫正与心理调适、情绪调控技巧、意志与决策、人格特质培养、应对冲突与挑战以及适应与变化等方面的努力，个体可以更好地管理自己的行为和维护自己的心理健康。这将有助于提升工作效率和创造力，促进个人和用人单位的成功和发展。

1. 行为矫正与心理调适

行为矫正和心理调适是改善心理健康的重要方法。行为矫正通过改变不良的行为习惯来影响心理健康状态。例如，对于焦虑症患者，可以采用行为疗法中的暴露疗法，逐步暴露患者于焦虑源中，帮助患者学会应对焦虑的方法。心理调适则通过调整心理状态来改善行为。例如，通过认知行为疗法帮助患者识别并改变不良的思维模式，从而改善其行为。

行为自我管理是工作中行为管理的核心。它要求个体能够对自己的行为进行有效的监控和调节，确保行为符合工作要求和道德规范。行为自我管理包括设定明确的工作目标、制订合理的工作计划、保持良好的时间管理、培养自律性和责任心等方面。通过有效的行为自我管理，个体可以更加高效地完成任务，减少工作中的失误和延误，从而提升工作效率和成就感。

2. 情绪调控技巧

情绪调控技巧是维护心理健康的重要手段。在工作中，个体难免会遇到各种情绪挑战，如焦虑、愤怒、失望等。这些负面情绪如果不及时得到调节和控制，就可能会对个体的工作效率和心理健康造成不良影响。因此，学会情绪调控技巧至关重要。这包括认识和理解自己的情绪、寻找情绪宣泄的途径、采用积极的情绪调节策略（如深呼吸、冥想、运动等）以及寻求专业心理支持等方面。通过有效的情绪调控，个体可以更好地应对工作中的情绪挑战，保持平稳的心态和良好的心理状态。

3. 意志与决策

在工作中，个体需要具备坚定的意志力和正确的决策能力。意志力是个体在面对困难和挑战时能够坚持不懈、勇往直前的能力。它对于克服工作中的困难、实现目标具有重要意义。同时，正确的决策能力也是工作中不可或缺的一项能力。它要求个体在面对复杂多变的工作情境时能够迅速作出正确的判断和决策。为了培养和提升意志与决策能力，个体可以通过制定明确的目标、锻炼自己的毅力、学习决策方法和技巧以及不断积累经验等方式来实现。

4. 人格特质培养

人格特质是指个体在行为和态度上所表现出来的一种相对稳定的心理特征。在工作中，良好的人格特质对于个体的发展和成功至关重要。这包括积极向上、自信自强、诚实守信、善于沟通、富有责任心等方面。为了培养这些良好的人格特质，个体可以通过自我反思、不断学习、积累经验、参加培训和辅导以及向优秀人物学习等方式来实现。

5. 应对冲突与挑战

在工作中，个体难免会遇到各种冲突和挑战。这些冲突和挑战可能来自工作本身、同事关系、上下级关系等方面。如果个体不能有效地应对这些冲突和挑战，就可能会对工作和心理健康造成不良影响。因此，学会应对冲突和挑战是工作中不可或缺的一项能力。这包括认识和理解冲突和挑战的本质、寻找解决冲突和挑战的方法、保持冷静和理智、寻求支持和帮助等方面。通过有效地应对冲突和挑战，个体可以更好地应对工作中的压力和挑战，保持积极向上的心态和良好的心理状态。

6. 适应与变化

在现代社会中，工作环境和要求不断变化。个体需要具备适应和变化的能力来应对这些变化。这包括了解并接受工作变化、积极应对变化带来的挑战、学习新的知识和技能、调整自己的行为和态度等方面。通过适应和变化，个体可以更好地适应工作环境和要求的变化，保持竞争力和创造力。

五、工作相关行为规范举例

为了确保工作的高效运作和劳动者的专业形象，须制订工作相关行为管理规范，内容包括明确劳动者的作息时间、岗位行为、仪容仪表、工作态度、待人接物礼仪、环境卫生与安全、物品使用与保护以及团队协作与沟通等方面的具体要求，以促进单位文化和团队协作的和谐发展。另外，根据相关行为规范，单位应定期对劳动者的行为进行考核和评价，对于表现优秀的劳动者将给予表彰和奖励，对于违反规定的劳动者将给予相应的处理和纠正。

（一）作息时间管理

（1）劳动者应按时上下班，不得迟到早退。

（2）若有特殊情况需请假或调休，应提前向上级汇报并获得批准。

（3）工作时间内，劳动者应合理安排休息和用餐时间，确保工作效率。

（二）岗位行为规范

（1）劳动者应严格遵守单位岗位职责，认真履行工作任务。

（2）工作中，劳动者应保持专注，不得在工作时间内进行与工作无关的活动。

（3）对于工作中的问题和困难，劳动者应主动沟通、积极解决，不得推诿扯皮。

（三）仪容仪表要求

（1）劳动者应保持整洁的着装，穿着符合单位规定的服装或职业装。

（2）劳动者应注意个人卫生，保持身体清洁，避免异味。

（3）劳动者应保持自信、专业的形象，给客户和合作伙伴留下良好的印象。

（四）工作态度与纪律

（1）劳动者应遵守单位的工作纪律，尊重单位制度和决策。

（2）劳动者应保持良好的工作态度，积极面对工作挑战，保持热情和活力。

（3）对于工作中的错误和失误，劳动者应勇于承担责任，及时纠正并改进。

（五）待人接物礼仪

（1）劳动者应礼貌待人，尊重客户和同事，使用恰当的称谓和语气。

（2）劳动者在与客户和同事沟通时，应保持耐心和细致，倾听他们的需求和意见。

（3）劳动者在公共场合应保持谦逊和低调，避免过于张扬或引起不必要的争议。

（六）环境卫生与安全

（1）劳动者应保持工作环境的整洁和卫生，定期清理工作区域。

（2）劳动者应遵守单位的安全规定，注意防火、防盗等安全问题。

（3）劳动者在使用单位设备时，应遵循操作规程，确保设备的安全使用。

（七）物品使用与保护

（1）劳动者应爱护单位财物，合理使用和保管单位提供的办公设备和用品。

（2）劳动者在离开工作岗位时，应关闭电脑、空调等电器设备，节约能源。

（3）对于单位提供的书籍、资料等物品，劳动者应妥善保管，不得私自挪用或损坏。

（八）团队协作与沟通

（1）劳动者应积极参与团队协作，与同事建立良好的合作关系。

（2）劳动者在沟通中应保持坦诚和尊重，避免误解和冲突。

（3）劳动者应关注团队的整体目标，为团队的成功贡献自己的力量。

六、总结

行为管理与心理健康是密不可分的。一方面，通过行为矫正和心理调适，可以改善个体的心理健康状态，使其更加积极地面对生活和工作中的挑战；另一方面，健康的心理状态也会促进个体采取更加积极、健康的行为方式，进一步巩固和提升心理健康水平。

通过关注行为对心理健康的影响、利用心理健康指导行为、进行行为矫正与心理调适、进行心理健康风险评估以及发挥行为管理与心理健康的相互促进作用，可以更好地维护个体的心理健康状态，提升生活质量和工作效率。同时对于组织单位来讲，有利于提高管理人员预测、引导和控制人的行为的能力，提高效率，促进组织预定目标的实现。因此，应该重视行为管理与心理健康的关系，并采取相应的措施来促进二者的和谐发展。

第四节　自我照料

一、概述

自我照料（self-care），也叫自我关怀，是指个体为维护自身身心健康、提升生活质量而采取的一系列积极行动。在现代社会中，随着生活节奏的加快和压力的增大，学会自我照料变得尤为重要。自我关怀可以带来很多益处，包括：第一，提高情绪复原力，通过正念自我关怀，可以更好地管理自己的情绪，从而增强情绪复原力；当面临压力或挫折时，个体能够更快地恢复并继续前行；第二，提升生活质量，通过关注并满足自己的身心需求，个体可以提高生活质量，增强自我满足感和幸福感；第三，建立积极的自我形象，正念自我关怀鼓励个体以一种更积极、更健康的方式看待自己，这有助于建立积极的自我形象，提高自尊心。

本节将从正念自我关怀的概念、如何培养对自己的慈爱之心以及自我照料在生活和工作中的实践等方面详细探讨自我照料的主题。

二、正念自我关怀的概念

正念自我关怀是一种重要的心理健康实践，它旨在通过正念的态度和技巧来增进个人的自我关爱和自我照顾。正念自我关怀（mindful self-compassion）是一种自我关怀的形式，它结合了正念（mindfulness）和自我同情（self-compassion）的元素。正念指个体对当前时刻不带有任何评判的感知和体验。自我同情是指个体的一种对自己理解和接纳的态度，即使面对困难或失败时也能给予自己善意和关怀。正念自我关怀的核心要素包括3点：第一，增强自我意识：正念的核心是意识到当下的一切，包括自己的情绪、身体感受和思绪，通过观察和接纳这些内在的体验，能够更好地了解自己，从而更好地照顾自己；第二，培养自我同情：正念自我关怀鼓励个体以一种更宽容和更慈悲的态度对待自己，当遇到挫折或失败时，个体不再自责或抱怨，而是给予自己理解和鼓励，这种自我同情的态度能够减轻内心的压力，增强自我关爱和自我照顾的能力；第三，接纳和关注内在体验：无论是积极的还是消极的情绪、感受或需求，正念自我关怀都鼓励个体接纳并关注它们。这意味着个体不再对自己的感受进行评判或抵抗，而是以友善和慈悲的态度对待自己。

正念自我关怀的理念可以通过以下途径来练习。第一，自我反思：定期回顾自己的情绪和体验，找出自己的需求和困难，然后采取措施来解决它们。第二，写感恩日记：每天写下一些你感激的事情或人，这有助于培养积极的情绪和心态。第三，进行冥想或放松练习：这些活动可以帮助个体平静心绪，更好地关注和接纳自己的内在体验。第四，寻求支持：与家人、朋友或专业人士分享自己的感受和需求，获得他们的支持和帮助。

总之，正念自我关怀是一种强大的心理健康实践，它可以帮助个体更好地照顾自己的身心健康，提高生活质量，建立积极的自我形象和自尊心。

三、工作中自我照料的实践

（一）工作中自我照料的益处

在工作中，个体往往面临各种压力和挑战，为了更好地应对这些挑战，提高工作效率，同时保持身心健康，自我照料变得尤为重要。工作中应该时刻关注自己的身体和心理健康，积极采取措施来保持健康的身体状态和积极的心态。只有这样个体才能更好地应对工作中的挑战和压力，实现个人价值并为社会做出更大的贡献。工作中自我照料的好处有以下8个方面。

1. 健康保障

健康是生命的基石，也是工作能够持续进行的前提。通过自我照料，关注自己的饮食、运动和休息，可以有效预防疾病，减少工作场所意外情况的发生，从而确保个人健康得到保障。

2. 效率提升

自我照料可以提高个人的工作效率。良好的身心状态可以使人更加专注、敏捷和富有创造力，从而更好地应对工作中的压力和挑战。此外，合理安排工作和休息时间，避免过度疲劳，也能提高工作的整体效率。

3. 情绪稳定

工作中难免会遇到各种挫折和困难，但通过自我照料，个体可以学会更好地管理自己的情绪。例如，通过运动、冥想、音乐等方式来放松身心、减轻压力，使自己保持冷静和理性，从而更好地应对工作中的压力和挑战。

4. 持续发展

自我照料是个人持续发展的基础。通过不断学习和提升自己的技能和能力，个体可以更好地适应工作的变化和挑战。同时，保持健康的身体和积极的心态也有助于个体在工作中更加自信从容地面对各种情况，提升工作能力和成效。

5. 人际关系

通过自我照料，个体可以更好地管理自己的情绪和行为，避免在工作中产生冲突和误解，积极的心态和健康的身体也能使个体更加容易与他人建立良好的关系。良好的人际关系对工作的顺利进行至关重要，也有利于增强团队的凝聚力和协作能力。

6. 生活平衡

工作中自我照料有助于个体实现生活与工作的平衡。通过合理安排工作和生活时间，个体可以确保自己有足够的时间去关注家庭、朋友和兴趣爱好等方面的事情。这种平衡的生活方式不仅可以提高个体的生活质量，也能让个体在工作中更加有动力和创造力。

7. 创造力

创造力是现代社会中越来越重要的能力之一。通过自我照料，个体可以保持开放敏锐的思维状态，从而更加容易地产生新的想法和解决方案，有助于个体更好地应对工作中的变化和挑战，从而创造出更加优秀的工作成果。

8. 职业发展

自我照料对于职业发展也有着重要的影响。健康、积极、自信的劳动者更容易得到领导和同事的认可和支持，从而获得更多的职业机会和发展空间。此外，通过不断学习和提升自己的能力和技能，个体也可以在职场上保持竞争力并实现自己的职业目标。

（二）工作中自我照料的实践

1. 培养对自己的慈爱之心

在践行自我照料时，培养对自己有更广泛的慈爱之心很重要。自我关怀是针对自己的关怀，对内在的关怀。慈爱则包含对自己和他人的广泛的友善之情。培养一种一般性的、对于自己的友善态度是很重要的。一位缅甸的冥想教师说：“当慈爱的光芒遇见痛苦的泪水，便会升起关怀的彩虹。”慈爱与关怀都是善意的表达。慈爱（metta）可以通过慈爱冥想（loving-kindness meditation）的练习来培养。在练习中，练习者要想起一个特定的人，让这个人的形象在脑海中浮现，默默地重复一系列话语，唤起对她的善意。可以把这些话语当作友善的祝愿或良好的心愿。比如，常用的话语包括“愿你幸福”“愿你平静”“愿你健康”“愿你生活如意”。慈爱冥想培养出来的那些良好心愿，能够让个体内心的自我对话更具支持性，也能改善个体的心境。研究发现，慈爱冥想做得越多，效果就越明显，这被称为“剂量依赖性”。可以采用以下方法练习。

（1）给自己找一个舒适的姿势，坐着或躺下都可以。如果你愿意，可以把手放在胸部或者肩膀，或其他能够安抚你的位置，这样有助于唤起对于自我和自我体验的觉知，唤起充满爱意的觉知。

（2）在脑海中想起一个让你不禁露出微笑的人或者其他生命——你们之间的关系轻松愉快，不复杂。你想到的可能是孩子、祖母、自己或者猫狗等都可以。

（3）在你的脑海中想象这个生命栩栩如生的形象。让自己感受这个生命的陪伴为你带来了哪些感觉，允许自己享受这美好的陪伴。

（4）请默默地重复下面的话语，感受其中的力量：愿你幸福，愿你平静，愿你健康，愿你生活如意。

2. 身体五感层面的自我关照

（1）视觉上的自我关照。

颜色对人们的生活影响很大，比如绿色可能会护眼。情绪调节时，依旧要好好利用颜色对生活的影响。多看看身边的美景，选择喜欢的颜色的鲜花和绿植放在身边，也能让你感到轻松。如果涉及完成任务或是工作，仍然可以充分利用颜色对个体的影响：如果你希望这时候能提高动力和干劲、看起来热情有力量，那么就选择暖色，比如红色；如果你希望这时候能放松、缓解焦虑，就选用冷色，比如蓝色。

（2）嗅觉上的自我关照。

当你闻到雨后空气中青草和泥土的味道，是否感到精神状态变得轻松？可以从嗅觉上放松身体，去寻找一个令你感到愉悦的气味，比如鲜花、香薰、香水、咖啡豆做成香囊等，在情绪不佳的时候拿出来闻一闻，这都是很好的选择。

（3）听觉上的自我关照。

许多人在感到压力或者烦躁的时候会选择听自己喜欢的音乐，这的确是一个非常好的选择，它可以让你投入旋律之中，将自己的注意力转移开来。除了常听的歌曲，雨声、白噪声、流水声、树叶沙沙的声音、钟声等，这些声音也可以让人感到平静和放松。

（4）味觉上的自我关照。

①健康饮食 / 吃点好的：健康饮食能够帮助人们获得稳定且不错的情绪。要全面地摄入谷物、蔬菜水果、蛋白质，它们可以供给大脑养分，改善情绪。大部分人会选择在压力较大时多吃些油腻、含糖量高的垃圾食品，认为自己的状态会因此转好。但实际上它们增加了身体的压力，不利于身心健康。除了吃得健康，也要规律进食，避免由于暴饮暴食引起的进食障碍。

②减少酒精、咖啡和烟草的过度摄入：许多人在精神状态不好的时候会选择喝咖啡、酗酒以及抽烟来缓解紧张或是压力。但实际上这是一种误导，它们并不会让压力状态得到改善，只会使身心状态变得更糟。以往的惯性会让人们习惯性地拿起烟酒来“消愁”，不过这也是一个契机。当你想抽烟的时候，可以走到外面，好好伸个懒腰，呼吸一下新鲜空气；当你度过了压力很大的一天回家想喝一杯酒的时候，可以换一杯热茶或是果汁，坐下来与家人或者朋友说说这一天的不快。

（5）触觉上的自我关照。

①摸摸你的宠物。接触小动物可以让人分泌 5- 羟色胺、催产素等“快乐激素”。当人们感觉压力大的时候，不仅可以通过跟它们玩来放松压力，还可以认真地、慢慢地抚摸它们身上的毛毛，感受那种柔软感带来的抚慰。

②与水的亲密接触。可以尝试洗澡、泡温泉、擦脸、手浴等，在这个过程中，体会水与皮肤亲密接触的感觉，能够让紧绷的精神放松下来。

③拥抱他人。拥抱可以缓解不安，带来安全感。如果你感到焦虑、恐惧，可以抱抱你的家人或是朋友。

3. 日常生活中的自我照料

自我照料是一个全面而系统的过程，需要个体从多个方面入手，不断提升自己的身心健康水平。通过关注健康饮食、规律作息、适度运动、情绪管理、个人卫生、休闲娱乐、学习成长、人际交往、时间管理和休息恢复等方面，个体可以更好地照顾自己，提高生活质量，实现个人价值。

（1）健康饮食。

健康饮食是自我照料的基础。应保持膳食均衡，多吃蔬菜、水果、全谷类食物，适量摄入优质蛋白质和健康脂肪。避免过多摄入高热量、高脂肪、高糖和高盐的食物，降低慢性病的风险。此外，要保持水分充足，适量饮水有助于维持身体正常功能。

（2）规律作息。

规律作息对于保持身体健康至关重要。应确保每天有足够的睡眠时间，并尽量保持固定的作息时间。合理安排工作和生活，避免过度劳累和熬夜。规律作息有助于提高身体免疫力，预防各种疾病。

（3）适度运动。

适度运动是保持身体健康的有效途径。可以选择适合自己的运动方式，如散步、跑步、游泳、瑜伽等。每周至少进行 150 分钟的中等强度有氧运动，或进行 75 分钟的高强度有氧运动。运动有助于增强心肺功能、提高免疫力、减轻压力等。鼓励团队运动，组织团队运动活动，增进同事之间的交流和合作。

（4）情绪管理。

情绪管理对于维护心理健康具有重要意义。应学会识别自己的情绪，并采取积极的方式应对负面情绪。认识到自己的情绪是正常的，不要试图压抑或否认负面情绪。可以通过冥想、深呼吸、写日记等方式来舒缓压力、减轻焦虑，与同事、朋友或家人分享自己的感受，获得他们的支持和建议。当情绪不佳时，可以尝试做一些与工作无关的事情，如看书、听音乐等。尽可能保持积极乐观的心态，对待生活中的困难和挑战。

（5）个人卫生。

个人卫生是预防疾病的重要措施。应保持良好的个人卫生习惯，如勤洗手、勤洗澡、勤换衣等。保持居住环境清洁整洁，避免滋生细菌和病毒。此外，要关注口腔和牙齿健康，定期刷牙、洗牙等。

（6）休闲娱乐。

休闲娱乐是调节生活节奏、放松身心的重要方式。可以选择适合自己的休闲娱乐方式，如看电影、听音乐、旅行、阅读等。合理安排休闲娱乐时间，有助于缓解工作压力、增强生活乐趣。

（7）学习成长。

学习成长是不断提升自我价值、实现个人梦想的重要途径。应保持持续学习的态度，不断提升自己的知识和技能。可以参加培训课程、阅读书籍、参加社交活动等，拓展自己的视野和人际关系。同时，要学会反思和总结，不断调整自己的学习和成长方向。

（8）人际交往。

人际交往是生活中不可或缺的一部分。应学会与他人建立良好的人际关系，包括家庭关系、朋友关系、同事关系等。与他人保持积极的沟通和交流，有助于增强信任和理解，共同解决问题。同时，要尊重他人的意见和感受，避免产生冲突和矛盾。

（9）时间管理。

良好的时间管理是提高工作效率的关键，也有助于个体在工作中保持轻松和专注。以下是一些时间管理的建议：①制订明确的工作计划：每天开始前，列出当天的任务清单，并设置优先级；②避免拖延：对于重要的任务，要尽早开始，避免将任务推迟到最后一刻；③学会拒绝：当面临过多的任务或请求时，要学会说“不”，以保护自己的时间和精力；④利用碎片时间：在会议、等待等空闲时间，处理一些简单的任务或进行知识学习。

（10）休息恢复。

充足的休息是保持身心健康和工作效率的关键。以下是一些休息恢复的建议。①保证充足睡眠：每晚保证 7~9 小时的睡眠时间，以确保身体和大脑得到充分的休息。②午休小憩：在中午进行短暂的休息，有助于恢复体力和精神状态。③假期旅行：利用假期进行旅行或度假，放松心情，拓宽视野。④学会放松：在工作之余，学习一些放松技巧，如冥想、按摩等，有助于缓解身心疲劳。

综上所述，在生活和工作中进行自我照料是维护身心健康和提高工作效率的重要手段。通过合理的时间管理、健康饮食、适度运动、情绪调节以及休息恢复等方面的努力，个体可以更好地应对工作挑战，实现工作与生活的平衡。从当下开始关注自己的身心健康，创造一个更加美好的未来。

（唐利荣　刘　竞）

09 第九章 工作相关精神和行为障碍的康复治疗

第一节 概 述

对大多数人来说，精神心理健康和工作是密不可分的。精神心理健康问题可能会使一个人的工作能力发生变化，导致个体生产力和工作绩效下降，安全工作能力下降，甚至损害个体维持工作或再就业的能力。在工作中保持精神心理健康似乎很有挑战性，但它不应被视为繁重的任务。安全、健康和包容的工作场所不仅可以促进身心健康，还可能减少缺勤次数，提高工作绩效和生产力，提高劳动者士气和积极性，并最大限度地减少同事之间的冲突。当人们有良好的心理健康时，他们就能更好地应对生活压力，充分发挥自己的能力，维持良好的学习和工作状态，并积极为社会做出贡献。当人们有良好的工作条件时，他们的心理健康就得到了保护。同时，工作中出现的精神心理健康问题不容忽视，通过康复治疗可以改善劳动者的整体状态，更好地适应工作。

1993年，WHO对康复提出新的定义：康复是一个帮助患者或残疾人在其生理或解剖缺陷的限度内和环境条件许可的范围内，根据其愿望和生活计划，促进其在身体、心理、社会生活、职业、业余消遣和教育上的潜能得到最充分发展的过程。康复不仅针对疾病的复元，而且着眼于整个人身体、心理、社会及经济方面的全面康复。其中，精神康复，是康复医学中的一个重要分支，是康复医学在精神卫生领域的实践。美国精神康复协会（The U.S. Psychiatric Rehabilitation Association，PRA）给出的定义是，精神康复致力于促进精神疾病患者复原，融入社会，提高生活质量，帮助其重新享受有意义的生活。精神康复可以通过生物、社会、心理等各种方法，帮助个体有能力按照自己的需求开展学习、工作和社交活动，实现个人价值，提高生活质量。

精神康复对个体的身心健康和社会适应能力都有着重要的意义：第一，可以减轻社会负担；第二，可以提高个体的自我认知和自我管理能力；第三，提高社交能力并改善人际关系；第四，增强患者的价值感；第五，预防复发和再次住院；第六，提高生活质量。通过精神康复，个体可以改善或恢复其生活质量，使其能够更好地适应社会环境和生活节奏的变化。具体的康复目标包括以下几点。

1. 预防精神障碍的发生

在精神疾病发生前，争取一切资源以及手段尽可能对患者进行早期干预，根据精神疾病的性质尽早给予及时、合理、充分的干预，以控制、延缓疾病的进展。在精神障碍的间歇期，提供个人生活自理方面的康复指导及功能恢复方面的全面康复干预措施，防止疾病复发，减少疾病对于神经系统的长久且持续的损伤，减轻精神残疾的严重程度。

2. *减轻精神障碍残疾程度*

对反复病情波动，症状难以控制，影响社会功能的精神疾病患者，要尽早进行精神康复活动，防止其社会功能衰退；对已经出现精神残疾的患者，应使用多种康复手段加强康复训练，逐步提高其生活自理能力，减轻精神残疾的程度，从而减轻家庭和社会的负担。通过药物治疗和心理治疗等手段，使患者的精神疾病症状得到控制，减少疾病的复发。

3. *提高精神障碍患者的社会适应能力*

通过康复治疗，提高个体社会适应能力，提高其对生活的满意度，改善患者的生活质量，减少对社会的不良影响。

4. *恢复劳动能力*

提高精神障碍患者的社会适应能力始终是康复工作的重要目标之一。例如，参加职业技能康复训练，可以恢复和维持一般和特殊的工作技能，充分发挥个体保留的各项能力，激发潜在能力。最终可能能够帮助个体重新融入社会，恢复其社会功能，减少社会隔离。

本章从健康教育、艺术行为治疗、精神运动康复、技能训练、园艺疗愈、家庭干预以及传统医学康复方面提供了基于循证医学证据的康复建议，以更好地保护、促进和支持劳动者的精神心理健康。应特别关注那些有精神心理健康问题的劳动者，并提供可及、合理且便利的康复干预措施帮助他们获得或重返工作岗位。

第二节　心理健康教育

工作与个体的精神心理健康之间存在着复杂而密切的关系。这种关系可以从多个维度来探讨，包括工作压力、工作满意度、工作环境、工作自主性、职业发展前景及工作与生活的平衡等。应正确看待工作对人们的影响，合理调适让工作更加适应自己的生活和发展。

一、人类与工作的关系

人类需要工作这一需求根植于多个复杂且相互交织的动因之中。工作不仅是为了满足基本的生存需求，而且是为了实现自我价值、追求成就感、建立社交关系、促进个人成长和学习、为社会做出贡献以及维护心理健康和幸福感等。

（一）人类需要工作的基本动因

一是工作可以满足人类生存的基本需求。工作是人类获取生活资源的主要途径之一。通过工作，人们能够获得经济报酬，进而满足食物、衣物、住所等基本生活需求。这些物质条件是维持生命和日常生活的基础。

二是工作帮助个体实现自我，增强自我成就感。工作不仅仅是谋生的手段，也是个人实现自我价值、追求成就感的重要途径。通过在工作中发挥自己的才能、解决问题、取得成果，人们可以获得自我认同感和满足感，这种精神上的回报对人的幸福感和心理健康至关重要。

三是工作可以满足人类社交需求。在工作中难免需要与人社交，建立和维持人际关系的能力也相应得到锻炼，因此工作场所是人们社交互动的重要平台之一。在工作中，人们与同事、上级、客户等建立联系，形成复杂的人际关系网络。这些关系不仅有助于工作的顺利进行，还能够提供情感支持和社会归属感，满足人类的社交需求。

四是工作促进个人成长与学习。工作是一个不断学习和成长的过程，通过面对工作中的挑战、接受培训和教育，人们可以不断提升自己的技能、知识和经验，实现个人成长和职业发展。这种成长不仅有助于当前的工作表现，而且能为未来的职业发展奠定基础。

五是工作能实现个人的社会价值。工作是人们为社会做出贡献、承担社会责任的方式之一。人们完成工作的同时，提供了社会价值，也相应增加了自己的责任感。通过从事各种职业，人们可以创造经济价值、提供社会服务、推动社会进步，为社会的繁荣和发展做出贡献。这种社会贡献感能够增强个人的责任感和使命感，提升自我价值和社会地位。

六是工作可以促进个人心理健康，增强幸福感。工作是一个人的社会化过程，在完成以上功能之后也可相应促进个人心理健康，增强幸福感。适量的工作压力可以激发人们的潜力和动力，带来充实感和满足感，而过度的工作压力则可能导致精神心理健康问题。因此，要找到适合自己的工作节奏和方式，保持工作与生活的平衡，从而维护心理健康和幸福感。

（二）工作对个人生活的潜在影响

工作对个人生活的影响深远且多面，渗透到日常生活的方方面面，既带来积极的变化，又可能带来潜在的挑战。

一是工作压力会影响个体的心理健康。高强度的工作压力可能导致个体出现焦虑、抑郁等精神心理健康问题。长期承受压力还可能影响身体健康和人际关系，对个人生活造成负面影响。

二是在协调工作关系与家庭生活的时候不免存在冲突，工作经常需要投入大量的时间和精力，这可能会压缩个人生活的时间，导致陪伴家庭、朋友和休闲活动的时间减少，难以兼顾家庭、生活和工作。这种冲突可能引发家庭矛盾，影响个人生活的和谐与稳定。另外，在信息化时代，工作和生活的界限越来越模糊，个人可能随时需要处理工作事务，生活时间被工作侵占，影响生活质量。

三是高强度的工作以及相关压力可能导致职业倦怠与工作满意度下降。长期从事一种工作可能导致个体对工作失去兴趣和热情，出现职业倦怠现象。这不仅影响工作效率和质量，还可能降低个人的生活满意度和幸福感。

（三）个人生活对工作的影响

个人生活对工作的影响同样是不容忽视的，它可以从多个方面对工作产生直接或间接的影响。为了保持高效的工作状态，个人需要在保持良好的生活质量和心理状态、合理安排时间、培养积极的生活态度和增强社交能力等方面多加关注。同时，用人单位也应该关注劳动者的工作与生活平衡问题，为劳动者创造更加健康、和谐的工作环境。

一是个人生活的质量和心理状态直接影响工作效率。拥有良好生活质量的人，通常能够保持积极的心态、稳定的情绪和充沛的精力，从而在工作中表现出更高的效率和创造力。相反，如果个人生活面临困扰或压力，可能会导致情绪低落、注意力不集中等问题，进而影响工作效率和工作质量。

二是个人生活中的满足感和幸福感可以转化为工作动力。当一个人在生活中获得满足时，他更有可能对工作保持热情和投入，从而提高工作满意度和忠诚度。这种积极的情感状态不仅有助于个人在工作中有更好的表现，还能够提高团队的凝聚力，营造良好的合作氛围。

三是个人生活中的经验和教训可以丰富个体的认知体系，提高决策能力和判断力。一个拥有丰富生活经历的人，更有可能在面对工作挑战时保持冷静和理性，做出明智的决策。这种能力在解决复杂问题和应对突发事件中尤为重要。

四是个人生活与工作之间的平衡是影响工作效率和心理健康的关键因素之一。当个人能够合理安排时间，保持工作与生活的平衡时，他更有可能在工作中保持高效和专注，同时在生活中享受快乐和放松。这种平衡状态有助于减少工作压力和焦虑感，提高整体生活质量。为了保持身心健康和提高生活质量，人们需要努力平衡工作和个人生活，这包括合理安排时间、减轻工作压力、保持健康的生活方式、建立积极的人际关系等。通过有效的平衡，人们可以更好地应对工作和生活中的挑战，实现个人成长和发展。

五是个人社交能力和人际关系处理能力也会对工作产生影响。一个擅长与人交往、能够建立良好人际关系的人，在工作中更有可能与同事和上司保持良好的沟通和协作关系，从而提高团队的整体效能和业绩。

六是个人生活态度和价值观也会影响工作表现。一个态度积极向上、富有责任心的人，更有可能在工作中表现出高度的职业素养和道德标准，赢得他人的尊重和信任。这种正面的生活态度和价值观不仅能够提升个人形象，还能够为团队和组织树立良好的风气。

二、如何改善职业倦怠

当劳动者因职业倦怠或人际交往等问题带来明显压力及不适，降低了生活质量及工作效率，通过精神康复干预进行日常调节是适宜的方法。

（一）心理层面

1. 调整个体认知

精神康复干预首先从个体认知方面进行调整，帮助个体重新审视对工作的认知和期望，理解工作只是生活的一部分，不是全部。治疗师将通过以下几方面调整个体认知：①评估个体当前的工作负荷是否过大，是否超出了个人能够承受的范围；②检查个人对工作的期望是否合理，过高的工作期望可能导致失望和挫败感，加剧职业倦怠；③指导个体学会接受工作中的不完美和挫折，培养乐观、积极的心态，增强自我效能感；④帮助个体将工作长期目标分解为短期、可实现的小目标，在每完成一个小目标时给予自我一定的成就感；⑤鼓励个体积极与同事或上级沟通，了解自己的工作表现并寻求改进建议。

2. 学习情绪与压力管理

治疗师将通过以下几点帮助个体识别、表达情绪并进行压力管理：①识别自我情绪，并以适当的方式表达情绪，避免情绪积压；②学习应对压力技巧，如深呼吸、冥想、放松训练等，帮助个体在紧张的工作环境中保持冷静和专注；③学习调整心态，面对工作中的压力和挑战时保持积极乐观。如果职业倦怠症状严重，可以考虑寻求专业心理咨询师的帮助。

（二）行为层面

学习时间管理，制订合理的工作计划，设定优先级，避免拖延和无效劳动。治疗师将指导个体通过培训或自学，学习新的工作技能和方法，通过以下三个方面提高工作效率：①分析当前工作流程，找出可以优化的地方，减少不必要的重复劳动；②关注到工作与休息的平衡，鼓励个体合理安排休息时间，避免长时间连续工作导致的疲劳和倦怠；③使用时间管理工具或方法，如“番茄工作法”，来合理分配工作和生活时间。如果可能，尝试弹性工作时间或远程办公，以更好地平衡工作和生活。

兴趣培养也很重要。治疗师会鼓励个体发掘工作兴趣，引导个体发掘工作中的乐趣和成就感，增强对工作的兴趣和动力。同时鼓励个体在工作之余培养自己的兴趣爱好，丰富生活内容，缓解工作压力。

（三）社交层面

1. 学习有意识地构建支持系统

治疗师将引导患者与同事、朋友和家人建立良好的人际关系，以便于寻求他们的支持和帮助。①积极参与团队活动，与同事建立良好的关系，共同解决问题；②尝试与家人和朋友分享自己的感受和困惑，寻求他们的支持和鼓励；③可以考虑加入相关的社交团体或组织，扩大社交圈子，增加社会支持。

2. 必要时寻求专业帮助

当个体无法自行缓解职业倦怠时，治疗师应鼓励他们寻求专业的心理咨询帮助。包括专业职业咨询，以了解个人的职业兴趣和能力优势，为未来的职业规划提供指导。

（四）生活层面

1. 培养健康生活的方式

督促个体保持规律的作息时间、保证充足的睡眠和休息时间、注意饮食健康及均衡摄入各类营养素、避免暴饮暴食或过度节食，以及鼓励个体进行适量的运动锻炼，如散步、慢跑、瑜伽等，有助于缓解个体压力、增强体质。

2. 维持良好工作环境

良好的工作环境通常是舒适的、整洁的、有序的，对个体的负面影响较小。治疗师鼓励团队内部形成积极向上的工作氛围，相互鼓励和支持，共同应对工作中的挑战。建议个体日常关注所在行业的发展趋势和市场需求，了解未来可能的职业发展方向。当然，如果当前的工作环境无法改善职业倦怠症状，可以考虑寻找新的工作机会。

总之，精神康复通过其特征性的心理、行为、社交和生活等多个层面、多种途径的综合干预手段，在改善个体职业倦怠方面也发挥着重要作用，帮助个体重新找回工作动力，调整心态，最终帮助个体提升工作效率和生活质量。

三、改善人际关系从了解自我开始

在改善人际关系方面，了解自我是关键。因为了解、认识自我是自我意识的认知部分，是自我意识的一个重要基础。当我们深入探索自己的价值观、信念、情感和行为模式时，我们能够更清晰地认识自己的优点、缺点、需求和期望。自我认知使人们能够更准确地评估自己在人际关系中的角色和贡献，从而更有效地与他人互动。

自我了解可以提升情绪智力，这是管理自我情绪及理解他人情绪的重要能力。通过了解自我，人们可以更好地识别和管理自己的情绪，包括识别触发负面情绪的因素、学会冷静思考和情绪调节。这种情绪智力的提升使人们在人际交往中更加稳定、理性和富有同情心，有助于建立更加积极和谐的人际关系。

（一）为什么了解自我是关键

了解自己的沟通风格和偏好有助于人们更清晰地表达自己的想法和感受，同时也更容易理解他人的沟通方式。有效的沟通是人际关系中的关键要素，它能够帮助人们避免误解、减少冲突，并促进更深层次的连接和理解。

了解自我还能培养人们的同理心，即理解和感受他人情感的能力。当人们深入了解自己的情感世界时，更能够设身处地地思考他人的感受和需求，从而更加关心和支持他人。这种同理心是建立深厚人际关系的重要基石。

了解自己的需求和底线有助于人们设定清晰的个人界限。在人际关系中，明确界限可以免受不必要的伤害和侵犯，同时也尊重他人的个人空间和权利。这种界限的设定有助于维护健康、平等和相互尊重的关系。

了解自我是一个持续的过程，它伴随着人们的成长和发展。通过不断地反思和学习，人们可以更好地认识自己，并发现自己在人际关系中的盲点和不足。这种自我成长的过程使人能够不断进步，成为更好的自己，并吸引更多积极、健康的人际关系。

通过了解自我改善人际关系的步骤：自我反思—情绪管理—沟通技巧—建立界限—持续学习—培养同理心—积极寻求反馈。

（二）过分关注自我的潜在危害

过分关注自我，即过度自我中心化或自恋，可能带来一系列潜在的危害，这些危害不仅影响个人的心理健康，还可能对人际关系和日常生活造成负面影响。为了避免这些潜在危害，需要学会在关注自我和关注他人之间找到平衡。应该努力理解他人的需求和感受，培养同理心和共情能力，以建立更健康、和谐的人际关系。同时，个人也应该关注自己的成长和进步，追求更高的目标和挑战自我。

当一个人过分关注自我时，可能会忽视他人的需求和感受，导致在人际交往中缺乏同理心和共情能力。这种态度容易引起他人的不满和反感，从而导致人际关系的紧张和疏远。过分关注自我的人可能会在无意中对他人产生负面影响。他们可能会过度要求他人满足自己的需求，或者对他人的成就和优点表示嫉妒或不屑。这种态度可能导致他们与他人之间的冲突和矛盾。

过度自我中心化的人往往难以与他人建立深层的联系，因为他们过于关注自己的需求和感受，而忽略了他人的存在。这种孤立状态可能导致他们感到孤独、焦虑和抑郁。

过分关注自我可能会限制个人的成长和进步。因为他们更关注自身的满足感，而不是追求更高的目标或挑战自我。这种态度可能导致他们错过学习和成长的机会，无法充分发挥自己的潜力。在快速变化的环境中，过分关注自我可能使个体难以适应新的挑战和机会。因为他们更关注自身的稳定和满足，而不是寻求新的机遇或适应新的环境。

过度自我关注可能导致一系列精神心理健康问题，如自恋型人格障碍、抑郁症和焦虑症等。这些疾病可能进一步影响个人的生活质量和幸福感。

（三）工作中自我激励技巧

自我激励技巧对于个人成长、工作效率以及生活质量的提升都具有重要作用，可以帮助人们在面对挑战时保持动力。运用一些自我激励的技巧，能更好地应对挑战、保持动力，并在个人成长和生活中取得更好的成绩。

首先在工作状态下应该设定明确的目标，因为清晰、具体地设定目标，确保目标具有可实现性、挑战性非常重要，这会增加工作动力。在实施任务时将大目标分解成若干个小目标，逐步实现，有助于保持长期的学习动力。

为实现工作目标，制订详细的行动计划，设定明确的时间表。定期检查进度，确保按计划执行，及时调整计划以适应变化。而在执行计划的过程中，做好以下四点是完成工作的关键。

一是树立健康良好的心态。面对困难或挑战时，保持积极、乐观的态度，相信自己有能力克服困难，寻找解决问题的方法。不断寻求新的挑战和机会，避免陷入舒适区。通过挑战自己，激发内在潜力，提升个人能力。认识到情绪对自我激励的影响，积极调整情绪状态。找出自身的情绪高涨期，利用这些时期进行自我激励。想象自己达成目标后的美好景象，增强实现目标的驱动力。直面生活的挑战和困难，激发自己的潜能。提高自信心，肯定自己的能力和价值。保持良好的形象，增强自信心和自尊心。学习是一个长期的过程，需要不断地努力和坚持。保持积极的心态和信心，相信自己能够克服困难并取得成功。

二是适当调高目标、关注个人成长和进步。审视自己的目标是否过于模糊或过小，如果是，尝试调高目标。设定一个既宏伟又具体的远大目标，激发自己的奋斗动力。记录下自己的学习进展和成就，定期回顾并庆祝自己的进步。关注个人成长和进步，激励自己持续努力并取得更好的成绩。

三是设定小奖励和里程碑。为自己设定一些小奖励和里程碑，当达到目标时给予自己奖励。这有助于保持学习的动力，激励自己继续前进。相信自己有能力完成学习任务并取得成功。通过不断尝试和实践，提高自我效能感，增强自我激励能力。

四是寻求支持。与他人分享自己的目标和计划，寻求他们的支持和鼓励。与领导、同事或家人交流，分享自己的想法和经验，获得他们的帮助和支持。

第三节　表达性艺术治疗

人类对自我内心世界的探索从未停止，而艺术见证了人类思想和文明的进化。纵观艺术史，有些艺术品表征了人类群体从身心困境的逃离；有些艺术品呈现了个体心有所感而口不能言的内心冲突与压抑；还有些艺术品表达了错综复杂的人类情感与情绪，如向往与受挫、渴求与困惑、寻觅与绝望，自省与折磨，这些喻示着艺术与人的精神成长是密切联系的。

表达性艺术治疗是指将创造性艺术、意象、艺术仪式和创造过程引入心理治疗。它是把创造性表达融入整合性的艺术过程中，以觉察自我，理解精神－心灵，评估不同意识状态，从而促成治愈和成长。表达性艺术就像是一个通情高手，它以形象思考的方式减少个体的心理防卫，在无预期的情境中疗愈心灵，生发力量，催生洞见，促进创造。表达性艺术治疗通过绘画、舞蹈、音乐、陶艺、戏剧等各种艺术的媒介促进人们表达内心的思绪、感受及经验，构成了一个丰富多彩而生动的非语言康复治疗谱系。表达性艺术治疗包括绘画治疗、舞蹈治疗、音乐治疗、陶艺治疗等。

一、绘画治疗

人类最初是先创造图画再创造文字的，幼儿也是先学会画画后学会写文字的。画者的任何一个涂鸦，画幅的大小、用笔的轻重、空间配置、颜色、涂抹等都有着特定的代表意义，都在传递着个体信息。绘画治疗理论研究以心理投射理论、人类大脑半球分工功能理论为主要理论基础。心理投射技术是用非语言的象征性工具对自我潜意识的表达，是一种类似自由意志物在意识中的反映。罗杰·斯佩里（Roger Sperry）的裂脑实验认为大脑左半球主要处理逻辑、语言、数学、分析和推理等，而右半球则处理非语言性的视觉图像的感知和分析、艺术鉴赏以及感知情绪反应等。由此可见，与精神康复和心理建设相关的疗愈，均可以借助视知觉而发生。

绘画作为一种非言语的表达方式为个体提供了一个可以自由展示无意识的空间。在创作过程中，颜色、形态和构图等元素是代表中立的价值观念的符号，这些符号可以表达创作者的感受和心理状态，通过象征性的图像将其内心世界转换成了可视化的、具象化的艺术作品。在这个过程中，有助于个体理解内在的心理动态、厘清个体的结构与模式并释放内在的冲突和情绪。通过绘画疗愈自己的艺术大师有很多，弗里达一生都在身体的伤痛中度过，她把一生中所经历的诸多难关以及对情感、生命、自然宇宙的思考都融入了自己的画作中，从而感知生命的秩序，实现自我疗愈。

学者维斯诺拉（Visnola）在对劳动者心理状态研究中发现，绘画艺术心理干预能显著提高劳动者对应激状态的理解以及焦虑处理的认知，从而提高生活质量。同时，在进行绘画治疗的同时，也是一种学习通过视觉形式表达自我，建立新的认知模式的过程。

当一些不愉快的事情发生时，当时我们可能并未做好应对的准备，此后的日子里可能会反复懊悔和责怪当时的自己，我们通过绘画创作便可以消除内心的混乱繁杂，让内心的无序变得有序，使得情绪平复下来，从而专注地去体会自己的内在感受。我们可以通过自由绘画和主题绘画的方式进行创作。自由绘画即没有任何绘画的主题和形式，个体能够自由地表达自己的情感和内心世界。主题绘画即设定一个特定的主题或场景，个体按照自己的想法和感受进行绘画，比如画自己的家庭、自己的情感等。在绘画创作的视觉化过程中，那些隐藏在身体内的负向情绪体验可以被表达出来，这些视觉意象与正在困扰着个体的消极的、痛苦的或恐惧的情绪是直接相连接的，从而帮助个体很好地倾听自己内心深处的声音，协调冲突的情感，这样康复就开始了。

二、舞动治疗

动作是人存在的基本方式，“能走即能舞，能呼吸即能运动”道出了人人都可以舞蹈。我们作为普通的个体，不用像专业舞者一样掌握高超的动作技巧，但可以通过舞蹈动作表达自己的内在生命，更好地与自己、他人和世界沟通、联结。舞蹈是以身体作为载体的动作艺术，舞动治疗融汇了科学与艺术，是通过身体律动，整合身体、情绪、认知和社会性的一种表达性艺术治疗。它利用舞蹈或即兴动作的方式治疗个人在社会、情感、认知以及身体方面的功能障碍，从而增强个体意识、改善心智，并促进社会整合。这里的舞蹈不是狭义的舞蹈表演，而是广义的内心活动通过肢体运动的表达。作为创造性艺术治疗的一个分支，舞动治疗是能将身体心灵进行全面和深层整合的有效手段，故在心理干预、治疗和康复上显示出了其独特的功用。

舞动治疗的理论基础包括以下 3 个方面。

（1）身体—心理一体化：身体和心理是不可分割的整体，身体的动作、姿态和节奏与情感、思维和心理状态紧密相关。

（2）非言语表达：通过身体的运动，人们可以表达那些难以用言语表达的情感和经历，这种非语言的表达方式可以帮助个体更深刻地理解和处理内心的情感和创伤。

（3）动作与情感的关系：舞动治疗关注动作的质感、节奏、力度等，通过这些动作特征来探讨和理解个体的情感状态和心理过程。舞动治疗针对的层面包括身体、感知、情绪和认知，最后的目标是身心的整合。舞动治疗可以一对一进行，也可以让个体参与团体舞动，促进彼此之间的理解和支持，增强社会互动能力，了解自我的人际交往模式。

一个人的精神心理状态往往也会反映在身体形态上，比如肌肉的紧张和动作的受限与变形。身体动作表达的信息，可以使潜意识变得明晰和具象，促进心灵的成长。故舞动治疗具有独特的治疗效果：①可以帮助个体通过舞动表达和释放压抑的情感，减轻情绪负担；②可以增强个体对自己身体的感知，促进自我认识和自我接纳；③可以增强个体的人际关系能力和社会互动能力；④可以改善身体的协调性、灵活性和整体健康状况。因此，舞动治疗可以广泛应用于各种心理和身体健康问题的康复治疗中，比如焦虑、抑郁、PTSD等，可以显著改善个体的情绪状态，减轻焦虑和抑郁，增强自尊和自我接纳，改善人际关系，促进个体的身心整合。

个体的身心舞动练习注重身体感官、动作、认知、意象、情绪、社会性不同层面的介入与转换，强调舞动的人是全人，舞动会影响认知、情绪和社会性等各个方面。每个人都是自己身体的主人，每个人的身体都具有独特的体验与经历，会呈现独一无二的动作质感，蕴含不同的记忆与互动经验，流露出来的内在感受也因人而异。身心舞动注重对身体的觉察、联结，对身体给予足够的尊重、聆听、释放，信任身体的节奏、肢体活动与表达方式，感受身体哪个部位想发起动作，想如何舞动，舞动出什么动作，希望如何占用空间等，从而更深入地看到自己是谁，承认自己的独一无二，联结内在的生命活力与能量，活出更加和谐和完整的自己。

当个体出现心理困扰或躯体不适，排除了躯体疾病本身，可以进行以下身心舞动练习。

1. 胸式呼吸练习

可分别通过俯卧、仰卧、坐姿、站姿进行胸式呼吸练习，分别体验呼吸时胸腔、腹腔身体的起伏变化，慢慢地自己会逐渐安定下来，更好地感受自己的存在。

2. 腹式呼吸练习

平躺在垫子上，闭眼放松，双手手臂自然地平放在身体两侧，分别将左右手轮流放在肚子上或胸部，从而感知到呼吸的流畅。

3. 体会身体结构与其功能

（1）手的舞动：看着自己的双手，用一只手触摸另外一只手，感受手的温度、纹路、皮肤、肌肉、骨骼等。把注意力放在手上，看看自己的手想要怎样动，想要表达什么、传递什么、感受什么和思考什么。

（2）脚的舞动：触摸自己的双脚，从脚面到脚底，从一侧到另外一侧。闭上眼睛回想与脚有关的人生记忆和故事。你想对自己的脚说什么，想怎样对待你的双脚，想让你的脚带你去什么地方。

（3）肩部的舞动：找到肩胛骨，做一些肩胛骨的伸展运动，抖动肩膀，倾听肩膀的诉说。

（4）脊柱的舞动：脊柱的状态与心理健康直接相关，如脊柱的力量、柔韧性和灵活性。通过呼吸时脊柱的延展和弯曲，感受自己承受的压力。

4. 身体中心与各个部位的关系

（1）中心到肢端：想象自己是一只海星，以肚脐为中心，体会四肢、头、尾椎等六个肢端和肚脐之间的关系，关注自己的联想。

（2）全身骨骼关节的舞动：闭眼站立，配合中慢速而富有动力的打击音乐，想象身上的肌肉都消失了，可以让全身的关节动一动，让关节跳起来，看看各个关节之间会怎样互动，关注自己的联想。

（3）全身舞动：躺下来，感受重力以及重力的回馈，感受整个身体和地面接触的部分。可以尝试把自己抱起来，左右摇晃，前后摇晃，然后放开手，自然缓慢地滚动自己的身体并体验翻滚的感觉。

（4）匍匐前进：趴在垫子上，用上半身带动自己去一个目标，将手伸向那个目标。在这个过程中感知自己的身体和周围的空间。

5. 积极身体意象舞动

发挥自己的想象，用一种意象来形容自己的身体，表达对身体的积极感受，带着你的意象舞动起来，比如像山、像水、像树等。感受你的身体如何移动、呼吸。

6. 身体整体感知

动一动有活力的身体部位，然后用颜色和形状来形容，并把它画下来；找出没有活力的身体部位，动一动它，找出颜色和形状，画出来。让身体的这两个部位进行对话，看看会发生什么关联，并画在纸上。

7. 体验身体的紧张和放松

感受压力最大时身体的状态和放松时身体的状态，把身体的一个个部位慢慢从紧张的状态舞动到放松的状态。

8. 舞动自己的身体意象

画出自己的身体意象，并用自己的身体呈现这些意象，在每个意象下进行舞动并体会它们。

三、音乐治疗

世界上有一种奇妙的声音，那就是音乐，它是人们心灵跳动的音符。无论快乐还是忧伤，音乐都是人类最忠实的伙伴，并带给我们心灵的慰藉。音乐作为独特的认知方式教会人们处理复杂的情绪和升华人的情感，达到内外完美统一。另外，音乐是一种强大的团结力量，也是一种强有力的记忆机制。人是群居的高级动物，其属性决定了成员需要有群体意识和相互之间的奉献精神，而音乐的优势恰恰是具有强大的号召力和凝聚力，它既能唤醒群体内部的集体意识，鼓舞士气，又能慰藉人心，缓释劳动中的郁闷和压力。

音乐治疗可以追溯到几千年前，在古埃及、古希腊、古印度、古罗马和中国古代都不乏有音乐疗愈的记录，音乐被视为沟通自然与神灵的信使，充满直击心灵的神秘力量。我国也是音乐治疗最古老的发源地之一，古代医学著作中描述“五脏之象，可以类推，五脏相音，可以意识”，指出五脏和五音有特定的联系，各脏有病其发声常出现与之相应的音阶，各音阶又会侧重影响与之相应的脏腑，即宫通脾、商通肺、角通肝，徵通心、羽通肾，并指出五音对人的身心健康有很重要的作用。

现代的音乐治疗是一门新兴的，集音乐、医学和心理学于一体的边缘学科，在音乐治疗过程中，治疗师利用音乐体验的各种形式，以及在治疗过程中发展起来的、作为治疗的动力的治疗关系，帮助个体达到健康的目的。音乐治疗不仅适用于个体，也适用于团体，团体音乐治疗可以帮助成员提高团队合作精神，改善沟通能力，增强团队凝聚力，并在情绪上带来安慰。

音乐可以通过引发记忆来改变情绪，音乐节拍和音律可以在人的大脑中产生强烈的记忆效应，帮助个体回忆起过去的消极和积极的经历。西方音乐通常具有明确的节拍和音律，可以帮助改善认知能力和提高情绪。东方音乐通常具有舒缓的旋律和宁静的节奏，可以帮助放松身心，减轻压力和舒缓情绪，提高认知能力和沟通能力。音乐治疗的疗效主要体现在：

1. 生理效用

音乐主要激活副交感神经，引起人们血压降低、呼吸减慢、心跳减慢、血管容量增加等生理反应，从而维持人体的内稳态，减少焦虑、促进放松。此外，音乐还具备镇痛作用。由于听觉中枢与痛觉中枢相邻，使用音乐刺激听觉神经还可以降低疼痛，提高血液内啡肽含量，两者共同作用能有效镇痛。

2. 改善社交

通过音乐活动，为来访者提供一个安全、愉悦的人际环境，以及通过音乐来表达情感的机会，使来访者在音乐交流中获得理解、促进心理健康。

3. 改变认知

通过音乐对情绪的影响力，从而改变认知，重新面对自己，获得积极成长的力量。

4. 审美效用

音乐是所有艺术形式中唯一在自然中没有原型的艺术。换言之，音乐是人类心灵的创造物，可以激发人类内心深处关于自我的力量体验。音乐的美感，可以将人类痛苦创伤体验转化为积极体验。

5. 助眠作用

音乐作用于大脑后，降低神经肌肉系统的紧张度，降低血压、心率等，形成放松的状态。

当个体面对生活和工作的压力时，可以通过音乐来进行自我照顾。当我们想要学习用音乐去自我照顾时，首先要学习专注地听音乐。所谓专注地听音乐，就是“全身心地聆听”音乐。这里的“聆听”并非泛泛而听，而是需要注意力集中地“听”（不要在聆听音乐的同时处理其他事务）。可以尝试跟随下面的步骤进行音乐治疗。

（1）闭上双眼，凝神静坐：当视野关闭，身体逐渐安静下来，随着音乐响起，杂念慢慢褪去。你会发觉自己更容易聚焦于音乐，更专注于内在世界，随后我们对身体的感受也开始变得越来越敏感。

（2）关注音乐带给身体的影响：你是否可以察觉到身体也有它的节奏？当喜爱的歌声响起，你是否感到胸中涌起一阵暖流？伴随着小提琴的琴声，你是否也能感受到身体里流动着的活力？又或是钢琴的演奏带着你的呼吸变得平缓下来？当我们仔细体味音乐给身体带来的改变时，音乐也更大程度地发挥着充电的作用。

（3）如果难以将注意力聚焦于身体，你可以试着把身体想象成一个巨大的耳朵，想象着我们不是用耳朵听，而是用整个身体去聆听音乐。这种想象的练习能够帮助我们更充分地聚焦于音乐。

（4）聆听音乐可能会带来情绪的波动。例如，当你沉浸于音乐中，可能会惊讶于眼泪正湿润眼眶，也许微笑正绽放于面颊。

（5）音乐能够激发内在的各种情绪以及身体的感觉。你可以将自己真正地交给音乐，尝试将注意力聚焦于音乐本身，你将发现自己对音乐的聆听进一步加深了。事实上，只要愿意，你还可以从音乐中听到更多。可以尽可能地向音乐敞开心灵，尝试再做一次深长的呼吸，允许音乐跟随着你的呼吸更深入地进入身体，逐渐充满你的整个身心。

（6）重复播放相同的旋律。你或许可以听到不曾注意过的新东西，在反复聆听中获得新的感受，重复地聆听总会让你听到更多、更细微的元素。

可以充分地信任自己所选的音乐，重复、深入地聆听，仔细地感受音乐带给情绪的改变。

四、陶艺治疗

陶艺治疗是将心理健康作为治疗的依据和目的，以陶艺制作作为活动形式的一种精神康复治疗。其过程通常是让团体或个体进行陶艺创作，治疗师在一旁进行适当的关注，并借此观察患者的一系列情绪变化。陶艺治疗是手、眼、脑协调互动的过程，可以改善个体的感知力、观察力和创造力，锻炼其协调性。作品的完成可以增强自信心，带来快乐，并促进内心的表达。

陶艺治疗的作用机制有以下几点。

（1）陶艺是对无结构的材料进行创作，赋予其结构，创作的过程是无意识的，是个体无意识心理内容的投射。

（2）降低个体的心理防御。投射有助于减弱人们的心理防御机制，使无意识心理内容通过心象得以充分表现。陶艺治疗要实现治愈的目标，使个体的无意识整合到意识中，即无意识意识化，其前提就是减弱个体的心理防御机制。陶艺治疗为个体创造了一个独立、自由的创作机会，同时，治疗师在创作过程中始终陪伴个体，静静地见证创作的整个过程，不做任何言语指导，不提供任何暗示。

（3）陶艺创作过程也是转化的过程。有学者指出，转化所涉及的是一种深层潜意识结构的积极调整，一种深层人格的升华，一种自性的自然出现与发展。这种潜意识结构的调整将会促进意识与无意识的交流，贯通原型、象征、想象与投射的心理机制。作为人格的升华将会感受到现在、过去与未来的结合，一种无限的扩展但又包含着自己所熟悉的内容。而作为自性化的出现也是意识自我能够觉察自身的本性，能够体验到自性的存在。

陶艺创作的过程可以促使个体自由地表达自我。表达情感的方式多种多样，可以拍打、挤压和操作黏土，以此来释放焦虑、愤怒和兴奋感。个体成为黏土的主宰，他或她控制了它。黏土作品给个体提供了一个三维创作的机会，从多角度看待问题，使用黏土可以让他们改变行为和态度，塑造自我意象。患者可以从中获得领悟，并发展出应对和解决问题的新方法。同时，黏土创作过程有利于压力和能量的释放。

个人创作的陶艺作品，以象征的形式表达个体或集体的意识内容，同时也蕴含无限的个人或集体无意识的内容。每一个陶艺作品都会通过个体的个人情感，与个人的生活及个人世界密切联系在一起，从而成为个人生活及内心世界的重要组成部分。

第四节　技能训练

一、问题解决技能训练

人们在日常工作中经常会遇到各种各样的问题，甚至人们的工作就是在不停地解决各种问题中完成；同时，工作中也会发现因为某个环节出了问题，导致问题没有得到解决。一个人的问题解决技能是个体试图识别、发现或创造有效的或适当的方法来应对日常生活中遇到的特定问题情况的过程。所谓的问题，是指不容易立即识别出解决方案的事件。这些事件对心理功能的影响程度与个人可调节的应对能力相关。问题解决技能通过系统训练模式，逐步帮助个体掌握解决问题的思路，使其获得对生活的控制感及自我效能感，改变对各类问题的看法，从更广泛的意义上改善患者的日常、家庭、工作等社会功能。

当一个人产生抑郁情绪后常常感到无法控制自己，而对自己不能做任何事情来解决问题感到绝望。个体需要知道：问题是每个人生活中正常和可预测的一部分；人们在每天生活的过程中都会面临多个问题，可以干预生活中发生的大多数问题，并且几乎总是可以实现某种程度的控制。在开始进行问题解决技能练习时，建立问题解决导向非常重要，这里的主要目标是改变个体的感知和信念，这些感知和信念可能会干扰个体有效解决问题的尝试，增加了无效解决问题的概率，而耗费了解决问题的努力。以下是问题解决的七个步骤。

1. 确定问题

日常工作中，当出现问题时，我们有时会忙着去解决，忽略了问题到底是什么，所以我们首先需要溯源问题的根本，即我们需要处理的问题到底是什么。在探索和澄清问题时，需要考虑以下问题：①是什么让这成为一个问题？②问题什么时候发生？③问题出在哪里？④谁卷入了这个问题？⑤这个问题多长时间出现一次？⑥你已经试过什么办法来解决这个问题了？⑦你真的能控制这个问题吗？把大问题分解成更小、更容易处理的部分，然后客观陈述问题。总之，问题就是现实状况与我们设定的理想状况之间的差距。

2. 建立切实可行的目标

一旦正确地定义了问题，下一步就是从问题陈述中直接确定一个可实现的目标。可以通过询问自己"如果问题不存在了，会有什么不同"来确定目标。

3. 解决方案选择

尝试通过"头脑风暴"产生尽可能多的解决方案，潜在的解决方案不应被抛弃或预先判断，即使它们最初看起来是不现实的。学会思考多种解决方案有助于在解决问题的角度上变得更加灵活。

4. 分析利弊

通过为每个潜在的解决方案列出"优点"和"缺点"来考虑每个解决方案的后果。在四个不同领域考虑利弊通常是有帮助的：实现长期目标、实现短期目标、解决方案对患者的影响、解决方案对他人 / 社会的影响。

5. 选择解决方案

选择的解决方案应实现既定目标，同时尽量减少与之相关的个人和人际劣势。

6. 实施首选解决方案

一旦选定，就计划并确定实现解决方案所需的步骤。人们经常把这个阶段称为"行动计划"。应详细说明所需行为和具体日期、时间和材料，以及需要他人协助的情况。

7. 评估结果

最后评估问题解决的结果。

人们需要知道解决问题的努力和积极情绪状态之间的联系，当人们以一种富有成效的方式解决问题时，会开始感觉自己对生活的控制力更强；当人们感觉自己对事情的控制力更强时，心情也会更好。

二、社交技能训练

每个人都生活在一定的社会环境中，他的行为也受社会文化的制约。社交技能是指符合社会规范，得到社会认可的人际行为能力。具体来说，即在人际关系中表达积极和消极情绪而不会因此失去社会支持的能力。社交技能包括衣着得体、谈吐得当、合理地表达感受、保持恰当的人际交往距离等内容，还包括在不同场合能做出相应的恰当行为。在工作环境中的人际关系方面，如果劳动者发生了互相排斥、排挤的行为，将激发劳动者的职场偏差行为，并对一个人的工作满意度和工作效能产生消极的影响。

人际行为是基于一套习得的技能产生的，根据社交互动的环节，社交技能可以分为以下几类。

1. 接受技能

指准确判读社交信息的能力，包括对表情、声调、姿势和谈话内容、上下文关系等的察觉判断。具体包括倾听、澄清、判断信息相关性、选择谈话时机和识别情绪。倾听或关注人际伙伴是准确的社会感知的最基本要求。当倾听过程中偶尔走神，需要再次澄清对方提供的信息，解决谈话中的困惑。合适的人际沟通中，回答的内容需与之前对话交流的内容相关，并契合当时的时机。另外，通过言语或非言语线索识别互动对象的情绪状态是决定回应的一个关键因素。

2. 处理技能

对社交信息的分析，包括对当前信息和历史信息的分析，还包括将对方以前的社交行为方式和自己的社交经验的整合。该过程也称为社会认知过程，是个体如何理解与思考他人，根据环境中的社会信息形成对他人或事物的推论。社会认知包括：对他人的认知（特别是对他人情绪和人格特征的认知）、对人际关系的认知及对自我的认知。

（1）对他人的认知包括：对他人情绪（如表情）的认知和对他人人格（如性格）的认知，等等。对他人的认知也遵循一般的认知规律，即由表及里，由现象到本质。对他人表情的认知属于较感性的社会认知。按照情绪表达的身体部位来区分，可以把表情划分为三种类型：面部的情绪表达称为面部表情；身体各部分姿态的情绪表达称为身段表情；言语中声调、快慢、音色随情绪的变化而不同，称为言语表情。对他人人格的认知，属于较理性、复杂和高级的社会认知，它需要认知者在对他人表情或其他感性材料的认知基础上，进行分析、比较和综合，形成对他人较综合的印象或认识，才能进一步认识他人的内部品质。

（2）对人际关系的认知，包括对自己与他人关系的认知，以及对他人与他人关系的认知。个体交际的范围越广，社会阅历越深厚，知识经验越多，对个体心理以及群体心理的认识越丰富，越有助于提高个体的人际关系认知水平。

（3）对自我的认知就是自己对自己的认识，它是个体对自己的心理及行为的认知。

3. 应对技能

是帮助我们增加自身的灵活性、提高适应性，在当下人际交往中能够随机应变、化解尴尬及矛盾的重要能力之一。所有的人际交往情境下的社交行为均需符合当下的社会规则，即各种成文或不成文的、言明或未言明的指南、规范、要求、期望、习俗。这些社会规则反映社会的态度、价值观、偏见和忧惧，决定人们作为个体或集体与人交往时会扮演的角色和采取的行动。因此，提高应对技能有利于应对日常生活，甚至是复杂情境中的人际交往。

4. 表达技能

是指合理的语言表述，恰当的姿势、表情、动作等。影响一个人表达技能的表现行为有三类：言语行为、副语言行为和非语言行为。言语行为指的是我们所说的话。副语言行为是指说话时声音的特征，包括音量、节奏、语调和音高。语速太快难以听懂，非常柔和很难听到，高音可能令人讨厌等。另外，语音和语调对于解释意义很重要，节奏、音量和语调在交流情感时很重要。快节奏和高音调反映兴奋和恐惧，单音调、缓慢的节奏反映无聊、沮丧或疲劳。非语言行为包括面部表情、姿势动作和人与人之间互动过程中的距离。一个人的面部表情是情绪状态的主要暗示：微笑、皱眉、做鬼脸、怒视等。姿势动作可能表示感情、兴趣和权威。放松的姿势表示舒适，而肌肉紧张则表示兴奋或紧张。说话或倾听时身体前倾与兴趣和注意力有关，身体后倾则可能反映出恐惧和厌恶。另外，人与人交往需要保持舒适和适当的空间距离，有一些相当明确但是不成文的文化规则，可接受的距离因关系和性别的性质而异，也因文化而异。

根据社交技能的性质不同，可以分为：基本社交技能、会谈技能、有主见的技能、解决矛盾冲突的技能及工作场所相关的社交技能。

1. 基本社交技能

基本社交技能是有效人际交往的基石。这些社交技能包括倾听（还要让对方知道你在倾听），以明确而有策略的方式向别人提出要求、向他人表达自己的感受（包括正性和负性）。对于很多社交场合来说，这些技能都是很重要的，并不仅限于亲密的人际关系。

2. 会谈技能

包括以友好的、令人满意的、符合社交习惯的方式发起并维持和结束同他人的会谈。人类是社会动物，轻松而不焦虑的谈话能力对于保持自我良好感觉和同他人进行社会交往的感觉都很重要。缺乏充分的会谈技能，部分是由于处理信息的速度缓慢，难以确定感兴趣的主题，导致在社会交往中经常表现得很糟糕。良好的会谈技能对于建立友谊和其他亲密关系非常重要，对于在工作场所和同事搞好关系也非常重要。良好的会谈技能要求能追踪对方的主题变化和非语言暗示，并做出自然的反应。

3. 有主见的技能

能坦率地说出自己的要求、表达自己的感受（尤其是负性感受）、拒绝做自己不愿意做的事。多数人发现，至少是在某些场合有主见（或者“维护自己的利益”）是很有挑战性的。造成这种情况的部分原因可能是想要讨好别人、不想惹麻烦、不知道自己真正想要什么，或者是不知道怎么说“不”。因此，有主见的技能要包括认识到在特定的社交场合，自己在做什么，不希望做什么。

4. 解决同他人的矛盾的技能

该技能复杂而重要，生活中有很多方面都要用到这项技能，包括从与他人的亲密关系中获得乐趣，以使工作富有成效。大部分人对矛盾的一般反应包括躲开出现矛盾的环境，或者简单地否认存在矛盾。这样的应对方式可以带来暂时的解脱，但矛盾并没有解决，从长远来看反而常常会使问题更严重。学习解决矛盾的技能，很重要的一部分是如何理解他人的观点，如何回应他人的观点，以及如何表达自己的观点。让他人知道你明白他的观点，这意味着你对他的理解和尊重，这样可以减少双方的愤怒和敌对。积极的倾听技能，例如换一种说法重复对方所说的话，对解决矛盾有非常大的帮助，这种技能可以通过经常的练习来掌握。

5. 工作相关的社交技能

针对工作相关场所的社交问题，个体通常需要进行相关的社交技能练习。既往经验证明，很多个体可以受益于面试的技能训练，尤其是想要找工作而没有专门的职业咨询师帮助的成员。在工作中难免需要和同事、客户、领导进行交流，这就需要有效的社交技能。这些技能包括我们已经学习的会谈技能、有主见的技能和处理冲突的技能，所以拥有这些技能有助于适应工作环境。但还有一些与工作有关的特殊的社交场合。大多数人都希望在工作中得到有关工作表现的反馈，以便于进步。但在得到“正确答案”之前，人们首先要提出“正确的问题”，即确定自己工作的哪些领域需要得到反馈，以及寻求合适的人给自己提供反馈。在过程中认真仔细倾听，不明白时可以请对方澄清一下。另外，关于回应领导的批评也是工作中非常重要的社交技能。受到领导批评确实是令人沮丧的经历，而且大多数人在工作中都或多或少受到过批评，那么知道如何回应这些批评，可以让这种经历变得更容易忍受，甚至让它变成有用的事。当被上司批评时，需要仔细倾听，不打断，并重复上司说的话，同时可以询问上司你能做什么来改善这种情况。

第五节 精神运动康复

精神运动康复是一种基于人的身心整体观，将运动、动作、体态融入认知、情绪、社会心理与人格心理的发展过程，在特定设置的系列运动情境下实施的治疗方法。精神运动康复主张“共情”“适应”“交流”“关系”的康复和治疗理念。该疗法的核心是运动，聚焦于人的身体活动、心理和社会功能的统合。精神运动康复治疗既可以用团队形式，也可以用个体形式开展。干预条件需要有一定的活动空间，可以因地制宜，具有较大的灵活性。精神运动康复通过非语言交流了解个体的心理、生理状态，建立密切关系，通过精神运动评估手段，包括定性和定量评估方法，进而制定康复目标和治疗方案。最后，采取适当的技术和治疗媒介鼓励患者积极参与治疗，完成康复过程。

精神运动康复从身体、情绪情感和认知功能，即个体的情绪－肌张力、身体感知与表征、时间性和空间性的组织与构造 3 个层面进行评估。

一、肌张力与情绪

肌张力是肌肉力量的调节，当一个人想要做好一个动作，那么首先需要学会保持这个动作的姿势，而保持某个姿势的时候就需要去不断地调节各部分肌肉的力量。当一个人情绪不好的时候就很难去调节肌肉力量。比如，一个人紧张害怕时肌张力就会迅速增高，本来能做到的事情也会随着肌张力的增高而做不好。不同的情绪会导致肌肉不同的张力状态。

焦虑情绪会导致肌肉紧张。当人们感到焦虑时，神经系统会释放肾上腺素和皮质醇等激素，这些激素会导致肌肉紧张。长期处于焦虑状态下，肌肉的持续紧张可能会导致肌肉疼痛和不适感。愤怒情绪会导致肌肉收缩。当人们感到愤怒时，神经系统会释放肾上腺素和多巴胺等激素，这些激素会导致肌肉收缩。长期处于愤怒状态下，肌肉的持续收缩可能会导致肌肉疼痛和不适感。快乐情绪会导致肌肉放松。当我们感到快乐时，神经系统会释放多巴胺和内啡肽等激素，这些激素会导致肌肉放松。长期处于快乐状态下，肌肉的持续放松可能会缓解肌肉紧张和疼痛。悲伤情绪会导致肌肉萎缩。当人们感到悲伤时，神经系统会释放皮质醇和催产素等激素，这些激素会导致肌肉萎缩。长期处于悲伤状态下，肌肉的持续萎缩可能会导致肌肉无力和疼痛。

而肌张力的调节是由神经系统对肌肉的调节机制实现的，主要包括以下三个方面。

1. 上运动神经元对下运动神经元的调节

上运动神经元位于大脑皮层和脑干，负责向下运动神经元发送控制信号，调节肌肉的收缩和放松。下运动神经元位于脊髓或脑干运动核团，将上运动神经元的控制信号传递给肌肉纤维，引发肌肉的收缩。上、下运动神经元的互动调节实现了肌张力的调节。

2. 肌肉内感受器的调节

肌肉内感受器包括肌肉纤维内的肌肉平滑肌纤维、肌肉肌腱器和关节感受器等。这些感受器能够感受到肌肉的伸展和收缩，向中枢神经系统发送感受信号，从而调节肌张力。当肌肉伸展时，肌肉内感受器会向中枢神经系统发送抑制信号，降低肌张力；当肌肉收缩时，肌肉内感受器会向中枢神经系统发送兴奋信号，增加肌张力。

3. 大脑皮层的调节

大脑皮层负责调节肌肉的意识控制，可以通过意识调节肌肉的收缩和放松。此外，大脑皮层还可以通过情绪、压力等心理因素，调节肌张力。这些机制的互动调节使得肌张力能够保持适当的紧张程度，从而维持肌肉的正常功能和运动控制。

精神运动康复的身心放松方法，个体通过聚焦呼吸的方式，重新寻找到自己的节奏；通过具体体感的方式，个体重新找到身体的空间感，重新唤醒缺失的身体包裹感，实现身体和肌肉的放松，带来心理的放松，进而影响个体的肌张力调节、身体图式和身体图像。

二、身体表征与感知

身体表征是人们对自己身体的感知、认知和经验的综合，涉及身体的位置、姿态、运动、感觉等方面，是大脑对身体各个部分的信息进行整合和处理而形成的。它可以通过多种方式来表达，包括语言、动作、表情，比如人们描述自己身体感受时，会使用像“痒”“冷”等表达。身体感知是对自身身体的一种主观反映和认知表达，影响到人们对自身的认知和控制，也反映了人们对外界的认知和理解，是个体与外界进行互动和交流的基础。

身体图式是对身体在空间中的位置、姿态、运动和感觉的主观认知和表征。它涉及人们如何感知和理解自己的身体，以及身体与环境之间的关系。身体图式是一个复杂的认知结构，它整合了来自多个感觉通道的信息，包括触觉、视觉、听觉等，以形成一个连贯的、一致的身体感知。身体图式的建立和发展是一个动态的过程，它随着人们的成长和经验的积累而逐渐完善。婴儿时期，我们通过本能的反射行为和与环境的交互来建立基本的身体图式，如吮吸、抓握等。随着年龄的增长，我们通过更多的身体运动和感觉经验来不断丰富和完善身体图式，逐渐建立起更复杂、更精确的身体感知。身体图式对人们的行为和认知有着重要的影响。它帮助人们感知和理解身体在空间中的位置和姿态，指导人们的运动行为，使人们能够准确地执行各种动作。同时，身体图式也参与人们的情绪表达和社交互动，通过身体姿态、动作和表情来传递情感和意图，使得身体和周围的情境能够更好地交融。

身体表征和身体图式让人们对自己的身体在空间中有了一个清晰的认识，根据具身认知理论，这也为人们在人际交往过程中建立身体和心理的边界奠定了一定的基础。

三、时间感知

时间管理和时间观念对人们的日常生活和工作以及精神心理健康有着重要的影响，这也是在工作环境下管理者和劳动者经常会面对的一个主题，帮助个体建立良好的时间组织能力，如规划日程、设定目标和优先级，可以提高他们的效率和生活质量。但时间不是一个天生的要素，时间结构是一种理解世界和环境的工具，让一个人可以适应环境，进行沟通和交流。每个人对时间的知觉方式差别很大。胎儿时期，清醒 / 睡眠节奏与醒觉循环、饥饿与饱足循环、不活动 / 活动轮替、母亲在场 / 不在场的节奏构成了儿童早期的时间标杆。四五岁时，逐渐过渡到通过行动感知时间，之后逐渐采用运动之外的时间标记，了解到时间的顺序性、连续性、期限性、不可逆性以及某些事件序列的定期重复。虽然时间会流逝，但循环和节奏带给了人们对时间的一定控制感。节奏也是人类适应的一个因素，每个人的节奏不同，有人走路慢，有人走路快，但是我们都在努力适应集体的、职业的、社会的节奏。所以我们每个人都需要去探索自己对时间的感知和自己的节奏，从而合理安排自己的日常生活和工作，更好地适应社会。

为了更好地提升个体的时间感知力，可以进行以下练习：

（1）利用时钟、手表、沙漏、计时器、番茄钟等计时工具提升个体的时间感知能力；

（2）估计时间：估计即将做的这件事需要花费多长时间，比如完成某一项工作的时间，出门时间等；

（3）记录时间：包括开始时间和结束时间，计算实际花了多少时间，并和估算时间进行对比，可以记录一项活动，也可以记录一整天的时间；

（4）建立完整的任务管理流程，从计划、列表、预演和验收4个方面进行，需要对验收制定标准，但避免完美主义和刻板行为。另外，在感知时间的过程中，会逐渐了解自己的工作、生活节奏，并且将自己的生活、工作、日常安排与自己的节奏逐渐匹配。

四、空间感知

空间既能使人们聚集在一起，同时又能把人们分隔开。空间感知，是指通过各种官能（如视觉、听觉、味觉、嗅觉和触觉）感觉周围世界的一个积极的过程。因为进入人类中枢神经系统的神经纤维有2/3来自眼睛，所以空间感知觉大部分由视觉来支配。空间感知涉及对自身所处空间的认知以及自身与周围空间中各事物之间相互关系的综合了解，对个体而言，是一种不可或缺的能力。我们需要随时随地对远近、高低、方向做出判断。

也因此，空间距离对于人际交往有着独特的意义。有学者根据荷尔的理论将人际距离分为：①亲密距离（小于45cm）；②私人距离（45~125cm）；③社交距离（125~360cm）；④公共距离（大于3.6m）。这些不同人际距离也承载着人际交往过程中不同的情感体验，可以通过调整空间距离，促进个人的心理健康，否则会感知到危险和攻击。同样，我们在家庭和工作场所的人际空间距离也是不同的，需要察觉不同的空间距离中自己的情绪体验。

第六节 园艺治疗

园艺治疗是整合了心理学、临床医学、社会学、植物学、园林景观等学科优势的一种应用技术，因其功效综合、无副作用而被认为是解决当下人们各类身心问题的最有效方法之一。通过园艺活动，如花卉及果蔬种植、干花手工艺、治疗性园景设计等，使参加者获得社交、情绪、身体、认知、精神及创意方面的好处。广义的园艺疗法，包括香草疗法、园林保健、绿色疗法、自然疗法、田园疗法、森林康养、生态疗法等，不仅可以从身体、生理、精神以及社会等方面缓解人的压力、促进身心健康，而且在改变生活方式、进入慢生活状态、提高生活品质等方面能够发挥重要作用。园艺治疗包括五感疗愈、种植及园艺操作，通过参与活动，可以保持注意力集中，感受生命。

一、五感疗愈

五感疗愈是指使用不同花期、不同色彩、不同气味的植物带来不同的感官刺激，通过视觉、听觉、嗅觉、触觉以及味觉的感受得到疗效。

1. 视觉

运用植物的色彩刺激视觉，多变的植物颜色不仅可作为视觉焦点，色系更可以激发人们情绪的变化。其中的暖色系可刺激情绪，冷色系则可以使情绪平和。园艺治疗区域中多使用暖色系植物，其次多使用紫色系植物（包括薰衣草、鼠尾草、桔梗、野牡丹等），因为紫色对大脑及内分泌腺有直接的效益。

2. 听觉

园艺疗法中的听觉体验主要来源于植物叶片间的摩擦声和鸟类、虫类的鸣叫声。

3. 嗅觉

植物的花、叶、果、皮、枝中都有植物精油，它是一种在常温下就能挥发的油状液体，具有一定的芳香气味。这种由植物精油带来的芳香对人的精神、情绪都有一定的控制作用，可以有效缓解人的压力，减轻焦虑和抑郁的感受，还具有使人集中注意力的功效。可以使用高度20cm的石制花坛让使用者弯腰摘取香草植物的叶子来达到刺激触觉及嗅觉的目的。其中的香草植物包括薄荷、柠檬、马鞭草、法国薰衣草、迷迭香等。

4. 触觉

触觉体验主要是园艺操作区体验触碰泥土与呵护、感受植物的生命，在园艺操作过程中对蔬果花草进行种植、培育和采摘而体会到最直接的接触，可以对不同质感的植物进行触摸而产生不同的感觉。

5. 味觉

体验味觉主要是在园艺种植区所收获的蔬果。芳香味觉花坛则种植芳香植物、有刺激性气味的植物以及可食用植物。

二、种植

利用农业设施、农耕文化、农村土地和生态环境等资源，根据合理规划和科学设计，提供康复活动。种植区以温室栽培、蔬莱种植、树木种植、灌木修剪等园艺手法为主。其中栽培设施也是不可或缺的一部分，科技的发展创造出各种各样用于栽培的设施，如无土栽培、水培和雾培等。新颖、有趣的栽培方式能够吸引人的注意力，可亲身体验园艺操作，感受其中的乐趣，从而达到锻炼身体，放松心情的效果，对精神压力的释放有不错的疗效。种植区可以种植不同季节的植物和蔬果，使康复者有机会在不同时段参与到农耕作业当中，充分体验到与大自然、泥土融为一体的感觉。另外，从种植物颜色的搭配、浇水的分量、种植的位置等，到园艺中常会遇到的困难，如枝杈的修剪、虫害、种子采集等，都离不开参与者自己的决策，都需要其发挥解决困难的能力。当他们开始期待种子发芽、花朵绽放时，兴趣与希望即被重新点燃，同时还会产生创造性的满足感。

此外，可以运用中国传统的阴阳五行理论，以个体的生活、游憩、交往、健身、养心等行为方式为根本，按照中医五行学说与现代功能、技术相结合，使植物挥发有益健康的气体，形成有规律、有功能的系统，提高康复效能。

三、园艺操作

园艺操作是让使用者在照料植物的过程中得到疗效。个体可以在操作区将收获的花果等做成食物、花篮、混合香料、干花、植物艺术拼贴、叶子拓印、植物绘画，也可以将植物厨余制作成环保酵素，起到清洁、施肥的作用。上述作业活动可以帮助康复者提高动手能力、增强自信、增加愉悦体验、改善认知，从而达到康复目标。

第七节　家庭干预

一、背景与定义

家庭干预原本是指精神卫生工作中的一个重要环节，家庭是精神康复过程中不可或缺的支持系统。家庭干预治疗主要关注精神疾病患者及其家庭成员之间的互动和关系，通过提供支持和教育，旨在改善患者的症状，增强家庭功能，促进个体的康复和回归社会。

随着现代工作节奏的加快和职场竞争的加剧，许多劳动者面临着巨大的工作压力。长期的高压工作环境容易导致劳动者出现焦虑、抑郁等精神心理健康问题，进而影响其工作效率和生活质量。家庭作为个体生活的重要组成部分，其支持对于劳动者的心理健康具有不可替代的作用。当劳动者在工作中遇到精神心理健康问题时，家庭的支持和干预能够为其提供情感上的慰藉和实质性的帮助，有助于劳动者更好地应对职场相关事件。

二、工作相关的家庭干预

家庭干预，是指由专业人员指导家庭成员提供情感支持及教育性策略以促进个体康复的过程。工作相关的家庭干预可以定义为：劳动者在工作场所中出现精神心理健康问题时，由家庭成员、专业人士或相关机构共同参与，通过提供情感支持、心理教育、行为训练等方式，帮助个体缓解工作带来的精神压力，改善心理状态，恢复社会功能的过程。家庭干预的核心在于创建一种以个体为中心、家庭成员积极参与的家庭环境，通过家庭成员的关心、理解和支持，以及专业人员的指导和帮助，共同促进个体的康复。这种干预方式不仅关注个体的精神心理健康问题本身，而且还注重改善个体的家庭环境和社会关系，从而为存在工作相关精神心理障碍的个体提供全方位的支持和帮助。

三、工作家庭平衡相关理论

工作家庭平衡是一个复杂而多维度的概念，涉及个体如何在工作和家庭两个重要生活领域之间找到和谐的平衡点。工作家庭平衡是一个复杂的过程，需要个体、用人单位和家庭三方面的共同努力。通过理解和应用相关理论，可以更好地促进工作家庭平衡的实现。

（一）工作家庭平衡的定义与维度

工作家庭平衡，是指劳动者将工作与家庭视为同等重要，平等地参与工作与家庭活动，将两者间的冲突降低到最小，并尽量将工作与家庭的功能发挥到良好，达到满意的心理状态。其中包括：时间维度的平衡（劳动者在工作与家庭生活中消耗的时间平衡）；投入维度的平衡（劳动者对工作与家庭的身心投入平衡）；满意维度的平衡（获得感维度平衡），即劳动者对自己在工作中和家庭生活中的角色满意度相等。

（二）工作家庭平衡的理论

1. 边界理论

（1）核心观点：边界理论认为，工作和家庭是两个不同的领域，每个领域都有其独特的规则和社会角色期望。个体每天在这两个领域之间穿梭、停留，而边界的“分割—整合”程度（即边界融合度）由边界灵活性和边界渗透性来决定。边界渗透性是指某个角色域的元素在心理上或行为上进入其他角色域的程度。

（2）两个方向：工作对家庭的渗透，以及家庭对工作的渗透。这两个方向的渗透分别受到不同因素的影响，并可能产生不同的结果。

（3）渗透程度的差异性：渗透程度取决于工作区域和非工作区域之间的能量差异，这决定了边界的强度。强边界使得其他领域难以进入本领域，而弱边界则容易将两个领域混合。

（4）实践应用：研究表明，在我国，工作对家庭的渗透水平较高，且这种渗透得到了家人更大程度上的理解，被视为努力工作、提升全家生活水平的表现。然而，工作对家庭的高度渗透可能不利于工作 – 家庭的平衡，容易导致工作倦怠和家庭冲突。

2. 个人 – 环境匹配理论

（1）核心观点：该理论认为，当个体价值观与组织价值观相一致时，用人单位能够满足个人需求和愿望，从而带来个体满意度提升及组织承诺提高等积极结果。反之，若存在显著的匹配错位，个体会认为用人单位无法满足其需求，进而对工作满意度、倦怠程度、离职率等产生负面影响。

（2）应用于工作 – 家庭平衡：个体对工作和家庭边界管理的偏好可能与用人单位的家庭友好政策相匹配或不匹配。例如，对于需要长期出差或异地工作的劳动者来说，时间灵活制度和远程工作政策可能有助于缓解工作与家庭的冲突；但对于因行为或身份冲突而带来的问题，则可能需要更具体的干预措施。

四、家庭支持系统的建立

在工作相关精神心理健康问题的家庭干预中，家庭支持系统的建立是一个复杂但至关重要的过程，它旨在为个体及其家庭提供全面的支持和帮助，以促进个体的心理健康和家庭的稳定。

（一）家庭支持系统的重要性

家庭支持系统在精神心理健康问题的康复过程中扮演着不可或缺的角色。它不仅能够在关键时刻提供情感支持，减轻个体和家庭的心理负担，而且能帮助个体更好地应对疾病带来的挑战，促进社会融入和职业功能的恢复。一个有效的家庭支持系统可以改善职业对个体的影响，降低精神疾病的复发率，提高个体的生活质量，同时减轻家庭和社会的负担。

（二）家庭干预中系统理论的应用

针对工作相关精神心理健康问题的家庭干预，系统理论提供了一个全面而深入的视角，它强调家庭作为一个复杂系统，在成员的精神心理健康中扮演着重要角色。以下是系统理论的工作相关精神心理健康问题家庭干预的详细阐述。

1. 整体性视角

家庭干预需要从整体上理解和处理家庭成员的工作相关精神心理健康问题。这意味着不仅仅要关注出现问题的个体成员，还要关注整个家庭系统的动态和功能。

2. 相互关联性

家庭系统中的每个成员都是相互关联的，一个成员的职业压力、挫折或精神心理健康问题很可能影响到其他成员。因此，家庭干预需要关注这些相互关联的因素，并理解它们如何共同作用于家庭系统。

3. 动态平衡

家庭系统处于动态平衡之中，当某个成员出现工作相关的精神心理健康问题时，这种平衡可能被打破。家庭干预的目标是帮助家庭重新建立或恢复这种平衡，使家庭成员能够共同应对外部的挑战和压力。

4. 开放性与环境互动

家庭系统不仅内部相互关联，还与外部环境（如工作环境、社会支持网络）保持着密切的联系。家庭干预需要考虑这些外部因素对家庭成员精神心理健康的影响，并促进家庭与外部环境的积极互动。

5. 层次结构与子系统

家庭系统由多个层次和子系统组成，如夫妻子系统、亲子子系统等。这些子系统之间以及它们与整个家庭系统之间存在着复杂的相互作用。家庭干预需要关注这些子系统的运作情况，以及它们如何影响整个家庭系统的稳定性和功能。

（三）家庭支持的“三板斧”

1. 心理支持

提供应激事件后的心理支持，帮助个体应对精神疾病带来的心理压力和情绪问题。鼓励个体表达痛苦，增进家庭成员之间的理解和沟通。培养家庭成员的积极心态，增强应对能力。

2. 社会支持

帮助个体及其家庭成员融入社会，建立社会支持网络。组织或参与支持性小组、在线论坛等活动，分享经验并获得帮助。鼓励个体参与社交活动，促进社会功能的恢复，以及工作能力的恢复。

3. 经济支持

为个体提供经济方面的帮助，特别是工作受挫以及意外发生的时候，减轻经济负担。同时，可以提供就业机会或职业培训，提供经济建议，帮助家庭更好地管理财务，增加家庭收入。

（四）家庭支持系统的建立步骤

1. 评估需求

评估形式可以借助专业人员的评估，也可以进行自组织，全面了解个体及其家庭成员的需求和情况。评估家庭支持系统的现状和存在的问题。

2. 制订计划

根据评估结果，制订适合个体的家庭支持系统的建设计划。明确家庭干预目标、任务和责任人，制订具体的时间表和措施，共同解决与职业相关的问题，以及产生后的应对策略。

3. 整合资源

整合社会资源、社区资源和专业资源，为家庭支持系统提供有力支持。建立多方合作机制，共同推进家庭支持系统的建设。

4. 实施计划

按照计划逐步实施各项措施，确保家庭支持系统的有效运行。加强家庭成员之间的沟通和协作，形成良好的家庭氛围。

5. 评估效果

定期对家庭支持系统的效果进行评估，了解个体的康复情况和家庭的支持状况，是否能帮助个体解决目前存在的问题和缓解困境。根据评估结果及时调整和优化家庭支持系统的内容和方式。

（五）家庭支持系统的关键要素

1. 沟通与理解

建立良好的沟通机制，增进家庭成员之间的理解和信任。使用非暴力沟通方式，避免指责和攻击。

2. 互相尊重与支持

尊重每个家庭成员的个体差异和需求，给予彼此支持和理解。正向鼓励和肯定，能够帮助家庭成员建立自信心和自尊心。

3. 共同决策

在重要决策中共同商议，尊重每个家庭成员的意见和选择。明确家庭的价值观和原则，共同制订家庭目标和计划。

4. 情感表达与回应

鼓励家庭成员表达自己的情感和需求，积极倾听和回应对方的情感表达。建立情感支持网络，提供情感上的支持和安慰。

5. 危机干预与应对

及时发现和应对家庭中的危机事件，提供必要的支持和帮助。加强安全护理和监护，确保个体在遭遇职场相关应激事件后的人身安全。

五、家庭中如何应对职业性冲突与危机

（一）增强沟通与理解

家庭成员之间应保持开放、坦诚的沟通，及时分享各自在职场中的困惑、挑战和成就。这有助于增进相互理解，减少误解和隔阂。当家庭成员面临职业性冲突或危机时，其他成员应耐心倾听其感受和困扰，并给予积极的情感支持。通过倾听，可以了解问题的全貌，从而提供更有效的帮助。

（二）共同寻找解决方案

家庭成员可以一起分析问题的根源，探讨可能的解决方案。这有助于集思广益，找到更加全面、有效的应对策略。在明确问题后，可以共同制订应对计划。计划应具体、可行，并明确各自的职责和任务。同时，也要考虑到计划的灵活性和调整空间，以便根据实际情况进行适时调整。

（三）调整家庭角色与责任

在家庭成员中，应合理分配家务劳动，以减轻职业性冲突对家庭生活的影响。这有助于保持家庭生活的和谐与稳定。根据家庭成员的职业需求，灵活调整家庭活动和时间安排。例如，当某位家庭成员工作繁忙时，其他成员可以主动承担更多的家庭责任，以减轻其负担。

（四）寻求外部支持

当家庭内部无法有效解决职业性冲突或危机时，可以寻求心理咨询师、职业规划师等专业人士的帮助。他们可以提供专业的建议和指导，帮助家庭成员更好地应对问题。家庭成员还可以利用社会资源来应对职业性冲突和危机。例如，参加职业培训、加入行业组织、寻求同事或朋友的帮助等。这些资源可以为家庭成员提供更多的信息和支持，帮助他们更好地应对职业挑战。

（五）保持积极心态与情绪管理

面对职业性冲突和危机时，家庭成员应保持积极的心态，相信问题总有解决的办法，并努力寻找新的机遇和发展空间。学会管理自己的情绪是应对职业性冲突和危机的重要能力。家庭成员可以通过运动、冥想、阅读等方式来缓解压力、调整情绪，保持内心的平静和稳定。

家庭中应对职业性冲突与危机需要家庭成员之间的共同努力和支持。通过增强沟通与理解、共同寻找解决方案、调整家庭角色与责任、寻求外部支持以及保持积极心态与情绪管理等方面的努力，可以有效地应对职业性冲突和危机，维护家庭的和谐与稳定。

六、家庭如何应对职业性创伤后应激障碍

家庭应对职业性 PTSD，是一个需要细致关怀和寻求专业支持的过程。家庭成员的理解与尊重非常重要，在发现个体如果存在这样的风险时，家庭成员应主动了解关于职业性 PTSD 的知识，大致能辨识症状、原因及影响，以便更好地理解个体的情绪和行为变化。同时，要尊重个体的感受和需求，避免对他们的情绪反应进行无端的质疑或批评，给予他们足够的空间和时间来处理自己的情感。家庭应对职业性 PTSD 需要家庭成员的共同努力和支持。通过增强理解与尊重、创造安全稳定的环境、提供情感支持、寻求专业帮助、关注自身健康以及建立支持系统等方面的努力，可以有效地帮助个体在职场中应对挑战并促进创伤的恢复。

（一）创造安全稳定的环境

个体一旦确诊存在职业相关的创伤体验，家庭成员需要在家中创造一个安全、稳定且低刺激的环境，避免触发个体的创伤记忆。例如，减少暴力或紧张氛围的电视节目，降低家庭内的噪声水平等。帮助个体制定并坚持家庭日常生活的规律，如规律的作息时间、饮食习惯和日常活动。这有助于个体建立稳定感，减轻焦虑和紧张情绪。

（二）提供情感支持

1. 倾听与沟通

给予个体充分的倾听和表达空间，让他们有机会分享自己的感受和想法。在沟通时，保持耐心和同理心，避免打断或质疑个体的话语。

2. 鼓励参与

鼓励个体参与家庭活动和社会交往，这有助于他们重建社交网络和恢复社会功能。同时，也让他们感受到家人的关爱和支持。

（三）寻求专业帮助

怀疑 PTSD 后，需要到专业的医疗机构或心理咨询服务机构进行就诊，目前对于 PTSD 的治疗方式主要包括心理治疗和药物治疗。心理治疗方面鼓励个体寻求专业的心理治疗方法，如认知行为疗法、眼动脱敏再处理等。这些疗法可以帮助个体处理创伤记忆，减轻症状并促进康复。药物治疗在必要时可以给予干预，针对症状对症治疗，个体可能需要药物治疗来缓解症状。家庭成员应与医生合作，确保家庭成员按时服药并监测药物效果及副作用。

（四）关注自身健康

家庭成员在照顾受创伤的家人的同时，也要关注自己的身心健康。通过适当的休息、锻炼和社交活动来减轻压力，保持积极的心态。家庭成员之间可以相互支持，也可以加入相关的支持团体或寻求心理咨询师的帮助。这有助于他们更好地应对压力和挑战。

（五）建立支持系统

如果个体的职业性创伤与工作环境有关，可以尝试与管理人员或者同事进行沟通，寻求工作场所的支持和调整。例如，调整工作内容、提供心理支持或灵活的工作安排等。也可以利用社区资源、家庭环境资源为个体提供支持和帮助，如参加康复小组、加入互助组织等。这些资源可以为个体提供更多的信息和支持，促进他们的康复。

七、典型案例

案例：家庭干预工作相关的急性应激障碍

李先生是一位40岁的中层管理人员，在一家大型跨国公司担任市场部经理。近期，由于市场环境的急剧变化以及公司内部重组，他负责的关键项目未能达到预期目标，导致公司高层对其能力产生质疑，并面临职位不保的风险。这一系列事件给李先生带来了巨大的心理压力，他开始出现急性应激反应，包括持续的焦虑、失眠、易怒、注意力不集中，甚至在工作场合出现社交回避行为。因而就诊于专业医院，医生进行了家庭干预治疗。首先了解家庭现状与问题：李先生的家庭是其重要的情感支柱，但由于他的情绪变化和工作压力的传导，家庭氛围也变得紧张。妻子张女士感到无助和担忧，孩子也因为父亲的情绪不稳定而感到不安、惶恐。家庭成员之间的沟通减少，误解和冲突开始浮现。

家庭干预详细过程如下所述。

1. 初步评估与建立关系

（1）专业介入：张女士首先寻求了专业心理咨询师的帮助，并说服李先生一同参与家庭咨询。咨询师通过初次会面，了解家庭成员的基本情况和李先生的具体症状。对李先生的家庭结构、互动模式、情感氛围等进行全面评估，了解家庭成员之间的相互作用和影响。

（2）建立信任：咨询师采用非评判性的态度，倾听每个家庭成员的感受和担忧，建立起一个安全、开放的沟通环境。

2. 深入分析应激源与影响

（1）职业应激源：详细探讨李先生在职场中遇到的具体挑战，包括项目失败的原因、公司重组的影响以及他个人的应对策略。

（2）家庭影响：分析李先生的应激反应如何影响家庭成员之间的关系，以及家庭成员之间的相互作用如何加剧或缓解李先生的症状。

3. 对家庭成员进行PTSD的一般健康宣教

PTSD是一种由极端、恐怖或生命威胁性事件所引发的精神障碍。在李先生个案中，专业医生会帮助其进行评估，如果其症状符合PTSD的诊断标准，则可以采用相关的治疗理论进行个体干预。例如，认知行为疗法（cognitive behavioural therapies，CBT）是PTSD治疗中的主流方法，通过改变个体对创伤事件的认知和评价，减少其负面情绪和行为反应。在李先生个案中，可以运用CBT技术帮助他重新评估项目失败的意义，调整对自己的期望和评价标准。虽然传统的暴露疗法如让个体反复回忆或想象创伤场景，在PTSD治疗中存在争议，但一些改良后的暴露疗法（如叙事暴露疗法），强调在安全的环境中逐步暴露于创伤相关的刺激，以帮助个体建立新的应对策略。然而，需要注意的是，暴露疗法应谨慎使用，避免给李先生带来二次创伤。另外可以尝试使用眼动脱敏与再处理治疗（eye movement desensitization and reprocessing，EMDR），一种结合了心理治疗和物理刺激，如眼球运动的治疗方法，旨在帮助个体快速处理并减轻与创伤相关的负面情绪和记忆。

4. 制订个性化家庭干预计划：结合案例特点以及家庭基本状况给予建议

（1）情感支持：鼓励家庭成员相互表达关心和支持，特别是张女士要成为李先生的主要情感支持者，学习倾听和同理心的技巧。

（2）沟通技巧：教授家庭成员有效的沟通技巧，包括如何表达感受、倾听对方、避免指责和批评等。

（3）共同活动：安排家庭共同参与的活动，如户外散步、家庭游戏或旅行，以增进家庭成员之间的情感联系和默契。

（4）个人成长：为李先生提供个人成长建议，如缓解压力，学习放松技巧（如瑜伽、冥想）、调整工作与生活平衡、应激管理、沟通技巧、情绪调节等。这有助于提升家庭成员的心理韧性和应对能力，更好地支持李先生渡过职业创伤的难关。

5. 实施与跟进

（1）分阶段实施：将干预计划分解为若干个小目标，逐步实施并评估效果。

（2）定期反馈：家庭成员与咨询师定期会面，分享进展、挑战和成功经验，调整干预策略。

（3）资源链接：为李先生及其家庭提供必要的外部资源，如职业心理咨询师、劳动者援助计划、心理健康热线等。

6. 巩固与预防

（1）巩固成果：在李先生症状明显改善后，继续巩固干预成果，确保家庭成员之间的良好沟通和支持机制得以持续。

（2）预防复发：教育家庭成员如何识别和预防未来可能出现的应激反应，建立长期的心理韧性。

（3）干预效果：经过数月的家庭干预，李先生的急性应激症状显著减轻，他能够更加理性地面对职场挑战，与同事和上级的关系也得到改善。家庭氛围变得更加和谐，成员之间的沟通理解加深。李先生重新找回了对工作的热情和信心，同时也更加珍惜和享受家庭生活。

第八节　传统医学康复

传统医学技术，特别是中医学，强调整体观念和辨证论治。在精神康复中，中医理论认为精神疾病多与情志失调、脏腑功能失衡等因素有关，因此治疗需从调节情志、平衡脏腑功能入手。利用传统医学技术进行精神康复是一个综合性的过程，它融合了中医的理论和实践，旨在帮助有精神心理健康问题的人群恢复社会功能，提高生活质量。传统医学康复技术在改善工作相关的精神心理健康问题方面有着丰富的应用。利用传统医学技术进行精神康复，需要综合运用多种中医治疗方法，并根据个体的具体情况进行个体化治疗。同时，还需要与现代医学治疗方法相结合，形成优势互补的综合治疗方案，以最大限度地提高治疗效果和个体的生活质量。

一、中医理论指导下的康复理念

中医理论指导下的心理康复方法丰富多样，这些方法基于中医的整体观念和辨证论治原则，旨在通过调节人体的阴阳平衡、脏腑功能以及气血运行，来改善心理状态，促进心理康复。

（一）情志相胜疗法

根据中医的五行理论，将人的情绪分为喜、怒、忧、思、悲、恐、惊七种。五行相生相克的理论，利用一种情志去纠正相应所胜的情志，从而调节由这种情绪产生的疾病。例如，悲胜怒、怒胜思、思胜恐、恐胜喜、喜胜悲。通过特定的情境或活动，激发个体产生相应的情志反应，以达到治疗目的。通过调整情绪来达到治疗心理疾病的目的。例如，对于工作原因产生抑郁情绪的个体，可以通过引导他们产生喜悦的情绪来缓解症状。

（二）动作体位治疗

通过调整身体的姿势和动作，影响个体的心理状态和情绪表达。如通过瑜伽、太极等运动方式，调节身体的平衡和协调性，同时达到调节情绪的目的。

（三）中医食疗

中医认为食物具有“五味”，即酸、苦、甘、辛、咸。不同的食物味道对人的情绪有不同的影响。食物也可以调整人体的阴阳平衡，从而达到治疗心理疾病的目的。通过合理的饮食搭配，可以达到调节情绪的目的。例如，酸味食物有助于收敛心神，苦味食物能清热泻火，甘味食物能健脾和胃，等等。对于抑郁症患者来说，可以多吃一些具有提神醒脑作用的食物，如核桃、香蕉等。

二、传统康复治疗技术

由于工作相关的精神心理健康问题的复杂性和多样性，中医心理康复方法需要根据个体的具体情况进行个体化治疗。在进行治疗时，需要确保操作的安全性，避免对个体造成不必要的伤害。中医心理康复方法应与现代医学治疗方法相结合，形成优势互补的综合治疗方案。传统康复治疗技术在精神康复中的应用往往不是孤立的，而是根据个体的具体情况采用多种方法相结合的综合疗法。例如，将针灸疗法与中药疗法相结合，或将情志疗法与推拿疗法相结合，以取得更好的治疗效果。此外，还可以结合现代心理治疗技术（如认知行为疗法），形成中西医结合的综合治疗模式。综合疗法能够充分发挥各种治疗方法的优势，形成互补效应，从而提高治疗效果。

（一）针灸疗法

中医心理康复中的针灸疗法是一种古老而有效的治疗方法，它通过刺激人体穴位来调整气血、平衡阴阳，从而达到治疗疾病、调理身心的目的。针灸疗法基于中医的经络理论，认为人体的穴位和经络系统是能量的通道，控制着身体各部分的功能。通过特定的刺激手法，如针刺或艾灸，激发身体自身的修复和调节能力，从而达到治疗疾病和调理身心的效果。

针灸疗法通过刺激特定的穴位，如手部和足部的穴位，这些区域集中了许多与情绪和压力相关的经络，可以促进身体放松，缓解紧张和焦虑。针灸还可以调整身体的内分泌系统，促进身体分泌出更多的放松物质，如内啡肽等，从而进一步缓解压力，改善情绪状态。

针灸疗法已被证明对抑郁症、焦虑症等心理疾病有一定的治疗效果。通过刺激特定的穴位，如百会、印堂、神门、四神聪等，可以改善个体的情绪状态，缓解抑郁和焦虑情绪。针灸疗法不仅可以作为辅助治疗手段，帮助个体减轻症状，还可以提高个体的心理健康水平，增强应对压力的能力。

针灸疗法通过调节人体的气血运行和脏腑功能，可以改善个体的生理状态，从而间接影响心理状态。例如，针灸可以改善个体的睡眠质量、缓解头痛、改善消化系统功能等，这些都有助于缓解心理压力和改善情绪状态。

（二）推拿疗法

中医心理康复中的推拿疗法是一种通过手法作用于人体体表的特定部位或穴位，以调节机体生理、病理状况，达到治疗疾病、恢复健康的方法。推拿疗法，又称按摩疗法，是中医外治法的重要组成部分。它基于中医的经络理论和脏腑学说，认为人体的经络系统是人体气血运行的通道，而穴位则是经络上的重要节点。通过推拿手法刺激穴位，可以疏通经络、调和气血、平衡阴阳，从而达到治疗疾病、调理身心的目的。

推拿疗法可以通过放松紧张的肌肉和神经，缓解心理压力。在推拿过程中，个体会感到身心放松，有助于减轻焦虑、抑郁等负面情绪。推拿还可以促进血液循环，增加脑部供血，改善大脑功能，提高个体的心理承受能力。

推拿疗法对于治疗焦虑症、抑郁症等心理疾病有一定的疗效。通过刺激特定的穴位，如神门、内关等，可以调整个体的神经系统功能，缓解紧张情绪，改善睡眠质量。推拿还可以促进身体内分泌系统的平衡，增加内啡肽等愉悦物质的分泌，从而改善个体的情绪状态。推拿疗法不仅可以治疗心理疾病，还可以促进心理健康。通过定期推拿，个体可以保持身心放松，提高生活质量，增强自信心和幸福感。

（三）中药疗法

中药疗法基于中医的整体观念和辨证论治原则，认为心理疾病的发生与脏腑功能失调、气血不和、阴阳失衡等因素有关。通过选用具有特定功效的中药材，按照一定的配伍原则组方，可以调整人体的内环境，恢复脏腑功能，从而达到治疗心理疾病的目的。运用中药的性味归经和功效特点，通过内服或外用的方式，调节个体的脏腑功能，平衡阴阳，达到治疗精神疾病的目的。中药疗法在精神康复中常用于治疗各种精神疾病，如抑郁症、焦虑症、精神分裂症等。中药疗法注重整体调节，副作用相对较小，且可以根据个体的具体情况进行个体化治疗。

对于焦虑、抑郁等情绪障碍患者，中医常采用疏肝解郁的治疗方法。通过选用柴胡、白芍、香附等具有疏肝解郁功效的中药材，可以缓解患者的紧张情绪，改善睡眠质量，提高心理健康水平。气血不和也是导致心理疾病的重要因素之一。中医通过选用当归、川芎、黄芪等具有补气养血、活血化瘀功效的中药材，可以调和气血，改善个体的血液循环，从而缓解心理疾病的症状。对于失眠、多梦、心悸等心神不宁的个体，中医常采用安神定志的治疗方法。通过选用酸枣仁、远志、茯苓等具有安神定志功效的中药材，可以平复个体的心神，改善其睡眠质量，缓解焦虑、抑郁等情绪。对于有易怒、烦躁等情绪易激惹的人群，中医常采用清热泻火的治疗方法。通过选用黄连、黄芩、栀子等具有清热泻火功效的中药材，可以平息怒火，改善其情绪状态。

举例：柴胡加龙骨牡蛎汤：是一种常见的用于治疗精神心理疾病的方剂，由柴胡、黄芩、生姜、人参、桂枝、茯苓、半夏、大黄、龙骨、牡蛎、大枣、磁石等多种中药材组成。该方剂可以疏肝解郁、调和气血、安神定志，适用于治疗抑郁症、焦虑症、强迫症等多种精神心理疾病。

（四）拔罐疗法

拔罐疗法以中医经络学说为基础，通过罐具对皮肤的负压吸引作用，使局部组织充血、瘀血，从而刺激经络、穴位，达到疏通经络、调和气血、平衡阴阳、扶正祛邪的作用。这种疗法对缓解心理压力、调节情绪状态具有一定的积极作用。

中医认为，心理疾病往往与脏腑功能失调、经络不通有关。拔罐疗法能够疏通经络，调和脏腑功能，从而改善心理状态。例如，对于有焦虑、抑郁等情绪障碍的人群，通过拔罐疗法可以刺激背部的督脉和膀胱经，促进气血运行，缓解紧张情绪。拔罐疗法具有双向调节作用，即在高紧张状态下能够使之松弛，在松弛时又可使之兴奋。这种特性使得拔罐疗法在调节心理状态方面具有独特的优势。许多精神心理疾病患者常伴有躯体症状，如失眠、头痛、肌肉紧张等。拔罐疗法能够缓解这些躯体症状，从而减轻个体的心理负担。例如，对于失眠个体，通过拔罐疗法可以调和气血、安神定志，改善睡眠质量。

三、传统体育运动

传统体育运动强调身心合一，通过运动来调节心理状态，达到身心和谐。这种身心一体化的理念有助于个体更好地认识自己，接受自己，从而更快地恢复健康。通过调整身体的姿势和动作，影响个体的心理状态和情绪表达。同时还可以提高神经系统的调节能力，增强中枢神经系统的兴奋性，改善神经系统的反应性和灵活性。这对于缓解精神压力、改善情绪状态具有重要作用。有规律的运动可以改善抑郁、焦虑等负面情绪，减轻精神压力，从而增强自信心和积极面对生活的态度。除此，坚持传统体育运动还可以增强身体机能，传统体育运动如八段锦、太极拳等，可以有效增强心肺功能，提高身体的耐力和抵抗力。这对于精神康复过程来说，有助于改善身体状况，为精神康复提供基础。运动可以促进新陈代谢，加速体内废物的排出，有助于身体各系统的正常运行，进而对精神状态的改善产生积极影响。通过传统体育运动，可以增强体质，改善情绪，提高生活质量。这有助于他们更好地融入社会，恢复正常的生活和工作。

（一）太极拳

中医心理康复中的太极拳作为一种独特的身心锻炼方式，具有显著的康复效果。太极拳以“太极”为名，其理论基础深受中国古代哲学和中医理论的影响。太极拳强调阴阳平衡、动静相宜，这与中医的整体观念和阴阳五行学说相契合。中医认为，人体健康与阴阳平衡密切相关，太极拳通过调节身体的阴阳平衡，达到内外和谐、身心健康的目的。

太极拳注重身心合一，通过缓慢、柔和的动作和深呼吸，帮助练习者放松身心，缓解紧张、焦虑等负面情绪。太极拳练习过程中，需要集中注意力，这有助于将注意力从烦恼和忧虑中转移出来，达到冥想和放松的效果。太极拳学习需要耐心和毅力，随着技能的提高，练习者会感受到自己的进步和成就，从而增强自信心。太极拳的优美动作和流畅性也能让练习者在展示时获得他人的认可和赞赏，进一步提升自信心。太极拳哲学思想强调和谐、包容和平衡，这有助于培养练习者的积极心态和乐观情绪。在太极拳练习中，练习者需要学会接受自己的不足并努力改进，这种积极的心态有助于应对生活中的挑战和困难。太极拳动作虽然缓慢，但要求身体各部位协调配合，长期练习可以增强肌肉力量、提高柔韧性和平衡能力。太极拳呼吸方式也有助于提高心肺功能和免疫力。太极拳练习有助于放松身心，缓解压力，从而改善睡眠质量。太极拳的深呼吸和冥想技巧也有助于调节生物钟，促进睡眠。

（二）五禽戏

五禽戏是由东汉末年著名医学家华佗根据中医原理，以模仿虎、鹿、熊、猿、鸟等五种动物的动作和神态编创的一套导引术。2011 年，华佗五禽戏经国务院批准列入第三批国家级非物质文化遗产名录，其动作优美、原地习练、简便易学，深受广大爱好者的青睐。

五禽戏练习过程中，需要练习者集中注意力，模仿动物的动作和神态，这有助于将注意力从烦恼和忧虑中转移出来，达到冥想和放松的效果。长期的五禽戏练习可以有效提升练习者的专注力，特别是对中老年女性更加有效，而且年龄越大其效果越明显。五禽戏练习对于稳定情绪、调节身心状态、改善生活质量等具有一定效果，并能改善练习者的抑郁、焦虑和紧张状态。

五禽戏练习强调形意相合、神注戏中，练习者在模仿动物的过程中，能够感受到自然界的和谐与美好，从而培养积极的心态和乐观的情绪。五禽戏练习还注重意境的营造，练习者通过想象自己成为动物，达到物我合一的境界，这有助于忘却烦恼和忧愁，保持内心的平静和愉悦。五禽戏的练习需要练习者不断挑战自我、超越自我，随着技能的提高和身体的改善，练习者的自信心也会逐渐增强。50% 的练习者感到锻炼后自信心有所增强与提高，在模仿虎、鹿、熊、猿、鸟的动作后心理上有年轻化的感觉，这进一步证明了五禽戏对增强自信心的积极作用。五禽戏分别模仿五种动物的动作和神态，每种动物的动作都侧重锻炼某一脏腑及其经脉。例如，虎戏侧重锻炼腰肾，鹿戏侧重锻炼肝胆，熊戏侧重锻炼脾胃，猿戏侧重锻炼心脑，鸟戏侧重锻炼肺脏。通过五禽戏的练习，可以全面增强五脏六腑的功能。五禽戏的动作设计科学合理，能够全面拉伸和锻炼人体的筋骨和经络。通过长期的练习，可以改善身体的柔韧性和协调性，缓解肌肉紧张和僵硬的问题。五禽戏练习还可以防治多种慢性疾病。例如，虎戏可以防治慢性肾病、前列腺疾病等，鹿戏可以防治肝气不畅、乳腺增生等，熊戏可以防治脾胃虚弱、慢性胃炎等，猿戏可以防治心血不畅、失眠等，鸟戏可以防治肺气不足、慢性阻塞性肺疾病等。

（三）气功

气功疗法是一种运用主观意识对人体进行自我调节的心理治疗方法，它主要通过调身、调息、调心三方面的锻炼，使人体达到内外和谐、身心平衡的状态。气功疗法强调人的主观能动性，通过自我调节和自我治疗来改善心理功能和身体机能。

气功练习中的放松入静过程有助于减轻紧张、恐惧、焦虑、抑郁等不良情绪。通过意念集中、思绪静化使人心神安定，从而改善心理功能。气功的心理学研究表明，气功可使练功者情绪稳定，心情愉快。这种积极、良好的情绪状态有助于心理康复。气功练习要求练习者将注意力集中于某一固定点（如意守丹田），这有助于排除杂念，提高专注力。长期练习可以增强人的自我控制能力，有助于应对生活中的压力和挑战。气功练习强调“心平气和”，通过调整呼吸和意念，使人达到一种宁静、平和的状态。这种心态有助于培养人的积极心态和乐观情绪，从而增强心理韧性。气功练习中的放松入静过程有助于调节内分泌系统，提高机体的免疫功能。通过增强免疫细胞的活性和数量，提高机体对疾病的抵抗力。气功练习可以促进血液循环和新陈代谢，改善身体各系统的功能活动。例如，通过意守涌泉穴等穴位，可以引气血下行，改善血液循环；通过腹式呼吸等呼吸方式，可以按摩内脏器官，改善其功能。气功疗法对于慢性和疑难病症，尤其是心身疾病具有显著的疗效。它并不针对病因或病灶进行治疗，而是通过增强机体的自我调节功能、激发其自愈能力来达到祛病和健身的目的。例如，气功练习可以降低血压、改善冠心病症状、缓解哮喘病等。

（王 聪 姚淑敏 李先宾）

10 第十章　创伤后应激障碍的预防和处理

第一节　应急救援人员的事前教育

一、应急管理与应急心理援助

（一）突发事件

突发事件指突然发生并危及企业生产秩序、劳动者生命财产安全，造成或者可能造成严重社会危害，需要企业单位立即采取应急处置措施予以应对的公共事件。通过事前教育提升企业对突发事件的应急管理能力，最大限度地降低突发事件影响，是处理突发事件的长效方法，对企业的安全生产与职业卫生均具有重大意义。

（二）应急管理

应急管理是对突发事件的全过程管理，是一项系统工程，贯穿于事件发生前、中、后的各个过程，以“预防为主，常备不懈”为主要方针，以控制事态发展，保障生命财产安全，恢复正常状况为总体目标。应急管理的四个基本阶段（如图 10-1 所示）包括：①预防与应急准备；②监测与预警；③应急处置和救援；④事后恢复和重建。这四个阶段分别有自己明确的目标，每一阶段又以前一阶段为基础，相互关联，构成了应急管理的动态循环过程。

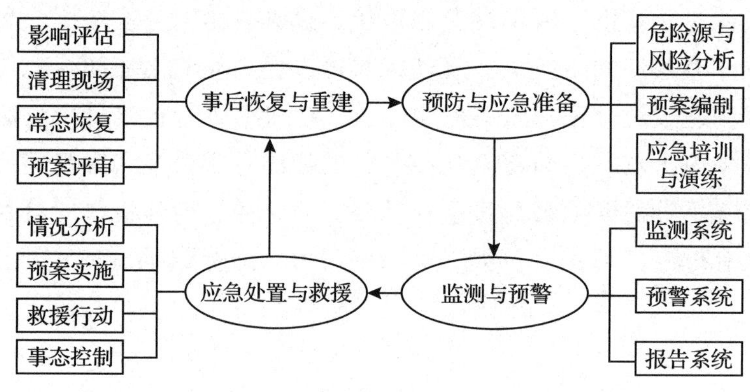

图 10-1　应急管理的内涵

应急管理过程中的四个关键环节包括以下内容。

1. 应急预案的编制

应急预案是针对可能发生的事故，为迅速、及时、有序、有效地开展应急行动而预先制定的行动计划与实施指南。应急预案的内容应重在明确突发事件发生前、过程中以及结束后，谁负责做什么、何时做，相应的策略和资源准备等，为应急准备和应急响应的各个方面预先做出的详细安排。应急预案应该有完整系统设计、标准化的文本文件、行之有效的操作程序和持续改进的运行机制。完整的应急预案主要包括六个方面的基本内容：①应急预案概况；②预防程序；③准备程序；④应急程序；⑤现场恢复程序；⑥预案管理与评审改进。

2. 应急培训与演练

针对应急预案的培训与演练是促进预案有效执行的关键环节。应急培训是指使各类应急人员掌握应急预案内容与应急工作程序，明确自身需要承担的职责和需要执行的具体任务，提升对应急事件的应对能力。培训对象应包括企业劳动者、应急管理者及专业应急救援队伍等各个层面。培训的基本内容应涵盖报警、疏散、针对不同突发事件类型的应急培训、针对不同水平应急者的应急培训等多个方面。应急演练是对预案进行实际操作的过程，通过模拟真实场景，检验应急预案的可行性和有效性，为预案修订提供实践依据。在演练过程中，要结合实际情况，有计划、有重点地组织相关部门和人员参与，确保演练的针对性和实效性。

3. 应急响应与处置

应急响应指在突发事件发生后，针对事件的性质特点、发展势态、紧急程度、可能造成的危害，结合应急预案，立即组织人员采取的应急救援行动。应急响应过程包括接警、响应级别确定、警报、应急启动、救援行动、扩大应急、应急恢复和应急结束等环节。

4. 应急过程的总结与改进

企业应积极开展应急事件的回顾工作，注重对应急过程的评估，检验各应急机构之间协调能力和应急人员的实际操作技能，发现应急预案、工作程序、应急资源准备中的缺陷和不足，结合实际修订应急预案、完善应急体系，提升企业整体的应急能力。

（三）应急心理援助

应急心理援助是应急处置与救援环节的重要组成部分，指突发事件发生后，对经历不同程度心理创伤的个体或群体开展的心理社会支持和专业干预，以减轻事件对心理健康的影响，最大限度地预防和减少心理危机发生，对维护生产单位的生产秩序与职工的精神卫生保健均具有重大意义。

二、应急心理救援的工作原则

1. 统一领导，明确责任分工

突发应急事件发生后，根据其范围、性质和影响程度，对心理救援工作实行统一领导和指挥，明确责任分工，各有关部门在各自的职责范围内落实突发公共事件的心理救援应急处置工作。

2. 平战结合，快速响应，分级规范，科学处置

在突发事件应急处理领导小组的统一领导下和应急领导办公室的具体协调下，做好人员、技术、物资和设备的应急储备工作。充分依靠科学技术手段，对各类可能引发心理危机的突发事件及时进行监测、分析、预警，做到早发现、早报告、早干预。对于已发生的突发应急事件做到快速响应，分级规范处置。

3. 整合资源，构建结构合理的人才队伍，协同联动

充分利用当地精神、心理专业的优质资源和力量，加强专业人员储备，构建结构合理的人才队伍，重视开展心理危机防范和干预技术培训，提升团队协作能力，为突发公共事件的心理救援应急处置提供完备的保障。

4. 及时报告，遵循伦理

心理救援应急队伍每日向应急领导小组报告干预进展，重要情况随时报告。应急领导小组要按照有关规定，做好心理救援相关信息的整合、报告工作。

参与心理救援的个人和组织要严格遵守保密制度要求，在处置风险、报告风险信息时注意保密，未经组织批准不得向外界透露风险的相关信息。危机干预人员倾诉的隐私和个人信息要给予保密，不得随意散布、谈论（当危机当事人有伤害自己或他人的念头、计划或行动时除外）。

三、应急心理救援的组织机构与职责

1. 应急领导小组

人员构成由企事业单位的主要领导负责。主要职责是在应急指挥机构的统一指挥下，按照各种突发事件的不同类别，协调、调动人员和物资，实施心理救援应急处置行动。

2. 应急领导办公室

应急领导小组下设办公室，主要职责是在突发事件发生时，具体负责日常工作和有关协调工作。

（1）监测、评估和预警：对数据开展持续监测，数据分析，并对心理救援工作开展持续评价，根据分析结果指导心理救援工作。

（2）沟通协调：提供心理救援人员、心理救援方式与实际心理救援工作和现场衔接的各种协调方案，确定心理救援的具体材料和人员配置等。

（3）制定预案：组织专家为具体救援工作提供指导性的心理干预方案。

（4）组织培训和督导：提供培训方案和人员培训及督导工作。培训按计划每年定期举办。

3. 应急处置专家组

由精神卫生或心理专业的专家（具备心理危机干预经验）组成。主要职责是日常负责指导和实施心理救援规范化培训和考核；如遇心理救援任务时，协助组建心理救援队参与现场救援，组建专家指导小组负责对突发公共事件心理救援行动提供咨询建议、技术指导和干预支持。

四、应急事件分级与应急援助程序

（一）应急事件分级

按照《国家突发事件总体应急预案》（中共中央、国务院 2025 年 2 月印发）分为特别重大事件（Ⅰ级—红色预警）、重大事件（Ⅱ级—橙色预警）、较大事件（Ⅲ级—黄色预警）和一般事件（Ⅳ级—蓝色预警）四级。

1. 特别重大事件（Ⅰ级—红色预警）

是指突然发生，事态非常复杂，对公共安全、政治稳定和社会经济秩序带来严重危害或威胁，可能或已经造成特别重大人员伤亡（一次事件中出现死亡和危重病例超过 10 例，特殊人群、敏感人群超过 6 例）、特别重大财产损失或重大生态环境破坏，影响范围波及两个行政区以上，需要市委、市政府统一组织协调，调度首都各方面力量和资源进行应急处置的紧急事件。

2. 重大事件（Ⅱ级—橙色预警）

指突然发生，事态复杂，对一定区域内的公共安全、政治稳定和社会经济秩序造成严重危害或威胁，可能或已经造成重大人员伤亡（一次事件中出现死亡和危重病例超过 5 例的突发公共事件，特殊人群、敏感人群超过 3 例）、重大财产损失或严重生态环境破坏，影响范围波及一个行政区以上，需要调度多个部门、区县和相关单位力量和资源进行联合处置的紧急事件。

3. 较大事件（Ⅲ级—黄色预警）

指突然发生，事态较为复杂，对一定区域内的公共安全、政治稳定和社会经济秩序造成一定危害或威胁，可能或已经造成较大人员伤亡（一次事件中出现死亡和危重病例超过 3 例的突发公共事件，特殊人群、敏感人群超过 2 例）、较大财产损失或生态环境破坏，影响范围只局限在一个行政区内，需要调度个别部门、区县力量和资源进行处置的事件。

4. 一般事件（Ⅳ级—蓝色预警）

指突然发生，事态比较简单，仅对较小范围内的公共安全、政治稳定和社会经济秩序造成严重危害或威胁，可能或已经造成人员伤亡（一次事件中出现死亡和危重病例超过 2 例的突发公共事件，特殊人群、敏感人群超过 1 例）和财产损失，影响范围只局限在一个行政区内，只需要调度个别部门或区县的力量和资源就能够处置的事件。

（二）应急援助程序

应急领导小组接到有突发应急事件发生、需要组织开展心理救援工作的有关通知后，立即根据应急预案启动应急心理援助程序，如图 10–2 所示。

（1）应急领导小组在了解和评估此次事件的影响后，调派应急处置专家指导和支持开展应急心理援助工作。

（2）根据事件影响程度等，协助政府等有关部门及社会团体、志愿者组织，协同开展应急心理援助工作。

（3）协助开展相关人员应急心理援助和精神卫生知识相关培训。

（4）协助大众媒体和新媒体合理报道事件心理援助相关信息，科学传播应急心理健康知识。

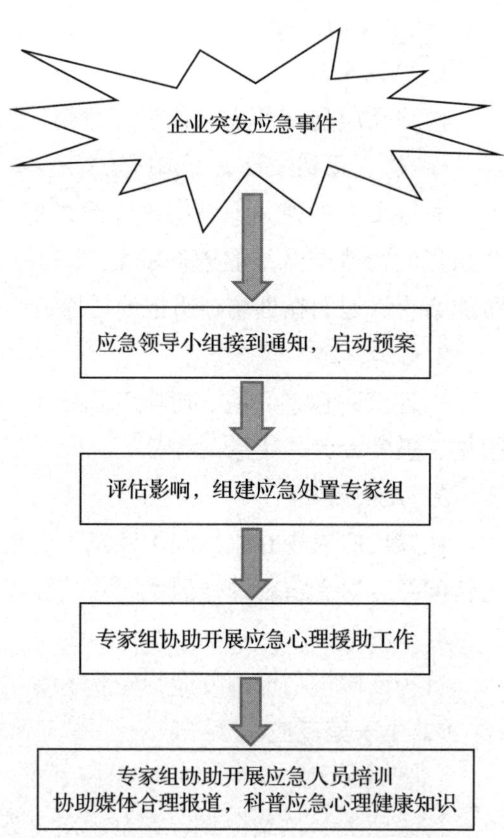

图 10–2　应急心理援助程序示意图

第二节　职业人群应急事件处理

一、定义

社会生活中的应急事件指突发、需要紧急处理的事件。对个体来说，社会应急事件则往往意味着一个外来的应激源，会引起一系列的心理过程和生理、认知和生活上的应激反应，甚至会形成创伤。对一些特定职业人群而言，工作往往与应急事件密切相关；或在工作过程当中遭遇了应急事件。

在这些情况下，应急事件所形成的应激源可能带来不同程度的应激状态，这种状态的影响可能是微妙的、潜伏的，或者是彻底的、破坏性的。

事件或环境如何影响人，取决于许多因素，包括个人的特征、事件的类型和特征、发展过程、创伤的意义和社会文化因素。有些人会表现出具有心理弹性的反应，或短暂的亚临床症状，有些人则会明显表现出 PTSD 诊断相关的症状。因此，在发生应急事件之后，对于应急事件相关的工作人员，需要注意其反应，及时给出处理。

二、应激事件下的常见反应

应激事件下，个体常见的反应依据时间可以分为即时反应和长期反应，根据维度又可分为情绪反应、生理反应、认知反应和行为反应。即时反应往往是强烈的、短暂的，而长期反应则会对个体造成更长远的影响。

（一）即时反应

1. 情绪反应

情绪反应包括焦虑、愤怒、悲伤、无助、麻木、不真实感、解离感、愧疚感（作为幸存者的愧疚）、否认、感到失控、不知所措等。

对很多人来说，识别出这些情绪感受是困难的，原因可能包括缺乏情绪识别的经验，或者将这些强烈的情绪与既往的创伤联系起来并认为表达情绪是不好的事情；又或害怕情绪的失控。一些人可能会否认他们在创伤经历中的任何情绪反应，这种可能会被定义为麻木或情绪缺失。

2. 生理反应

生理反应包括心跳、呼吸和血压升高，出汗，无法控制的震颤，恶心和（或）胃肠不适，视物模糊，极度疲劳或疲惫，等等。

3. 认知反应

认知反应表现在难以集中注意力，反复回忆或思考创伤事件过程，对时间和空间的感知觉扭曲，记忆问题，对受害者的强烈认同感，等等。

4. 行为反应

行为反应包括惊跳反应，坐立不安，回避，过于沉默冷淡，烟、酒、药物的过度使用，等等。

（二）长期反应

1. 精神症状

持续疲劳、情绪失调、噩梦、对复发的恐惧、集中于闪回的焦虑、抑郁、以及对与创伤相关的情绪、感觉或活动的回避。

2. 身体症状

例如，躯体不适，睡眠障碍，胃肠、心血管、神经系统、肌肉骨骼、呼吸系统疾病和皮肤病，泌尿系统问题和物质使用障碍，过度警觉状态。

3. 认知改变

例如，过度内疚、对导致创伤的因素进行不准确的合理化、理想化或辩护，侵入性的思想和想法，甚至导致人格解体和障碍等。

三、创伤后应激障碍的诊断标准

临床上对 PTSD 的诊断主要从三个方面的症状群来评定：创伤经历的重现、回避或者麻木，以及过度警觉。

诊断急性应激障碍还要满足一个重要标准，即事件当时或发生之后，患者是否出现分离症状。

（一）《疾病和有关健康问题的国际统计分类：第 10 版》中关于 PTSD 的诊断标准

（1）患者一定经历过对生命造成威胁的极度危险的创伤性事件，而且这样的创伤性事件是足以引起任何人精神上的焦虑和紧张。

（2）患者在遇到和创伤有关的压力源或相关情况时有回忆侵入性表现，即不断回想灾难当时的记忆和重复的梦境，并因此带来极大的痛苦并影响正常生活。

（3）患者会表现出倾向于逃避回忆和讨论与创伤有关的话题。

（4）患者会出现以下任何两种症状：无法回想部分或全部的有关遭受创伤时期的记忆；持续增长的精神性敏感和烦躁不安；有以下任何两种表现：①睡眠障碍；②易怒；③难以集中精神；④过度警觉；⑤夸大的应激反应。

（5）第 2、3、4 条标准必须是在遭受创伤事件后 6 个月内。（某些情况下，超过 6 个月的也包括在内，但是应区分清楚。）

（二）筛查评估

即使是受过相关训练的职业人群，在处理应急事件的中、后期都有可能产生一定的应激反应。因此，需要高效地筛查出可能受到较大影响的个体，尽快进行干预。

1. 筛查评估的维度

筛查评估的维度应包含情绪、认知和行为等方面，并进行分级。对于情绪和行为严重损伤的受害者或一级受害者需要谨慎选择治疗方式，防止在治疗中情绪失控或造成二次创伤。此外，对于受害者自杀风险和心理健康状态的评估也是非常有必要的。常用的分类工具包括斯坦福应激反应问卷（Stanford Acute Stress Reaction Questionnaire，SASRQ）、危机干预的三维评估表（Triage Assessment Form，TAF）、事件影响量表修订版（Impact of Event Scale，IES）和 PTSD 症状清单（the Post-traumatic Stress Disorder Checklist-civilian Version，PCL-C）、症状自评量表（Symptom Checklist 90，SCL-90）、自杀态度问卷（Suicide Attitude Questionnaire，QSA）等。

2. 评估访谈

除了量表之外，也可以通过面谈开展评估，通过与个体面对面交谈，了解他们在应急事件后的经历、感受和反应。注意观察他们的言语、情绪和行为变化，以判断是否存在创伤后应激反应。PTSD 诊断访谈表、PTSD 临床评定量表和 DSM-V 临床结构访谈表等工具可以作为访谈评估参考，因其采用标准化的问题，具有较高的信度和效度，能够详细了解外显行为在强度、发生频率及时间上的表现。

3. 特别关注

对于应急事件中涉入较深、工作时间较长、直接参与或具有既往精神疾病史的人员，应给予特别关注，进行更为深入的评估。应建立长期随访机制，定期对较严重人群进行心理健康状况的复查和跟进，使其能够尽早康复，预防复发。

四、治疗理论假设和方法

（一）心理机制假设

1. 情感参与

关于 PTSD 的情绪处理理论认为，从 PTSD 当中恢复成功需要三个因素：对创伤记忆的情感参与，对创伤的组织和处理，对世界和自己的负面创伤相关信念的改变。创伤的发展往往是其中一个或多个过程的失败导致的。该理论认为，成功的治疗需要激活恐惧（或情绪）的结构，以便呈现出其结构中可能存在的错误信息，并进行调整。

一项针对 PTSD 的书写暴露治疗试验表明，治疗初始激活的生理指标（心率变化），与治疗增益相关。另一项研究表明，对个人创伤内容的皮质醇反应增加，与长时间暴露疗法（prolonged exposure）过程中症状的减少相关。

2. 消退和抑制性学习

这一理论基于巴甫洛夫（Pavlov）的条件反射模型，认为可以通过消退或形成抑制来减少 PTSD 的症状。消退是指通过反复呈现条件刺激而不给予强化，使已形成的条件反射逐渐减弱或消失的心理过程。抑制性学习是形成第二种独立的联系的过程。越来越多的研究（包括综述）强调了 PTSD 的消退学习能力受损，以及对类似条件刺激的恐惧的过度泛化。

在心理治疗中，往往通过提高痛苦耐受能力来改善 PTSD 症状，因为其可能会为个体提供消退发生的机会。痛苦耐受可以被定义为承受厌恶体验的能力，包括负面情绪和身体不适，在治疗背景下也可以被定义为增强处理负面影响的能力。在 70 名同时患有 PTSD 和物质使用障碍的退伍军人样本中，低痛苦耐受性与较高的 PTSD 症状具有相关性。

3. 情境化

越来越多的证据表明，PTSD 患者在区分危险和安全环境的能力方面表现出障碍。最近在一项使用神经成像结合心理生理学评估的调查中，证明了 PTSD 患者未能根据情境调节恐惧反应；他们在安全情境中表现出夸张的恐惧反应，在危险情境中表现出未改变的恐惧反应，这表明他们很少有效地根据情境调节恐惧。如果未能适当地将恐惧或安全学习情境化，可能会导致 PTSD 的多方面症状，从过度的恐惧和过度警惕到情绪麻木或潜在的再创伤。

4. 消极的创伤后认知

消极的创伤后认知，包括对自我和世界的消极认知，是 DSM-V 中 PTSD 的核心症状，也是许多 PTSD 治疗模式的主要靶点。持续性 PTSD 与最初的负性认知相关，并随着时间的推移而恶化。

PTSD 的行为症状和对 PTSD 症状的扭曲评估本身可能会加剧创伤后认知。PTSD 治疗聚合证据表明，消极的创伤后认知的减少是 PTSD 治疗的一种可行机制。因此，认知加工治疗（cognitive processing therapy，CPT）、聚焦创伤的认知行为治疗（trauma-focused cognitive behavioral therapy，TF-CBT）等在应用中较为常见。

5. 其他

还有一些其他基于研究的治疗假设如结果预期、注意调节等。结果预期理论认为对治疗结果的预期与症状的改变存在相关性；注意调节基于长期暴露治疗中效果更好的个体在暂时性抑制方面表现出更多的改善（在追求目标导向行为时能够忽略不相关的刺激）。

（二）药物治疗方法

目前治疗 PTSD 治疗的药物主要有苯二氮䓬类药物、抗抑郁药物、抗焦虑药物、抗惊厥药物和抗精神病药物等，从改善情绪、改善睡眠、缓解噩梦、控制行为瓦解症状、情感爆发、自伤行为等方面改善 PTSD 症状。对不适用于药物治疗的个体，心理治疗应作为首选。

（三）非药物治疗方法

包括生物反馈治疗、电休克治疗、眼动脱敏再加工（EMDR）、冥想－放松疗法（MED-RELAX）、游戏疗法、艺术疗法、内观疗法、暴露疗法（包括想象暴露或现场暴露）、应激接种训练（stress inoculation training，SIT）气功和太极疗法、瑜伽（yoga）疗法。对于 PTSD 和重性抑郁症共病的患者，可采用重复经颅磁刺激（rTMS）治疗，伴有严重消极自杀观念或行为的患者，推荐使用无抽搐电痉挛治疗（MECT）。

五、心理治疗方法的应用

（一）危机干预

心理治疗方法是干预应激反应以及障碍的主要干预方法之一。在筛查和评估过后，对于处于应激甚至危机状态的个体应首先采取危机干预。

1. 目的

危机干预的目的主要是阻止危机反应的恶化，继而逐步恢复社会功能。危机发生后应尽早开展心理危机干预。危机过后 6 周再进行的干预往往效果不再显著。

2. 方法

常用的危机干预方法包括心理急救（psychological first aid，PFA）、紧急事件应激晤谈（critical incident stress debriefng，CISD）、聚焦创伤的认知行为治疗（trauma-focused cognitive behavioral therapy，TF-CBT）、眼动脱敏与再加工（eyemovement desensitization and reprocessing，EMDR）和药物治疗。

（1）心理急救（PFA）：主要用于创伤后的即刻干预，旨在评估和缓解即刻压力、稳定心理和行为功能、易化心理和行为适应力，并根据需要再给予下一步的治疗。

（2）紧急事件应激晤谈（critical incident stress debriefing，CISD）：是一种广泛应用的小组形式的结构式干预方法，用于减轻精神创伤的影响，帮助个体尽快恢复日常功能。其中的心理疏泄部分存在争议，可能需要更多的循证医学依据支持。

（3）聚焦创伤的认知行为治疗（TF-CBT）：适用于出现更严重症状的个体，如临床上明显的痛苦，或社会功能损害持续或加重超过两天，或符合急性应激障碍的诊断，等等。相对于简易临时的心理干预（如支持和心理教育），短期使用的 TF-CBT 更能有效预防 PTSD 的发生，并减少抑郁症状。

（4）眼动脱敏与再加工（EMDR）是一种以暴露为基础的治疗，通过建立更具适应性的应对机制来减少痛苦回忆的长期影响。EMDR 具有较好的循证研究依据，在危机干预方面应用不多但已成熟地用于 PTSD 的治疗。

（5）药物治疗：针对危机情况的药物治疗以干预急性症状为目的，如失眠、警觉度升高，等等。有 Meta 分析表明药物不能够代替认知行为治疗的干预，后者效果更为持久，并且在症状出现 4 周内应避免使用药物治疗（除非个体的痛苦情况已经达到心理治疗无法管理的程度）。

（二）针对创伤后应激障碍的心理行为治疗

1. 心理治疗的基本原则

治疗策略应因地制宜，因人而异，根据创伤事件特点和患者本人情况而定。应秉持简短、及时、就近、集中存在问题、着眼全面恢复、浅显的基本原则。针对 PTSD 心理治疗的根本目标就是要让患者发现并调整原有的病态的认知观念，以更具适应性的认知方式客观地看待事物，以减少负性情绪；促使患者面对、接受、加工、整合被压抑的和难以承受的情绪。

2. 认知行为治疗

聚焦创伤的认知行为治疗（trauma-focused cognitive behavioral therapy，TF-CBT），使用的技术包括暴露、应激接种治疗，认知加工等。

（1）暴露疗法包括长时间暴露疗法（prolonged exposure therapy，PE）、叙述性暴露疗法（narrative exposure therapy，NET）和想象暴露疗法（imaginary exposure therapy，IET）。通过设置无实际威胁而模拟创伤情境的重复暴露，以唤起患者的创伤记忆，在此情境下激活情绪反应，调整此前形成的恐惧性条件反射模式，以改变关于特定情境的歪曲认知和信念，改善躯体反应的警觉性，逐渐使病理性应激反应消退。

（2）眼动脱敏与再加工（eye movement desensitization and reprocessing，EMDR）结合了认知治疗和眼球运动。在想象一个创伤场景的同时，眼睛跟着治疗者的手指方向向两侧快速移动，在与演化创伤相关的认知和情绪的同时，进行持续的眼扫视运动。反复多次，直至移动眼球过程中，患者产生的正性想法能与恐怖场景联系起来，从而减轻患者的过度警觉反应。EMDR 能够在不使用药物并只进行短短数次访谈之后，就能有效地减轻精神创伤程度及重建希望和信心。其中“精神创伤”症状包括“长期累积的创伤痛苦记忆”“因创伤引起的高度焦虑和负性情绪”“因创伤引起的生理不适反应”等。

（3）应激接种训练（stress inoculation training，SIT）通过心理教育和应对技能训练，帮助患者学习一系列应对困难的技巧，包括给予信息、苏格拉底式讨论、认知重组、问题解决、放松训练、行为复述、自我监控、自我指导、自我强化和改变环境情境。SIT 治疗与创伤相关的各种焦虑，适用于存在各种长期应激症状的患者。

3. 催眠疗法

催眠技术的运用有助于诱发出创伤性记忆和处理与之有关的痛苦和情感体验。创伤性记忆经此挖掘、剥离、修复，同时催眠还能够分离躯体和心理的痛苦，不仅能够对闪回和回避症状有较好的缓解作用，还能够有效改善个体的睡眠。

4. 简式心理动力治疗

简式心理动力治疗具有不同的治疗流派，而不同的模式的共同之处是：

（1）强调医患治疗关系，移情和反移情，划清界限的重要性；

（2）使用支持性的表达方法：

（3）注重患者的安全性；

（4）如有可能，制订创伤相关的认知图式；

（5）将创伤与发展图式联系起来；

（6）促进将创伤记忆的再体验转换到对创伤连贯性的叙述上。

所有这些方法都有助于患者从非连续性转入连续性，从绝望转入希望，从病理性的防御机制转入灵活的防御机制，构建适应环境的认知和应对方法。

第三节　职场环境应急事件处理

一、目标人群的识别和管理

在职场环境中，突发公共卫生事件的处理对于维护劳动者健康、保障企业正常运营至关重要。需要明确在应急事件中如何快速有效地识别和管理目标人群，以确保危机得到妥善处理。

（一）目标人群的识别

第一级人群是突发事件直接受害者，包括遇难者家属、伤员及幸存者。第二级人群是突发事件现场目击者，包括现场指挥，现场救护人员等。第三级人群是与第一级、第二级人群有关的人，包括遇难者、幸存者、目击者的亲属。第四级人群是突发事件的后方救援人员以及通过媒体间接了解突发事件的人，如居民、媒体人员等。

在突发公共卫生事件中，目标人群主要包括直接受影响者、间接受影响者以及参与应急响应的人员。为了准确识别这些人群，需要采取以下步骤。

（1）收集现场信息：首先，我们需要迅速收集现场信息，包括事件发生的时间、地点、涉及人员数量及基本情况等。这些信息有助于我们初步判断事件的性质和规模，从而确定需要关注的目标人群。

（2）确定直接受影响者：直接受影响者通常包括事件中的直接受害者、目击者以及与他们有密切接触的同事或亲友。这些人群可能面临身体伤害、心理创伤等风险，需要我们重点关注。

（3）识别间接受影响者：间接受影响者可能并未直接参与事件，但由于与直接受影响者有直接或间接的联系，他们可能产生焦虑、恐慌等情绪反应。我们需要通过劳动者名单、组织结构图等途径，识别出这些人群。

（4）确定应急响应人员：应急响应人员包括专业救援队伍、医疗人员、企业内部应急小组等。他们负责处理事件、提供救援和支援。在识别过程中，需要关注他们的职责、能力和资源状况。

（二）目标人群的管理

在识别目标人群后，需要采取一系列管理措施，以确保他们的安全和健康，同时维持企业的正常运营。

（1）建立信息收集和报告机制：为了及时掌握目标人群的动态信息，我们需要建立有效的信息收集和报告机制。这包括设置专门的信息收集点、指定专人负责信息汇总和报告，以及利用信息技术手段实现信息的快速传递和共享。

（2）分类管理：针对不同类型的目标人群，我们需要采取不同的管理措施。例如，对于直接受影响者，我们需要提供紧急医疗救治和心理援助；对于间接受影响者，我们需要提供情绪支持和信息沟通；对于应急响应人员，我们需要提供必要的培训和装备，确保他们能够有效地应对危机。

（3）提供心理支持：在突发公共卫生事件中，心理支持对目标人群的恢复至关重要。我们需要组织专业的心理援助团队，为受影响人群提供必要的心理支持和安慰。这包括倾听、陪伴、鼓励等，帮助他们缓解紧张、恐惧等负面情绪。

（4）加强健康教育：通过健康教育，提高目标人群的防护意识和自我保护能力。我们可以利用企业内部的宣传栏、微信公众号等渠道，向劳动者传递正确的信息和知识，帮助他们了解事件的性质、传播途径、预防措施等。

（5）建立应急预案和演练机制：为了应对未来可能发生的突发公共卫生事件，我们需要建立完善的应急预案和演练机制。这包括制定针对不同类型事件的应急预案、定期组织应急演练、评估预案的有效性和可操作性等。

二、一级人群的干预策略

在突发公共卫生事件的背景下，一级人群通常指的是直接受到事件影响的人群，他们可能直接经历或目击了事件的发生，因此心理上承受了巨大的冲击和压力。

（一）一级人群的心理特点

一级人群在突发公共卫生事件后，往往会表现出以下心理特点：①强烈的情绪反应，他们可能会经历恐惧、焦虑、愤怒、悲伤等强烈的情绪反应，这些情绪可能会持续较长时间，并影响他们的日常生活和工作；②心理创伤，一级人群可能会因为事件的严重性而遭受心理创伤，如PTSD等，这些创伤可能导致他们长期的心理困扰和功能障碍；③认知障碍，由于事件的突然性和不可预测性，一级人群可能会出现认知障碍，如记忆力下降、注意力不集中等，这些障碍可能会影响他们的决策能力和工作效率。

（二）一级人群的干预策略

1. 提供紧急心理支持

在事件发生后，应迅速组织心理干预团队，为一级人群提供紧急心理支持。这包括建立心理热线、提供现场心理咨询等。通过倾听、理解、同情等方式，安抚一级人群的情绪，帮助他们缓解焦虑和恐惧。对于出现严重心理创伤的一级人群，应及时进行危机干预，包括评估其心理状态、制订个性化的干预计划等。

2. 心理评估和监测

对一级人群进行全面的心理评估，了解他们的心理状态、情绪反应、认知功能等，为后续干预提供依据。在事件发生后的一段时间内，持续监测一级人群的心理状态，及时发现并处理可能出现的心理问题。

3. 个性化心理干预

根据一级人群的心理特点和需求，制订个性化的心理干预计划，包括心理教育、心理咨询、心理治疗等。向一级人群普及心理健康知识，帮助他们了解突发公共卫生事件对心理的影响，掌握应对心理应激的方法。为一级人群提供心理咨询服务，帮助他们处理情绪问题、解决心理困扰。对于出现严重心理问题的一级人群，如PTSD患者，应提供心理治疗服务，如认知行为疗法、暴露疗法等。

4. 社会支持和资源链接

鼓励一级人群与家人、朋友、同事等保持联系，获得社会支持。同时，为他们提供必要的物质援助和生活支持。为一级人群提供必要的资源链接服务，如心理援助机构、社会救助组织等，以便他们在需要时寻求专业帮助。

5. 工作环境调整与恢复

对一级人群的工作环境进行评估，了解是否存在可能加重心理应激的因素，如噪声、污染等。

根据评估结果，对工作环境进行必要的调整，如改善通风、降低噪声等，以减轻一级人群的心理压力。为一级人群制订工作恢复计划，帮助他们逐步恢复正常的工作状态，避免过度劳累和压力过大。

6. 长期跟踪与关怀

在事件发生后的一段时间内，对一级人群进行长期跟踪，了解他们的心理变化和发展趋势。为一级人群提供持续的关怀和支持，确保他们在需要时能够得到及时的帮助和支持。

通过以上干预策略的实施，我们可以为一级人群提供全面、有效的心理支持和干预服务，帮助他们尽快走出心理阴影，恢复正常的生活和工作状态。同时，也为整个社会的稳定、和谐做出了贡献。

三、二级人群的干预策略

在突发公共卫生事件中，二级人群通常指的是那些虽然没有直接经历事件，但由于与一级人群（直接受影响者）有密切联系或处于相同的工作环境，可能间接受到事件影响的人群。

（一）二级人群的心理特点与需求

二级人群在突发公共卫生事件后，往往会出现以下几种心理反应：①焦虑与恐慌：由于担心自身或亲友的安全和健康，二级人群可能表现出高度焦虑和恐慌的情绪。②不安与无助：面对突发事件的不确定性和未知性，二级人群可能感到不安和无助，不知道如何应对。③工作压力增加：由于一级人群的缺失或工作任务的加重，二级人群可能面临更大的工作压力。

基于这些心理特点，二级人群的主要需求包括获取准确、及时的信息，以减轻焦虑和恐慌。获得情感支持和心理援助，以缓解不安和无助感。得到适当的帮助和支持，以应对工作压力。

（二）二级人群的干预策略

1. 信息沟通与澄清

及时、准确地传递事件信息，包括事件的原因、影响范围、应对措施等，以减少信息的不确定性。澄清谣言和误解，防止不实信息的传播，缓解恐慌情绪。鼓励二级人群通过官方渠道获取信息，避免过度依赖社交媒体或小道消息。

2. 情感支持与心理援助

提供心理咨询服务，为二级人群提供情感支持和心理援助，帮助他们应对负面情绪。鼓励二级人群积极参与团体辅导或心理支持小组，通过分享经验和感受，减轻心理压力。对于需要特殊关注的人群（如儿童、老年人、孕妇等），提供针对性的心理援助和支持。

3. 工作压力管理

评估二级人群的工作压力水平，制定合理的工作计划和任务分配，避免过度加班或工作压力过大。提供工作压力管理培训和指导，帮助二级人群掌握有效的压力应对技巧和方法。鼓励二级人群与同事、上级保持沟通，共同解决问题，减轻工作压力。

4. 资源链接与转介

为二级人群提供资源链接服务，如心理咨询机构、社会救助组织等，以便在需要时寻求专业帮助。对于存在严重心理问题的二级人群，及时转介至专业机构进行诊断和治疗。

5. 持续关注与跟进

在事件发生后的一段时间内，持续关注二级人群的心理状况，及时发现并干预可能出现的心理问题。通过定期评估、随访等方式，了解二级人群的需求和反馈，不断优化干预策略。

6. 组织支持与文化塑造

强调组织的支持作用，为二级人群提供必要的支持和资源，帮助他们渡过难关。塑造积极向上的组织文化，鼓励劳动者相互关心、支持，共同应对突发公共卫生事件带来的挑战。

通过以上干预策略的实施，我们可以有效减轻二级人群的心理压力，预防心理问题的发生，并维护组织的整体稳定。

四、三级人群的干预策略

在突发公共卫生事件背景下，三级人群通常指的是那些虽然未直接受到事件影响，但由于所处的社会环境、媒体传播等因素，可能产生心理波动或轻度心理应激反应的人群。

（一）三级人群的心理特点

三级人群在突发公共卫生事件中的心理特点主要包括：

（1）信息焦虑：由于信息传播的广泛性，三级人群可能会接触到大量关于事件的报道和消息，但由于缺乏直接经验和判断能力，他们可能会感到焦虑不安；

（2）情绪波动：面对未知和不确定的威胁，三级人群可能会出现情绪波动，如紧张、焦虑、恐惧、愤怒等；

（3）社会影响：三级人群可能会受到社会氛围和他人情绪的影响，从而加剧自身的心理应激反应。

（二）三级人群的干预策略

1. 加强媒体引导和信息发布

（1）权威信息发布：通过官方渠道发布权威信息，确保三级人群获取准确、及时的信息，减少信息焦虑。

（2）信息筛选与过滤：对媒体报道进行筛选和过滤，避免不实信息和谣言的传播，减少恐慌情绪。

（3）信息解释与澄清：对复杂信息进行解释和澄清，帮助三级人群正确理解事件进展和应对措施。

2. 开展心理健康教育与宣传

组织心理健康讲座，向三级人群普及心理健康知识，提高他们应对心理应激的能力。发放心理健康宣传资料，包括宣传册、海报等，让三级人群了解心理健康的重要性。利用社交媒体平台宣传心理健康知识，扩大宣传覆盖面，提高三级人群的心理健康意识。

3. 建立心理援助与咨询服务体系

设立心理援助热线，为三级人群提供心理咨询服务，解答疑问，缓解焦虑。建立线上心理咨询平台，方便三级人群随时随地进行心理咨询。组建专业心理援助团队，为三级人群提供个性化的心理援助和支持。

4. 加强社会支持与互助

鼓励社区成立互助组织，为三级人群提供社会支持和帮助。组织志愿者团队，为三级人群提供情感支持、物资援助等服务。倡导社会各界关注三级人群的心理健康，营造关心、理解、支持的社会氛围。

5. 监测与评估

定期对三级人群进行心理状况监测，了解他们的心理变化和需求。对干预策略的效果进行评估，及时调整和完善干预措施。收集和分析相关数据，为制定更有效的干预策略提供科学依据。

6. 构建积极应对文化

鼓励三级人群积极应对突发公共卫生事件，树立战胜困难的信心。分享应对突发公共卫生事件的成功案例和经验，为三级人群提供借鉴和启示。通过各种渠道营造积极、向上的社会氛围，减少消极情绪和负面影响。

通过以上干预策略的实施，我们可以有效减轻三级人群的心理压力，维护其心理健康，减少不必要的恐慌和误解。同时，也为突发公共卫生事件的应对和处置提供了有力支持。

五、常用的干预技术

心理危机快速干预 ABC 法：“A”为心理急救，稳定情绪；“B”为行为调整，放松训练，晤谈技术（CISD）；“C”为认知调整，晤谈技术（CISD），眼动脱敏信息再加工技术（EMDR）。

一是要取得受伤人员的信任，建立良好的沟通关系；提供疏泄机会，鼓励他们把自己的内心情感表达出来。

二是对访谈者提供心理危机及危机干预知识的宣教、解释心理危机的发展过程，使他们理解目前的处境，理解他人的感情，建立自信，提高对生理和心理应激的应付能力。

三是根据不同个体对事件的反应，采取不同的心理干预方法。例如，积极处理急性应激反应，开展心理疏导、支持性心理治疗、认知矫正、放松训练、晤谈技术（CISD）等，以改善焦虑、抑郁和恐惧情绪，减少过激行为的发生，必要时适当应用镇静药物。

除应用以上常规技术进行心理干预外，引入规范的程式化心理干预方法——眼动脱敏信息再加工技术（EMDR）；调动和发挥社会支持系统（如家庭、社区等）的作用，鼓励多与家人、亲友、同事接触和联系，减少孤独和隔离。

六、干预技术要点

（一）心理急救

1. 接触和参与

目标是倾听与理解。应答幸存者，或者以非强迫性的、富于同情心的、助人的方式开始与幸存者接触。

2. 安全确认

目标是增进当前的和今后的安全感，帮助放松情绪，增加自我安全感的确定。

3. 稳定情绪

目标是使在情绪上被压垮的幸存者得到心理平静，恢复情绪反应。可以使用愤怒处理技术，哀伤干预技术。

4. 释疑解惑

目标是识别出立即需要给予关切和解释的问题，立即给予可能的解释和确认。

5. 实际协助

目标是给幸存者提供实际的帮助，比如询问目前实际生活中还有什么困难，协助幸存者调整和接受因突发事件改变了的生活环境及状态，以处理现实的需要和关切，提供解决问题技术。

6. 联系支持

目标是帮助幸存者与主要的支持者或其他的支持来源，包括家庭成员、朋友、社区的帮助资源等，建立短暂的或长期的联系。

7. 提供信息

目标是提供关于应激反应的信息，关注正确应付应激反应，减少苦恼和促进社会恢复。

8. 联系其他服务部门

目标是帮助幸存者联系目前需要的或者即将需要的那些可得到的服务。

（二）心理晤谈

通过系统的交谈减轻压力的方法，个别或者集体进行，自愿参加。对于住院的轻伤员，或者医护人员、救援人员，可以按不同的人群分组进行集体晤谈。

1. 心理晤谈的目标

心理晤谈的目标为：公开讨论内心感受；支持和安慰；资源动员；帮助当事人在心理上（认知上和感情上）消化创伤体验。

急性期集体晤谈时限是灾难发生后24~48小时，此为理想的帮助时间，6周后效果甚微，以重建为目的的晤谈可以在恢复期进行。正规的急性期集体晤谈，通常由受过训练的精神卫生专业人员指导，事件发生后24~48小时实施。指导者必须对小组帮助或小组治疗这种方式有广泛的了解，同时对应激反应综合征有广泛了解。在灾难事件发生后24小时内不进行集体晤谈。灾难事件中涉及的所有人员都应该参加集体晤谈。

2. 晤谈过程

晤谈过程正规分6期，非常场合操作时可以把第2、3、4期合并进行。

（1）第1期（介绍期）：指导者进行自我介绍，介绍集体晤谈的规则，仔细解释保密问题。

（2）第2期（事实期）：请参加者描述突发事件发生过程中他们自己及事件本身的一些实际情况；询问参加者在这些严重事件过程中的所在、所闻、所见、所嗅和所为；每一参加者都必须发言，然后参加者会感到整个事件由此而真相大白。

（3）第3期（感受期）：询问有关感受的问题：事件发生时您有何感受？您目前有何感受？以前您有过类似感受吗？

（4）第4期（症状描述期）：请参加者描述自己的应激反应综合征症状，如失眠，食欲不振，脑子不停地闪出事件的影子，注意力不集中，记忆力下降，决策和解决问题的能力减退，易发脾气，易受惊吓等；询问地震事件过程中参加者有何不寻常的体验，目前有何不寻常体验；事件发生后，生活有何改变。请参加者讨论其体验对家庭、工作和生活造成什么影响和改变。

（5）第5期（辅导期）：介绍正常的应激反应表现，提供准确的信息；讲解事件、应激反应模式；自我识别症状，将应激反应常态化，动员自身和团队资源互相支持，强调适应能力；讨论积极的适应与应付方式；提供有关进一步服务的信息；提醒可能出现的并存问题（如过度饮酒）；根据各自情况给出减轻应激的策略。

（6）第6期（恢复期）：拾遗收尾；总结晤谈过程；回答问题；提供保证；讨论行动计划；重申共同反应；强调小组成员的相互支持；可利用的资源；主持人总结。

整个过程需2小时左右完成。严重事件后数周或数月内进行随访。

3. 晤谈注意事项

（1）对那些处于抑郁状态的人或以消极方式看待晤谈的人，可能会给其他参加者添加负面影响。

（2）鉴于晤谈与特定的文化性建议相一致，有时文化仪式可以替代晤谈。

（3）对于急性悲伤的人，如家中亲人去世者，并不适宜参加集体晤谈。因为时机不好，如果参与晤谈，受到高度创伤者可能给同一会谈中的其他人带来更具灾难性的创伤。

（4）WHO 不支持只在受害者中单次实施。

第四节　创伤后应激障碍的预防

一、加强安全管理，减少突发事件的发生

（一）风险评估与管理

对突发事件的预防始于对工作环境的全面风险评估。企业应定期对工作环境进行细致的检查，识别并评估可能导致创伤的潜在风险因素，包括但不限于危险化学品的管理、机械设备的安全性以及工作场所的物理布局。基于风险评估的结果，制订并实施针对性的安全管理措施，如设立警示标识、加强安全巡查、更新维护设备等，以降低事故发生的可能性。

（二）安全培训与教育

提高劳动者的安全意识是预防突发事件的关键。企业应定期组织安全培训，教授对潜在危险的认识和应对技能。培训内容应涵盖各类突发事件的预防措施、紧急疏散流程、急救技能等。通过模拟演练、案例分析等形式，加深劳动者对安全知识的理解和应用，确保他们在紧急情况下能够迅速、准确地做出反应。

二、提升职工对突发事件的应对能力

（一）应急准备与演练

建立完善的应急预案体系，并定期对职工进行应急知识培训和预案演练。通过模拟真实的应急场景，让职工熟悉应急响应流程、明确自己的职责和任务。这不仅能够增强职工的心理承受能力，还能提高他们的应急反应速度和团队协作能力，从而在真实突发事件中减少恐慌和混乱（具体内容详见本章第一节）。

（二）心理评估与筛选

在职工招聘流程中，加入心理健康测评环节，重视对职工应对压力的心理素质的评估。如果工作内容或环境具有高压力、高紧张度的特点，企业需要筛选出心理承受能力强、具有胜任力的劳动者，以减少个体在未来工作中出现 PTSD 的风险，提升团队的整体抗压能力。

（三）风险监测与支持

建立职工心理档案，定期组织心理评估，对具有高风险因素（如共病焦虑、抑郁等精神障碍，躯体疾病史，家庭变故等）的劳动者予以关注，定期监测他们的心理健康状态。在突发事件发生后，企业应及时为受到影响的劳动者提供支持与专业援助，如提供应急心理评估、心理疏导、危机干预等服务，避免他们陷入心理危机，发展成 PTSD 或其他精神心理障碍（具体内容详见本章第三节）。

三、建立完善的心理支持系统

（一）配备心理咨询服务

积极购买员工帮助计划（EAP）服务，为劳动者提供全方位的心理援助。EAP 服务包括但不限

于个体心理辅导、团体心理辅导、心理咨询热线等（具体内容详见第三章第三节）。通过专业的心理咨询服务，帮助劳动者疏导压力、对应激反应正常化、获得支持资源，减少个体对PTSD或其他精神心理障碍的易感性。

（二）心理卫生知识普及教育

定期开展心理健康教育活动，提高劳动者对心理危机的识别和应对能力。通过讲座、网络课程、宣传手册等多种形式，帮助劳动者识别突发事件发生后的常见反应，提高劳动者对PTSD相关症状的知晓率与认知率，并鼓励他们积极地自我调节、及时地寻求专业帮助、团结地互帮互助。

第五节　案例分析

一、背景介绍

京郊某化工厂于某秋日上午发生爆炸事故，声音巨大，现场有两人死亡，近十人重伤，若干人轻伤，当日位于爆炸厂房区域工作的其他人员50名（全部为55岁以下成人），听觉有不同程度的受损，该区域近一半设施被毁，全面停工。潜在援助对象已于当日下午转移并居住在远离爆炸区的工厂集体宿舍，基本生活物质需求得到充分满足。

二、应急响应

上级有关部门紧急、有效地做出反应，应急工作组立刻在物资和医疗方面进行应对，专人对受助人员进行了事件简报（debriefing）。其中心理救援团队6人于次日（事故发生后22小时）到达工厂宿舍区，心理救援的对象为上文中50名未受物理伤害的潜在的精神心理创伤人员（经过工作组讨论并征求厂方人员意见）。

当天下午，由心理救援团队中的5名有精神心理专业背景的人员对50名受助劳动者进行每人20分钟左右的个体心理援助工作（每位救助人员承担10人次，4小时左右工作量），即让心理救援团队与受助人群初步建立联系和信任，实现收集信息、完成评估、筛查和分级，并提供初步稳定化干预和相关信息资源介绍，对需要继续精神科治疗或其他急迫干预的个体进行转介，包括了解群体最关心、最迫切的议题。另外1人从厂方和应急工作组处详细了解情况。

当天晚饭后，经由以上个体心理援助筛选出适合进行团体干预的36名受助劳动者，分为3组，每组12人，由心理急救团队6人中的每2人负责一组实施50分钟的团体形式的心理援助，旨在以更高效地提供干预并对受助人群进一步评估和制订后续处理方案，事先分发包含自助和服务信息的宣传材料。

当日晚间（睡前），6名心理援助人员在与厂方相关人员和应急工作组代表交流和汇报后进行讨论，其中包括：确认需要转介人员名单；确认3日内需要每日进行后续个体心理援助的人员名单；确认应急团队和厂方相关人员（协助救援工作但非爆炸厂区工作人员）的干预计划和名单；确认死亡及重伤的人员家属中需要干预的名单。

在随后的3天里，心理援助小组对已确认需要继续个体心理援助的15名受助人员（根据厂方人员反馈，从个体和团体心理援助的评估中得出）继续进行个体援助（每天一次，每次45分钟），对家属进行电话干预。并在最后一天（事故发生后第4天），再次对受助劳动者进行一次团体心理援助。

三、个体干预心理急救示例

事故发生第二天 13：00，持续约 20 分钟，这是心理救援团队对 50 名受助劳动者进行个体心理救援会谈中的一例，属于初始接触。受助者为一 30 岁女性，小赵，事故发生厂区的行政工作人员，单身，独生女，北京人，非工作时间跟父母共同居住在京郊。根据厂方相关人员和应急工作组的报告，爆炸发生时其办公室距离爆炸设备 80 米，办公室窗子被震碎，而她位于墙体之后，在震荡后摔倒导致受轻伤，随后奔跑远离现场，常规医疗检查显示各项指标正常但血压较高、心率较快。根据应急工作组人员观察，上午起床后该女性一直静坐不动进食很少，目光涣散始终指向身前 3 米左右地面。对于心理援助，她表示无意愿但服从安排。本次干预场所为集体宿舍区某 20 平方米左右办公室，小赵在工作人员陪同下前来走进房间，工作人员示意会在旁边会议室等候。

小赵（以下简称“赵”）站在门口一动不动，衣着整齐，表情麻木，目光呆滞。

心理救援干预人员孙强[①]（以下简称“孙”，男性，40 岁左右）观察到小赵的反应后主动站起来走到她身前 2 米位置。

孙：你好。（语气始终是坚定、温柔、有力、平缓，坐姿前倾，眼神关切）

赵：（沉默……）

孙：你好，我叫孙强，北京安定医院的心理治疗师，这次事故的心理救援人员。

赵：（沉默 5 秒）

孙：愿意的话，我们到那边坐下说怎么样？（伸手示意）

小赵沉默而缓慢地走到椅子那坐下，依旧目光呆滞，没有眼神接触。

孙：（也走到椅子坐下）我们聊一会儿，可以吗？

赵：（沉默……）可以。

孙：好，那我怎么称呼你？

赵：叫我小赵就行。（语气平淡微弱）

孙：（沉默 3 秒）你现在有什么需要吗？比如衣食住行方面，任何事。

赵：没有需要。

孙：愿意的话你就叫我老孙。我是来看看有什么可以帮你的。你现在还好吗？

赵：你帮不了我。

孙：嗯？

赵：你帮不了我。

孙：发生了这种事情，会让经历的人很无力和无助，不知道怎么接受，不知道怎么面对。有的时候就是聊一聊，说说自己的反应，也是可以有些帮助的。这几天我都会在这儿，我们大概聊不超过半小时，愿意的话之后几天你还可以见到我。

赵：我不应该跑出来的，我应该在现场去救其他人。（叹气）

孙：我能理解你的想法。

赵：我不该跑出来的。（语气比先前多了一些想要交流的意愿）

孙：我是今天早上到这儿的，了解了具体发生的事。

---

① 注：本节案例中的人名均为化名。

赵：（沉默……）

孙：当时的情况，完全是你反应不过来的，在那种情况下，人可能会完全按照求生本能去做，你做到了，保护了你自己。而如果你留下，可能还有后续未知的危险，你根本无法判断。

赵：（沉默5秒）我本来有可能去帮助其他伤员的。他们现在怎么样了？

孙：所有受伤需要治疗的同事都及时送到附近的医院了，请放心，政府已经给了指示，有专门的医务人员正在全力救治他们。

赵：（不断点头，看了一眼孙强，沉默……）我爸爸当年就是在这里工作的，我已经在那个厂区工作8年了，我的办公室，我跟很多人一起工作的地方，我经常下厂区，现在那一切都毁了。为什么会发生爆炸？为什么这种事会发生在我身上？我有很多同事朋友的工厂就没有发生过事故，为什么是我的单位，为什么是我在的厂区呢？我知道很多工厂几十年都没发生过重大事故的。（眼睛瞪大）

孙：一点都不合理，是吧，不过好在危险已经过去了，而你已经安全了，现在政府已经组织了人处理这件事。小赵，为了让我们更好的帮助你，你能告诉我这几天你是怎么过的吗？当然前提是你觉得谈这些还可以，不至于让你情绪崩溃。

赵：（沉默3秒）我不太想回忆……但我也想说……我不知道，我现在手脚都是冰凉的。

孙：四肢冰冷是这种情况的正常反应，不只是你，很多人会这样，这是在这种紧张状态下做出的常见反应。如果你手心出汗，身上其他地方冷汗，这几天可能都会有，这都是正常的，包括食欲降低，消化不良，口干，都是。不过，如果还可以的话，你愿意的话，还是可以给我讲讲你的经历和今天的情况。（始终在根据肢体语言和面部表情评估小赵的状态是否稳定，对其认知、情绪部分持续进行了解和评估，目前尚可。）

赵：昨天上午，应该是10点左右，我正在写工作总结，在办公室，只有我一个人，幸好只有我一个人，幸好我的位置在墙后面。

孙：你现在正在试着回忆事故当时的情况，小赵，我跟你确认一下，你感觉自己状态还好吗？还算平稳吗？

赵：还好，跟刚才没什么差别。

孙：好，抱歉打断你了，你刚说你的座位在墙后面。

赵：对，然后就突然爆炸了，整个楼都震动，跟地震一样，窗子一下都碎了，我被震得甩到地上。我马上躲在角落，把桌子拉在我身前，等了一会儿，直到我觉得不会再爆炸了，然后我就特别精神了，从窗子看了看，看到远处的火，我想可能还会有后续爆炸，就冲出办公室，楼道里我们科长在打电话汇报情况，让我赶快找足够安全的地方。（开始跟孙有了越来越多的眼神接触，声调也更自然了。）

孙：你的反应非常快，但是也很冷静，心理素质基础很好。

赵：我就跑出来了，外面特别乱，有人在喊叫，远处还有火光，不少东西都倒塌了，我就一路狂奔，跑了十几分钟到这个生活区，然后我就自闭了。我不知道在那边现场我还能做什么，也不知道该做什么。

孙：我们每个人都一直在掌控生活，知道在什么时候该做什么，知道怎么做才是对的才是好的，但是（叹气），我知道有些时候有些事，我即便过了之后回过头去看也没法确定怎么做才是正确的，这个世界有些时候是这样的。说到这儿，你到了生活区之后，到现在，这段时间你怎么样？

赵：我觉得震惊，我还在震惊里，整个人除了这就空了。

孙：震惊和空虚都是常见的反应。这段时间你有什么担心顾虑吗？

赵：（沉默 3 秒）我想回爆炸现场去看看，有时我还是会想我是不是不该直接跑开，我应该留下去帮着做点什么。

孙：我听见你有自我怀疑，自责。嘿，小赵，你认真听我说，这场事故并没有你的责任，你也并没有犯错误。

赵：谢谢你这么说，但我觉得也不一定，我也不确认。

孙：在不幸发生的时候，很多人都会内疚，会自责，也有的人会想以后主动做点什么让事情好一点，一般来说，内疚（摇摇头）都没有好的作用。你这两天可能都会待在集体宿舍，跟家人有联系吗？

赵：我给爸妈打过电话，也给以前的老同事发过短信。

孙：真好，跟家人朋友保持联系在你现在的状态是必要的。

赵：我还行，我会出神，脑子蒙，但是我知道自己状态还可以，我只是不想说话，大部分时间不想说话。不过今天跟你说了两句感觉还是心里舒服点儿。

孙：小赵，未来三天我都还会在这儿，如果有需要你跟应急工作组的人说，可以联系上我。晚饭前我们会发一些心理自助的资料给你们，晚上会安排一个集体会谈，到时候我鼓励你参加。现在我们先到这儿，可以吗？

赵：我就是想回现场看看。

孙：这个我会跟其他人讨论，看看怎么样对你更好。这两天我还会来跟你简单聊聊，可以吗？

赵：可以，那我先走了。我也想回去躺会儿。

孙：好的，咱们回来见。（送小赵到门口，招呼隔壁屋的工作人员）

四、团体干预心理急救

此次团体干预心理急救在事故发生第二天 18:30，持续约 50 分钟。心理救援团队 6 人分为 2 人一组，每组协同带领 12 名经过先前个体干预评估且征得厂方和应急工作组意见的适合的受助人员会谈。三个团体同时在集体宿舍区的两个会议室和一个集体办公室开展，本次干预场所为 30 平方米左右中间有椭圆形桌子的会议室，在两名心理急救人员（主带领者郭强、副带领者于洁，性别一男一女）做好准备后，12 名参与者由厂方人员引导进入房间围绕会议桌均匀分布坐好，其中 2 名重点关注对象分别有急性焦虑症状（小张，女）和强烈悲观情绪宣泄倾向（老罗，男），以及另外 10 人。厂方有一名负责宿舍区安排的工作人员于会议室外办公室等候。

所有 14 人已经坐好，略有耳语，但总体安静，大多成员目光注视两位带领者。

主带领者郭强（以下简称“郭”）：（眼神照顾到所有人，尽量提供一种安全舒适的气氛）大家晚上好，谢谢你们今天饭后过来，我叫郭强，是市里组织过来的心理急救人员，愿意的话可以叫我老郭。我对面这位是我的同事于洁，今天是我们两个一起来跟他聊一聊。

副带领者于洁（以下简称“于”）：各位好，我是于洁，可以叫我小于。

郭：我们今天是想用这大概 50 分钟的时间聊一聊这次事故给大家造成的影响，介绍一些常见身心反应知识，为的是让大家能够互相支持，缓解心理负担，也是让我们心理救援团队更了解大家的需求，更好地帮助大家。接下来我们大概会有这么几个部分：一是自我介绍熟悉一下；二是做一个放松，将来大家也可以自己需要的时候做；三是介绍一些常见的灾后身心应激反应；四是征求一下大家有什么关注的问题和需要。小于会协助我。大家有什么问题吗？

老罗：我渴了，这有水吗？（语气烦躁，吸引人注意）

于：当然，还有其他人要水吗？我出去拿。（看所有人，数人数，然后起身出门）

郭：我们稍等下小于，大家可以用这点时间做 10 个深呼吸，试着让身上的肌肉放松一下。（等小于回来）

于：（出门半分钟后抱着一箱水进来，分给屋里的其他人，然后坐下）都有水吧，够不到的互相传一下。

郭：我们先介绍下自己，很简单，说一下自己名字，希望别人怎么称呼你，还有自己在厂里工作的岗位。咱们就顺时针一个一个来，好吗？从我开始，我叫郭强，叫我老郭就行，我是北京安定医院的心理治疗师。（看向小于）

于：我叫于洁，叫我小于就行，也是安定医院的治疗师。（看向左边，微笑并伸手善意邀请）

以下省略张、罗，以及张、刘、潘、邵、丁、侯、徐、郭、于、陈的介绍。

郭：好的，高兴认识各位。

老罗：我一点儿也不高兴，我很难过，非常难过，而且我心慌，我在这坐不住可能，我一会儿中间能走吗？

郭：我听到了，老罗，你难过心慌，很多人在此次爆炸后都会有心慌的表现，这种反应在出现了这种事故之后是合理的。谢谢你提醒，我希望大家知道，如果你中间不舒服必须离场，没有任何问题，但是跟我们其他人打一声招呼，当然可以。

张：我坐在这也心慌。（声音小，眼神看向地板）

郭：老罗，小张，还有其他人，这样，我们先做一个放松活动，做完了你会觉得好一些，这个活动本来就是接下来我们要做的，可以吗？（略等待，眼神跟所有人确认，大部分成员点头或说“可以”）。好的，我们开始，这个活动叫“着陆”，就是飞机着陆的着陆。经历了一次可怕的事件之后，你有时候会发现自己的情绪过于激动，或者不可抑制地回想或想象发生了什么。你可以用“着陆”方法来放松自己的情绪。着陆的原理是把你的注意力从你的内心思考转回到外部世界。接下来就是你要做的了……来，我们开始……以一个你觉得舒服的姿势坐着，不要交叉腿或胳膊……慢慢地深呼吸。好的，看看你的周围，说出 5 个你能看到的让人不难过的物体。小声跟自己说就可以，比如，你可以说，“我看见了地板，我看见了一只鞋，我看见了一张桌子，我看见了一把椅子，我看见了一个人”。对，小声说出来，小张做得对，（参与者分别按照指导语做并尝试）……着陆技术是你按照去做就能让自己平静下来一些的，好，我们继续……慢慢地深呼吸。接下来，如果可以的话，闭上眼睛，安静下来，然后注意听，用耳朵听周围的环境，然后，说出五个你能听到的声音。例如：“我听到手表走的声音，我听到自己的呼吸声，我听到外面开关门的声音，等等”（参与者分别按照指导语做并尝试）慢慢地深呼吸。好，接下来，最后一个，说出五个你能感觉到的不让人悲伤的事情。例如：“我能用手感觉到这个木质的扶手，我能感觉到我鞋子里面的脚趾头，我能感觉到我的背靠在椅子上，我能感觉到在我手里的矿泉水瓶子，我能感觉到我的双唇紧贴在一起。”来，放松，试着轻声跟自己说……慢慢地深呼吸。好，我们做 10 次比较深、比较慢的呼吸，然后就回到讨论中，10，9，8……好，现在我们回到此时此地，大家感觉怎么样？好些吗？（跟参与者眼神确认）

刘：我感觉好多了，心静了。

于：（点头）你们怎么样？潘，邵？（潘、邵点头确认）

郭：好的，事故过去已经一天多了，大家都是安全的，而且得到了基本生活保障，我们现在可以了解一些最近一段时间你有的，或者将来几天可能会有的身心反应，无论有没有，都是正常的，不用太担心，我们接下来一个环节是这样的，我会科普一些创伤应激的反应，如果你有就举手示意，等一轮说完之后，我们再具体讨论，怎么样？（向所有参与者眼神交流确认）

丁：我注意力集中不起来，没法专心做任何事，这正常吗？

郭：很好，事故发生后，在现在这个阶段，大家可能会经历的身心反应可以分为四类，认知上的，行为上的、躯体上的、情感上的，老丁，你说的注意力不集中属于认知上的，这些在我们下午发的材料上大家可以找到。还有其他人有吗？（5位参与者举手）。好的，我们就这样，我说一种常见的反应，大家有这种情况就举手示意。第一个，疲劳，而且休息卧床也无法缓解……（每一个都等待参与者反应和举手，副领导者于洁进行记录）；第二个，头疼或者其他肌肉疼痛……第三个，呼吸困难，喘不过气，憋气……第四个，失眠，包括做噩梦……第五个，消化系统的问题，包括没有食欲、胃胀气、拉肚子……好，我们先停在这儿，在说情感上的常见反应之前，我们先讨论一下刚才这些躯体问题，大家愿意简单说说自己的情况吗？包括有什么问题，不用勉强自己说话，但我也鼓励大家表达。

潘：我头疼，或者说不是疼，是整个脑袋像被箍起来一样，特别涨，还蒙。

丁：潘鹏，我跟你一样，我是从今天早上开始的，尤其太阳穴，严重的时候就跟脑袋要裂开一样。大夫，啊不，老郭，这也是正常的吗？

郭：嗯，我听见了，我们先听听其他人怎么样？一会儿我来试着回答你的问题。

罗：我觉得我浑身都疼！胳膊腿脖子都疼！不过咱们这应急工作组的大夫说我没问题，我不太信，我觉得我过几天得去检查检查。

于：老罗，躯体疼痛是常见的反应，不过我们跟工作组医生交流过，如果需要稍等两天，我们可以安排你，包括在座的如果有其他人，去做更多的检查。

罗：那就好，我就是浑身疼，别的没了，我睡得还行。

武：你们刚才说的我有好几个，我浑身没劲，昨天基本没睡着，今天头疼，而且我吃不下饭。

郭：武工，我也吃不下，不过我觉得是食堂的饭不行，哈哈。

……在随后的15分钟里，两位带领者陆续将情感、认知、行为三方面的常见反应跟12位参与者过了一遍。

（张歆钰　沙　莎）

11

第十一章　返岗、复工检测与评估

第一节　概　述

一、返岗、复工产生的背景及必要性

随着对精神疾病认识的深入，人们对健康的关注度越来越高。越来越多的人意识到用人单位需要保护全体劳动者的合法、正当权利，患精神疾病的劳动者，也应享有劳动和获取报酬的权利。这种权利体现在，既要保障精神疾病患者的合法劳动权益，也要维护其与其他劳动者之间的和谐工作环境。为了确保有安全的工作环境，精神疾病患者返岗复工前需要由专门的机构进行评估。

精神疾病并非“绝症”，大多数精神疾病患者经过及时、规范、足疗程的治疗后，是可以回归社会参加工作的。现实生活中，一些用人单位也要求长期休病假的劳动者返岗前提交医疗机构出具的证明。患有精神疾病或出现精神症状的人员，由于受疾病影响，不能完成当前工作，应休病假调养。在针对疾病实施相应治疗后，一部分疗效未见明显好转的患者应当继续系统治疗，而另一部分疗效明显好转和部分好转的患者，随着病情的减轻与社会功能的恢复，患者本人及家属都希望能尽快回归社会，实现自我价值。而用人单位对该病休劳动者的疾病恢复情况通常难以做出专业性的判断。如何保护因精神疾病问题休病假劳动者工作的权利，同时最大限度地保障病休者的健康和安全，成为用人单位面临的重要问题。因此需要精神疾病专科医疗机构对因精神或心理健康等原因休病假的劳动者，对其经过治疗后疾病处于何种恢复程度、是否达到能够返回单位工作的状态进行评估。

二、返岗、复工评估的适用范围及注意事项

患有精神疾病或出现精神症状的人员，经过治疗后，病情得到不同程度的改善，社会功能有所恢复，其所患疾病趋于平稳，达到或接近能返回原单位或工作岗位的状态，患者本人向所在单位提出返岗复工申请后，经单位初步筛查，出具请专科医疗机构提供复工证明的介绍信，到精神专科医院进行复工状态评估。

一般办理复工证明的被评估人需要家属陪同到医院介绍病情。从事特殊职业、公共服务业以及危险行业工作的人员，如被评估人为医护人员、民警、幼师、职业司机等，办理复工证明需要由单位指派相关人员及家属陪同前往医疗机构。通过评估病情恢复情况、对日常行为的影响，判断其是否能够融入日常工作环境。

复工证明的内容仅针对被评估人疾病恢复情况，以及能否参与单位日常工作交流的状态，不涉及具体工作岗位劳动能力的评估。

第二节　如何进行返岗、复工评估

一、返岗、复工评估前准备工作

1. 复工评估的时间节点

既往在精神疾病专科医院就诊，经过治疗，且因精神或心理健康问题休假，病情稳定或病假期满，需要由被评估人提出复工申请，单位开具介绍信之后，进行复工评估，再行返回单位。

2. 准备介绍信的格式

开具复工介绍信需写清楚因何种疾病休息，需要哪家医院开具复工证明并加盖单位公章（如图 11–1 所示）。

开具复工介绍信

××医院：

兹有我单位职工×××（患者姓名），因何种精神疾病（疾病诊断）休息，要求××医院出具复工证明。

年　月　日

单位公章

图 11–1　开具复工介绍信模板

3. 复工评估机构

复工评估机构为当地二级及以上精神疾病专科医院或综合医院精神科。

4. 复工评估条件

被评估人病情稳定一个月以上（住院患者需出院一个月以上，且病情稳定一个月以上）。

二、返岗、复工评估内容

返岗、复工评估内容包括精神疾病诊断，目前疾病恢复、症状改善情况，是否还有症状残留，治疗计划和建议等。评估诊断标准：依据《ICD—10 精神与行为障碍分类》、《疾病和有关健康问题的国际统计分类（ICD—10）》（第 2 版）、《CCMD–3 中国精神障碍分类与诊断标准——（第三版）》对疾病表现进行诊断。

评估过程中，需要侧重判断被鉴定人的精神状态是否良好、症状是否改善、情绪是否稳定、有无自伤自杀等冲动行为等。操作方法包括以下几个方面。

（1）观察和记录：评估人充分利用感官进行评估前的望、闻、问。在进行正式复工评估前，通过观察被评估者在候诊期间的表现，进入诊室的状态，与家人及同事沟通的状态，真实地反映被评估者的日常状态；通过复工评估时的询问，与所观察到的被评估者表现，相互印证是否一致。记录被评估者对复工的态度，仔细分辨其复工的想法是出于内心自发的还是被动要求的，两者对被评估者情绪会产生不同的影响。详细询问并记录被评估者单位、家庭、社会环境的适应性评价和相应观点、情绪反应，对于自伤自杀等行为的看法等。

（2）调查家属和单位领导，可以从以下几个方面进行询问：

①休假情况：询问休假时间、休假原因，了解病情表现，明确诊断、治疗情况。

②病情转归：何时好转，病情是否稳定一个月以上，原有症状改善情况如何，目前精神状态如何，有无自伤自杀等冲动行为，对病情的认识（自知力）如何，服药的必要性和依从性如何。

③社会功能：能否与同事、朋友来往，能否自理生活，能否帮忙料理家务、参与社会活动，等等。

（3）对被评估人进行精神检查：全面运用各种沟通方法及提问、引导、控制等技巧，澄清、核实有关症状、治疗、预后、风险评估的重要信息，以及其他相关的心理社会影响因素。可用开放式或询问式的交谈方式进行，从一般情况入手，观察仪态外表、接触情况，了解生活起居状况，了解感知觉内容、思维活动、注意力、情感活动、意志行为的变化，以及被评估者是否意识到目前自己的这些变化，是否能认识到疾病发展期中哪些表现是异常、病态的，能否积极配合治疗等。可以从以下几个方面进行检查。

①一般情况：接触情况（被动、主动），是否合作，语量、语速、语音，表情姿态、注意力等。

②认知活动：有无幻觉、妄想，感知障碍，思维障碍等。

③情感活动：情绪是否稳定，有无焦虑抑郁情绪或情绪高涨。

④意志活动：有无兴奋、自语自笑、自伤自杀、伤人毁物等怪异冲动行为。

⑤自知力：能否认识到其他人观察到其有不正常的地方；如果能认识到，是否觉得这些现象是异常的；如果认识到是异常的，能否认识到是由精神疾病所致；如果认为是精神疾病所致，能否认识到需要治疗或有主动接受治疗的意愿以及服从治疗。

⑥工作意愿：办事能力如何，是否愿意上班，能否适应工作环境。

⑦社会功能：能否与同事、朋友来往，能否自理生活，能否帮忙料理家务、参与社会活动等。

三、返岗、复工评估中常用的辅助检查

在返岗复工评估过程中，通常可以借助测查工具进行辅助判断。根据被评估者异常表现的不同，可以选择（但不限于）以下检测方式中的一种或几种：近红外光学脑成像技术（near-infrared spectroscopy，NIRS）、脑电图（electroencephalogram，EEG）、头颅CT\MRI、眼动检查（eye movement examination，EM）、简明精神症状评定量表（Brief Psychiatric Rating Scale，BPRS）、90项症状量表（Symptom Checklist-90，SCL-90）、汉密尔顿抑郁量表（Hamilton Depression Scale，HAMD）、抑郁症筛查量表（Patient Health Questionnaire-9，PHQ-9）、抑郁自评量表（Self-rating Depression Scale，SDS）、焦虑自评量表（Self-rating Anxiety Scale，SAS）、贝克抑郁量表（Beck Depression Inventory，BDI）、双相情感障碍筛查（Mood Disorder Questionnaire，MDQ）、33项轻躁狂自评量表（Hypomania Checklist-33，HCL-33）、Young躁狂评定量表（Young Mania Rating Scale，YMRS）等。

四、返岗、复工证明的三种情形

在对被评估人病史、精神检查、诊断、治疗经过初步了解，并向家属、单位同事了解其状态，进行实验室检查等辅助测查后，根据被评估人当前精神检查状态、社会功能的恢复情况，出具建议复工或试复工或不建议复工的证明，供用人单位参考。

（1）建议复工证明：病情稳定或大部分症状缓解，可开具复工证明。

（2）试复工证明：病情好转或部分症状缓解，相关心理测查显示症状不明显或轻度异常，家属和患者一致要求上班，可开具试复工证明。

（3）不建议复工证明：病情不稳定，大部分症状没有缓解，可出具不建议复工证明。

第三节　案例分析

一、建议复工案例

案例：抑郁发作患者，症状明显改善，复工意愿明确

一般资料：患者男性，35 岁，已婚，从事销售工作。患者自述近两年来间断出现抑郁情绪和焦虑情绪，对日常生活和工作产生了较大影响，已居家休息 2 月。

主诉：情绪低落，担忧，躯体不适 2 年。

现病史：患者自述近两年来，由于工作压力大，经常加班，生活作息不规律，逐渐出现情绪低落、兴趣减退、精力下降等症状。患者曾尝试自我调节，但效果不佳。随着时间的推移，症状逐渐加重，患者开始出现注意力不集中、睡眠障碍等问题。同时，患者还出现了焦虑症状，如心慌、出汗、坐立不安，过分担心家人健康，担心工作不顺利等。患者感到痛苦不堪，无法正常工作和生活，故前来就诊。

既往史：患者既往体健，无重大疾病史。患者家族中母亲曾患有抑郁症。

个人史：患者出生于我国一个二线城市的普通家庭，成长环境良好，父亲为公职人员，母亲为教师，均已退休。患者性格内向，不善与人交往，做事犹豫不决，为人谦和，无烟酒等不良嗜好，工作后因应酬常出入酒局，有时喝得酩酊大醉，但饮酒无瘾。患者已婚，夫妻关系良好，育有 1 女，上小学 2 年级。

体格检查：未见异常。

精神检查：意识清晰，定向力准确，语音语调低沉，语速偏慢，对答尚切题，未引出幻觉妄想等精神病性症状，显情绪低落，焦虑明显，兴趣乐趣丧失，缺乏愉悦感，疲乏感明显，无自信心，自卑、自责，有轻生观念，未见自伤、自杀行为，注意力欠集中，记忆力差，无自知力。

心理评估：汉密尔顿抑郁量表（HAMD）：总分 29 分，提示中度抑郁。汉密尔顿焦虑量表（HAMA）：总分 21 分，提示中度焦虑。

诊断：根据患者的症状、体征及心理评估结果，考虑诊断为抑郁发作、焦虑状态、失眠。治疗计划：①药物治疗：给予患者抗抑郁药物和抗焦虑药物治疗，帕罗西汀每日最大剂量 40mg 治疗。同时，根据患者病情变化，调整药物剂量。②心理治疗：患者接受认知行为治疗，频次每周 1 次，帮助患者识别和改变负面思维，提高应对压力的能力。③生活方式调整：建议患者保持规律的生活作息，合理安排工作与休息，进行适当的体育锻炼，如散步、慢跑等，戒酒。④家庭支持：鼓励患者家属给予关爱和支持，共同参与治疗过程，提高患者战胜疾病的信心。

患者服药1个月后复诊，情绪有所改善，焦虑症状减轻。继续服药并接受心理治疗。2个月后，患者症状明显改善，生活逐渐恢复正常，有明显的复工愿望。

复工评估时的状况：患者自述在家中休养期间，能看书、看新闻或关注手机上的时事消息，其间定期到健身房参加体育锻炼，如游泳、骑单车，有时与三五好友约会聚餐，节假日时也能和家人一起聚会聚餐，可以帮妻子分担家务，接送女儿上下学及辅导功课，周末带家人去外地旅游，数次与单位同事联系沟通工作事宜及休假情况等。按时到医院复诊和心理治疗，未再出现轻生观念。

精神检查：意识清晰，定向力准确，语速语调适中，对答切题，未引出幻觉妄想等精神病性症状，情绪稳定，情感反应协调，注意力集中，记忆力良好，部分自知力。测汉密尔顿抑郁量表（HAMD）：总分8分，提示没有抑郁。汉密尔顿焦虑量表（HAMA）：总分7分，提示没有焦虑。

总结：本例患者罹患抑郁发作和焦虑状态2年。通过药物治疗、心理治疗、生活方式调整和家庭支持，患者症状得到明显改善。在今后的治疗过程中，需要继续关注患者病情变化，调整治疗方案，以期达到更好的治疗效果。根据当前表现情况，建议复工。同时，建议其继续规范治疗，定期门诊复查，并应加强对抑郁症和焦虑症的宣传和预防，提高公众对心理健康的重视。

二、建议试复工案例

案例：双相情感障碍患者，少量残留症状

一般资料：金某，女，27岁，主因“情绪高涨和情绪低落交替发作3年余”就诊。金某于3年前因刚参加工作压力大，逐渐出现心情不好，每日早晨起来就发愁，表现为晨重夜轻，担心干不好活，不想出门，工作时反应慢，工作效率低，又因担心出错，反复检查，每天下班都干不完活。回家后易哭泣，想辞职又怕被家人批评，悲观绝望，曾经想到过自杀，但是没有出现行为。晚上睡不着，睡眠不实，容易早醒，醒来再难入睡，持续半年多，自行好转，能够正常上班。1年多前自觉心情特别好，精力旺盛，从原来的默不作声变成了话痨，想游遍祖国大好河山，未请假出去旅游，称爱坐飞机，喜欢在空中的感觉，有时坐飞机到地方后，其不出机场又直接坐回家，随意租房子，但实际只住几天，成包成包地买各种纪念品，刷直播视频，打赏主播，一个月花销10多万，借信用卡刷爆，自己还不了，后家人替还，说话滔滔不绝，称有很多创意，要辞职开公司，自己要当董事长，到单位因旷工等事宜与单位发生冲突。后家人送其住院，被诊断为双相情感障碍。出院后一直在家休养，可以按医嘱坚持服药，定期门诊复诊，家人感觉其病情大部分都恢复如常，此次希望回到单位工作，申请办理复工证明，故来院进行评估。

注意事项：因该患者为银行前台服务人员，工作有公共服务性质，故办理复工时除家属外还需单位领导陪同。检查时先向家属了解其一般情况，家属反映其出院后病情好转，情绪较前平稳，没有自杀自伤的想法和行为，坚持服药，近半年病情基本稳定，能做家务，买菜做饭，收拾屋子，晚上出门遛弯，一周健身两次，也会和朋友一起出去逛街等，平时能与家人聊天，很少发脾气，说话的语速语量、活动状态都基本恢复到正常状态。单位领导反映其近1月来因办理复工手续与其打交道，其能主动办理相关手续，与同事交流基本如常，待人有礼貌，言谈举止未见异常。

复工评估时的状况：意识清楚，情绪基本平稳，交流顺畅，言谈切题，可回忆病史内容，了解自身情绪有两个极端，可以分别描述出发病当时的表现，认可被诊断为双相情感障碍，觉得服用药物以后情绪变得平稳了，愿意配合治疗，定期门诊复查，并称想上班，不想一辈子在家待着，认为疾病恢复需要回归社会，得与人交流，但对于近期面临的工作有所顾虑，担心做不好，为此已有几个晚上睡不好，入睡困难，在家总和父母商量此事，犹豫不决，稍显焦虑，未见明显情绪低落与情感高涨，情感反应适切，高级意向存在，知情意协调，自知力存在。

量表测查：90项症状量表（SCL-90）显示轻度心理症状，主要是焦虑、抑郁分偏高；焦虑自评量表显示中度焦虑；抑郁自评量表显示轻度抑郁；Young躁狂评定量表显示未见明显异常。

综合上述材料进行分析，该患者诊断为双相情感障碍，目前处于缓解期，但因面临的工作存在一定焦虑情绪，可予以试复工。将其病情向患者、单位领导及家属予以解释，三方均表示理解。试复工一个月后，该患者再次持介绍信来院办理手续，单位领导介绍其工作状态正常，患者本人也觉得能胜任岗位，故办理复工手续。

总结：本例患者患有双相情感障碍，该病为间断病程，具有反复发作的特点，患者目前虽已复工，按时服药，定期门诊复诊，如有不适，及时就诊。

三、不建议复工案例

案例：精神分裂症患者，症状少许改善

一般资料：刘某，男，52岁，某市环卫局工作，主要从事操作轮式自行垃圾车及所载升降设备，进行装卸、倾倒垃圾桶及清运城市垃圾等工作。主诉“疑心被害伴自语自笑，怀疑父母非亲生12年”。

病史：患者约于12年前开始，无明显诱因出现认为单位里有人算计他、监视他，窃听及偷拍他，工作效率下降，不干家务，不理家人，生活懒散，后逐渐出现自语自笑，语乱，仍称有人要害他，逐渐与家人疏远，不关心父母，骂弟弟，认为同事针对、监视、欺负他，觉得邻居害他，弟弟及周围人将会抢夺其房产等，自诉过节就是过劫难，认为自己非父母亲生。行为冲动，打父母，持刀砍伤弟弟，多次精神专科医院门诊治疗，被诊断为精神分裂症，后一直使用抗精神病药物利培酮治疗有效，但其服药剂量较低且欠规律，冲动打人行为消失，不再提父母兄弟非亲生的，有时说单位同事针对自己，自语自笑的情况减少，病情有部分好转，时有波动。因患者提出复工申请，故持介绍信来院办理。

注意事项：由于其工作特点，需要操作垃圾收集车移动，并要完成操作机械将垃圾桶举升、倾倒、下降等动作，工作过程存在一定风险，且平时与工友一块住集体宿舍，故单位领导陪同前来。家属称患者自己提出希望回到单位去上班，且认为其状态较前有所好转，可以回单位上班，而单位领导表示不了解其精神状况。

复工评估时的状况：意识清楚，定向力完整，接触被动，交谈中注意力欠集中，目前否认凭空闻声、自语自笑，问及如果回单位上班，如何处理与同事的关系，其仍有时认为同事中可能有人对他不利，总在监听着他问其如何解决该问题，回答“我就不跟他们吵，我自己上一边待着去，只要他们不欺负我太厉害、别老议论我、跟着我，我就不会发火，”追问其发火了会怎样表现，回答道“我现在不会轻易动手的，他们说我，我就躲一边”。现在认为父母应该是亲生的，但弟弟可能不是亲生的，问及工作中的情况，回答“看见豪车，就躲它远点，免得对我不好”。并不对此过多解释。问及是否想回到单位工作，其称“我就是在家啥也不干，无聊，回单位待着也挺好，能干啥干点啥呗”。生活懒散，亲情淡漠，高级意向减退，不清楚什么是疾病表现，但认为服药可能有帮助，自认为病好差不多了，想回单位上班，自知力缺乏。

量表测查提示：90 项症状量表（SCL-90）显示存在明显心理问题。

综合上述材料进行分析，刘某诊断精神分裂症，病程 12 年余，曾经有过冲动伤人行为，服药治疗欠规律，药物治疗有效果但并未达到足量足疗程，目前疾病部分恢复，仍会怀疑同事针对他，存在关系妄想、被害妄想、非血统妄想等精神病性症状，自知力缺乏。该患者对于复工的意愿并不明确，主要是因为在家感觉无聊，不能明确自己返回单位能做什么工作，而且应对可能残存的症状，与同事之间交流可能受症状影响，依然有突然冲动的风险，对于工作场景中的描述，逻辑难以理解，评估其工作环境需要操作复杂机械存在一定风险。

总结：综合以上调查内容、表现及工作风险，不建议复工，建议继续精神科门诊规范治疗，定期复诊。

（陈顺驰　朱明霞）

第十二章　支持性就业

12

第一节　概　述

目前，精神障碍患者的治疗目标已从强调控制精神症状转变为强调功能康复。就业对改善精神障碍患者预后的作用是多方面的。就业能缓解患者的经济负担、提高生活质量、提高治疗依从性，降低复发率，改善精神障碍患者就业情况是康复治疗的重点工作之一。但是，当前社会环境下精神障碍患者的就业情况并不乐观。以精神分裂症患者为例，多数患者渴望工作，但疾病缓解期患者就业率较低，仅为10%~20%；患者患病后收入明显下降，经济负担加重。针对精神障碍患者开展职业康复训练能有效提高患者职业技能，增加就业成功概率。

职业康复是精神康复的终极目标，它是在医学康复、生活技能、心理康复、社会康复等多种康复成果相融合的基础上，实现进一步回归社会，是精神康复的最高水平阶段的体现。在欧美国家，职业康复已经成为成熟的心理社会治疗方式，被广泛应用于临床，我国近些年才将其作为技术手段应用于精神疾病的康复治疗。传统的职业康复模式又称"训练—安置"职业康复模式，包括庇护性就业、会所俱乐部、过渡性就业等形式，以"先培训后工作"为思路，让参与者从事一段时间的职业前培训，掌握一定工作经验后从事竞争性工作。这些传统的职业康复模式也有它的局限性。例如，我国提供庇护性就业的专业机构及专业人才数量较少；就业前训练可能会延长患者就业等待时间，且传统职业康复模式精心安置的环境可能助长患者的依赖性。相较于传统职业康复模式，支持性就业更强调竞争性就业结局。

支持性就业（supported employment）是指根据需要，以"工作教练"的形式，为患者提供持续的支持，以帮助患者获得并保住一份有竞争力的工作。强化支持性（supported employment augmented with other specific interventions）：指在支持性就业的基础上，增加额外训练项目，如职业技能训练、社交技能训练等。支持性就业康复模式支持精神障碍患者从事开放劳动市场中的兼职或全职工作，以拿到具有类似职责的同事所获得的相同的工资；患者所从事的工作向所有人开放，不会因患者诊断、症状表现、残疾程度等因素取消其工作资格。支持性就业康复模式遵循"先就职后培训"的思路，直接解决工作中的现实问题，具有就业率、就业满意度高及待业时间短的特点。有荟萃分析表明，强化支持性就业、支持性就业和职前培训比常规治疗更有效，支持性就业比过渡性就业和职前培训更有效。以持续在竞争性就业中工作的时间为次要结局指标，不管是短期还是长期随访结果，都证明支持性就业的效果更佳。我国关于支持性就业的相关研究较少。李达等（2013）对门诊病情相对稳定的精神分裂症患者提供支持性就业服务，结果显示参与支持性就业的患者，其求职、维持工作能力得到有效提升，就业率提高。研究的结论提示综合性支持就业实施具有有效性，支持性就业有望在一线城市推广试验。

第二节　职业功能评估

职业功能是多种功能的整合和输出，获得职业功能是精神障碍患者的理想目标，也是真正意义上的回归社会，意味着个体具有在整个社会系统中发挥作用和促进社会运行的能力。当精神障碍患者期望寻求或期望继续保持工作时，精神卫生保健人员需要给予大力支持，并对其进行一次彻底的评估。然而，基于职业功能的复杂特征，进行评估并不容易。

一是社会对“职业”的定义已经不似过去那样清晰。过去人们对于“职业”的印象是稳定的工作单位、规定的工作时间和固定的工资收入等，但是随着经济的发展和社会的进步，现在“职业”的边界变得模糊，即使没有工作单位或许也可以有相当可观的收入。比如，有人通过打游戏或者直播带货赚钱。即使有工作单位也不一定有固定的工作时间和稳定的工资收入。比如，有人从事金融行业常见加班加点制作方案或陪伴客户，个人收入随业绩成就忽高忽低。二是职业功能不仅包括获得职业，也包括维持职业。获得职业需要个体具备一定的职业技能，并根据自身条件和职业要求进行选择，而后制作简历、投递简历，再通过考核，最后签署合同等完成职业的获得。在这个过程中，精神障碍患者需要充分发挥自身的能力和借助周围的资源帮助自己获得工作。然而对于患者来说，相较于获得职业，维持职业是一个更为巨大的挑战，且不说工作本身的难度，职场中的人际关系、职场氛围等也会给患者带来不小的困扰。因此，职业评估应贯穿职业康复的全部阶段。

考虑到人们的角色、环境、生活和表现因素的复杂性，职业功能的评估也同样复杂，精神卫生保健人员的评估内容需要综合考虑患者自身的身心状况、心理社会健康状态以及职业相关的情况等。评估的方式可以是直接的，也可以是间接的。直接评估方式是指让患者进入一种职业环境中从事职业活动，然后由专业人员观察患者在参与活动时的各项能力；间接评估方式则是指针对不能直接观察到的项目，通过问询的方式进行了解和评定。鉴于直接评估的人力和资源成本较高，现实评估中总是使用直接评估的做法可行性较低，而且针对当前没有工作的患者来说，这种方式也不可取。本节重点介绍使用访谈、量表问卷等间接评估方式进行职业功能评估。

一、身心状况评价

精神障碍患者自身的身心状况是职业功能评估的首要考虑，精神卫生保健人员需要了解个案的身体功能、精神疾病状态、药物副作用等，同样也应该考虑潜在的风险，判断个体的自知力、药物管理能力、自伤自杀行为、冲动风险等。访谈是间接评估身心状况的方式之一。在访谈中，可以向患者就以下方面的问题进行提问。

（一）躯体健康

既往是否确诊某种躯体疾病？躯体疾病对当前生活有什么样的影响？是否有运动或行动方面的问题，如粗大运动功能 / 精细运动功能如何？平衡协调能力如何？身体耐力和抗疲劳能力如何？有无身体疼痛？目前的身高、体重（体重指数）是多少？饮食是否合理？作息是否规律？是否定期参加体检？

（二）精神健康

能否讲述疾病诊治的经过？如何看待自己的疾病和状态？对疾病有何认识？目前是否仍然存在

一些症状？该症状给自己造成哪些影响？如何应对，效果又如何？个体能否按时门诊复查？复查的频率是多久？是否在固定的门诊医生处就诊？对服药是怎么认识的？能否说出所服药物的名称、剂量，能否按时服药？服药后出现哪些药物不良反应？持续时间、发生的频率和强度是多少？不良反应对自己的影响有哪些？是如何应对的，效果如何？评估者在访谈的过程中应思考，以上内容中展示了哪些优势？

（三）危险性评估

既往发生过什么样的危险行为？原因是什么？发生的频率如何？造成什么样的后果？如何应对危险行为？现在发生的机率有多少？有无涉及司法的问题？

在身心状况评价阶段，除使用访谈评价外，还需要使用量表辅助评价，常用的量表有以下几种。

（一）阳性和阴性精神症状评定量表（Positive and Negative Syndrome Scale，PANSS）

由凯（Kay）等于1987年编制，为他评量表，用来评定患者的精神病性症状及严重程度。PANSS由阳性量表、阴性量表和一般精神病理量表组成，共30项，其中7个项目评估阳性症状，包括幻觉、妄想、言语紊乱等；7个项目评估阴性症状，如情感迟钝、情绪退缩等；还有16个项目评估一般症状，如紧张、抑郁等。各项目均使用7级评分标准，从1表示无症状到7表示极重度症状。

（二）治疗副反应量表（Treatment Emergent Symptom Scale，TESS）

由美国国立精神卫生研究所于1973年编制，为他评量表。TESS评估了各系统的症状，并对每项症状进行3方面的评定，包括严重度、症状和药物的关系以及采取的措施。

（三）药物管理能力评估（Medication Management Ability Assessment，MMAA）

由帕特森（Patterson）等于2002年编制。使用角色扮演评定被试者是否具备按医嘱服药的基本能力。评估中先将4种模拟药物的使用方法告知被试者，并提供给被试者模拟药片与药瓶（带有模拟的标准药物标签、服药说明和注意事项等）。1小时后，给被试者药瓶让被试者说出他们一天中什么时候起床、什么时候吃饭及服药，并进行服药模拟。该工具简单、便携，可用于临床和社区，但无法评估患者的用药动机及真实依从性。

（四）精神疾病患者病耻感量表（Stigma Scale for Mental Illness，SSMI）

由金（King）等于2007年编制。为自评量表，共28个条目。包括歧视、病情掩饰和积极效应3个分量表。

二、心理社会健康评价

对于精神障碍患者来说，生物、心理、社会等多方面的因素都可能阻碍其参与社会活动，影响其职业社会功能的表现；因此，将心理社会相关因素的评估纳入职业功能评价中是必要的。心理社会健康的评价是一个持续不断的过程，甚至需要贯穿整个职业进程，包含多个方面，十分繁杂。本节参考精神康复中重要的人类作业模式（model of human occupation，MOHO）理论作为理论框架，以便捷、系统地评估患者的心理社会健康情况和影响因素。

人类作业模式（model of human occupation，MOHO）是一种以人为中心的实践模式，在1975年由美国玛丽·赖利（Mary Reilly）创立，并在1980年由她的学生格雷·凯尔霍夫内（Gary Kielhofner）出版发表。MOHO把人看作一个完整的系统，由意志、习惯与表现能力3个次系统组成，同时还考虑环境因素的影响。意志决定个体选择和参与活动，通常情况下当人们经历了一些事情并对其进行诠释后，会产生探索和掌控环境的欲望，意志也由此产生。习惯是一种半自动化的行为模式，个体在从事习惯类活动时不会思考在这个过程中自己做了什么，但是在习惯的养成阶段需要不断运用意志参与，直到个体不再需要意志的介入就可以自动地完成这些活动。表现能力是指个体做事情的能力（进行和完成活动的能力）。接下来介绍的心理社会评估也基于 MOHO 理论的 3 个次系统展开。

（一）认知功能

精神障碍患者通常会抱怨自我信息处理能力低，注意力容易分散和记忆困难，同时在构建和组织信息方面也有不足。然而，参与和维持一份工作是需要一定水平的认知功能的，因此，进行认知功能（包括基础认知功能、高级认知功能）的评估非常重要。在交谈时进行评估可以识别出认知功能严重受损的患者，然而对于认知功能轻中度受损并会对职业功能有影响的患者仍需要使用客观量表进行评价。

（二）教育能力

已经接受过什么样的教育？接受再教育或技能培训的意志力如何？是否可以建立学习相关的角色和习惯？家庭或社区等物质环境和资源能否支持再教育的开展？相应的认知功能等是否可以匹配教育的要求？

（三）情绪状态

是否能觉察到自己的情绪？情绪通常是正性的，还是负性的？更习惯表现哪一种情绪？在负性情绪出现时会有怎样的表现？是否有意识处理自己的情绪？如何处理负性情绪？

（四）休息睡眠

是否有意识建立规律的休息和睡眠习惯？日常作息是否规律？能否认识到规律休息与睡眠的重要性？有没有良好的环境支持休息和睡眠？

（五）日常生活

对自己的日常生活是否满意？是否有意识和动力完成自我照料？更习惯于自己独立完成，还是被他人照料？是否具备独立完成基本自我照料的能力？是否需要他人协助？是只需要他人提醒，还是需要帮忙，还是根本无法完成？能否独立完成个人清洁和穿衣修饰？能否参与完成高级的自我照料任务？能否承担一些力所能及的家务？能否按时赴约？能否独立安排每天的日程？有什么兴趣爱好？有何特长？能否看电视、看电影、听音乐、参加体育活动等，以上活动的频率如何？所处的环境是否适合进行日常生活活动？

（六）休闲娱乐

能否区别休闲娱乐和工作生活？在工作学习和日常生活活动外，是否有意愿参与休闲娱乐活动？能否认识到休闲娱乐活动中的角色变化？对自己参与休闲娱乐活动的自信心如何？能否建立适切的娱乐和休闲的习惯？在娱乐和休闲活动中的表现力如何？工作物质环境或人际环境能否提供良好的休闲资源？

（七）社会参与

是否愿意参与社会活动？社会参与中能否建立良好的习惯和扮演适当的角色？沟通互动、处理问题等技能是否支持自身参与社会活动？空间、资源、团体和其他因素是否会给社会参与造成阻碍？是否有支持因素？

（八）社会关系

喜欢和其他人相处、还是喜欢独处？是否有意愿结交朋友？朋友数量怎样？与朋友接触的频率如何？能否维持和朋友的关系？是否需要他人的帮助来维持人际关系？与家庭（父母、子女、兄弟姐妹）接触的频率和方式是怎样的？婚姻状况如何？在与他人沟通时的表现是怎样的，能否主动发起交谈？

（九）家庭情况

是独居还是有同住伙伴？家庭背景是怎样的？家庭结构如何？家庭成员之间的关系是否融洽？有无家庭暴力或虐待？家庭目前所遭遇的压力问题是什么？其来源是什么？其对家庭和个人的影响有哪些？整个家庭是否有意识一起面对压力问题？为解决该问题曾经使用过哪些方法，效果如何？家属对患者所患疾病的认识程度如何？该疾病对家属造成了哪些身心压力和创伤经历？家属对患者的理解程度如何？家属对患者有怎样的期望？

（十）居住情况

是否有自己相对稳定的住房？居住面积多少？能否得到社区医疗？有无可用的社区资源？是否有意识寻找社区资源？

（十一）经济情况

现在是否有经济来源，有哪些经济来源？是否有工作收入？是否有经济自主管理的能力？能否有计划地消费？可否得到来自民政、残联的关照？是否办理残疾证？是否符合条件办理？是否愿意办理？

同样，精神障碍患者的心理社会健康评价也可以使用量表。

针对认知功能，有诸多量表可以使用，如临床记忆量表、韦氏成人智力量表（WAIS）、韦氏记忆量表、威斯康星卡片分类测验（WCST）、MATRICS 共识认知成套测验（MATRICS Consensus Cognitive Battery，MCCB）等。其中，MCCB 是由格林（Green）和纽霍特兰（Nuechterlein）博士于 2004 年前后编选完成的，该套测验从 90 多个测验中最终选定了 10 个分测验，代表 7 个认知领域，分别是信息处理速度、注意、警觉性、工作记忆、词语学习、视觉学习、推理及问题解决和社会认知。MCCB 是目前美国 FDA 推荐的用于评估精神分裂症认知功能的标准成套测验。北京大学精神卫生研究所已完成该测验中文版的修订及中国城市常模的制定。

（一）正性负性情绪量表（Positive and Negative Affect Schedule，PANAS）

由患者根据近 1~2 周的实际情况作答，圈选各种情绪情感发生的频率，最终得出正性情绪分和负性情绪分两个因子。正性情绪分高表示个体处于精力旺盛的情绪状态，负性情绪分高表示个体处于主观感受痛苦的情绪状态。

（二）压力测试量表

该量表有多种版本，但大多数都为自评量表。测试者通过参考自己在过去一个月内的情况，判断自己心理压力的程度，以及是否需要进行医疗干预，以帮助自己更好地适应职业环境。

（三）生活事件量表（Life Event Scale，LES）

由福尔摩斯（Holmes）等于 1967 年编制，为自评量表。用于评定被试者近 1 年所承受的心理压力大小及影响程度。

（四）家庭环境量表（Family Environment Scale，FES）

由美国心理学家莫斯（Moss）等于 1981 年编制，为自评量表，用于评定家庭生活与环境特征。FES 已由国内学者费立鹏等根据中国的文化背景对该量表进行了 3 次修订，可用于中文语言患者。

（五）社会支持评定量表（Social Support Rate Scale，SSRS）

由肖水源 1986 年编制。用于评定个体的社会支持情况，为自评量表。共 10 个条目，包括客观支持、主观支持和对支持的利用度 3 个维度。

（六）一般自我效能感量表（General Self-Efficacy Scale，GSES）

由德国著名临床和健康心理学家施瓦策尔（Schwarzer）等于 1981 年编制完成。GSES 为自评量表，共 10 个项目，各项目均使用为 4 级评分，从 1 分完全不正确到 4 分完全正确。得分越高，自我效能水平越高。

（七）功能大体评定量表（Global Assessment of Function，GAF）

由美国精神病协会于 1986 年编制，根据大体评定量表改编，为他评量表，通过对被试者的访谈和观察来评定。用于评定患者心理、社会和职业功能，不包括因躯体或环境限制所致的功能障碍。

（八）个人与社会表现量表（Personal and Social Performance Scale，PSP）

由莫罗西尼（Morosini）等于 2000 年根据 DSM-IV 社会和职业功能评估量表编制，为他评量表，通过对被试者的访谈和观察来评定，也从知情人处获得信息补充。用于评定患者的个人生活与社会功能。

（九）社会功能缺陷筛选量表（Social Disability Screening Schedule，SDSS）

由 WHO 于 1988 年编制，来源于功能缺陷评定量表，为他评量表。评定时通过对知情人访谈，参考每个项目的评分标准作出 3 级评定，从 0 分无缺陷到 2 分严重功能缺陷。SDSS 主要用于评定在社区中生活的精神疾病患者的各种社会角色功能。

三、职业功能评估

青少年期和成年早期是大部分社会技能和职业技能获得的关键时期，而许多精神障碍患者都在这一时期出现症状并被确诊，因此，对精神障碍患者的工作技能和社交能力进行评估是非常重要的。同样，在准备、适应和维持工作的不同阶段监测患者的职业功能变化也是有意义的。对职业功能的评估可以从以下方面考虑。

（一）工作技能

现阶段是否有工作？如果有工作，疾病对工作的影响有哪些？如果没有工作，那以前是否工作过？如果工作过，为什么后来不做了？自我的工作需求是什么？工作的意志力如何？具备何种工作技能？能否胜任工作岗位？是否具有或能否养成良好的工作习惯？工作能力如何？是否具备独立工作能力和（或）合作工作能力？是否可以连续工作数小时？工作期间休息的频率是怎样的？物质条件或社会环境对患者的就业能否给予充分的支持？

（二）工作分析

工作动机是什么？个人的工作习惯如何？对于工作的要求能否遵守？工作时间是否固定？能否按时出勤？能否运用沟通和问题解决技能应对工作中的变化和挑战等？能否应对工作需要的通勤？是否具备使用公共交通工具的能力？财务管理能力如何？

（三）工作场所

工作场所的环境怎样？期望的工作环境是怎样的？是否能处理现实与期望的落差？工作单位是否有自己的文化？工作环境氛围如何，是否容易引起紧张和压力？工作人际关系如何？工作节奏是快还是慢？

（四）社交能力

基本社交能力如何？能否感知周围人和自己的状态？远程沟通和面谈能力如何？言语沟通能力如何？能否意识到自己的非言语沟通表现？是否有自己习惯的社交表达？是否具备基本的社交生存技能（如个人卫生）？是否会使用礼貌用语和礼貌姿态？是否有意识学习和掌握与工作相关的社交技能？如何与上级领导相处？如何与同事交流？如何与下级劳动者交流？

（五）自我评估

个人对于工作的期望是什么？期望由何而来？是否过高或过低？是否充分考虑了自己的情况？如何实现自己的工作期望？如何从工作中获得满足感？

（六）工作模拟评估

如果有条件的话，可以通过工作模拟来评估职业功能，工作模拟可以在职业康复机构或工作场所现场设置。工作模拟可以将精神障碍患者置于现实的或者模拟的工作环境，尽可能真实地还原工作任务、职场关系和其他职业要素，评估患者在工作环境中的表现。

针对职业功能的量表，目前未有公认的标准化评估工具或“金标准”评测手段，精神卫生保健人员可根据自身经验和患者需求，选用以下量表作为职业功能评估的补充。

（一）社交焦虑量表

社交焦虑量表为自评量表，共含有6个条目，可评估不同情境下的主观焦虑程度，同时也可评估言语表达和行动方面的困难。分数越高，表明社交沟通焦虑程度越高。受试者可根据量表结果了解自我社交沟通情况。

（二）工作环境量表

工作环境量表通过评估工作任务、工作条件、工作关系、工作环境和职业发展5个维度，了解个体在特定职业环境中的满意度和适应性，帮助个体了解自己的工作满意度以及潜在的职业发展方向。

（三）职业能力自我评定量表

职业能力自我评定量表为自评量表，可在工作开始前进行自我评价，对一般学习能力、语言能力、数理能力、空间判断能力、图形知觉能力、符号知觉能力、眼手协调能力、手灵活度等进行评价，将结果与职业所要求的能力进行比较，为找寻适合的工作提供参考。

第三节　社区支持

一、职业训练机构

职业训练机构设立的目的是提高患者学习和劳动能力，促使患者重返工作岗位或找到合适的职业，参加社会生产活动。

（一）庇护性就业机构

庇护性工（农）场是将精神障碍患者作为康复训练对象（学员），通过提供社区安置、就业训练服务，帮助社区患者实现公开就业前的过渡。一般规定每一乡镇或街道设置一间庇护性工（农）场，每间容纳30~50名学员。

1. 功能

为学员提供康复训练及辅助就业服务，通过各项康复措施，改善学员适应社会生活的能力，强化家属对照顾学员的认识和照护技巧，从而促进家庭成员间的接纳和支持、维系家庭的自我照顾，并建立社区互助网络。庇护性就业机构同时也负责社区精神心理健康宣教工作，致力于提升社区人士对机构学员的认识和接纳，构建和谐共融的社会。

2. 具体内容

（1）工（农）疗——模拟生产加工训练，锻炼学员的工作能力和习惯。如装配加工及包装、邮件处理、宣传品派递等派送类工作；横幅和牌匾制作、奖杯制作、锦旗制作等广告宣传类用品制作；布艺及皮具、小摆设、各类手工艺品等手工艺类制作；汽车美容服务、清洁服务等清洁类工作；农作物和花草种植等园艺类工作。这其中的工作包括简单工序和复杂工序。

（2）活动——文化、体育、娱乐及促进社交类活动、兴趣班、大型活动、教育及健康讲座。

（3）小组——治疗性小组、技能训练小组、互助及支持小组。可以由工作人员带领，以小组形式学习、训练。具体内容包括：准时上班；个人卫生及职业着装；正确利用工作休息时间；正确接受工作中的表扬与批评；听从具体的指令；完成工作的责任感；帮助同事及向同事求助的能力；遵守工作中的规则、纪律；等等。

（二）过渡性就业机构

由社区或康复机构与企业签订协议，受训的患者可以轮流上岗，根据患者工作量支付报酬。

（三）辅助性就业机构

患者在康复机构的安排下以正常雇员的身份工作并获得相应薪水，但需要精神卫生专业或具备相应职业能力的服务人员进行评估、协调和支持。

二、住宿服务机构

住宿服务机构是为出院精神障碍患者提供住宿服务和生活技能训练的社区康复机构。依据当地条件在市或县区设立。

（一）目标

一是通过家居式的生活环境，提高患者的生活质量，培养应付生活的能力，协助他们充分发展社交技巧及职业技能，让他们能够自力更生，过上有尊严的生活，以助其个人发展和自立，进而融入社会生活。

二是跟进患者的精神心理健康和促进患者服药习惯养成，协助他们维持良好的精神状态和社会功能。

三是为家长及亲属提供照顾患者的知识和技巧，以维系家庭的自我照顾。

四是为患者、家长及亲属提供聚会联谊的场所，分享经验，相互支持，发展支持性的互助网络。

五是推行社区教育，致力推广精神心理健康，促进和谐社会建设。

（二）康复内容

1. 基础服务

基础服务指的是基本住宿生活照顾及督导。为患者提供家居化的常态生活环境和作息，鼓励患者自行处理舍务、房务及个人事务，减少他们对宿舍或职员的依赖。具体包括倡导患者独立自主选择舍务及房务，开展药物管理计划、患者劳动奖励计划、组织闲暇及联谊活动和患者会议及房舍会议等活动。康复训练包括疾病认知、服药习惯、工作、理财、自我照顾、家居管理、运用社区资源、人际关系、解决困难能力等。患者通过长期康复训练最终实现回家、独立居住或公开就业。

2. 进阶服务

进阶服务是指提供个案跟进工作。由社工专职负责若干名患者的个案工作并建立患者个人档案（一般每位社工负责 20 名患者）。社工按照患者的个人需要、问题和潜能，为患者设计全面的个人康复计划。具体包括建立个案档案、定期约见个案并提供辅导和意见、协调其他专业伙伴以制定合适的康复计划、个案会议、个案进度报告、达成治疗目的的小组及活动、患者重返社区后的跟进服务等。

3. 高阶服务

高阶服务的对象是家属及社区，由社工负责有关的工作。具体包括定期与家属联络沟通，包括家访、面谈及电话联系；组织家属支援小组，定期聚会，分享及交流意见；举办联谊活动及教育性讲座、举办公众教育活动及讲座，消除残疾歧视；招募社区中热心人士，组成义工团队等形式。

（三）工作人员

工作人员以社会工作者为主，还包括以下几类人员。

（1）护士：负责药物管理、服药指导和病情监督。

（2）心理咨询师：负责患者个人心理辅导工作。

（3）康复师：负责患者康复治疗工作。

（4）辅助人员：负责文书、厨房、清洁等工作。

三、会所模式

精神康复的“会所模式（club house）”起源于美国，致力于为精神病康复者（会员）提供职业训练、心理疏导、辅助教育、社交就业支持，帮助他们重建自信，重获友谊，重返家庭，重获教育就业机会，重获正常人的生活。

长沙在 2007 年成立了一家会所，该会所致力于以“会所模式”进行精神疾病患者的康复，是我国第一家社会公益性精神康复会所，对于患者的支持性就业起到了举足轻重的作用。

会所遵循国际通用服务准则，以包容、接纳、尊重、平等、不批判和自愿参与为会所的核心价值观，会员可以去做职员做的所有事，职员也可以做会员做的一切事，这也是会所同其他精神心理健康服务机构的最大区别。会所让会员以参与者的角色在帮助自己、帮助其他会员、帮助会所发展成长的过程中发挥他们的能力，实现自我价值。

会所的会员是年龄在 18~60 岁的精神疾病患者，可以自由地在会所免费参加各项康复活动。会所的职员是会所的工作人员，由社会工作者、精神科医生和其他人员组成，承担培养会员兴趣、挖掘会员潜力的职责。会所的顾问委员是社会各界关注精神卫生的爱心人士，主要发挥以下 4 个方面的作用：为会所提供政策、资金、场地支持；整合社会资源，建立培训基金；协调配备就业岗位；开展社会宣传，加大推介力度。

会所仿效现代办公室工作，所有活动都遵循一个固定的工作结构进行。工作时间为星期一至星期五，每天 8 小时。会所没有任何医疗性或以治疗为目的的计划和安排，会员全都是在有心理准备和兴趣下自愿参与部门工作的。

会所提供相应的就业服务。会员可凭会籍通过过渡及独立就业计划重入社会，从事有薪酬的工作。会所帮助会员制定个人计划、制作个人简历、实施就业探访、举办就业晚宴、发布就业简报。会所利用与用人单位独特的伙伴关系，为会员提供过渡性岗位。会员每周工作 15~20 小时，以时薪的形式，受聘为伙伴单位的兼职雇员，直到职员和用人单位均认同会员能独立工作为止。每位会员可以按其意愿尝试多次过渡就业，在具备相应的工作经验后，会所鼓励支持其寻找独立、正式的工作。会所以医院为后盾，以社区为依托，整合各类社会资源，搭建了精神康复的支持平台。通过推行社区计划，由职员、会员、志愿者和社区专干共同实施，对潜在会员进行调查和推荐，对社区重点人群开展心理及行为干预，并策划开展精神心理健康知识培训讲座和设置社区公益性岗位。

会所还承担以下功能，包括对社区人群开展心理卫生和精神疾病知识普及教育，提高知晓率和心理健康水平，预防精神疾病的发生；对社区重点人群开展心理及行为干预，提高其自我保护能力；通过与社区的互动，协助精神疾病患者融入社区建设，促进社会回归，构建社区和谐。企业通过对精神疾病康复患者的接收工作，激发劳动者的爱心，提升了企业文化。

会所的模式，虽然存在着受益人群覆盖面不广，会员参与性不高，适合的过渡性就业岗位难求等不足，但这种模式经过发展壮大，可望为精神障碍人士点亮康复希望，重塑精彩人生，让患者活得更有意义和更有尊严。

四、同伴支持

（一）目的

通过组建由专业技术人员指导的互助自助小组，让患者共同进行情感交流、信息分享、支持反馈、功能锻炼等，提高患者的康复信心、进一步稳定病情、改善社交能力、提高服药依从性。

（二）训练内容

1. 同伴选择的标准

同伴支持者为病情稳定的患有精神障碍的康复者，可以自己推荐，也可由专业人员筛选推荐，之后由精神卫生专业人员评估确定。同伴支持者需要有较好的表达沟通能力，对疾病有一定的认识，有责任心、爱心、耐心、同情心，有为其他患者服务的意愿。

2. 前期培训

同伴支持者在提供服务前，需进行行为准则、精神疾病知识、组织沟通能力和服务要求等方面的培训。

3. 提供服务

同伴支持者可自行组织活动，服务时间可长可短，服务地点可在社区、医院或其他适合开展训练的场所。服务内容通常包括情感支持、疾病健康教育和自我管理、社交和生活技能交流等。在提供服务过程中，需要有社区医生、社会工作者、心理咨询师、精神科医生和护士等专业人员进行定期督导和强化培训。

北京大学第六医院绿丝带志愿者协会是“同伴”参与精神卫生服务的一种形式，“同伴”带着奉献精神参与志愿服务，在助人的同时更好地帮助自己康复。协会由精神疾病康复中心负责日常管理，中心服务的个案康复后，经过培训、考核可以加入协会。每一位“同伴”都有自己的个案管理员，定期了解同伴的健康状态，做好使服务正常进行的保障。2010 年以来，绿丝带志愿者协会的“同伴”在导诊、发探视卡，办互助小组、家属联谊、知识讲座、康复活动等方面开展服务，为别人提供帮助的同时也提高了自身的工作、社交能力。实践证明，他们的亲身经历和感受是专业医生所不具有的“财富”，面对依从性较差的精神疾病患者，他们的经验更具有说服力。

第四节 案例分析

一、背景资料

马某，女，28 岁，未婚，北京人。26 岁硕士毕业后进入一所学校工作，任活动实践课老师。工作后逐渐起病，上班经常迟到，第一年年终考核为基本合格。第二年病情逐渐加重，开始到医院就诊，诊断为精神分裂症，并服药治疗。马某以腰椎间盘突出为由向单位请病假一学期，该年的年终考核仍为基本合格。新学期即将开学，因学校师资缺乏，校领导多次催促马某回去上班。考虑到疾病逐渐好转，父母希望马某珍惜这份轻松、稳定且待遇不错的工作，能够回去上班。马某对上班虽不情愿，但也不拒绝。春节期间给一些同事发短信拜了年，并与校领导联系确认了上班时间，但马某对上班仍感到很有压力。

二、实践

（一）转介

马某在门诊就诊时向医生诉说关于工作的苦恼，门诊医生推荐其参与个案管理服务，接受支持性就业辅导。

（二）职业评估

工作背景及工作强度：马某在一所学校任教，工作时间为早 8 点至 16 点，每周工作 5 天，马某教授活动实践课，课程有模式化教程，每周 8~10 节课。每周组长会组织一次集体备课，余下时间可自由安排。马某多看书、练字等。工作强度不大。

精神健康：马某目前接受药物治疗中。服药后幻听减少，但对幻听没有认识。马某把幻听减少解释为幻听中的人提高了警惕，加强了防范，目的是让其放松警惕，以趁其不注意的时候下手。当声音减少时，马某会更紧张，称他们（幻听中的人）躲在暗处更使自己害怕，不知道他们打算干什么。为此，马某不敢一个人在家，不敢独自出门，整日需要母亲的陪伴。

与患病前相比，马某认为自己反应迟钝，记忆力和注意力下降，口齿本来很伶俐，现在也口齿不清了，担心不能胜任工作。

工作中的同事关系：因工作不久渐起病，与同事交往少，同事关系一般。

专业与职业技能：马某为英语专业硕士，并考取了小学英语教师资格证书。马某认为自己的工作与专业不对口，希望另找工作做英语教师。

（三）个人化就业计划

重返工作岗位或找到当英语教师的工作。

（四）提供支持

1. 上班前的调整

2016 年 2 月 15 日

因距上班还有一周的时间，个案管理员与马某协商在作息时间上进行调整，并通过运动、做饭、看书等充实生活，以适应上班后的节律。

因马某对幻听缺乏认识，个案管理员在肯定马某感受真实性的同时，建议通过录音、询问父母是否听到的方式来验证幻听的存在，以帮助马某正确认识幻听。

对于在注意力、记忆力、反应等方面的担心，个案管理员表示理解，并告知马某随着病情的继续好转，这些认知功能都会得到恢复，以帮助其树立对工作的信心。

因上班有1小时的车程，马某对独自出门仍很紧张，与母亲商定前期陪同马某上班，下班后再一同回来。

2. 返回工作岗位

2016年3月11日

马某上下班需母亲接送，上班已有三周，并开始授课。授课时有同事旁听，并给予指导。马某对自己授课状态不满，认为课上容易紧张，没有照顾到细节。但旁听同事认为马某有进步，鼓励其慢慢来。

个案管理员对马某能够走上课堂表示充分肯定，并与其一起探讨如何避免对细节的疏忽。马某提到：可以备课时多说几遍，熟练了就会好；也可以写纸条提醒自己。

3. 择业面试

2016年3月25日

马某打算发挥所学专业的优势，找小学英语教师的工作，已经在两个学校面试，并已在一所学校试讲，近期还有面试和试讲的安排。

个案管理员建议马某在工作选择上考虑工作强度、工作压力、通勤距离，叮嘱马某在确定新工作后再辞掉这份工作。

2016年5月31日

马某继续工作，每周的课程很多，但由于其认真和努力，工作能够胜任。幻听完全消失，紧张感减少，主动向母亲提出独立上下班。

2016年6月14日

马某因面试的新工作没有录取消息，认识到工作不好找，不再打算换工作，开始安心工作。

4. 同事关系调适

2016年10月20日

马某因不能按照岗位职责的要求打扫卫生引起同事不满。

马某解释是不喜欢打扫卫生、不会用学校的拖把，且认为读了多年的书，打扫卫生太浪费时间。

个案管理员从认知行为方面帮助马某调整。认知上，引导马某认识到打扫卫生与学历无关，是工作职责。行为上，向马某示范了拖把的使用，并建议马某在家采购学校的同款拖把，练习使用拖把。

2016年11月23日

马某在家买了拖把，并学会了使用，在学校上完课后主动拖地。

继两年考核都是基本合格之后，马某担心下一次的考核结果，担心影响工资水平、晋升，甚至影响是否继续被聘用。因考核有同事间互评，马某担心同事对自己行为不满，影响考评结果。

个案管理员对马某给予支持理解，并帮助马某看到自身的进步，包括全勤、无迟到、教学能力提升、用完教室主动打扫等，以减少担心。

5. 胜任工作

2017年3月15日

马某年终考评为合格，这让马某很高兴，也很感激同事。

马某参加了区教委组织的青年教师基本功大赛，经过了初试、复赛，最终在决赛中获得第三名的好成绩。

比赛过程中，马某感受到同事给予的支持和帮助。认识到是自己以前太敏感，和同事的关系也融洽起来。在单位，马某虽没有太亲近的朋友，但能够与同事和谐相处。同事关系也不再成为困扰马某的事情。

马某越来越自信，认为自己在控场能力、讲课效果方面都有进步，也越来越喜欢上课。以前担心因自己考核不合格被单位辞退，现在觉得不是非待在这个单位，所以一直坚持学习英语，尽可能地不把英语落下。

三、点评

精神障碍患者受到症状影响，如虚幻的知觉（幻听）、敏感多疑（妄想）的症状影响，经常在工作中出现注意力不集中、不能完成领导布置任务、工作效率下降的情况，且因为疑心大，经常和同事关系紧张，严重影响工作表现。经过充分有效的药物治疗，患者症状得到完全或部分缓解，这时认知功能（注意力、记忆力、计划完成任务）在逐步恢复过程中。适当恢复工作，能让患者生活充实，恢复信心，促进人际交往，对康复有积极意义。支持性就业辅导在这个过程中起到重要作用。在医生转接后，负责职业康复的医务人员需要收集患者的基本信息，在和患者建立关系的基础上，开展细致的评估工作，包括精神健康（精神症状转归、认知功能状态、药物依从性、复发风险）、躯体健康（服药的副作用）、职业能力、职业环境（工作岗位难度、强度、同事人际关系、工作环境）等领域进行评估。在患者工作前做职业准备（规律生活、体能恢复、职业技能熟练），工作中对患者的精神症状应对、情绪管理、人际关系等方面给予持续的支持。本患者在参与支持就业辅导中对症状带来上下班路程困扰、工作中的心理压力、与同事交流中的人际困扰都得到持续支持，对患者提高工作表现、适应人际环境起到重要作用。

（贠瑞生 耿 彤 程 嘉）

13 第十三章　工作相关精神和行为障碍的预防

第一节　概　述

纵观全球现状，精神卫生问题和相关疾病负担呈逐年上升趋势。随着社会竞争的加剧与生活节奏的加快，人们面临的心理压力越来越大，各类重点人群，如公务员、教师、医护人员、学生等的心理行为问题发生率居高不下。公共卫生领域各类重大疾病患者的心理行为问题逐渐凸显，明显妨碍其临床康复和疾病防控。1994 年，WHO 合作中心在《北京宣言》中提出“人人享有职业卫生”的口号。职业卫生是人类健康的一个组成部分，是人类享有的基本权利。2006 年 6 月公布的 WHO 工人健康宣言指出，职业卫生的目标是：促进和保持从事所有职业活动的人在身体上、精神上以及社会活动中最高度的幸福；预防由于不良工作条件而使劳动者失去健康；在工作中保护劳动者免受对健康有害因素的伤害；安排并维护其在生理和精神心理上都能够适应的环境中工作。ILO 保护劳动者健康的宗旨是为劳动者提供“有尊严的工作。”20 世纪下半叶以来，医学模式发生了巨大的转变，人们逐步认识到，除职业性有害因素外，非职业因素，包括生活环境、社会、人际关系、心理、行为、经济水平、个人生活方式等，也对职业人群的健康和职业生命质量起到重要作用。

随着健康中国战略的展开，职业健康将由传统的以职业病防治为中心，转向以职业人群全人群、全周期的全面职业健康管理为中心。实施职业健康保护行动，强化政府监管职责督促用人单位落实主体责任，对维护全体劳动者生命安全和身体健康起着至关重要的作用。随着我国经济的快速发展和工业化、城镇化进程不断推进，但当前我国的职业病危害形势依然十分严峻。因此，构建高效的职业病三级预防管理体系，提高劳动者对职业病防治的认知和自我保护技能，是目前我国职业病防控领域亟待解决的关键问题。中共中央、国务院发布的《“健康中国 2030”规划纲要》中提到了职业健康安全要加强建立分级分类监管机制，对职业病危害高风险企业实施重点监管，面对目前职业健康的风险和挑战，应进一步完善职业安全卫生标准体系，解决职业健康服务的可及性、公正性和公平性，切实保护劳动者的健康权益。自 2002 年 5 月 1 日起，《中华人民共和国职业病防治法》开始施行。《中华人民共和国职业病防治法》（2018 年修订）指出，职业病防治工作坚持预防为主、防治结合的方针，建立用人单位负责、行政机关监管、行业自律、职工参与和社会监督的机制，实行分类管理、综合治理。职业病的防治工作重在坚持“预防为主，防治结合”的方针，“预防为主”是做好职业病防治工作的基础和前提。职业人群的健康关系到“健康中国”和全面建成小康社会目标的顺利实现，对于促进国民经济高质量发展和推动人类社会进步具有重要意义。

各国对于精神障碍的预防工作主要从卡普兰（Caplan）在 1964 年首先提出了“三级预防”模式

展开，“三级预防理论”作为预防医学的基本准则也同样适用于工作相关精神卫生方面的防治工作，面对劳动者在职业活动中接触的职业病危害因素多样、复杂的情况，应该按照三级预防理论对职业病加以预防和控制，特别是要做好一级预防，全面提高职业病综合防治的能力和水平。

一级预防针对整个职业人群，是防治体系中最重要的，能够从源头降低和防止工作相关心理问题的发生；二级预防和三级预防是一级预防的延伸和补充。全面贯彻和落实三级预防措施，做到源头预防、早期检测、早期处理、促进康复、预防并发症、改善生活质量，进而构成职业病防治和管理的完整预防体系。

20世纪90年代，美国医学研究所（Institute of Medicine，IOM）将心理健康预防性干预定义为在心理疾病达到诊断标准之前所开展的广泛的心理干预工作。他们将预防分为三类：①一般性预防（general prevention），目标群体是未进行风险评估的公众或整个群体；②选择性预防（selected prevention），目标着眼于有生理、心理或社会风险因素的个体或亚群体；③指示性预防（indicated prevention），指目标对象为高风险个体的预防，这些个体有明显症状或易导致心理疾病的生理标志，但目前未满足心理疾病诊断标准。布卢姆（Bloom）和古洛塔（Gullotta）把心理健康预防干预定义为：防止可能出现或可能并发的问题；保护现在的健康状态和健康功能；提升特定群体的心理健康，即把心理健康的提升也纳入预防。提高预期目标，尤其针对高危人群。这与IOM的心理健康预防干预概念存在差异。很多预防学家支持Bloom等的意见，认为应该将保持和提升心理健康的发展性干预纳入预防中，这样有助于将减少风险因素和提升保护因素的策略整合起来。姆拉泽克（Mrazek）和哈格蒂（Haggerty）在1994年提出了精神障碍预防框架，将预防仅用于精神障碍发生前的干预，二级预防与三级预防被分别替换为治疗与康复，从而使精神障碍的预防、治疗与康复成为一个连续体。该预防框架将精神障碍的预防分为3个层次：普遍性预防、选择性预防、指向性预防。针对职业人群，管理人员层面预防和同事层面预防在职业人群精神心理健康方面同样发挥着不可或缺的作用。本章将对以上预防措施做重点介绍。2020年，在欧盟提出的职业环境中的心理健康促进与干预项目（Mental Health Promotion and Intervention in Occupational Settings，MENTUPP）中提出了个体、组织、社区与社会和系统共四个层面的预防，这些层面的综合干预措施有助于构建一个更加全面和有效的心理健康促进与干预体系。

第二节　普遍性预防

一、定义

普遍性预防是指针对整个社会或特定领域的一种全面性预防，也常被称为一级预防，是指在没有特定风险因素的情况下，对整个人群实施预防策略，以减少疾病或伤害的发生。这种方法通常应用于公共卫生领域，通过制定和执行普遍适合的法律法规、政策措施、规章制度等，以预防不良事件的发生或减轻其危害的预防工作。

工作相关精神卫生的普遍性预防是一个综合性的策略，主要针对劳动者的干预管理策略，无论他们是否有精神心理健康问题的风险，旨在减少由工作引起的心理压力和心理风险因素，促进积极的心理状态和工作满意度，预防职业倦怠和工作相关精神心理健康问题，支持劳动者的整体福祉和发展，以建立一种健康、生产性和积极的工作环境。实施步骤包括：①评估工作场所现有的精神心理健康风险和劳动者需求；②基于评估结果，制订普遍性预防策略和行动计划；③采取具体措施，如培训、政策改革和环境改善等；④定期监测预防措施的效果，并根据反馈进行调整；⑤将精神卫生作为持续关注和改进的领域。工作相关精神卫生的普遍性预防不仅有助于提高劳动者的生活质量和工作绩效，而且对于维护用人单位的健康和可持续发展具有长远意义。通过综合的方法和持续的努力，可以为所有员工创造一种更具健康支持性的工作环境。

二、预防控制措施

（一）相关法律、法规和标准制定和完善

中华人民共和国成立以来，陆续颁布了一系列职业卫生相关法律、法规和标准，目前我国已建立了以《中华人民共和国宪法》为根本法，以《中华人民共和国基本医疗卫生与健康促进法》《中华人民共和国职业病防治法》为基础的多层次多保障的职业健康和职业病防治法律法规体系，坚持“预防为主，防治结合”的工作方针，建设完善精神卫生服务体系，维护和增进公民心理健康，预防、治疗精神障碍，为开展职业病一级预防提供了强有力的支撑。除制定与职业卫生相关法律法规外，我国也逐步制定和修订了大量适合我国国情的职业卫生相关标准。未来将继续建立健全精神卫生法律法规体系，保障精神疾病患者的权益和利益；对于依法需要强制治疗的患者，进行严格的程序监管与人权保护；打击违法行为，加大对殴打、侮辱精神疾病患者行为的打击力度，维护患者的人格尊严和安全。

企业应严格遵守劳动法规，确保公司政策和实践符合当地的劳动法律和规定；制定和执行内部政策，如反歧视政策、反欺凌政策和心理健康政策；鼓励劳动者代表参与决策过程，确保劳动者的声音被听到。

（二）政府领导、多部门合作

精神病防治工作需要政府领导，不仅依靠卫生健康行政部门的努力，而且需要有关部门的支持和广大群众的积极参与，因此，精神疾病的防治工作应由政府牵头，成立包括卫生、残联、民政、公安、财政等有关职能部门在内的领导小组。主要工作包括：负责有关政策、法规的制定；辖区内的规划、合作、协调；精神疾病防制工作开展的督促、工作总结及经验的推广；定期开展精神疾病防治，需要开展摸底调查、诊断、分类，针对每个患者的不同情况落实防治措施；定期开展复查，以及时掌握发病人数的变动情况。深入持久地开展精神病社区防治，使患者受益、社区安定，需一定经费支持。除政府拨款外，还应多渠道集资，以便防治工作顺利展开。与其他企业、社会组织等建立合作关系，共同开展心理健康宣传、培训等活动。通过共享资源、交流经验等方式，提高整体心理健康水平。

（三）建立和健全服务体系

在各级政府的直接领导下，以疾病控制机构为主要技术指导和业务负责单位，与精神病专科医院紧密合作，共同指导精神疾病的防治工作。定期体检与早期干预，建立健全的精神疾病筛查与早期干预机制，通过群体体检和个体评估，及早发现和干预潜在的精神心理健康问题。建立普查、筛查、等级、统计、随访制度，结合社区卫生服务和初级卫生保健开展精神病的防治工作，通过管理使患者参加适当的劳动开展一定的文娱活动，接受医疗措施和再教育。精神药物管理与康复治疗，加强对精神药物的管理与监控，确保患者正确使用药物并监测患者的病情变化，建立全面的康复治疗体系，帮助患者改善病情、提高生活质量。以街道、乡镇卫生院为重要工作平台，城

市以社区卫生服务为载体、农村将精神病防治作为初级卫生保健内容，由各级基层医务人员、患者单位、家庭和患者所在居民组共同参与的群治群防防治服务体系。通过社区动员，实施一级预防双向策略及一级、二级、三级预防相结合的综合防治策略。各级防治网点必须收集各方面的基础资料和信息，为及时掌握社区防治工作的进展情况、评估防治措施的效果及制订规划提供依据，如防治基础资料、病例登记卡、防治记录卡、初发病例登记卡、迁徙报告卡、死亡报告卡及各种报表。

（四）抓好专业队伍建设，加强培训工作

加大对精神心理健康研究人才的培养力度，提供创新研究的平台和资源，推动精神疾病防治技术的突破；针对工作相关精神疾病的特点和发病机制，开展针对性的研究，为预防和控制工作相关精神疾病提供科学依据；有限的专业机构和有限的专业医务人员跟不上时代发展的需要，应对综合性医院的医护人员普及精神医学知识，设立精神科、心理咨询门诊，帮助非专科医师发现早期精神障碍患者；贯彻“积极治疗、就地管理、重点收容、开放治疗”的工作方针，把有精神心理健康问题的劳动者留在基层，由广大基层医务人员参与落实防治措施，并提供更多可及的心理健康资源和服务，包括咨询服务和紧急干预等。因此，要通过多种形式、根据工作性质分别加强对各级医务人员，特别是基层医务卫生人员，如对农村卫生院、卫生所、村卫生室、城市街道卫生院、厂矿医院、社区保健站的医疗卫生人员就医疗、预防、保健等内容进行业务培训。以他们为主，加强他们的培训和研究能力，提高精神科医生与护理人员的数量和质量。在基层开展防治工作，有利于就近医疗，早发现、早治疗，提供持续的综合性服务，进一步把防治措施落实到每个人身上。

（五）职业健康管理

职业健康管理主要是针对用人单位，对于工作相关精神卫生问题的早期预防也具有至关重要的作用。《中华人民共和国职业病防治法》规定，用人单位应严格落实主体责任，加强职业健康管理，积极采取职业病防治管理措施。例如，设置或指定职业健康管理机构或者组织，配备专职或者兼职的职业健康管理人员负责本单位的工作相关精神卫生问题的防治工作；制定工作相关精神卫生问题的防治计划和实施方案；建立职业健康管理制度等相关措施。

用人单位应遵循国家法律、法规要求，在生产技术、劳动组织、工作时间安排和劳动者福利待遇方面促进企业生产，并保证劳动者在职业健康安全的环境中发挥创造价值，减少或避免个体产生心理、生理负面影响。用人单位通过调整工作安排和生产方式降低劳动者的职业紧张程度。针对不同情况，开展职业相关培训，提高劳动者个体应对能力，鼓励个体主动积极适应职业环境。提高个体应对能力对改善职业紧张程度非常必要，工作中得到同事和领导的支持，对个体生理、心理反应有利。提高用人单位管理者和劳动者的认知水平，主要通过健康教育来完成。以领导支持、劳动者参与的方式，才能促进用人单位健康措施的实施和执行。

（六）职业健康教育

随着职业健康相关法律、法规的贯彻实施，职业健康教育的作用和地位正在逐步显现。通过实施分对象、多层次、多形式、多部门参与的职业健康宣教，发挥公共媒体对职业病防治的公众宣教，加强对劳动者的健康教育，提高劳动者自我防护意识、自我保健能力，对心理健康的认识和重视以及应对工作压力和挑战的心理素质，以减少精神痛苦并改善与工作相关的结果，让劳动者了解心理健康的重要性，掌握应对压力和挑战的方法。具体措施包括：定期举办心理健康讲座，提供心理健康教育，让劳动者了解心理健康的重要性；教授应对压力的策略和情绪管理技巧，如基于正念的认知行为方法、放松训练、冥想等，以促进积极的心理健康，减少精神痛苦并提高工作效能；鼓励劳动者寻求专业的心理咨询或治疗，及时发现和解决问题；实施精神卫生知识和认识方面的培训，以提高他们对职场精神卫生相关知识的了解并改善态度，包括污名化的态度；培养劳动者压力管理技能的社会心理干预措施——如基于正念认知行为方法的干预措施，以促进积极的心理健康，减少精神痛苦并提高工作效能。

精神疾病的防治需要全社会的共同参与，要通过社区动员开展多种形式的健康教育让各级干部和群众了解心理卫生与精神病学有关的知识。通过电视、广播等大众媒体宣传、公益活动等方式逐步扩大宣传面，提高公众对工作相关精神疾病的认识和关注，力争做到家喻户晓，以便早发现、早诊断、早治疗，打破对精神疾病的偏见和歧视，促进社会对精神疾病患者的关爱和支持。通过举办讲座、学习班、联谊会、知识竞赛，设立公开信、开健教处方和举行世界精神病日宣传等多种方式，开展社区人群精神卫生知识的宣传教育工作，提高人群的精神心理健康水平以及对外界有害因素侵袭的抵抗能力与对各种刺激性生活事件的耐受性，保障人群的心理健康，减少心理障碍的发生。鼓励公众关注劳动者心理健康问题，共同为构建和谐的工作环境贡献力量。在企业和学校等场所开展心理健康教育活动，提高劳动者和学生的心理素质和应对压力的能力。

（七）推广健康生活方式

企业内部倡导健康的生活方式，如合理饮食、适量运动、充足休息等。控制已明确能增加发病危险的社会经济、健康行为和生活方式等个体危险因素，如控制吸烟、饮酒等不良工作行为，能在一定程度上达到病因预防的效果，也属于职业病一级预防的范畴。不良工作行为是影响职业紧张的因素，常见的不良生活方式包括：吸烟、酗酒、熬夜、缺乏体育锻炼、饮食不规律、运动量过少、长期面对手机、电脑等设备、长期佩戴耳机听歌、三餐不规律等。企业管理者了解企业存在的不良工作行为的现况，改善管理制度。通过改善不良工作行为，减少工作相关精神卫生问题的发生。

企业可以组织劳动者参加体育活动、健康讲座等活动，鼓励劳动者参加体育锻炼和休闲活动，提供健康饮食的建议和资源，增强劳动者的健康意识。关注劳动者的睡眠问题，确保劳动者有充足的休息时间。此外，还能提供休闲运动的机会——如抗阻训练、力量训练、有氧训练、散步或瑜伽，以增进心理健康和提高工作能力。

（八）创建健康的工作环境

1. 物理环境改善

提供充足和舒适的工作空间，确保适宜的温度、良好的空气质量、充足的自然光或适当的照明；提供良好的工作设施，良好的通风以及降噪措施，为劳动者创造一个有利于劳动者心理健康的工作环境。

2. 工作场所安全

确保工作场所的安全，各通道上不准堆放障碍物，应保持畅通无阻，以便在紧急情况下迅速疏散人员。减少劳动者因工作环境不安全带来的心理压力。

3. 休息与放松空间

设立休息室或放松区域，供劳动者在休息时间使用，以缓解工作压力。设置一个小型图书角，配备各类书籍、杂志，鼓励劳动者在休息时间阅读，放松心情，拓宽知识面。根据条件配置娱乐和健身器材，让劳动者在休息时间能够参与轻松的活动，释放压力，增进同事间的友谊。如果条件允许，可以规划一个室外露台或小型花园，种植绿植，放置户外座椅，让劳动者在自然环境中放松身心。在公司周边或内部设立步行道、篮球场等运动区域，鼓励劳动者在休息时间进行适量的户外活动。

（九）促进健康的工作文化

1. 提倡开放沟通

鼓励劳动者之间以及劳动者与管理层之间的开放沟通，建立信任和尊重的文化；营造积极向上的工作氛围，减少工作中的冲突和矛盾，降低工作压力；加强企业文化建设，增强劳动者的归属感和认同感，提高工作满意度。

2. 公平公正的待遇

确保所有劳动者都能得到公平和尊重的对待，包括公平的薪酬、晋升机会和工作分配。

3. 建立支持系统

为新入职劳动者指定导师，帮助他们更好地适应工作环境。为劳动者提供必要的心理支持和帮助，如设立劳动者援助计划（EAP），为劳动者提供心理咨询、法律援助等服务；设立心理健康热线或在线平台，方便劳动者随时咨询和寻求帮助。

4. 明确制度规定

制定相关制度和规定，明确工作职责和权利，减少工作不确定性，确保工作任务的合理分配和适当的工作负荷。

5. 提供职业发展和培训

为劳动者提供明确的职业发展规划和晋升机会，激发劳动者的工作积极性和创造力；通过定期举办培训和研讨会等学习活动，提高劳动者的职业技能和素质，帮助劳动者提升专业技能和应对新挑战的能力，增强其职业竞争力。

6. 优化工作量和工作时间

合理分配工作，根据劳动者的能力和资源合理分配工作任务，避免过度负荷；灵活工作时间，提供灵活的工作时间安排，如弹性工作时间或远程工作选项，以帮助劳动者平衡工作和个人生活；休假制度，鼓励劳动者利用年假和病假，确保他们有足够的时间休息和恢复。

（十）加强组织支持，建立健全的劳动者心理健康关怀体系

1. 日常观察

鼓励团队领导及同事间进行日常的情感交流，留意彼此的情绪状态，特别是情绪低落、焦虑、行为异常等迹象。

2. 关键指标监测

利用考勤系统记录劳动者的工作表现、出勤率、请假频率等数据，分析可能出现的心理压力信号。

3. 心理评估

通过问卷调查、心理测试等方式，定期对劳动者的心理健康进行评估，如每季度或半年一次。根据评估结果，制订个性化的干预计划，如对接心理咨询、医疗机构等，为劳动者提供针对性的心理支持和帮助。

4. 紧急响应机制

明确当发现劳动者处于危机状态时（如严重抑郁、自杀倾向）的紧急应对流程，包括立即转介至医疗专业机构。

5. 反馈机制

确保劳动者反馈得到及时处理，管理层对劳动者的意见和建议给予积极响应；定期举行劳动者心理健康开放日或座谈会，鼓励劳动者分享感受，管理层直接听取反馈。开通邮箱、内部论坛等多种反馈渠道，让劳动者可以自由表达。

6. 关注特殊群体

对于存在特殊心理需求的劳动者群体，如新入职劳动者、女性、残疾劳动者等，应给予更多的关注和支持。针对这些群体的特点和需求，制订相应的心理健康干预计划，帮助他们更好地适应工作环境和应对工作压力。

7. 透明化政策

公开心理健康支持资源的信息，消除寻求帮助可能带来的污名化，营造支持性环境。

8. 持续改进

定期（如每年）对监测预警机制的有效性进行评估，包括劳动者满意度调查、心理健康状况改善情况分析等。根据评估结果和劳动者反馈，不断调整和完善预防措施。

第三节　选择性预防

一、定义

选择性预防是一种针对具有易患某种疾病或障碍危险因素的高危人群进行的预防策略，这些风险因素可能会增加某些疾病或健康问题发展的可能性。与普遍性预防（针对整个人群的预防措施）不同，选择性预防更加具有针对性，针对特定工作环境和职业活动相关的精神卫生问题采取的预防措施，旨在识别和降低那些可能引起或加剧精神疾病的风险因素，为那些已经显示出某些风险指标的人群提供早期干预，减少这些高风险群体患病的可能性。选择性预防服务的对象是具有易患精神障碍危险因素的人群，他们常具有以下几方面特征。①遗传因素：有精神疾病家族史的劳动者患病风险可能更高。例如，有抑郁症家族史的个体患病风险是正常人的 2~3 倍。②职业特征：高压力、高紧张度的工作，如 IT、医疗、金融等行业，劳动者患精神疾病的比例可能较高。③个人因素：性格内向、敏感、过度谨慎的劳动者可能更容易受到工作场所压力的影响。长时间工作、工作压力、职场竞争、人际关系等因素都可能对劳动者的精神心理健康造成影响。实施选择性预防控制措施的目的是为那些处于高风险环境中的劳动者提供必要的支持和干预，以减少工作相关精神疾病的发生。采取有效的选择性预防与控制措施，对于减少工作相关精神疾病的发生、提高劳动者的工作效率和生活质量具有重要意义。

工作相关精神卫生问题的选择性预防需做好风险因素管理：某些因素可能增加患精神残疾的风险，如家族史、早年创伤经历、药物滥用、慢性疾病等。采取适当的措施管理这些风险因素，如定期进行精神心理健康监测、寻求心理辅导等。开展选择性预防，很重要的一点是确保干预措施是文化敏感和个体化的，以满足不同群体和个体的特定需求。此外，选择性预防通常需要跨学科合作，涉及心理健康专家、教育工作者、社区管理者和政策制定者。选择性预防的实施步骤包括：①识别风险因素：首先需要识别与工作相关的精神疾病风险因素，例如工作压力、工作时间过长、缺乏支持和资源等；②评估风险：对每个风险因素进行评估，确定其对劳动者健康的影响程度；③制订预防计划：根据评估结果，制订相应的预防计划，包括改变工作环境、提供培训和支持、改善工作条件等；④实施预防措施：按照预防计划的要求，实施相应的预防措施，例如提供心理咨询服务、组织团队建设活动、加强沟通等；⑤监测效果：定期监测预防措施的效果，评估其对劳动者健康的影响，及时调整预防计划；⑥持续改进：根据监测结果和反馈意见，不断改进预防措施，提高其有效性和可持续性。通过有针对性的预防措施，工作相关精神卫生问题的选择性预防可以有效减少精神卫生问题的发生，提高劳动者的生活质量和工作效率，进而促进企业的健康发展。

二、预防控制措施

（一）建立和健全服务体系

在各级政府的领导下，定期对工作场所可能产生精神卫生问题的危害因素进行识别和监测，如发现问题可立即采取防止对策；对发病与病前个性特征密切相关的精神障碍，要从儿童时期注意培养儿童健康健全的人格，设立针对青少年的干预项目，如在学校设置心理健康课程，增强孩子们的社交技能和抗压能力；对患病父母进行相关培训和指导，能使子代患精神疾病的风险下降；定期宣传精神障碍的有关知识，提高人们早期识别精神疾病症状的能力，尽早发现精神异常者，同时改善人们对精神疾病患者的偏见；对那些处于高风险的人提供社会和情感支持，包括自助团体、社区服务和家庭支持；改变可能增加精神疾病风险的环境因素，如贫困、居住不稳定等；通过教育和宣传，加强对滥用药物和酗酒的认识，降低该因素导致的精神心理健康问题，提供戒毒和戒酒的支持和治疗措施。

（二）定期心理评估

定期心理评估是了解有易患精神障碍危险因素的人群的精神心理健康状况，及早发现异常变化的重要措施。长期从事罹患精神障碍风险因素较高的职业，如IT、医疗、金融等行业，应定期进行在岗期间的定期心理评估，可早期发现疑似或患有工作相关精神卫生问题的劳动者的异常改变，有助于动态观察劳动者的健康变化。在发生急性工作相关精神卫生问题的危害事故时，对遭受或者可能遭受精神卫生问题的劳动者，或从事可能产生该问题的相关人员，应及时开展应急心理评估。

（三）提供心理支持相关服务和培训

对易患精神障碍的从事高心理压力工作者，及时提供针对性心理健康服务，如心理咨询、心理健康讲座和工作坊，培养劳动者压力管理技能的社会心理干预措施，如基于正念或认知行为方法的干预措施，以促进积极的心理健康和减少精神痛苦，预防和减少精神障碍的出现；针对经历了创伤或重大生活事件的劳动者进行危机干预和紧急心理支持；对正在经历精神痛苦的人员提供社会心理干预措施，如压力管理和自我照护培训，或沟通技能培训。定期举办精神卫生方面的培训，提高他们对职场精神卫生相关知识的了解并改变态度（包括污名化的态度）。对可疑的精神障碍患者，给患者及家属提供就诊渠道，明确诊断，积极治疗。

（四）工作相关精神卫生问题的诊断与鉴定

早期诊断和鉴定精神障碍，对及早采取预防和处理措施具有重要意义。在诊断过程中，注意考虑患者的病程、症状表现、严重程度、排除器质性疾病或精神活性物质，如酒精、大麻等物质导致的精神障碍；而后，考虑疾病的诊断范围和具体诊断，同时还要考虑劳动者的性格特点、人格基础以及心理应激因素等和疾病的相关性。

上述措施应注意定期评估和更新，以确保它们随着工作环境和劳动者需求的变化而变化。此外，劳动者的积极参与和管理层的支持对成功实施这些措施至关重要。

第四节　指向性预防

一、定义

指向性预防是一种针对已经存在高风险因素或已有明显症状人群的预防策略。服务对象是具有精神障碍早期表现但尚不符合诊断标准的个体，在WHO发布的《工作中的精神健康指南》中，指向性预防是针对患有精神疾病职工的干预管理策略。

指向性预防旨在通过有针对性的干预措施，降低这些人群发生心理疾病的风险，防止精神疾病的发展或者减轻已经出现的症状。尽早识别可以缩短未治期（初次发病和初次使用精神卫生服务的时间间隔），一定程度上能够减轻疾病负担。另外，对精神上有异常变化的人，重视其精神心理健康状况，应及时劝其到医院检查，及时治疗，防止病情发展。

通过专业的风险评估、个性化的干预计划和早期干预与监测，有效降低工作相关精神心理健康问题的发生率，提高劳动者的心理健康水平，为企业的发展创造更加健康、稳定的环境。

二、预防控制措施

（一）政府领导、多部门合作，全社会共同参与

精神心理健康是一个复杂的领域，工作相关精神心理健康问题的指向性预防需要企业、劳动者和社会各界的共同努力。针对性地根据不同群体的特定需求进行调整，制订并实施相关政策和计划，以提供全面的精神心理健康服务，并促进精神心理健康的公众意识。例如，病耻感和社会歧视对精神疾病预防有重要的影响，病耻感会阻碍患者寻求帮助，得不到及时的治疗和康复服务，增加复发风险。多项研究显示，跟患者的直接社会接触是降低病耻感的最有效的干预方式。应动员家庭、社会共同参与，在基层卫生队伍中普及精神病防治知识，建立社区精神病防治组织与机构，使患有精神卫生问题的劳动者得到医疗救护和心理支持，消除引起复发的心理、社会环境因素，以巩固疗效，做好各种合理安排。避免不必要的精神刺激，尊重患者人格、适当满足患者的合理要求。

开展普查精神疾病患病水平、疾病危险因素和保护因素等信息，设计和提供更有针对性的干预。例如，精神疾病经常共病慢性躯体疾病，影响治疗效果和生活质量；早年生活经历，包括围生期因素，如营养不良、生产创伤、母亲抑郁等，对儿童的认知和心理发育均有影响；贫困、教育程度低、失业、高负债、社会隔离和重大生活事件等是精神卫生问题以及自杀的最主要风险因素等。对罹患精神障碍的患者，考虑其与工作相关原因的可能性，建立有效的监测和反馈机制，既能治疗患者又能加强一级预防。通过普查、复查、筛查或其他途径发现患者并及时进行登记，可借助健康档案（户口）、计算机数据库等方式建立档案登记。对罹患精神障碍的患者，考虑其与工作相关原因的可能性，建立有效的监测和反馈机制，既能治疗患者又能加强一级预防。

建立适合不同患者不同需求的社区康复机构，提供因人制宜的有效服务，如工疗站、日间康复病房等，使康复者参加适当的劳动并开展一定的文娱活动，接受医疗措施和教育，帮助其尽快回归工作岗位。加强舆论宣传争取政策与法规保障、争取针对性职业康复程序与设施，妥善解决精神病患者的就业，以支持其心理处境和参与社会生活。为有精神卫生问题的患者，尤其是有严重精神卫

生问题（包括社会心理残障）的人，制定以康复为导向的、加强职业融合和经济融合的策略，如（扩大的）辅助就业，使他们能获得和保住工作。

（二）建立和健全服务体系

根据国际人权原则，应为有精神卫生问题的劳动者（包括社会心理残障人员）提供合理的工作便利，如减轻工作量，或调离原有工作岗位等。因精神卫生问题缺勤后重返工作岗位的劳动者，应提供如基于正念疗法或认知行为方法的社会心理干预措施或问题解决培训方式，以减轻他们的症状并提高工作效能；心理健康专业人士可以提供必要的评估和干预，并帮助制订个性化的治疗计划，比如认知行为疗法针对具有焦虑或抑郁倾向的人群，以改变负面思维模式并提供应对策略；为那些发生精神心理健康问题可能与工作相关的人群提供与职业相关的技能培训，如建立社区精神病康复机构，通过适当的活动及工疗站或福利工厂的劳动等，对患者进行生活技能的再教育和训练。这些干预要基于严格的评估和诊断过程，并由心理健康专业人士执行。重要的是，这些干预应当结合不同的治疗方式来适应个体的需求，并且要在尊重隐私的基础上进行。

（三）提供专业的全病程医疗服务

对患有精神障碍的劳动者提供专业的医疗服务，首次治疗力争达到完全缓解，秉承“足量、足疗程”的治疗原则，减少复发的残留症状。急性发作期患者收入专科医院系统治疗，轻症或缓解期患者进行社区管理。建立地区地段医生与患者本人的保健合同，为患者实施个体化治疗和保健方案，借助健康档案和保健合同，保持与患者的联系，及时将药物和保健知识，保健技能送达患者，通过家访使患者定点定时就诊，传授家属护理知识，指导家属进行非住院治疗。医务人员给予心理支持，如使患者正确地认识自己，帮助其改正一些性格缺陷，树立正确的人生观。引导学习精神卫生知识和一般精神病常识，纠正继发的认知、情绪及行为等心理功能减退症状，增强他们的信心和提高自身价值的认识，促使心理康复。鼓励他们参加一些丰富的行为技能训练，为回归社会做好准备，辅以康复训练（生活自理能力、人际交往能力、职业工作能力），保持与家庭接触，保持与社会交往，尽量缩短住院时间，尽早转入社区康复。出院后，为康复者提供合适的社区康复机构，如工疗站看护小组、家庭病床等多种形式的康复设施。建立出院患者的长期随访制度，使患者能经常接受医疗指导和解决各种精神卫生问题，发现病情变化得到及时治疗，坚持维持治疗，落实医疗措施，减少复发机会。建立转诊制度，将急性及重症患者转入专科医院接受系统治疗。重视和动员家庭人员支持精神障碍患者的康复活动，对家庭人员进行家庭心理知识和精神病基本知识的教育，使他们正确对待患者，减少对患者的心理压力，促进患者与周围人交往，鼓励缓解期患者在医疗监督下及早恢复或参与工作。及早识别复发的早期症状，防止复发，巩固疗效，减少残疾，较大程度地促进精神障碍社区康复服务。

三、常见精神疾病的预防

（一）健康人群预防措施

一是开展婚前遗传学咨询与生育指导，禁止近亲结婚。

二是有遗传性精神障碍的患者考虑结婚与生育时，应咨询专业医生、律师或相关机构的意见，以确保决策符合法律和社会的要求。患者在结婚前应如实告知对方自己的病情和可能的风险，并在生育问题上与配偶进行充分沟通和协商。

三是通过大众媒体对世界精神病宣传日等活动广泛传播精神卫生知识，提高人群精神心理健康水平，增强他们对精神刺激生活事件的抵御能力，加强个人修养、保持健康心理。做到精神疾病早发现、早干预。

四是保持良好的生活习惯，均衡饮食，坚持适当的体育锻炼，保证规律、充足的睡眠。

五是加强围产期保健，科学接生，提高助产人员的技术水平，防止婴儿窒息等情况发生。

六是重视家庭教育，家长应该注重营造和谐的家庭氛围，采用科学的教育方式，关注自身的心理健康，并与学校、社会等各方共同努力，为孩子的健康成长保驾护航。

七是合理安排学习、工作和生活，避免过度劳累和长期的精神压力。建立良好的人际关系，获得社会支持。

八是定期进行身体检查，及时发现并处理潜在的身体问题；积极预防和治疗老年痴呆等脑器质性疾病。丰富精神生活，参加各种文化、娱乐活动，避免孤独。保持良好的心态，接受生活的变化，保持乐观、平和的心境。

九是营造公平、公正、和谐、稳定的社会环境。发展社会公益事业，美化工作生活环境，活跃社区业余娱乐活动。

十是建立健全的精神卫生服务体系，为精神疾病患者提供及时、有效的治疗和康复服务。

（二）高危人群预防措施

1. 环境优化

（1）减少或消除特定环境中的刺激源：降低因精神刺激导致的精神病风险。通过调整居住条件、优化工作环境等方式，创造一个有利于心理健康的生活空间。

（2）避免药物滥用或酒精依赖：药物滥用或酒精依赖可能导致认知功能下降、情绪调节障碍等问题，增加精神疾病的风险。严格遵守医生处方，不随意更改剂量或停药；饮酒要适量。

2. 社会支持

（1）建立稳定的社会支持网络：社会支持可以提供情感上的安慰和实际的帮助，在面对困难时减少孤独感和无助感。积极参与社区活动、志愿服务等，增进人际关系，确保有可信赖的人可以给予帮助。

（2）家庭环境支持与互助：提供一个稳定、和谐的家庭环境有助于减少压力和情绪困扰，降低精神疾病风险。确保家人之间有良好的沟通和相互理解，遇到困难时共同面对。

3. 心理调适

（1）心理社会支持：提供情感上的支持和实际帮助有助于个体应对压力事件，从而降低罹患危险精神病的风险。可通过心理咨询、团体活动等形式加强人际交往。

（2）心理压力管理训练：通过放松技巧、认知重构等方式减轻心理压力，降低因长期应激反应导致的精神问题发生率。参加冥想课程、学习深呼吸法等自我调适策略。

4. 健康生活方式

（1）保持规律作息和健康饮食习惯：有助于维持大脑功能正常运作，减少因生物节律紊乱引起的精神障碍发生概率。建议每天定时进食三餐并保证充足的睡眠时间，同时注意营养均衡。

（2）规律运动：可以促进大脑内神经递质的平衡，改善情绪状态，降低精神疾病的风险。建议每周至少进行 3 次中等强度的有氧运动，如快走、跑步或游泳。

（3）充足睡眠：有助于恢复大脑功能，提高注意力和记忆力，缺乏睡眠可能导致情绪波动和认知能力下降。制订固定的睡前例行活动，创造一个安静、舒适的睡眠环境。

5. 定期评估与监测

（1）定期进行心理健康评估：有助于早期发现潜在的问题并采取干预措施，预防高危人群发展为精神疾病。建议每年至少进行一次全面的心理健康检查，包括面对面访谈、问卷调查等形式。

（2）遗传咨询与家族教育：通过专业评估和信息共享，帮助潜在患者了解家族史中的精神疾病风险。对高风险个体进行基因检测和心理咨询，提高其对疾病的认知和应对能力。

6. 其他措施

（1）提高心理健康意识：了解精神疾病的成因、症状及治疗方法，建立对心理健康的正确认知，从而在日常生活中更加关注自己的心理状态。

（2）培养正确的人生观和价值观：教会孩子在困难面前解决困难的办法和勇气，鼓励孩子正确地面对生活中的挫折和压力，引导孩子树立正确的人生观和价值观。

（3）禁止近亲婚配：近亲结婚所生的孩子容易加大患有精神疾病的概率，因此应该明确禁止近亲结婚。

第五节 管理人员层面预防

一、定义

在用人单位中，管理人员扮演着关键的角色，他们的行为、态度和决策对劳动者的精神心理健康有着深远的影响。通过预先识别、分析和应对潜在风险的发生，能避免或降低对用人单位运营和管理的负面影响，不仅可以减少用人单位损失，还能提高管理效率，确保用人单位的稳定运营。因此，管理人员层面预防对用人单位的成功至关重要。

二、预防控制措施

管理人员在预防工作相关精神心理健康问题方面发挥着重要作用。以下是管理人员层面可以采取的一些预防措施。

（一）培养领导力和管理能力

1. 领导力培训

提供领导力培训，帮助管理人员发展有效的领导技巧，包括如何激励团队、解决冲突和提供反馈；通过管理人员自己的行为展示对精神心理健康的重视，创建一个积极的领导示范榜样，鼓励开放讨论精神心理健康问题。

2. 管理技能提升

教授管理人员有效的时间管理、任务分配和优先级设置等管理技能，以提高工作效率和团队满意度；识别职业倦怠的征兆，如工作热情下降、工作效率降低等。

3. 培训与教育

通过培训提高管理人员的情绪智力，使他们能更好地理解和管理自己和他人的情绪；应提高对精神心理健康问题的认识，理解其对劳动者福祉和组织绩效的影响；接受有关精神心理健康和压力管理的培训，以便更好地识别和支持有需要的劳动者。

（二）促进开放和包容的沟通文化

1. 鼓励开放沟通

管理人员应鼓励劳动者分享意见和感受，促进开放和透明的沟通渠道，让劳动者感到他们的意见和需求被听取和尊重。

2. 建立信任

管理人员应通过一贯的行为和公正的决策建立信任，使劳动者感到安全和被支持。

3. 定期一对一会议

定期与劳动者进行一对一会议，了解他们的工作进展、挑战和需求。

4. 参与政策制订

参与制订和实施支持性政策，如灵活的工作安排、给予心理健康假期等。

（三）提供支持和资源

1. 资源分配

确保团队拥有完成任务所需的资源，包括人力、时间和资金。

2. 职业发展支持

支持劳动者的职业发展，提供培训和学习机会，帮助他们提升技能和职业成长。

3. 心理健康支持

提供必要的心理健康支持，如心理咨询服务和健康福利，确保有适当的员工援助计划（Employee Assistance Program，EAP）和其他心理健康资源可供劳动者使用；建立互助小组，共享压力管理、时间管理等资源和策略，分享经验并相互帮助应对工作中的挑战。

（四）建立积极的工作氛围

1. 认可和奖励

公开认可和奖励劳动者的努力和成就，提高团队的士气和动力。

2. 团队建设

组织团队建设活动，促进团队合作和团队精神，增强团队凝聚力和劳动者之间的相互支持。

3. 平衡工作与生活

鼓励劳动者平衡工作与个人生活，尊重他们的个人时间和空间；鼓励同事寻求休息和放松的方式，如进行体育锻炼、参加兴趣小组等。

4. 识别风险因素

识别和管理可能导致精神心理健康问题的工作场所风险因素，如工作不安全感、工作强度、人际关系冲突等。

5. 应对与干预

发展应对策略，以便在劳动者出现精神心理健康问题时及时提供帮助和干预。

（五）实施有效的绩效管理

1. 目标设定

与劳动者合作设定清晰、可实现的目标，确保目标与组织的整体目标一致。

2. 绩效评估

实施公平和透明的绩效评估过程，提供具体、建设性的反馈，避免过度压力。

3. 持续反馈

提供持续的反馈，而不是仅在正式评估期间帮助劳动者及时改进和调整。

4. 定期评估

定期评估工作环境和文化，确保它们支持劳动者的精神心理健康。

（六）培养适应性和灵活性

1. 变革管理

在组织变革期间，管理人员应提供清晰的沟通和支持，帮助劳动者适应变化。

2. 灵活工作安排

考虑实施灵活的工作安排，如远程工作或弹性工作时间，以适应劳动者的个人需求；根据同事的能力和特点，合理分配工作任务，避免过度压力和负荷。

3. 工作设计与组织

合理设计工作任务和流程，减少不必要的压力和工作量，提供足够的工作控制感。

通过这些措施，管理人员可以为劳动者创造一个有积极支持性的工作环境，预防精神心理健康问题的发生，并促进整个用人单位的健康和福祉。管理人员不仅能够帮助预防精神心理健康问题的发生，而且能够在问题出现时提供有效的支持和干预，从而维护健康、高效和富有生产力的工作环境。

第六节　同事层面预防

一、定义

在职场中，同事间的互动关系对劳动者的精神和心理健康具有重要影响。因此，在同事层面预防与工作相关精神心理健康问题至关重要，同事间的互动和支持有助于营造一个支持、尊重、理解和积极的工作环境。

二、预防控制措施

同事层面的预防主要指在工作环境中，为了维护良好的同事关系、提高工作效率和避免潜在冲突而采取一系列措施，包括以下几点。

（一）建立健康的工作关系

遵守职业道德和公司规定，树立良好的职业形象。尊重是建立良好同伴关系的基础。同事之间应尊重彼此的观点、意见和贡献，避免贬低或忽视他人的努力；尊重每位同事，避免使用冒犯或歧视性的语言；尊重同事的多样性，包括不同的工作风格、文化背景和个人差异。保持开放、诚实的沟通，积极倾听同事的意见和建议。

同事之间互相帮助和资源共享，通过分享知识、经验和资源，促进团队成员共同成长。当同事遇到困难时，主动提供帮助和支持，分享自己的经验和资源，如工作技巧、行业资讯等。同时，也学会接受他人的帮助，不要过于自负或固执。当注意到同事可能面临压力或精神心理健康问题时，主动提供帮助和支持。

保持适当的社交距离，既要避免与同事过度亲密，也要防止故意疏远某些同事，确保工作的专业性和公正性。

避免工作场所的负面行为，如欺凌、歧视、排斥等，这些行为会损害同事的精神心理健康。

（二）谨慎处理竞争关系

认识到职场上的竞争是不可避免的，但要学会以积极、公平的方式参与竞争。避免因为竞争而结怨或破坏与同事的关系。鼓励团队合作，共同为公司的发展作出贡献。

（三）预防冲突和误解

在与同事交流时，注意语气和措辞，避免引起不必要的误解或冲突。遇到问题或分歧时，采取开放和理性的态度，寻求双方都能接受的解决方案。如果发现同事之间存在潜在的冲突或误解，可以主动进行调解或寻求第三方的帮助。

（四）保护个人隐私

尊重同事的个人隐私，避免过度询问或传播他人的私人信息；在社交媒体或公共场合中，注意自己的言行举止，避免给同事带来不必要的麻烦或困扰。

（五）遵守健康和安全规定

在工作环境中，遵守公司的健康和安全规定，确保自己和他人的安全。如果发现潜在的安全隐患或危险情况，及时向上级报告并采取必要的措施。

（六）避免精神心理健康问题的污名化

一是深入了解精神心理健康问题，它并非个人弱点，而是人类普遍面临的挑战，需像关注身体健康一样重视其治疗与预防。

二是坚决摒弃偏见与歧视，避免将精神心理健康问题视为异常或不可接受，以减少污名化对受影响者的进一步伤害。

三是积极鼓励开放讨论氛围，让每个人都能自由分享内心感受、困扰及需求，从而打破沉默，增进相互理解和支持。

四是严格避免使用负面标签，拒绝“疯子”“神经病”等歧视性语言，以减轻精神心理健康问题承受者的社会压力。

五是努力建立支持网络体系，通过倾听、理解、鼓励与合理建议，为同事提供情感依托，共同抵御精神心理健康问题的负面影响。

六是大力倡导专业治疗观念，当面临严重精神心理健康挑战时，应鼓励同事积极寻求心理咨询、药物治疗等专业帮助，以有效缓解痛苦。

（七）建立同伴支持的工作关系

一是情感支持与倾听。创造安全的环境，让同事舒适地分享感受，可以通过一对一交流等活动实现；倾听并展现同理心，用有效的沟通技巧表达关注和理解。

二是实际援助与协作。工作中主动相助，共克难关，例如，共同完成任务、分享专业知识；共享资源信息，提升工作效率和质量，携手进步。

三是鼓励与激励。正面激励同事成就，提供建设性的反馈；激发个人潜能，支持职业目标，助力成长，共创佳绩。

四是应对压力与冲突管理。共同探索应对压力的方法，组织相关培训；积极解决同事间冲突，运用有效策略维护团队和谐，共同营造良好工作氛围。

（朱　彤　张　玲）

附录　中英文名词对照索引

扫码查看相关资料

参 考 文 献

[1] 陈红，祁慧，龙如银，等．我国从业人员职业心理健康报告［M］．北京：科学出版社，2017.

[2] 傅小兰，张侃．心理健康蓝皮书 中国国民心理健康发展报告 2021—2022［M］．北京：社会科学文献出版社，2023.

[3] 余善法．职业紧张评价与控制［M］．北京：人民卫生出版社，2018.

[4] 李霜，余善法．工作场所心理健康促进实施指南［M］．北京：人民卫生出版社，2020.

[5] 孙贵范，凌文华，孙志伟，等．预防医学［M］．3 版．北京：人民卫生出版社，2015.

[6] 邬堂春．职业卫生与职业医学［M］．8 版．北京：人民卫生出版社，2017.

[7] 曾强，李晓林，王欣，等．职业病三级预防理论与实践［M］．北京：人民卫生出版社，2022.

[8] 傅华，段广才，黄国伟，等．预防医学［M］．北京：人民卫生出版社，2018.

[9] 龚耀先．心理评估［M］．北京：高等教育出版社，2003.

[10] 施慎逊，吴文源．中国焦虑障碍防治指南［M］．2 版．北京：中华医学电子音像出版社，2023.

[11] 江开达．精神病学高级教程［M］．北京：中华医学电子音像出版社，2016.

[12] 王学红，卢雪峰，刘成玉，等．诊断学［M］．9 版．北京：人民卫生出版社，2018.

[13] 贾建平，苏川，崔丽英，等．神经病学［M］．8 版．北京：人民卫生出版社，2018.

[14] Michael Gelder，Paul Harrison，Philip Cowen. 牛津精神病学教科书［M］．5 版．成都：四川大学出版社，2010.

[15] 罗杰・A・麦金农，罗伯特・米歇尔斯，彼得・J・巴克利．临床实践中的精神医学［M］．2 版．赵媛媛，张道龙，译．北京：北京大学出版社，北京大学医学出版社，2020.

[16] David S.Goldbloom. 精神科临床评估技巧［M］. 王学义，译．北京：北京大学医学出版社，2010.

[17] Theodore A Stern，Gregory L Fricchione，Ned H Cassem，et al. 麻省总医院精神病学手册［M］．6 版．许毅，译．北京：人民卫生出版社，2021.

[18] 张明园．精神科评定量表手册［M］．长沙：湖南科学技术出版社，1998.

[19] 王重鸣．心理学研究方法［M］．北京：人民教育出版社，2000.

[20] 凌文辁，方俐洛．心理与行为测量［M］．北京：机械工业出版社，2003.

[21] 世界卫生组织．ICD-10 精神与行为障碍分类：临床描述与诊断要点［M］．范肖冬，等，译．北京：人民卫生出版社，1993.

[22] 世界卫生组织 .ICD-11 精神、行为与神经发育障碍临床描述与诊断指南［M］．王振，黄晶晶，主译．北京：人民卫生出版社，2023.

[23] 美国精神医学学会．精神障碍诊断与统计手册［M］.5 版．北京：北京大学医学出版社，2016.

[24] 美国睡眠医学会 . 睡眠障碍国际分类 [M] .3 版 . 北京：人民卫生出版社，2017.
[25] 李凌江，马辛 . 中国抑郁障碍防治指南 [M] . 2 版 . 北京：中华医学电子音像出版社，2015.
[26] 于欣，方贻儒 . 中国双相障碍防治指南 [M] . 2 版 . 北京：中华医学电子音像出版社，2015.
[27] 赵靖平，施慎逊 . 中国精神分裂症防治指南 [M] . 2 版 . 北京：中华医学电子音像出版社，2015.
[28] 克里斯汀・内夫，克里斯托弗・杰默 . 静观自我关怀：勇敢爱自己的 51 项练习 [M] . 姜帆，译 . 北京：机械工业出版社，2020.
[29] 戴维・H・罗森 . 转化抑郁：用创造力治愈心灵 [M] . 张敏，高彬，米卫文，译 . 北京：中国人民大学出版社，2015.
[30] 多萝西・S・贝科沃，拉菲尔・J・贝科沃 . 家庭治疗：一种系统性整合 [M] . 中美家庭治疗中心，译 . 上海：复旦大学出版社，2024.
[31] 萨尔瓦多・米纽庆 . 家庭与家庭治疗 [M] . 谢晓健，钱铭怡，译 . 北京：商务印书馆，2009.
[32] Froma Walsh. 家庭抗逆力 [M] . 朱眉华，译 . 上海：华东理工大学出版社，2013.
[33] 刘铁民 . 应急体系建设和应急预案编制 [M] . 北京：企业管理出版社，2004.
[34] 邢娟娟 . 企业事故应急救援与预案编制技术 [M] . 北京：气象出版社，2008.
[35] 赵正宏 . 应急救援预案编制与演练 [M] . 北京：中国石化出版社，2019.
[36] 李凌江 . 中国创伤后应激障碍防治指南 [M] . 北京：人民卫生出版社，2024.
[37] 唐宏宇，方贻儒 . 精神病学 [M] . 2 版 . 北京：人民卫生出版社，2018.
[38] 江开达，马弘 . 中国精神疾病防治指南 [M] . 北京：北京大学医学出版社，2010.
[39] 李凌江，于欣 . 创伤后应激障碍防治指南 [M] . 北京：人民卫生出版社，2010.
[40] 阿瑟・罗宾斯 . 作为治疗师的艺术家 [M] . 孟沛欣，译 . 北京：世界图书出版公司，2006.
[41] 万瑛 . 团体音乐治疗 [M] . 重庆：重庆大学出版社，2021.
[42] 何静 . 身体意象与身体图式 [M] . 上海：华东师范大学出版社，2013.
[43] 高颖，李明，杨广学 . 艺术心理治疗 [M] . 济南：山东人民出版社，2007.
[44] 艾伦・S・贝拉克 . 精神分裂症社交技能训练：分步指导 [M] . 范青，等，译 . 北京：科学出版社，2021.
[45] 顾丽，徐青林 . 舞动地图：115 个身心舞动练习 [M] . 北京：文化艺术出版社，2022.
[46] 李达，刘沙鑫 . 社会心理作业治疗 [M] . 北京：电子工业出版社，2019.
[47] 申洋，蒋莹，娜荷芽，等 . 中国四城市部分职业人群职业紧张及影响因素分析 [J] . 中国公共卫生，2018，34（2）：199–203.
[48] 刘晓曼，王瑾，王超，等 . 互联网企业员工职业紧张状况及对健康的影响 [J] . 中国工业医学杂志，2020，33（3）：223–227.
[49] 余善法 . 充分认识职业倦怠的危害，积极推动科学研究和预防控制工作 [J] . 环境与职业医学，2023，40（4）：369–373.
[50] 别凤赛，徐洋，李晓光，等 . 常用职业心理健康损害测评工具概述 [J] . 实用预防医学，2021，28（4）：510–513.
[51] 余善法 . 关注工作场所社会心理危险因素及其预防控制 [J] . 环境与职业医学，2020，（3）：218–224.

[52] 吴波，黄希庭 . 我国心理健康预防性干预研究现状 [J] . 中国临床心理学杂志，2013，21（2）：5.
[53] 佚名 . 用好《公众心理科普纲要》，做实心理服务 [J] . 心理与健康，2018（1）：84.
[54] 王佳，樊春雷，王利刚，等 . 自我调节疲劳在领导风格对青年职工工作满意度影响的中介作用 [J] . 中华行为医学与脑科学杂志，2015，24（12）：4.
[55] 谢东杰，周文娇，王利刚，等 . 青年铁路职工生活方式与希望感的关系 [J]. 北京大学学报（医学版），2013（2）：161-164.
[56] 况扶华，谢东杰，王利刚，等 . 铁路青年工人职业认同感现状及其对幸福感的预测作用 [J] . 中华行为医学与脑科学杂志，2014，23（3）：254-257.
[57] 王立国，靳伟涛，高文斌，等 . 国企职工压力源量表的编制 [J] . 中华行为医学与脑科学杂志，2013，22（1）：3.
[58]《中成药治疗优势病种临床应用指南》标准化项目组 . 中成药治疗抑郁障碍临床应用指南（2022 年）[J] . 中国中西医结合杂志，2023，43（5）：527-541.
[59] 刘铁桥，司天梅，张朝辉，等 . 苯二氮䓬类药物临床使用专家共识 [J] . 中国药物滥用防治杂志，2017，23（1）：4-6.
[60] 中国医师协会神经调控专业委员会电休克与神经刺激学组，中国医师协会睡眠专业委员会精神心理学组，中国医师协会麻醉学医师分会 . 改良电休克治疗专家共识（2019 版）[J] . 转化医学杂志，2019，8（3）：129-134.
[61] 李上达，胡少华，周和统，等 .《重复经颅磁刺激技术在精神障碍临床应用中的操作规范》团体标准解读 [J] . 中华精神科杂志，2024，57（3）：133-137.
[62] 李香粉，刘畅，闫乐婷，等 . 迷走神经刺激改善抑郁症患者临床症状的机制 [J] . 中国神经精神疾病杂志，2023，49（5）：313-317.
[63] 郭笑，王赞，汤琪，等 . 声音与睡眠 [J] . 世界睡眠医学杂志，2021，8（3）：549-552.
[64] 江淑芬，盛小丽 . 如何才能睡个好觉 [J] . 家庭医药 . 快乐养生，2023，(6)：39.
[65] 肖乐，丰雷，朱雪泉，等 . 中国抑郁症患者急性期治疗后残留症状的现况调查 [J] . 中华精神科杂志，2017，50（3）：175-181.
[66] 郭笑，王赞，汤琪，等 . 声音与睡眠 [J] . 世界睡眠医学杂志，2021，8（3）：549-552.
[67] 牛晓娜，王勇，等 . 表达性艺术治疗对抑郁症残留症状疗效随机对照研究 [J] . 精神医学杂志，2014，27（5）：328-330.
[68] 陈雪峰 . 应急心理服务体系构建与应急管理心理学研究 [J] . 心理与行为研究，2022，20（6）：8.
[69] 国务院 . 国家突发公共事件总体应急预案 [J] . 中国中医基础医学杂志，2006，12（1）：3.
[70] 赵昕 . 浅析陶艺创作在艺术治疗中的应用 [J] . 中国陶瓷工业，2010，17（3）：61-63.
[71] 周永安，张小远，杨雪岭. 摘绘画艺术治疗在心身疾病中的应用和展望 [J]. 医学与哲学，2012，33（452）：35-37.
[72] 汤晓霞. 表达性艺术治疗的浅议及运用 [J] . 赤峰学院学报（自然科学版），2011，27（12）：199-201.
[73] 孟沛欣，郑日昌，蔡焯基. 精神分裂症患者团体绘画艺术干预 [J] . 心理学报，2005，37（3）：403-412.
[74] 管丽丽，杜立哲，马弘 . 精神分裂症的疾病负担（综述）[J] . 中国心理卫生杂志，2012，26

(12): 913-919.

[75] 李达，袁国桢，徐志文，等．支持性就业服务对精神分裂症 患者职业康复的疗效［J］．中华行为医学与脑科学杂志，2013，22（4）：329-331.

[76] 费立鹏，沈其杰，郑延平，等．"家庭亲密度和适应性量表"和"家庭环境量表"的初步评价——正常家庭与精神分裂症家庭成员对照研究［J］．中国心理卫杂志，1991，5（5）：198-202.

[77] 宋妍，罗月红，姚菊琴，等．"会所模式"在社区精神疾病康复中的应用［J］．中国现代医学杂志，2014，24（14）：109-112.

[78] 傅琦．国外园艺治疗的应用与启示［J］．社会工作，2016，12（6）：25-33.

[79] 谢东杰，周文娇，王利刚，等．青年职工基本心理需要的特点及与幸福指数的关系［J］．中华行为医学与脑科学杂志，2013，22（3）：253-255.

[80] 董超．全球面临睡眠危机［N］．保健时报，2024-05-23（001）.

[81] James Morrison. The First Interview [M]. 3rd ed. London: The Guilford Press, 2008.

[82] Robert E Hales, Stuart C Yudofsky, Glen O Gabbard. Textbook of Psychiatry [M]. 5th ed. Washington, DC: American Psychiatric Publishing, 2010.

[83] Kielhofner, G. A model of Human Occupation: Theory and Application [M]. Baltimore: Lippincott, Williams & Wilkins, 2007.

[84] Stefan H D.Burnout in healthcare workers: prevalence, impact and preventative strategies [J]. Local and Regional Anesthesia, 2020, 13: 171-183.

[85] Chloe H, Antoine V, Gauthier B, et al. Burnout prevalence among European physicians: a systematic review and meta-analysis [J]. International Archives of Occupational and Environmental Health, 2021, 95(1): 1-15.

[86] Agyapong B, Dias L D R, Wei Y, et al. Burnout among elementary and high school teachers in three Canadian provinces: prevalence and predictors LJ [J].Frontiers in Public Health, 2024, 12: 1396461.

[87] Ju WH, Minjeong K.Work-related stress, health status,and status of health apps use in Korean adult workers [J].International Journal of Environmental Research and Public Health, 2022, 19(6): 3197.

[88] Oftung B, Tyssen R.Occupational stress among Norwegian physicians: A literature review of long-term prospective studies 2007—2019 [J].Scandinavian Journal of Public Health, 2024, 14034948241243164.

[89] Min Y L, Hyoung Ryoul K.Performance pressure and mental health among finance workers in Korea: a cross-sectional study [J].Epidemiology and Health, 2023, e2023099-e2023099.

[90] Niedhammer I, Coindre K, Memmi S, et al.P-83 Occupational risk factors for depression in the national French working population [J]. Occupational and Environmental Medicine, 2021, 78 (1): A71-A71.

[91] Ishaque F S, Hubert A.Sleep quality and its predictors among waiters in upscale restaurants: A descriptive study in the Accra Metropolis [J].Plos one, 2020, 15(10): e0240599-e0240599.

[92] Sohrab A.Prevalence of depression disorder in industrial workers: A Meta–analysis [J] .International Journal of Occupational Safety and Ergonomics: Jose, 2021, 28 (3): 21–28.

[93] Nicholson P J. Common mental disorders and work [J] . British Medical Bulletin, 2018, 126 (1): 113–121.

[94] Lonska J, Mietule I, Litavniece L, et al. Work–life balance of the employed population during the emergency situation of COVID–19 in Latvia [J]. Frontiers in Psychology, 2021, 12: 682459.

[95] Frank Pega A, Bálint Náfrádi B, Natalie C, et al.Global, regional, and national burdens of ischemic heart disease and stroke attributable to exposure to long working hours for 194 countries, 2000–2016: a systematic analysis from the who/ilo joint estimates of the work–related burden of disease and injury [J] .Environment International, 2021, 38.

[96] Koukoulaki T.The impact of lean production on musculoskeletal and psychosocial risks: an examination of sociotechnical trends over 20 years [J] .Appl Ergon, 2014, 45 (2): 198–212.

[97] Preti E, Di Mattei V, Perego G, et al.The Psychological impact of epidemic and pandemic outbreaks on heal thcare workers: rapid review of the evidence [J] .Curr Psychiatry Rep, 2020, 22 (8): 43.

[98] Zhao YJ, Jin Y, Rao WW, et al.The prevalence of psychiatric comorbidities during the SARS and COVID–19 epidemics: a systematic review and meta–analysis of observational studies [J] .J Affect Disord, 2021, 287: 145–157.

[99] Oyekale AS.Climate change induced occupational stress and reported morbi dity among cocoa farmers in South–Western Nigeria [J] .Annals of Agricultural and Environmental Medicine, 2015, 22 (2): 357–61.

[100] Mejia CR, Alvarez–Risco A, Chamorro–Espinoza S, et al.Crisis due to war: anxiety, depression and stressin thepopulation of 13 Latin American countries [J] .Frontiers in Psychiatry, 2023, 14: 1218298.

[101] Robins LN, Wing J, Wittchen HU, et al.The composite international diagnostic interview, an epidemiologic instrument suitable for use in conjunction with different diagnostic systems and indifferent cultures [J] .Arch Gen Psychiatry, 1988, 45 (12): 1069–1077.

[102] Huang Y, Wang Y, Wang H, et al.Prevalence of mental disorders in China: a cross–sectional epidemiological study [J] .Lancet Psychiatry, 2019, 6 (3): 211–224.

[103] Hamilton M.A rating scale for depression [J] . J Neurol Neurosurg Psychiatry, 1960, 23 (1): 56–62.

[104] Montgomery SA, Asberg M.A newdepression scale designed to be sensitive to change [J] .Br J Psychiatry, 1979, 134: 382–389.

[105] Spitzer RL, Kroenke K, Williams JB, et al. A brief measure for assessing generalized anxiety disorder: the GAD–7. Arch [J] . Intern Med, 2006, 166 (10): 1092–109.

[106] Buysse DJ, Reynolds CF 3rd, Monk TH, et al.The Pittsburgh Sleep Quality Index: a new instrument for psychiatric practice and research [J] .Psychiatry Res, 1989, 28 (2): 193–213.

[107] Kennedy SH, Lam RW, Mcintyre RS, et al. Canadian network for mood and anxiety treatments (CANMAT) 2016 clinical guidelines for the management of adults with major depressive disorder: Section 3. Pharmacological Treatments [J] . Can J Psychiatry, 2016, 61 (9): 540–560.

[108] Bandelow B, Allgulander C, Baldwin DS, et al. World federation of societies of biological psychiatry (WFSBP) guidelines for treatment of anxiety, obsessive-compulsive and posttraumatic stress disorders-Version 3. Part II: OCD and PTSD [J]. World J Biol Psychiatry, 2023, 24 (2): 118-134.

[109] Wang G, Zheng W, Li XB, et al. ECT augmentation of clozapine for clozapine-resistant schizophrenia: A meta-analysis of randomized controlled trials [J]. J Psychiatr Res., 2018, 105: 23-32.

[110] Lefaucheur JP, Aleman A, Baeken C, et al. Evidence-based guidelines on the therapeutic use of repetitive transcranial magnetic stimulation (rTMS): an update (2014—2018) [J]. Clinical Neurophysiology, 2020, 131 (2): 474-528.

[111] Cole EJ, Phillips AL, Bentzley BS, et al. Stanford Neuromodulation Therapy (SNT): A double-blind randomized controlled trial [J]. The American Journal of Psychiatry, 2022, 179 (2): 132-141.

[112] Lefaucheur JP, Aleman A, Baeken C, et al. Evidence-based guidelines on the therapeutic use of repetitive transcranial magnetic stimulation (rTMS): an update (2014—2018) [J]. Clinical Neurophysiology, 2020, 131 (2): 474-528.

[113] Mehta UM, Naik SS, Thanki MV, et al. Investigational and therapeutic applications of transcranial magnetic stimulation in schizophrenia [J]. Current Psychiatry Reports, 2019, 21 (9): 89.

[114] Simone Rossi, Andrea Antal, Sven Bestmann, et al. Safety and recommendations for TMS use in healthy subjects and patient populations, with updates on training, ethical and regulatory issues: expert guidelines [J]. Clinical Neurophysiology, 2021, 132 (1): 269-306.

[115] Lozano AM, Lipsman N. Probing and regulating dysfunctional circuits using deep brain stimulation [J]. Neuron, 2013, 77 (3): 406-424.

[116] Austelle CW, O' leary CH, Thompson S, et al. A comprehensive review of vagus nerve stimulation for depression [J].Neuromodulation, 2022, 25 (3): 309-315.

[117] Sreeraj VS, Arumugham SS, Venkatasubramanian G. Clinical practice guidelines for the use of transcranial direct current stimulation in psychiatry [J]. Indian J Psychiatry, 2023, 65 (2): 289-296.

[118] Kenney-Jung DL, Blacker CJ, Camsari DD, et al. Transcranial direct current stimulation mechanisms and psychiatric applications [J]. Child Adolesc Psychiatric Clin N Am., 2019, 28: 53-60.

[119] Salehinejad MA, Ghanavati E, Glinski B, et al. A systematic review of randomized controlled trials on efficacy and safety of transcranial direct current stimulation in major neurodevelopmental disorders: ADHD, autism, and dyslexia [J]. Brain Behav., 2022, 12 (9): e2724.

[120] Liu CH, Yang MH, Zhang GZ, et al. Neural networks and the anti-inflammatory effect of transcutaneous auricular vagus nerve stimulation in depression [J]. Journal of Neuroinflammation, 2020, 17 (1): 54.

[121] Miles Wischnewski, Ivan Alekseichuk, Alexander Opitz. Neurocognitive, physiological, and

biophysical effects of transcranial alternating current stimulation [J]. Trends Cogn Sci., 2023, 27(2): 189–205.

[122] Wang H, Wang K, Xue Q, et al. Transcranial alternating current stimulation for treating depression: a randomized controlled trial [J] . Brain, 2022, 145: 83–91.

[123] Gazzaniga MS, Bogen JE, Sperry RW. Some functional effects of sectioning the cerebral commissures in man [J] . Proc Natl Acad Sci U S A., 1962, 48 (10): 1765–9.

[124] Serra R, Etemadi Y, van Regteren Altena M, et al. A systematic review of clinical practice guidelines for the development of the WHO' package of interventions for rehabilitation: focus on schizophrenia [J] . Front Public Health, 2023, 11: 1215617.

[125] Vargas G, Strassnig M, Sabbag S, et al. The course of vocational functioning in patients with schizophrenia: re–examining social drift [J] . Schizophr Res Cogn, 2014, 1 (1): e41–e46.

[126] Zaprutko T, Kus K, Bilobryvka R, et al. Schizophrenia and employment: evaluation from professionals point of view [J] . Psychiatr Q, 2015, 86 (4): 569–579.

[127] Li D, Yuan GZ, Xu ZW, et al. Efficacy of supported employment services for vocational rehabilitation of people with schizophrenia [J] . Chin J Behav Med & Brain Sci, 2013, 22 (4): 329–331.

[128] Schwarzer, R., Aristi, B. Optimistic self–beliefs: Assessment of general perceived self–efficacy in Thirteen cultures [J] . Word Psychology, 1997, 3 (1–2): 177–190.

[129] John, M.Z.Residual symptoms and relapse: mood, cognitive symptoms, and sleep disturbances [J] . J Clin Psychiatry, 2013, 74 (2): 9–13.

[130] Kiosses DN, Ravdin LD, Gross JJ, et al. Problem adaptation therapy for older adults with major depression and cognitive impairment: a randomized clinical trial [J] . JAMA Psychiaty, 2015, 72 (1): 22–30.

[131] Kuyken W, Warren FC, Taylor RS, et al. Efficacy of mindfulness–based cognitive therapy in prevention of depressive relapse: an individual patient data meta–analysis from randomized trials [J] . JAMA Psychiatry, 2016, 73 (6): 565–574.

[132] Jamerson JL. Expressive remix therapy: using distal media art in therapeutic group sessions children and adolescents [J]. Creat Nurs, 2013, 19 (4): 182–188.

[133] Joshua K M Nan, Rainbow T H Ho. Effects of clay art therapy on adults outpatients with major depressive disorder: a randomized controlled trial [J] . Journal of Affective Disorders, 217: 237–245.

[134] Jang, H., Choi, S.Increasing ego–resilience using clay with low SES (Social Economic Status) adolescents in group art therapy [J] . Arts Psychother, 2012, 39 (4): 245–250.

[135] Elbrecht, C., Antcliff, L.R. Being touched through touch. Trauma treatment through haptic perception at the clay field: a sensorimotor art therapy [J] . Int. J. Art. Ther, 2014, 19 (1): 19–30.

[136] Sholt, M., Gavron, T. Therapeutic qualities of clay–work in art therapy and psychotherapy: a review [J] . Art. Ther, 2006, 23 (2): 66–72.

[137] deMorais, A.H., Dalecio, M.A.N., Vizmann, S., et al.Effect on scores of dep and anx in psychiatric patients after clay work in a day hospital [J] . The Arts in Psychotherapy, 2014, 41 (2): 205–210.

[138] Romera I, Perez V, Ciudad A, et al. Residual symptoms and functioning in depression, does the type of residual symptom matter? A post-hoc analysis [J]. BMC Psychiatry, 2013, 13: 51.

[139] Harvey S B, Modini M, Joyce S, et al. Can work make you mentally ill? A systematic meta-review of work-related risk factors for common mental health problems [J/OL]. Occupational and Environmental Medicine, 2017, 74 (4): 301-310 [2017-1-20]. https: //doi.org/10.1136/oemed-2016-104015.

[140] Dévora Kestel, Mark van Ommeren, et al. 世界精神卫生报告：向所有人享有精神卫生服务转型 [EB/OL].[2024-07-18]. https: //www.who.int/zh/publications/i/item/9789240050860.

[141] European Agency for Safety and Health at Work.Psychosocial risks and stress at work [EB/OL]. [2020-02-10]. https: //osha.europa.eu/en/themes/psychosocial-risks-and-stress.

[142] European Agency for Safety and Health at Work.E-guide to managing stress and psychosocial risks [EB/OL]. [2020-02-10].https: //osha.europa.eu/en/tools-and-publications/e-guide-managing-stress andpsychosocial-risks.